STAATSRECHT I

Hemmer/Wüst/Christensen/Grieger

Hemmer/Wüst Verlagsgesellschaft

Hemmer/Wüst/Christensen/Grieger, Staatsrecht I

ISBN 978-3-86193-524-7

12. Auflage 2016

gedruckt auf chlorfrei gebleichtem Papier
von Schleunungdruck GmbH, Marktheidenfeld

Staatsrecht I mit der hemmer-Methode

Wer in vier Jahren sein Studium abschließen will, kann sich einen Irrtum in Bezug auf Stoffauswahl und -aneignung nicht leisten. Hoffen Sie nicht auf leichte Rezepte und den einfachen Rechtsprechungsfall. Hüten Sie sich vor Übervereinfachung beim Lernen. Stellen Sie deswegen frühzeitig die Weichen richtig.

Im öffentlichen Recht gilt: Wenig Dogmatik – viel Gesetz. Vermittelt wird anwendungsorientierte Methodik. Es werden in unseren Skripten die im Staatsrecht typischerweise vorkommenden Problemkreise dort behandelt, wo sie im Klausuraufbau zu prüfen sind. Damit können die Skripten wie ein großes Schema gelesen werden. Lernen Sie mit der **hemmer-Methode** die richtige Einordnung. Nur so macht auch „Ö-Recht" Spaß.

Die Grundrechte **(Staatsrecht I)** sind das Herzstück der Verfassung. Zulässigkeit und Begründetheit der Verfassungsbeschwerde geben jedem Klausurersteller die Möglichkeit, Grundrechtsverständnis abzuprüfen. Die einzelnen Grundrechte werden im Rahmen der Begründetheit der Verfassungsbeschwerde umfassend erklärt. Auf den richtigen Aufbau wird Wert gelegt.

Die **hemmer-Methode** vermittelt Ihnen die **erste richtige Einordnung** und das **Problembewusstsein**, welches Sie brauchen, um an einer Klausur bzw. dem Ersteller nicht vorbeizuschreiben. Häufig ist dem Studenten nicht klar, warum er schlechte Klausuren schreibt. Wir geben Ihnen **gezielte Tipps**! Vertrauen Sie auf unsere **Expertenkniffe**.

Durch die ständige Diskussion mit unseren Kursteilnehmern ist uns als erfahrenen Repetitoren klar geworden, welche **Probleme** der Student hat, sein **Wissen anzuwenden**. Wir haben aber auch von unseren Kursteilnehmern profitiert und von ihnen erfahren, welche **Argumentationsketten** in der Prüfung zum Erfolg geführt haben.

Die **hemmer-Methode** gibt **jahrelange Erfahrung** weiter, erspart Ihnen viele schmerzliche Irrtümer, setzt richtungsweisende Maßstäbe und begleitet Sie als **Gebrauchsanweisung** in Ihrer Ausbildung:

1. Grundwissen:

Die **Grundwissenskripten** sind für den Studenten in den ersten Semestern gedacht. In den Theoriebänden Grundwissen werden leicht verständlich und kurz die wichtigsten Rechtsinstitute vorgestellt und das notwendige Grundwissen vermittelt. Die Skripten werden durch den jeweiligen Band unserer **Reihe „Die wichtigsten Fälle"** ergänzt.

2. Basics:

Das Grundwerk für Studium und Examen. Es schafft schnell **Einordnungswissen** und mittels der hemmer-Methode richtiges Problembewusstsein für Klausur und Hausarbeit. Wichtig ist, **wann und wie** Wissen in der Klausur angewendet wird.

3. Skriptenreihe:

Vertiefendes Prüfungswissen: Über 1.000 Klausuren wurden auf ihre „essentials" abgeklopft.

Anwendungsorientiert werden die für die Prüfung nötigen Zusammenhänge umfassend aufgezeigt und wiederkehrende Argumentationsketten eingeübt.

Gleichzeitig wird durch die **hemmer-Methode** auf **anspruchsvollem Niveau** vermittelt, nach welchen Kriterien Prüfungsfälle beurteilt werden. Mit dem Verstehen wächst die Zustimmung zu Ihrem Studium. Spaß und Motivation beim Lernen entstehen erst durch Verständnis.

Lernen Sie, durch Verstehen am juristischen Sprachspiel teilzunehmen. Wir schaffen den „background", mit dem Sie die innere Struktur von Klausur und Hausarbeit erkennen: **„Problem erkannt, Gefahr gebannt"**. Profitieren Sie von unserem **strategischen Wissen**. Wir werden Sie mit unserem know-how auf das Anforderungsprofil einstimmen, das Sie in Klausur und Hausarbeit erwartet. Die Theoriebände Grundwissen, die Basics, die Skriptenreihe und der Hauptkurs sind als **modernes, offenes und flexibles Lernsystem** aufeinander abgestimmt und ergänzen sich ideal. Die **studentenfreundliche Preisgestaltung** ermöglicht den **Erwerb als Gesamtwerk**.

4. Hauptkurs:

Schulung am examenstypischen Fall mit der Assoziationsmethode. Trainieren Sie unter professioneller Anleitung, was Sie im Examen erwartet und wie Sie bestmöglich mit dem Examensfall umgehen.

Nur wer die Dramaturgie eines Falles verstanden hat, ist in Klausur und Hausarbeit auf der sicheren Seite! Häufig hören wir von unseren Kursteilnehmern: **„Erst jetzt hat Jura richtig Spaß gemacht"**.

Die Ergebnisse unserer Kursteilnehmer geben uns Recht. Maßstab ist der Erfolg. Die Examensergebnisse zeigen, dass unsere Kursteilnehmer überdurchschnittlich abschneiden.

Die Examensergebnisse unserer Kursteilnehmer können auch Ansporn für Sie sein, intelligent zu lernen: Wer nur auf vier Punkte lernt, landet leicht bei drei.
Lassen Sie sich aber nicht von diesen Supernoten verschrecken, sehen Sie dieses Niveau als Ansporn für Ihre Ausbildung.

Wir hoffen, als Repetitoren mit unserem Gesamtangebot bei der Konkretisierung des Rechts mitzuwirken und wünschen Ihnen **viel Spaß beim Durcharbeiten** unserer Skripten.

Wir würden uns freuen, mit Ihnen als Hauptkursteilnehmer mit der **hemmer-Methode** gemeinsam Verständnis an der Juristerei zu trainieren. Nur wer erlernt, was ihn im Examen erwartet, lernt richtig!

So leicht ist es, uns kennenzulernen: Probehören ist jederzeit in den jeweiligen Kursorten möglich.

Karl-Edmund Hemmer & Achim Wüst

Juristisches Repetitorium
hemmer

KURSORTE IM ÜBERBLICK

AUGSBURG
Wüst
Mergentheimer Str. 44
97082 Würzburg
Tel.: (0931) 79 78 230
Fax: (0931) 79 78 234
Mail: augsburg@hemmer.de

BAYREUTH
Daxhammer/d´Alquen
Parkweg 7
97944 Boxberg
Tel.: (07930) 99 23 38
Fax: (07930) 99 22 51
Mail: bayreuth@hemmer.de

BERLIN-DAHLEM
Gast
Schumannstraße 18
10117 Berlin
Tel.: (030) 240 45 738
Fax: (030) 240 47 671
Mail: mitte@hemmer-berlin.de

BERLIN-MITTE
Gast
Schumannstraße 18
10117 Berlin
Tel.: (030) 240 45 738
Fax: (030) 240 47 671
Mail: mitte@hemmer-berlin.de

BIELEFELD
Lück
Salzstr. 14/15
48143 Münster
Tel.: (0251) 67 49 89 70
Fax.: (0251) 67 49 89 71
Mail: bielefeld@hemmer.de

BOCHUM
Schlömer/Sperl
Salzstr. 14/15
48143 Münster
Tel.: (0251) 67 49 89 70
Fax.: (0251) 67 49 89 71
Mail: bochum@hemmer.de

BONN
Ronneberg/Clobes/Geron
Simrockstr. 5
53113 Bonn
Tel.: (0228) 91 14 125
Fax: (0228) 91 14 141
Mail: bonn@hemmer.de

BREMEN
Kulke/Hermann
Mergentheimer Str. 44
97082 Würzburg
Tel.: (0931) 79 78 257
Fax: (0931) 79 78 240
Mail: bremen@hemmer.de

DRESDEN
Stock
Zweinaundorfer Str. 2
04318 Leipzig
Tel.: (0341) 6 88 44 90
Fax: (0341) 6 88 44 96
Mail: dresden@hemmer.de

DÜSSELDORF
Ronneberg/Clobes/Geron
Simrockstr. 5
53113 Bonn
Tel.: (0228) 91 14 125
Fax: (0228) 91 14 141
Mail: duesseldorf@hemmer.de

ERLANGEN
Grieger/Tyroller
Mergentheimer Str. 44
97082 Würzburg
Tel.: (0931) 79 78 230
Fax: (0931) 79 78 234
Mail: erlangen@hemmer.de

FRANKFURT/M.
Geron
Dreifaltigkeitsweg 49
53489 Sinzig
Tel.: (02642) 61 44
Fax: (02642) 61 44
Mail: frankfurt.main@hemmer.de

FRANKFURT/O.
Gast
Schumannstraße 18
10117 Berlin
Tel.: (030) 240 45 738
Fax: (030) 240 47 671
Mail: mitte@hemmer-berlin.de

FREIBURG
Behler/Rausch
Rohrbacher Str. 3
69115 Heidelberg
Tel.: (06221) 65 33 66
Fax: (06221) 65 33 30
Mail: freiburg@hemmer.de

GIEßEN
Sperl
Parkweg 7
97944 Boxberg
Tel.: (07930) 99 23 38
Fax: (07930) 99 22 51
Mail: giessen@hemmer.de

GÖTTINGEN
Schlömer/Sperl
Kirchhofgärten 22
74635 Kupferzell
Tel.: (07944) 94 11 05
Fax: (07944) 94 11 08
Mail: goettingen@hemmer.de

GREIFSWALD
Burke/Lück
Buchbinderstr. 17
18055 Rostock
Tel.: (0381) 3 77 74 00
Fax: (0381) 3 77 74 01
Mail: greifswald@hemmer.de

HALLE
Ra. J. Luke
Rödelstr. 13
04229 Leipzig
Tel.: (0341) 49 25 54 70
Fax: (0341) 49 25 54 71
Mail: halle@hemmer.de

HAMBURG
Schlömer/Sperl
Steinhöft 5-7
20459 Hamburg
Tel.: (040) 317 669 17
Fax: (040) 317 669 20
Mail: hamburg@hemmer.de

HANNOVER
Daxhammer/Sperl
Matzenhecke 23
97204 Höchberg
Tel.: (0931) 400 337
Fax: (0931) 404 3109
Mail: hannover@hemmer.de

HEIDELBERG
Behler/Rausch
Rohrbacher Str. 3
69115 Heidelberg
Tel.: (06221) 65 33 66
Fax: (06221) 65 33 30
Mail: heidelberg@hemmer.de

JENA
Hemmer/Wüst
Mergentheimer Str. 44
97082 Würzburg
Tel.: (0931) 79 78 257
Fax: (0931) 79 78 240
Mail: jena@hemmer.de

KIEL
Schlömer/Sperl
Kirchhofgärten 22
74635 Kupferzell
Tel.: (07944) 94 11 05
Fax: (07944) 94 11 08
Mail: kiel@hemmer.de

KÖLN
Ronneberg/Clobes/Geron
Simrockstr. 5
53113 Bonn
Tel.: (0228) 91 14 125
Fax: (0228) 91 14 141
Mail: koeln@hemmer.de

KONSTANZ
Guldin/Kaiser
Hindenburgstr. 15
78467 Konstanz
Tel.: (07531) 69 63 63
Fax: (07531) 69 63 64
Mail: konstanz@hemmer.de

LEIPZIG
Ra. J. Luke
Rödelstr. 13
04229 Leipzig
Tel.: (0341) 49 25 54 70
Fax: (0341) 49 25 54 71
Mail: leipzig@hemmer.de

MAINZ
Geron
Dreifaltigkeitsweg 49
53489 Sinzig
Tel.: (02642) 61 44
Fax: (02642) 61 44
Mail: mainz@hemmer.de

MANNHEIM
Behler/Rausch
Rohrbacher Str. 3
69115 Heidelberg
Tel.: (06221) 65 33 66
Fax: (06221) 65 33 30
Mail: mannheim@hemmer.de

MARBURG
Sperl
Parkweg 7
97944 Boxberg
Tel.: (07930) 99 23 38
Fax: (07930) 99 22 51
Mail: marburg@hemmer.de

MÜNCHEN
Wüst
Mergentheimer Str. 44
97082 Würzburg
Tel.: (0931) 79 78 230
Fax: (0931) 79 78 234
Mail: muenchen@hemmer.de

MÜNSTER
Schlömer/Sperl
Salzstr. 14/15
48143 Münster
Tel.: (0251) 67 49 89 70
Fax.: (0251) 67 49 89 71
Mail: muenster@hemmer.de

OSNABRÜCK
Fethke
Liebknechtstr. 35
99086 Erfurt
Tel.: (0541) 18 55 21 79
Fax.: ---
Mail: osnabrueck@hemmer.de

PASSAU
Köhn/Rath
Mergentheimer Str. 44
97082 Würzburg
Tel.: (0931) 79 78 230
Fax: (0931) 79 78 234
Mail: passau@hemmer.de

POTSDAM
Gast
Schumannstraße 18
10117 Berlin
Tel.: (030) 240 45 738
Fax: (030) 240 47 671
Mail: mitte@hemmer-berlin.de

REGENSBURG
Daxhammer/d´Alquen
Parkweg 7
97944 Boxberg
Tel.: (07930) 99 23 38
Fax: (07930) 99 22 51
Mail: regensburg@hemmer.de

ROSTOCK
Burke/Lück
Buchbinderstr. 17
18055 Rostock
Tel.: (0381) 3777 400
Fax: (0381) 3777 401
Mail: rostock@hemmer.de

SAARBRÜCKEN
Bold
Preslesstraße 2
66987 Thaleischweiler-Fröschen
Tel.: (06334) 98 42 83
Fax: (06334) 98 42 83
Mail: saarbruecken@hemmer.de

TRIER
Geron
Dreifaltigkeitsweg 49
53489 Sinzig
Tel.: (02642) 61 44
Fax: (02642) 61 44
Mail: trier@hemmer.de

TÜBINGEN
Guldin/Kaiser
Hindenburgstr. 15
78465 Konstanz
Tel.: (07531) 69 63 63
Fax: (07531) 69 63 64
Mail: tuebingen@hemmer.de

WÜRZBURG
- ZENTRALE -
Mergentheimer Str. 44
97082 Würzburg
Tel.: (0931) 79 78 230
Fax: (0931) 79 78 234
Mail: wuerzburg@hemmer.de

Kommentare:

Kommentar zum Grundgesetz für die Bundesrepublik Deutschland	Reihe Alternativkommentare 2 Bände
Kommentar zum Bonner Grundgesetz	Bonner-Kommentar 11 Bände (seit 1950), Loseblattsammlung
Jarass/Pieroth	Grundgesetz für die Bundesrepublik Deutschland,
Maunz/Dürig	Grundgesetz, Kommentar, 5 Bände
v- Münch/Kunig	Grundgesetz-Kommentar 3 Bände

Lehrbücher:

Hesse	Grundzüge des Verfassungsrechts der Bundesrepublik Deutschland
Maunz/Zippelius	Deutsches Staatsrecht
Pestalozza	Verfassungsprozessrecht
Pieroth/Schlink	Staatsrecht II (Grundrechte)
Schlaich	Das Bundesverfassungsgericht
Schwerdtfeger	Öffentliches Recht in de Fallbearbeitung,
Stein	Staatsrecht
Stern	Das Staatsrecht der Bundesrepublik Deutschland 5 Bände ab 1984
Zuck	Das Recht der Verfassungsbeschwerde

Weitere Nachweise (insbesondere auf Aufsätze in den Fußnoten.
Zur Zulässigkeit der Verfassungsbeschwerde sei dabei besonders verwiesen auf die Aufsatzreihe von *Robbers*, Verfassungsprozessuale Probleme in der öffentlich-rechtlichen Arbeit, ab JuS 1993, 737 ff.

§ 1 EINLEITUNG

GRe als Herzstück der Verfassung

Die Verfassung beginnt mit den Grundrechten. Erst danach kommt das objektive Verfassungsrecht. Das unterstreicht die Bedeutung der Grundrechte als Herzstück der Verfassung. Die Ausgestaltung des Grundrechtsschutzes, aber auch die Sicherung desselben durch eine starke Stellung des Bundesverfassungsgerichts, das noch dazu auch vom einzelnen Bürger angerufen werden kann, sind in der deutschen Verfassungsgeschichte einmalig und gelten international als vorbildlich. Damit sind sie Ausdruck eines auch gesellschaftlich und politisch gewandelten Verständnisses von der subjektiven freiheitlichen Rechtsposition des Einzelnen gegenüber staatlichen Eingriffen.   1

Um solche politischen oder gesellschaftlichen Fragen soll es in diesem Skript zur Vorbereitung auf Übungs- und v.a. Examensklausuren im Staatsrecht natürlich nicht in erster Linie gehen. Gleichwohl werden mitunter Hinweise auf historische Entwicklungen und sozialwissenschaftliche Hintergründe gegeben werden, soweit sie für das Grundrechtsverständnis und damit für die Argumentation, gerade im besonders punkteträchtigen Bereich der materiellen Verfassungsmäßigkeit, förderlich sind. Im Übrigen sollen in diesem Skript – dem Konzept der Reihe folgend – zum einen die grundsätzliche Systematik, zum anderen die klausurtypischen Problemkonstellationen dargestellt werden.

Vorrang der GRe vor einfach-gesetzlichen Vorschriften

Eine Besonderheit der Grundrechte als Bestandteil des Verfassungsrechts müssen Sie im Auge behalten: Die Grundrechte gehen einfachgesetzlichen Regeln vor und sind damit in allen Rechtsgebieten zu beachten. Und wenngleich davor gewarnt werden muss aus jeder Klausur eine Grundrechtsklausur zu machen oder Lücken in der Argumentation durch ein bloßes Grundrechtszitat zu schließen, so ist doch zumindest in Rechtsbereichen, die mit staatlichen Eingriffen verbunden sind (insbesondere also im Verwaltungs-, aber auch z.B. im Strafprozessrecht), immer an einschlägige Grundrechte zu denken, und sei es nur im Rahmen einer verfassungskonformen Auslegung.   2

hemmer-Methode: Lernen und Assoziieren in größeren Zusammenhängen wird durch die „hemmer-Methode" gefördert. Insbesondere im Verfassungsrecht und bei den Grundrechten müssen Sie „gebietsübergreifend" denken. Grundrechte können in jeden Fall hineinwirken, behalten Sie deshalb auch außerhalb einer Verfassungsbeschwerde-Klausur die Grundrechte im Hinterkopf. Nur wenn Sie die Grundrechte richtig einzuordnen gelernt haben, können Sie diese in Klausur und Hausarbeit richtig gewichten. Machen Sie es sich aber nicht zu leicht und verwenden Sie nicht die „Grundrechtskeule", um Unebenheiten der eigenen Argumentation gewaltsam „einzuebnen". Denken Sie an die ähnliche Situation im Zivilrecht: Normalerweise ersetzt die Berufung auf § 242 BGB nicht die eigene Begründung.

Hauptanwendungsgebiet einer (zumindest ausführlichen) Grundrechtsprüfung wird aber i.d.R. die Verfassungsbeschwerde sein, da diese gerade der prozessualen Absicherung der Grundrechtsbindung des Staates dient. Deshalb soll sie in diesem Skript im Mittelpunkt stehen und ihre Zulässigkeit und Begründetheit ausführlich dargestellt werden.   3

wichtigster Fall der GR-Prüfung: Ver-
fassungsbeschwerde (VB)

Die Verfassungsbeschwerde ist der wichtigste Einstieg für die Grundrechtsprobleme in der Examensklausur. Die Grundrechte können aber natürlich auch im Rahmen anderer Verfahrensarten eine Rolle spielen. Vor allem die konkrete Normenkontrolle nach Art. 100 GG führt in der Begründetheit oft zu einer Grundrechtsprüfung. Die Zulässigkeit der anderen Klagen zum Bundesverfassungsgericht wird im zweiten Band dargestellt. Hier sollen zunächst kurz die Funktion des Bundesverfassungsgerichts und dann die Zulässigkeit der Verfassungsbeschwerde im Vordergrund stehen.

hemmer-Methode: Rolle und Selbstverständnis der Verfassungsgerichtsbarkeit sind im Zulässigkeitsschema kein Prüfungspunkt. Trotzdem brauchen Sie dieses Hintergrundwissen für Zusatzfragen in der Klausur, vor allem aber für die mündliche Prüfung. Auch werden Sie die einzelnen Prozessvoraussetzungen und besonders ihre Auslegung durch das Gericht nur verstehen können, wenn Sie sich die Rolle des Bundesverfassungsgerichts im Verfassungsleben klargemacht haben. So ist etwa die Anforderung der Rechtswegerschöpfung in § 90 II BVerfGG vom BVerfG erweiternd ausgelegt worden zum sogenannten Grundsatz der Subsidiarität. Das ist nachvollziehbar, sobald man berücksichtigt, dass das Bundesverfassungsgericht keine allgemeine Instanz zur Beseitigung der Ungerechtigkeiten in der Welt ist, sondern als ultima ratio nur eingreifen soll, wenn es um die von Art. 1 III GG und Art. 20 GG geforderte Verfassungsbindung der Staatsorgane geht.

4

§ 2 STELLUNG DES BUNDESVERFASSUNGSGERICHTS

A) Gesetzliche Grundlagen

Stellung des BVerfG:
Art. 92 und 97, 93, 94, 100 GG

Status und Kompetenzen des Bundesverfassungsgerichts sind in dem Abschnitt des Grundgesetzes geregelt, der sich mit der Rechtsprechung beschäftigt. Die entsprechenden Grundnormen, vor allem Art. 92 und 97 GG, gelten also auch hier.

5

In diesem Abschnitt sind dann vor allem Art. 93, 94 und 100 GG Zentralnormen für die Verfassungsgerichtsbarkeit.

BVerfGG

Im Übrigen wird diese in Erfüllung des Gesetzgebungsauftrags in Art. 94 II GG ausführlich durch das Bundesverfassungsgerichtsgesetz näher ausgeführt:

⇨ Die §§ 1 und 2 BVerfGG bestimmen Stellung, Sitz und Organisation des Gerichts (zwei Senate zu je acht Richtern), in den §§ 3 - 12 BVerfGG wird die Rechtsstellung der Verfassungsrichter einschließlich des Vorgangs ihrer Wahl je zur Hälfte vom Bundestag und vom Bundesrat geregelt.[1]

⇨ In § 13 BVerfGG wird die Zuständigkeit im Anschluss an das Grundgesetz aufgelistet; diese Zuständigkeitsnormen werden dann in den §§ 36 ff. BVerfGG durch Verfahrensrecht für die einzelnen Prozessarten ergänzt. Am wichtigsten ist dabei das Verfahren der Verfassungsbeschwerde nach §§ 13 Nr. 8a, 90 ff. BVerfGG. Dazwischen stehen noch in den §§ 14 ff., 17 ff. BVerfGG allgemeine Verfahrensvorschriften, z.B. über Ausschließung oder Ablehnung eines Richters, über mündliche Verhandlung, Beweiserhebung, Zeugen und Sachverständige usw.

Hier sind die wichtigsten Vorschriften § 31 BVerfGG über die Verbindlichkeit der Entscheidungen und § 32 BVerfGG über einstweilige Anordnungen. Praktisch wichtig ist ferner, dass nach § 34 I BVerfGG das Verfahren vor dem BVerfG grundsätzlich kostenfrei ist. Eine Gebühr von bis zu 2.600,- € kann nur in Missbrauchsfällen auferlegt werden (§ 34 II BVerfGG). Ist eine Verfassungsbeschwerde begründet, so müssen dem Beschwerdeführer sogar die notwendigen Auslagen ganz oder zum Teil ersetzt werden (§ 34a II BVerfGG).

B) Überblick zu den Kompetenzen des Bundesverfassungsgerichts

Zusammenstellung der Kompetenzen des BVerfG: § 13 BVerfGG

Art. 93 I GG beschränkt sich auf die notwendigsten Vorschriften. Diese sind durch das Bundesverfassungsgerichtsgesetz dann ausführlich konkretisiert worden, vgl. oben. Aber auch außerhalb dieser Vorschrift gibt es noch zahlreiche weitere Kompetenzen, so für die Entscheidung über die Fortgeltung von altem Recht in Art. 126 GG usw. Alle Kompetenzen überblicken kann man mit Hilfe von § 13 BVerfGG; dort sind auch die entsprechenden Grundlagen im Grundgesetz jeweils angegeben.

6

---

1   Zur Wahl der Richter am BVerfG vgl. BVerfG, Beschluss vom 19.06.2012, 2 BvC 2/10 = **Life&Law 10/2012** = jurisbyHemmer: Das BVerfG billigt dabei insbesondere, dass die Wahl im Wahlausschuss von Bundestag und Bundesrat nicht-öffentlich und ohne vorherige Aussprache stattfindet – ein merkwürdiges Verständnis von Transparenz.

Begriff der verfassungs-rechtl. Streitigkeit	Zu klären ist der Begriff der Verfassungsstreitigkeit für die Abgrenzung von der sonstigen Gerichtsbarkeit. Diese darf sich nicht mit Verfassungsstreitigkeiten befassen. § 40 I VwGO nimmt von der Kompetenz der Verwaltungsgerichte ausdrücklich die „verfassungsrechtlichen" Streitigkeiten des öffentlichen Rechts aus.

7

Zur Verfassungsstreitigkeit gehört,

⇨ dass sich oberste Staatsorgane des Bundes oder der Länder als streitende Parteien gegenüberstehen und

⇨ dass auch der Inhalt des Streites verfassungsrechtlicher Natur ist. Nur genügt dies nicht für eine „Verfassungsstreitigkeit", da häufig auch zivil-, straf- und verwaltungsrechtliche Streitigkeiten verfassungsrechtliche Elemente aufweisen. Entscheidend ist also, dass auch die Beteiligten als oberste Staatsorgane verfassungsrechtlich herausgehoben sind.

Bund-Länder-Streit	Art. 93 I GG enthält in Nr. 3 und Nr. 4 spezielle bundesstaatliche Schlichtungskompetenzen, den so genannten Bund-Länder-Streit.

8

Organstreit	In Art. 93 I Nr. 1 GG sind die Organstreitigkeiten geregelt: Zwischen obersten Bundesorganen oder solchen Beteiligten, „die durch das Grundgesetz oder die Geschäftsordnung eines obersten Bundesorgans mit eigenen Rechten ausgestattet sind".

> *Bsp.:* *Streit zwischen Bundestag und Bundesrat auf der einen und Bundespräsident auf der anderen Seite über die Ausfertigung eines Bundesgesetzes. Im Grundgesetz „mit eigenen Rechten ausgestattet" ist z.B. der einzelne Abgeordnete (Art. 38, 46 ff. GG), in der Geschäftsordnung des Bundestages sind es die Fraktionen.*

Normenkontrollen	Art. 93 I Nr. 2 GG regelt die abstrakte Normenkontrolle. „Abstrakt" bedeutet losgelöst von einem bestimmten Einzelfall. „Normenkontrolle" ist die Prüfung der Vereinbarkeit einer Norm an einer höherrangigen Vorschrift. „Konkret" ist die Normenkontrolle innerhalb eines bestimmten straf-, zivil- oder verwaltungsrechtlichen Einzelfalles. Hierfür gilt Art. 100 I GG.

hemmer-Methode: Ausführlicher dargestellt sind all diese Streitigkeiten im Skript Hemmer/Wüst, Staatsrecht II, Staatsorganisationsrecht. Machen Sie sich aber die Sonderrolle der Verfassungsbeschwerde als Rechtsschutz des einzelnen Bürgers innerhalb dieser Reihe klar!

§ 3 ZULÄSSIGKEIT EINER VERFASSUNGSBESCHWERDE

9

Bedeutung der VB in Klausur und Praxis

Die Individualverfassungsbeschwerde gemäß Art. 93 I Nr. 4a GG, §§ 13 Nr. 8a, 90 ff. BVerfGG ist nicht nur häufiger Prüfungsgegenstand, sondern auch in der Praxis die am häufigsten beanspruchte Verfahrensart vor dem BVerfG: Mehr als 90 Prozent der beim BVerfG anhängigen Verfahren sind Verfassungsbeschwerden.[2] Beachtlich ist allerdings, dass davon nur zwischen ein und zwei Prozent erfolgreich sind.[3]

kein Rechtsmittel

Die Verfassungsbeschwerde gehört nicht zum Rechtsweg und ist kein Rechtsmittel i.S.d. Prozessgesetze, sondern ein außerordentlicher Rechtsbehelf, der keinen Suspensiveffekt hat.

Funktion: GR-Sicherung und Bewahrung obj. VerfRs

Sinn und Zweck der Verfassungsbeschwerde ist nach der Auffassung des BVerfG nicht nur die Sicherung und Durchsetzung subjektiver (Grund-)Rechtspositionen, sondern auch die Einhaltung objektiven Verfassungsrechts.[4]

Die Voraussetzungen der Zulässigkeit ergeben sich zum einen aus den §§ 90 ff. BVerfGG, zum anderen wurden sie durch die Rechtsprechung des Bundesverfassungsgerichts konkretisiert. Sie lassen sich in einem übersichtlichen Prüfungsschema zusammenfassen, das Parallelen zu den Sachurteilsvoraussetzungen einer verwaltungsgerichtlichen Klage aufweist. Dies darf aber nicht darüber hinwegtäuschen, dass das Schema nur Denkhilfe beim Überlegen der Lösung sein kann, wobei sich die Erörterung in der Regel auf die zweifelhaften Zulässigkeitsvoraussetzungen zu beschränken hat.

Übersicht über die Zulässigkeitsvoraussetzungen der Verfassungsbeschwerde[5]

(die fett markierten Punkte sollten in einer Klausur stets wenigstens kurz angesprochen werden)

A) **Jedermann**
    I. **Beschwerdeberechtigung**
    II. Verfahrensfähigkeit
    III. Postulationsfähigkeit
B) **Beschwerdegegenstand**
C) **Beschwerdebefugnis**
    I. Behauptung der Rechtsverletzung von
    II. Grundrecht o. grundrechtsähnlichem Recht
    III. Rechtsrelevanz des angegriffenen Rechts
    IV. **Betroffenheit**
       1. **selbst**
       2. **gegenwärtig**
       3. **unmittelbar**
D) **Rechtswegerschöpfung und Subsidiarität**
E) Allgemeines Rechtsschutzbedürfnis
F) **Form**
G) **Frist**
H) Keine entgegenstehende Rechtskraft oder Rechtshängigkeit

---

2   Vgl. Schlaich, Rn. 187; Weber, JuS 1992, 122.

3   Zuck, Rn. 82.

4   St. Rspr., etwa BVerfGE 45, 63 (74) = **juris**byhemmer (Wenn dieses Logo hinter einer Fundstelle abgedruckt wird, finden Sie die Entscheidung online unter „juris by hemmer": www.hemmer.de.); dazu unten § 5, Prüfungsmaßstab; vgl. auch Kloepfer, „Ist die Verfassungsbeschwerde unentbehrlich?", DVBl. 2004, 676.

5   Vgl. im Detail auch Klein/Sennekamp, „Aktuelle Zulässigkeitsprobleme der Verfassungsbeschwerde", NJW 2007, 945 ff.

> **hemmer-Methode:** Noch vor der Zulässigkeit im eigentlichen Sinn können Sie das Erfordernis der Annahme der Verfassungsbeschwerde nach § 93a BVerfGG ansprechen. Denkbar wäre auch, dies i.R.d. Statthaftigkeit zu prüfen. Da die Annahme, gerade in den Fällen des § 93a IIb BVerfGG aber stark von der Zulässigkeit der Verfassungsbeschwerde abhängt, wird diese Thematik hier im Anschluss an die Zulässigkeit behandelt, vgl. Rn. 67.

A) Jedermann (Beschwerdeberechtigter)

10

Nach Art. 93 I Nr. 4a GG, § 90 I BVerfGG kann „jedermann" mit der Behauptung, durch die öffentliche Gewalt in seinen Grundrechten oder in einem seiner in Art. 20 IV, 33, 38, 101, 103 und 104 GG enthaltenen Rechte verletzt zu sein, Verfassungsbeschwerde erheben. Mit dem Begriff „jedermann" werden drei Problembereiche verknüpft, nämlich die Frage nach der Beschwerdeberechtigung (Beschwerdefähigkeit/Grundrechtsfähigkeit), nach der Verfahrensfähigkeit (Prozessfähigkeit/Grundrechtsmündigkeit) und der Postulationsfähigkeit. Zu den letzten beiden Punkten sind in der Klausur keine (breiten) Ausführungen erforderlich, wenn im Sachverhalt kein Problem angelegt ist.

I. Beschwerdeberechtigung/Beschwerdefähigkeit/ Grundrechtsfähigkeit

Beschwerdeberechtigung abhängig von GR-Fähigkeit

Beschwerdeberechtigt ist „jedermann", der behauptet, durch die öffentliche Gewalt in einem seiner in Art. 93 I Nr. 4a GG genannten Rechte verletzt zu sein. Folglich ist beschwerdeberechtigt nur diejenige Person, die überhaupt Träger von Grundrechten sein kann, sodass sich die Beschwerdeberechtigung nach der Grundrechtsfähigkeit richtet.[6]

1. Natürliche Personen

Jedermann ist zunächst jede natürliche Person.

a) Ausländer und Staatenlose

bei Ausländern: „Bürgerrechte" (-)

11

Ausländer und Staatenlose können wie Deutsche eine Verletzung ihrer Menschenrechte mit der Verfassungsbeschwerde vor dem BVerfG angreifen.

Bezüglich der nur Deutschen gewährleisteten Grundrechte sind hingegen nur die Deutschen i.S.d. Art. 116 I GG beschwerdeberechtigt. Diese sog. Bürger- oder Deutschenrechte finden sich in Art. 8 I, 9 I, 11 I, 12 I, 16 I, 20 IV, 33 I, II und 38 I S. 1 GG.

str., inwieweit „Auffangschutz" durch Art. 2 I GG:

Inwieweit der Schutz der Ausländer über Art. 2 I GG als Auffanggrundrecht gewährleistet sein soll, ist streitig.

h.M.: (+)

Ausländer und Staatenlose haben nach h.M. die Möglichkeit, i.R.d. Schutzes von Art. 2 I GG entsprechende Rechtspositionen vor dem BVerfG geltend zu machen.[7]

---

6   Schlaich, Rn. 198; Weber, JuS 1992, 123; Robbers, JuS 1993, 739.

7   BVerfGE 35, 382 (399) = **juris**byhemmer; 78, 179 (196 f.); Stern, StR III/1, S. 1041.

Das bedeutet, dass sich Ausländer auf Art. 2 I GG auch in der Bereichen berufen können, worin die Spezialgrundrechte nur Deutschen vorbehalten sind.

a.A.: (-), abschließende Regelung

Eine andere Auffassung lehnt dies mit der Begründung ab, zum Regelungsgehalt der Deutschengrundrechte gehöre auch und gerade, Ausländern den entsprechenden Grundrechtsschutz abzusprechen.[8]

Gegen diese Auffassung spricht, dass die Spezialgrundrechte gegenüber Art. 2 I GG nur innerhalb ihres sachlichen und persönlichen Geltungsbereichs Vorrang besitzen.

Die freie Entfaltung der Persönlichkeit wird heute als allgemeine Handlungsfreiheit verstanden, die die Freiheit allgemein und stets dann schützt, wenn die speziellen Freiheitsrechte mit ihren Schutzbereichen nicht einschlägig sind.

Die Gefahr, dass über Art. 2 I GG der Unterschied zwischen den Deutschengrundrechten und den Menschenrechten weginterpretiert wird, besteht angesichts des allgemeinen Gesetzesvorbehalts des Art. 2 I GG nicht.[9] Folglich besteht für eine derart weite Einschränkung des Ausländerschutzes kein sachlicher Grund, sodass Ausländer über den weiten Schutzbereich des Art. 2 I GG antrags- bzw. beschwerdeberechtigt sind.[10]

hemmer-Methode: Die Frage, auf welche Grundrechte sich der Antragsteller im konkreten Fall dann genau berufen kann, muss allerdings in der Antrags- bzw. Beschwerdebefugnis wieder aufgegriffen werden, vgl. unten Rn. 41 ff.

Besonderheit: Unionsbürger

Eine Besonderheit gilt für Unionsbürger: Aufgrund der Regelungen des Art. 18 AEUV (Diskriminierungsverbot für Unionsbürger) und des grundsätzlichen Vorrangs des Europarechts auch vor nationalem Verfassungsrecht können die Bürgerrechte wohl auch auf EU-Bürger angewendet werden,[11] während die Gegenansicht auch hier auf Art. 2 I GG abstellt, diese dann aber inhaltlich identisch mit dem jeweiligen Bürgerrecht auslegt.[12]

b) Minderjährige

Zum Teil wird versucht, schon die Grundrechtsfähigkeit vom Alter oder der Einsichtsfähigkeit abhängig zu machen.[13] Diese Beschränkung ist i.R.d. Beschwerdeberechtigung abzulehnen.

GR-Fähigkeit von Minderjährigen nach h.M. stets (+), fragl. ist nur GR-Mündigkeit

Zum einen gibt es für eine generelle altersmäßige Einschränkung der Grundrechtsberechtigung im unmittelbaren Verhältnis eines Minderjährigen zur öffentlichen Gewalt keine normative Grundlage. Der Jugendschutz ist als besondere Eingriffsermächtigung in Art. 5 II, 11 II und 13 VII GG ausdrücklich genannt, woraus deutlich erkennbar wird, dass die allgemeine Grundrechtsberechtigung der Minderjährigen gerade vorausgesetzt wird. Zum anderen ist die Reichweite der Freiheitsgewährleistung keine Frage der Vernünftigkeit desjenigen, der von der Freiheit Gebrauch machen will. Die Frage der Grundrechtsmündigkeit ist daher in erster Linie eine Frage des Schutzbereichs der jeweiligen Grundrechte, sodass jedenfalls allgemeine Altersgrenzen abzulehnen sind.

12

8   Schwabe, NJW 1974, 1044 f.; Erichsen, StR I, 142.

9   Pieroth/Schlink, Rn. 140 m.w.N.

10   Vgl. dazu BVerfG, NJW 2002, 663 = **Life&Law 2002, 333** = BayBl. 2002, 300 = DVBl. 2002, 328 sowie Rn. 159 = **juris**byhemmer.

11   BVerfGE 129, 78 = **juris**byhemmer.

12   BVerfG, Beschluss vom 04.11.2015, 2 BvR 282/13 = Life&Law 2016, 198.

13   Nachweise bei Pieroth/Schlink, Rn. 151.

hemmer-Methode: Sicherlich kann bei einigen Grundrechten wie der Meinungsfreiheit davon ausgegangen werden, dass diese einem Säugling noch nicht zustehen. Andererseits ist ein Säugling ebenso unstreitig Grundrechtsträger, soweit es um Art. 2 II GG oder Art. 14 GG geht. Da er damit grundsätzlich als Grundrechtsberechtigter anzusehen ist, muss auch seine Beschwerdeberechtigung bejaht werden. Auf welche Grundrechte er sich im Einzelfall berufen kann, ist keine Frage der Beschwerdeberechtigung, sondern der Beschwerdebefugnis.

Dieses materiell-rechtliche Problem ist von der prozessualen Frage der Geltendmachung von Grundrechten durch Minderjährige i.R.d. Verfassungsbeschwerde zu unterscheiden. Hier sind gewisse altersmäßige Grenzziehungen aus Gründen einer geordneten Rechtspflege notwendig. Dies ist aber keine Frage der Beschwerdeberechtigung, sondern eine der noch zu besprechenden Prozessfähigkeit.[14]

c) Beschwerdeberechtigung des nasciturus

auch nasciturus wohl (mindestens partiell) grundrechtsfähig

Das BVerfG hat die Frage, ob der nasciturus beschwerdefähig ist, im ersten Urteil zu § 218 StGB offengelassen und nicht entschieden, ob der nasciturus selbst Grundrechtsträger ist oder aber wegen mangelnder Rechts- und Grundrechtsfähigkeit nur von den objektiven Normen der Verfassung in seinem Recht auf Leben geschützt wird.[15] Indes hat es in späteren Urteilen zum Schwangerschaftsabbruch betont, dass Menschenwürde schon dem ungeborenen menschlichen Leben zukomme,[16] also eine Grundrechtsfähigkeit des nasciturus bezüglich Art. 1 I GG angenommen. Dem ist auch das Schrifttum grundsätzlich gefolgt.[17]

Zumindest muss der nasciturus nach h.M. hinsichtlich Art. 1 I, 2 I S. 1, 14 I GG grundrechtsfähig und damit beschwerdeberechtigt sein,[18] da er erben kann,[19] ein Recht auf Leben und körperliche Unversehrtheit hat und durch medizinische Manipulationen auch in seiner Menschenwürde verletzt werden kann.

hemmer-Methode: Selbstverständlich wird dieses Problem i.R.d. Zulässigkeit einer Verfassungsbeschwerde normalerweise nicht aktuell. Merken Sie sich aber das vieldiskutierte Problem „Grundrechtsfähigkeit des nasciturus", wobei die Grundrechtsfähigkeit mittlerweile anerkannt ist, strittig ist lediglich, wann dieser Grundrechtsschutz beginnt, was gerade in der Diskussion über die Zulässigkeit der Forschung mit menschlichen Genen eine wichtige Rolle spielt.

d) Grundrechtsfähigkeit Verstorbener

bei Verstorbenen u.U. Fortführung des Verfahrens möglich

Grundsätzlich erlischt die Grundrechtsfähigkeit nach dem Tode. Verstorbene sind nicht mehr grundrechtsfähig;[20] sie können sich z.B. weder versammeln (Art. 8 GG) noch einen Beruf ergreifen (Art. 12 I GG). Allerdings hat das BVerfG im Hinblick auf den sachlichen Gehalt einzelner Grundrechte Ausnahmen anerkannt: So soll das Persönlichkeitsrecht zwar nach dem Tode erlöschen, die Menschenwürde aber fortbestehen. Es sei mit der Menschenwürde, unvereinbar, wenn der Mensch, dem Würde kraft seines Personseins zukomme, in diesem allgemeinen Achtungsanspruch nach seinem Tode herabgewürdigt werden dürfte.

13

14

---

14 Vgl. auch Robbers, JuS 1993, 739.

15 BVerfGE 39, 1 (36 ff.) = **juris**byhemmer.

16 BVerfG, NJW 1998, 519, 523 (Kind als Schaden?) = **juris**byhemmer.

17 Stern, StR III/1, S. 1063 m.w.N. in Fn. 277.

18 Zuck, Rn. 519; Robbers, JuS 1993, 740.

19 Vgl. § 1923 II BGB.

20 Pestalozza, S. 96; Robbers, JuS 1993, 740; Pieroth/Schlink, Rn. 146.

Dementsprechend ende die in Art. 1 I GG aller staatlichen Gewalt auferlegte Verpflichtung, dem Einzelnen Schutz gegen Angriffe auf seine Menschenwürde zu gewähren, nicht mit dem Tode.[21]

hemmer-Methode: Die materielle Grundrechtsfähigkeit des Verstorbenen ist mittlerweile unstreitig. Nicht völlig geklärt ist aber die prozessuale Umsetzung, da der Verstorbene naturgemäß nicht in der Lage ist, seine Rechte selbst geltend zu machen. Die bisher zum postmortalen Persönlichkeitsrecht ergangenen Entscheidungen des BVerfG setzen sich mit dieser Frage gar nicht oder nur unzureichend auseinander. Es wird offen gelassen, ob die Erben ein ererbtes und damit eigenes Recht verfolgen oder ob die Angehörigen bzw. die Erben als Verfahrensstandschafter ein fremdes Recht im eigenen Namen geltend machen.[22]
Es wird vom BVerfG als Selbstverständlichkeit angesehen, dass eine Befugnis der Angehörigen zur Wahrnehmung postmortaler Rechte des Verstorbenen besteht. Die Rechtsprechung der Zivilgerichte nimmt mittlerweile eine Vererblichkeit der vermögensrechtlichen Ansprüche an, die sich aus dem (zivilrechtlichen) allgemeinen Persönlichkeitsrecht ergeben, was vom BVerfG nicht beanstandet wird.[23]

2. Juristische Personen

jur. Personen: Art. 19 III GG

Auch die Beschwerdeberechtigung juristischer Personen richtet sich nach der Grundrechtsfähigkeit, d.h. nach materiellem Verfassungsrecht Art. 19 III GG.

a) Inländische juristische Personen des Privatrechts

(+) für inländ. jur. Personen des PrivatR, soweit korporative Seite vorhanden

Die Grundrechtsfähigkeit nach Art. 19 III GG hat drei Voraussetzungen: Zunächst muss es sich um eine inländische juristische Person handeln, d.h. ihr Verwaltungssitz muss im Geltungsbereich des Grundgesetzes liegen. Dann muss es sich begrifflich um eine juristische Person handeln, wobei es entscheidend nicht auf das Gesellschaftsrecht, sondern auf das Verfassungsrecht ankommt.

15

Schließlich muss das Grundrecht noch seinem Wesen nach auf juristische Personen anwendbar sein, d.h. eine korporative Seite haben. Anerkannt ist die Möglichkeit, das Grundrecht im Verband auszuüben bei Art. 2 I, 3 I, 9, 12 I, 13, 14 I, 101 I S. 2, 103 I GG.

> *Bsp.: Private Rundfunkveranstalter haben nach den Gesetzen ihres jeweiligen Bundeslandes die Pflicht, Sendungen zu Zwecken der Rundfunkaufsicht aufzuzeichnen und diese Aufzeichnungen nach bestimmten Vorgaben der Landesmedienanstalt vorzulegen. Das BVerfG hat entschieden, dass dies mit Art. 5 I S. 2, 19 III GG vereinbar ist. In diesem Kontext war zu klären, dass das aus Art. 2 I GG i.V.m. Art. 1 GG folgende Recht, sich nicht selbst einer Straftat bezichtigen zu müssen, gemäß Art. 19 III GG nicht auf juristische Personen anwendbar ist.*

Weiter ist unstreitig, dass sich auch Religionsgemeinschaften und nicht nur der einzelne Gläubige auf Art. 4 I GG berufen können, sog. kollektive Religionsfreiheit, wobei allerdings umstritten ist, ob sich dies bereits unmittelbar aus Art. 4 I GG ergibt oder ob hierfür Art. 19 III GG heranzuziehen ist.

---

21   BVerfG, ZEV 2007, 129; BVerfG, NJW 2001, 2957 f. = **juris**byhemmer = **Life&Law 2002, 49 ff.**; BVerfGE 30, 173 (194) = **juris**byhemmer.
      Unser Service-Angebot an Sie: kostenlos hemmer-club-Mitglied werden (www.hemmer-club.de) und Entscheidungen der Life&Law lesen und downloaden.

22   Vgl. auch unten Rn. 28.

23   M.w.N. BVerfG, ZEV 2007, 129.

b) Inländische nicht-rechtsfähige Personengemeinschaften

Art. 19 III GG auch für nicht-rechtsfähige Gebilde

16

Aus Art. 19 III GG ergibt sich nicht, dass nur juristische Personen i.S.d. einfachen Rechts grundrechtsfähig sein können.

Art. 19 III GG lässt einen Umkehrschluss auf nicht-rechtsfähige Gebilde nicht zu. Vielmehr mögen Grundrechte für sie häufig viel eher ihrem Wesen nach gelten als für juristische Personen.[24]

Es kommt also nicht darauf an, ob die juristische Person Rechtsfähigkeit im Sinne des Zivilrechts besitzt; entscheidend ist, dass die Personengemeinschaft eine gewisse binnenorganisatorische Struktur und die Fähigkeit zu einer eigenen internen Willensbildung hat.

Das BVerfG stellt bei der Beschwerdeberechtigung dieser Personengemeinschaften dann in erster Linie auf die Natur des geltend gemachten Grundrechts ab und darauf, welche Rechte das Gebilde nach allgemeinem Recht hat.[25]

aa) Handelsgesellschaften - OHG/KG/GbR

OHG und KG zumindest partiell (+)

17

GbR, OHG, KG können als juristische Personen i.S.d. Art. 19 III GG Verfassungsbeschwerde erheben, wenn sich der staatliche Eingriff auf das von der Gesellschaft betriebene Handelsgewerbe oder auf das gesamthänderische Gesellschaftsvermögen bezieht.[26] Dies wurde bejaht für Art. 2 I, 3 I, 5 I, 12 I,[27] 14 I, 101 I S. 2, 103 I GG.

bb) Aufgelöste Vereinigungen

18

Diese sind beschwerdeberechtigt, soweit es sich um die Vereinbarkeit des Auflösungsverfahrens mit den Grundrechten handelt.[28]

cc) Nicht als parteifähig anerkannte Personenvereinigungen

19

War einer Beschwerdeführerin im Ausgangsverfahren die Parteifähigkeit abgesprochen worden, weil sie weder eine juristische Person noch eine sonstige teilrechtsfähige Vereinigung sei, so ist sie i.R.d. Verfassungsbeschwerde jedenfalls soweit beschwerdeberechtigt, wie sie behauptet, gerade durch diese Zurückweisung in einem Verfahrensgrundrecht verletzt zu sein. Die Beschwerdeberechtigung entfällt nur dann, wenn eine Rechtsträgerschaft offenkundig undenkbar ist.[29]

dd) Politische Parteien/Fraktionen

polit. Parteien: bei GRen (+), bei Rechten aus Art. 21 GG Organstreit

20

Ob eine politische Partei beschwerdeberechtigt ist, hängt davon ab, ob sie ihr Recht auf Teilhabe am Verfassungsleben verfolgt, d.h. die Verletzung ihres verfassungsrechtlichen Status gemäß Art. 21 GG geltend macht, oder ob es sich um die Verletzung von Rechtspositionen handelt, die von diesem Status unabhängig sind.

---

24 BVerfGE 3, 383 (391) = **juris**byhemmer.
25 BVerfGE 6, 273 (277) = **juris**byhemmer.
26 BVerfGE 4, 7 (12); 13, 318 (323); 42, 374 (383 f.): **alle Entscheidungen** = **juris**byhemmer; vgl. Zuck, Rn. 529.
27 BVerfG, NJW 2002, 3533 = **juris**byhemmer.
28 BVerfGE 13, 174 (174 f.) = **juris**byhemmer.
29 BVerfGE 82, 286 (295) = **juris**byhemmer.

Streitet sie um Rechte, die sich aus ihrem in Art. 21 GG umschriebenen Status als Verfassungsorgan (kein Staatsorgan!) ergeben, wie z.B. das Recht auf Chancengleichheit der Parteien, ist die Partei auf den Weg des Organstreits gemäß Art. 93 I Nr. 1 GG zu verweisen.[30]

Als (meist nicht-rechtsfähige) Vereine sind die Parteien hingegen im Verfassungsbeschwerdeverfahren beschwerdeberechtigt, soweit es sich um ihren bürgerlich-rechtlichen Status handelt, wie z.B. bei der Verletzung des Rechts auf gleichberechtigte Nutzung einer öffentlich-rechtlichen Anstalt im Hinblick auf ihren Anspruch auf Sendezeit für Wahlwerbespots.[31]

hemmer-Methode: Das Organstreitverfahren ist für die Partei vorteilhaft, da es hier keine Einschränkungen im Sinne der Rechtswegerschöpfung und Subsidiarität gibt.

Für die Fraktionen ist bislang nur entschieden, dass sie im Organstreit antragsbefugt sind, soweit sie Rechte des Parlaments oder eigene verfassungsrechtlich verankerte Rechte geltend machen.[32]

bei Fraktionen wohl ähnlich

Es spricht aber viel dafür, die Fraktion insoweit den politischen Parteien gleichzustellen, ihr also dort, wo der Bereich verlassen wird, der nur im Organstreit gerügt werden kann, das Recht der Verfassungsbeschwerde zu geben.[33] Es ist aber zu beachten, dass die Fraktionen keine Vereine sind und ihr Aktionsfeld sich grundsätzlich gerade nicht auf der Bürgerebene bewegt.

hemmer-Methode: Ähnliche Probleme stellen sich beim Abgeordneten. Dieser kann nicht im Wege der Verfassungsbeschwerde um seine Abgeordnetenrechte mit einem Staatsorgan streiten. Geht es um die Verletzung seines verfassungsrechtlichen Status aus Art. 38 I S. 2 GG, dann ist der richtige Weg das Organstreitverfahren.[34] Hingegen hat der ausgeschiedene[35] oder auch der potenzielle Abgeordnete das Recht der Verfassungsbeschwerde, da er dann wieder (oder noch) jedermann i.S.d. § 90 I BVerfGG ist.[36]

c) Ausländische juristische Personen

ausländ. jur. Personen grds. (-)

Art. 19 III GG beschränkt die Grundrechtsträgerschaft von juristischen Personen, unabhängig vom Wesen der Grundrechte auf solche des Inlandes, sodass ausländische juristische Personen grundsätzlich grundrechtsunfähig und damit auch nicht beschwerdeberechtigt sind.[37] Allerdings wird man auch hier daran denken müssen, juristische Personen aus dem EU-Ausland aufgrund Art. 18, 49, 56 AEUV deutschen juristischen Personen gleichzustellen.[38]

21

---

30   St. Rspr., BVerfGE 4, 27 (30); 20, 119 (128 f.); 73, 40 (65); BVerfG, NVwZ 2004, 1224: **alle Entscheidungen = juris**byhemmer; vgl. auch **Hemmer/Wüst, Staatsrecht II, Rn. 5.**

31   BVerfGE 7, 99 (103); 47, 198 (222 f.); 67, 149 (151); vgl zu dieser Problematik auch OVG Koblenz, NJW 2005, 3593 = Life&Law 03/2006: **alle Entscheidungen = juris**byhemmer.

32   BVerfGE 70, 324 (351); BVerfG, NJW 1999, 2030 **alle Entscheidungen = juris**byhemmer.

33   Zuck, Rn. 534 a.E.

34   BVerfGE 32, 157 (162); 64, 301 (312): **alle Entscheidungen = juris**byhemmer; Zuck, Rn. 536.

35   BVerfGE 32, 157 (162); 64, 301 (313): **alle Entscheidungen = juris**byhemmer.

36   BVerfGE 38, 326 (335); 40, 296 (309); 64, 301 (313): **alle Entscheidungen = juris**byhemmer; Zuck, Rn. 538.

37   BVerfGE 21, 207 (208); 23, 229 (236) **alle Entscheidungen = juris**byhemmer; Zuck, Rn. 524; Robbers, JuS 1993, 741.

38   Vgl. BVerfG, Beschluss vom 04.11.2015, 2 BvR 282/13 = Life&Law 03/2016, 198, das die generelle Anwendbarkeit der Grundrechte auf juristische Personen aus dem EU-Ausland, also die Anwendbarkeit des Art. 19 III GG bejaht, aber bei Deutschengrundrechten wohl auf Art. 2 I GG zurückgreifen will. Eine juristische Person aus dem EU-Ausland wäre demnach „inländisch", aber nicht „deutsch", was nicht unbedingt überzeugend ist.

aber (+) für Verfahrens-GRe (Art. 103 I, 101 I S. 2 GG)

Da Art. 19 III GG indessen nur für die Grundrechte des ersten Abschnittes des Grundgesetzes gilt, können sie Träger von Grundrechten sein, die außerhalb dieses Abschnitts geregelt sind. Gemeint sind die sog. Verfahrensgrundrechte in Art. 103 I GG und Art. 101 I S. 2 GG.[39] Als Parteien eines Rechtsstreits können auch ausländische juristische Personen folglich die justiziellen grundrechtsgleichen Rechte i.R.d. Verfassungsbeschwerde geltend machen.

hemmer-Methode: Eine interessante Frage ist, ob eine GbR, die nur aus türkischen Mitbürgern besteht, eine inländische juristische Person ist und sich damit auch auf Art. 12 GG berufen kann. Dagegen spricht, dass hiermit die Beschränkung des Art. 12 GG auf Deutsche umgangen würde. Andererseits ist es eine Gesellschaft mit Sitz im Geltungsbereich des Grundgesetzes, also eigentlich eine inländische juristische Person. Das BVerfG hat diese Frage offen gelassen.[40]

d) Juristische Personen des öffentlichen Rechts

jur. Personen des öffentl. Recht grds. (-)

Juristische Personen des öffentlichen Rechts sind grundsätzlich nicht antragsberechtigte Beschwerdeführer.[41]

22

hemmer-Methode: Grundrechte schützen in erster Linie den Menschen und Bürger, und die Verfassungsbeschwerde ist der spezifische Rechtsbehelf des Bürgers gegen den Staat.
Da der Staat nicht gleichzeitig Verpflichteter und Berechtigter sein kann, genießt er keinen Grundrechtsschutz, wenn er öffentliche Aufgaben erfüllt. Das gilt nicht nur, wenn der Staat unmittelbar in Erscheinung tritt, sondern grundsätzlich auch, wenn er sich zur Erfüllung seiner Aufgaben eines selbstständigen Rechtsgebildes bedient, also auch für die mittelbare Staatsverwaltung, d.h. Anstalten, Körperschaften und Stiftungen des öffentlichen Rechts, unabhängig davon, ob die Aufgabe in öffentlich-rechtlicher oder verwaltungsprivatrechtlicher Form wahrgenommen wird.[42]

Bsp.: So können sich Gemeinden nicht auf Art. 14 I GG[43] oder Art. 3 I GG[44] berufen. Handwerksinnungen als Körperschaften des öffentlichen Rechts sind ebenso wenig Träger materieller Grundrechte wie ihre Untergliederungen, die Innungsverbände, selbst wenn diese privatrechtlich organisiert sind;[45] ebenso wenig können sich öffentlich-rechtliche Sparkassen auf materielle Grundrechte berufen.[46]

aber Ausnahmen:

Es sind von diesem Grundsatz aber in zwei Richtungen Ausnahmen zu machen.

23

aa) Verfahrensgrundrechte

Verfahrensgrundrechte

Die vorstehende Argumentation gilt indes nur für solche Grundrechte, die auch inhaltlich Individualrechte sind. Art. 101 S. 2 GG und Art. 103 I GG gehören formell nicht zu den Grundrechten, sondern enthalten objektive Verfahrensgrundsätze, die für jedes Verfahren gelten.[47]

---

39   BVerfGE 12, 6 (8); 18, 441 (447): **alle Entscheidungen** = **juris**byhemmer.

40   BVerfG, NJW 2002, 1485 = **juris**byhemmer.

41   St. Rspr., BVerfGE 45, 63 (78) = **juris**byhemmer; Robbers, JuS 1993, 740; Zuck, Rn. 525 ff.

42   BVerfGE 21, 362 (369 f.) = **juris**byhemmer; Robbers, Jus 1993, 740.

43   BVerfGE 45, 63 (76 f.); 61, 82 (100 ff.); 64, 301 (312): **alle Entscheidungen** = **juris**byhemmer; vgl. auch unten Rn. 23e.

44   BVerfG, NVwZ 2005, 82 = **juris**byhemmer: Allerdings kann sich eine Gleichbehandlungspflicht aus dem Rechtsstaatsprinzip ergeben.

45   BVerfGE 68, 193 (207) = **juris**byhemmer.

46   BVerfGE 75, 192 (200) = **juris**byhemmer; zu Handwerksinnungen vgl. aus jüngerer Zeit BVerfG, NVwZ 1994, 262. Der BGH (NJW 2003, 1658) nimmt umgekehrt eine Grundrechtsverpflichtung der Sparkassen an.

47   BVerfGE 21, 362 (373); 61, 82 (104 f.): **alle Entscheidungen** = **juris**byhemmer.

Wenn mithin juristische Personen des öffentlichen Rechts Partei eines Rechtsstreits sind und das grundrechtsspezifische Verhältnis vor dem Richter nicht gilt, dann können sie sich, wie jeder Private, aus Gründen der prozessualen Waffengleichheit auf die sog. Verfahrensgrundrechte aus Art. 103 I GG und Art. 101 I S. 2 GG berufen.[48]

bb) Grundrechtsdienende juristische Personen

„grundrechtsdienende" jur. Personen

Eine ganz grundsätzliche Ausnahme hat das Bundesverfassungsgericht für solche juristischen Personen des öffentlichen Rechts anerkannt, die von den ihnen durch die Rechtsordnung übertragenen Aufgaben unmittelbar einem durch bestimmte Grundrechte geschützten Lebensbereich zuzuordnen sind. Bei diesen Ausnahmen handelt es sich um juristische Personen des öffentlichen Rechts, die den Bürgern auch zur Verwirklichung ihrer individuellen Grundrechte dienen, und die als eigenständige, vom Staat unabhängige oder jedenfalls distanzierte Einrichtung Bestand haben.[49]   **23a**

Universitäten hinsichtl. Art. 5 III S. 1 GG

So sollen sich Universitäten auf Art. 5 III S. 1 GG stützen können, da sie als Einrichtungen des Staates Grundrechte in einem Bereich verteidigen, in dem sie vom Staat unabhängig sind.[50]   **23b**

Das BVerfG schließt mithin vom Einsatz für die Grundrechte auf die Teilhabe an Grundrechten.

Rundfunkanstalten hinsichtl. Art. 5 I GG

Aus dem gleichen Grund sollen sich Rundfunkanstalten auf Art. 5 I GG berufen können.[51]   **23c**

Kirchen hinsichtl. Art. 4, 140 GG (i.V.m. WRV)

Eine weitere Ausnahme bilden die Kirchen und Religionsgemeinschaften, die schon wegen des Verbots der Staatskirche gemäß Art. 137 I WRV i.V.m. Art. 140 GG nicht dem Bereich des Staatlichen eingegliedert sind.[52] Sie unterscheiden sich von anderen Körperschaften des öffentlich-rechtlichen Rechts (Art. 137 V WRV i.V.m. Art. 140 GG[53]) dadurch, dass sie nicht vom Staat geschaffen sind, im außerstaatlichen Bereich wurzeln und in ihrem Eigenbereich weder staatliche Aufgaben wahrnehmen noch staatliche Gewalt ausüben. Sie sind daher im Hinblick auf die Verletzung ihres Eigenbereichs z.B. aus Art. 4 GG i.V.m. Art. 140 GG, Art. 137 III WRV grundrechtsfähig[54] und damit beschwerdeberechtigt.   **23d**

hemmer-Methode: Bei diesen drei Ausnahmen handelt es sich um Klassiker, die Sie kennen müssen! Verdeutlichen Sie sich die Problematik deshalb noch einmal an folgenden kurzen Beispielen:

Bsp.: Nach einem Landesgesetz sollen sich die Krankenhäuser an zentrale Rechenzentren anschließen. Das Nähere, wie Einzugsbereich und Gliederung, soll in einer Rechtsverordnung geregelt werden. Die Kirchengemeinde in D und eine GmbH, welche das evangelische Krankenhaus betreibt, halten das für einen Eingriff in die kirchliche Selbstständigkeit. Wären sie bei einer Verfassungsbeschwerde beschwerdeberechtigt?

Nach § 90 I BVerfGG kann jedermann Verfassungsbeschwerde erheben, u.a. soweit er grundrechtsfähig ist.

---

48   BVerfGE 6, 45 (49 f.); 13, 132 (139 f.): **alle Entscheidungen = juris**byhemmer.

49   BVerfGE 21, 362 (373); 31, 314 (322); 45, 63 (79): **alle Entscheidungen = juris**byhemmer.

50   BVerfGE 21, 362 (373) = juris**byhemmer.

51   BVerfGE 31, 314 (322); 34, 160 (162): **alle Entscheidungen = juris**byhemmer.

52   BVerfGE 42, 312 (322); 53, 366 (387): **alle Entscheidungen = juris**byhemmer.

53   Vgl. zu den Voraussetzungen für die Erlangung des öffentlich-rechtlichen Status: BVerwG, JuS 1998, 452; BVerfG, NJW 2001, 429 = **Life&Law 2001, 348**; OVG Berlin, NVwZ 2005, 1450; BVerwG, NJW 2006, 3157: **alle Entscheidungen = juris**byhemmer. Diese Entscheidungen befassen sich allesamt mit dem Körperschaftsstatus der Zeugen Jehovas, der letztlich rechtskräftig verliehen wurde.

54   Eine andere Frage ist, wieweit die Kirchen grundrechtsverpflichtet sind, was die h.M. bei einem hoheitliche Tätigwerden der Kirchen bejaht; BVerfG, DVBl. 2002, 1624 = **juris**byhemmer; vgl. zu diesen Fragen Wilms, NJW 2003, 2070.

Nach staatlichem Recht gehört die beschwerdeführende GmbH zu den juristischen Personen im Sinne von Art. 19 III GG. Die beschwerdeführende Kirchengemeinde ist eine lokale Untergliederung einer Religionsgemeinschaft, welche eine besondere Körperschaft des öffentlichen Rechts nach Art. 140 GG i.V.m. Art. 137 V WRV darstellt.[55]

Fraglich ist, ob die GmbH als juristische Person und die Kirchengemeinde als Untergliederung einer Religionsgemeinschaft „ihrem Wesen nach" Träger von Grundrechten sein können.

Kein Zweifel ergibt sich insoweit hinsichtlich der beschwerdeführenden GmbH, die in einer Rechtsform des Privatrechts organisiert ist. Nach ihrer Zweckbestimmung widmet sie sich der Krankenpflege in der organisierten Form des Krankenhauses. In ihrer Tätigkeit ist die Beschwerdeführerin frei, soweit nicht verfassungsmäßige Gesetze diese Freiheit einschränken. Sie kann insoweit in einer mit den Freiheitsgarantien des Grundgesetzes unvereinbaren Weise behindert werden.[56]

Dies trifft auch für die beschwerdeführende Kirchengemeinde zu. Obgleich sie als kirchliche Untergliederung Teil einer Körperschaft des öffentlichen Rechts ist, bleibt eine Grundrechtsträgerschaft trotzdem möglich. Ungeachtet ihrer öffentlich-rechtlichen Organisationsform sind die Kirchen dem Staat nicht inkorporiert.[57]

Ihre wesentlichen Aufgaben, Befugnisse und Zuständigkeiten sind originäre, nicht etwa vom Staat abgeleitete.[58] Sie stehen unbeschadet ihrer besonderen Qualität wie jedermann dem Staat gegenüber und können eigene Rechte gegenüber dem Staat geltend machen. Aus diesem Blickwinkel ist also auch die Kirchengemeinde grundrechtsfähig.[59]

Gemeinden keine Grundrechtsträger

Gemeinden sind keine solchen grundrechtsdienenden, vom Staat unabhängigen Einrichtungen. Grundrechtsfähigkeit wurde den Kirchen, Rundfunkanstalten und Universitäten deshalb eingeräumt, weil sie den Bürgern bei der Verwirklichung der individuellen Grundrechte dienen, nicht aus eigenen Grundrechten. Bezüglich dieser Mittlerstellung führt das Bundesverfassungsgericht aus, auch die Garantie der gemeindlichen Selbstverwaltung diene zwar der allgemeinen politischen Bürgerfreiheit, sie lasse sich aber dem Schutzbereich materieller Grundrechte einzelner Bürger nicht in vergleichbarer Weise zuordnen. Die Gemeinde sei damit nicht Sachwalter der Bürger bei der Wahrnehmung ihrer Grundrechte und könne insofern keine Grundrechtspositionen wahrnehmen. Auch die Wahrnehmung eigener Grundrechte, hier des Art. 14 I GG, wird der Gemeinde versagt. Die Gemeinde befindet sich auch bei Wahrnehmung nichthoheitlicher Tätigkeit, z.B. bei ihrem landwirtschaftlich genutzten Grundeigentum, das keinen öffentlichen Aufgaben dient, in keiner grundrechtstypischen Gefährdungslage. Sie wird in diesem Raum ihres Wirkens durch einen staatlichen Hoheitsakt nicht in gleicher Weise wie eine Privatperson „gefährdet" und ist mithin auch insoweit nicht „grundrechtsschutzbedürftig".

23e

> **Bsp.:** *Die Gemeinde Sasbach als Beschwerdeführerin wendet sich mit einer Verfassungsbeschwerde gegen die atomrechtliche Genehmigung des AKW Whyl.[60] Ist die Gemeinde beschwerdeberechtigt?*

Das Bundesverfassungsgericht hat schon früher grundsätzlich verneint, dass juristische Personen des öffentlichen Rechts Inhaber von Grundrechten sein können. Es hat dies bislang allerdings nur für den Bereich entschieden, in dem diese juristischen Personen öffentliche Aufgaben wahrnehmen.[61]

---

55   BVerfGE 30, 112 (119 f.) = **juris**byhemmer.

56   BVerfGE 46, 73 (83) = **juris**byhemmer.

57   BVerfGE 42, 312 (321) = **juris**byhemmer.

58   BVerfGE, aaO, m.w.N. = **juris**byhemmer.

59   BVerfGE 42, 312 (322) = **juris**byhemmer.

60   Nach BVerfGE 61, 82 ff. v. 8. Juli 1982 = **juris**byhemmer.

61   BVerfGE 21, 362; 45, 63: **alle Entscheidungen** = **juris**byhemmer.

Exkurs für Bayern

Besonderheit: Art. 103 BV

Eine teilweise weitere Auffassung vertritt der BayVerfGH insbesondere hinsichtlich des Eigentumsgrundrechts aus Art. 103 BV. Hierauf kann sich eine Gemeinde dann berufen, wenn sie sich einem Bürger vergleichbar in der grundrechtstypischen Gefährdungslage befindet. Diese Voraussetzung ist allerdings nicht erfüllt, soweit die Gemeinde i.R.d. Erfüllung ihrer Aufgaben betroffen ist.[62]

e) Sonderproblem: Gemischt-wirtschaftliche Unternehmen

gemischt-wirtschaftl. Unternehmen

Ein Sonderproblem kann sich in der Klausur bei sog. gemischt-wirtschaftlichen Unternehmen ergeben, d.h. also v.a. bei solchen juristischen Personen, deren Träger z.T. Private, z.T. die öffentliche Hand sind.

hemmer-Methode: Durch die zunehmende Privatisierung und das Bemühen der öffentlichen Hand, durch (z.T. beherrschende) Beteiligungen gleichwohl ihren Einfluss zu bewahren, handelt es sich um ein aktuelles Problem. Es ist auch durchaus klausurrelevant, weil Sie Ihre Problemsensibilität und Ihr Argumentationsvermögen zeigen können.

Man könnte nun einerseits davon ausgehen, dass eine juristische Person des Privatrechts stets Grundrechtsträger sein kann oder dass dies bei (zumindest mehrheitlicher) Beteiligung der öffentlichen Hand stets ausgeschlossen sei.

wohl grundrechtsfähig (+) zum Schutz der privaten Beteiligten, soweit nicht bloße Alibifunktion

Allerdings erscheinen diese Argumentationswege beide allzu formal. Überzeugender ist wohl eine materiell orientierte Argumentation: einerseits kann z.B. eine Gemeinde sicher nicht dadurch Quasi-Grundrechtsträger werden, dass sie eine AG „zwischenschaltet", sodass die juristische Person jedenfalls dann kein Grundrechtsträger ist, wenn sie allein von der öffentlichen Hand getragen wird und Aufgaben der Daseinsvorsorge tätig. Soweit aber Privatleute beteiligt sind, die keine reine „Alibi-Funktion" wahrnehmen, dürfte indes deren Grundrechtsschutz vorgehen, und sie dürfen nicht schlechter stehen, nur weil an „ihrer" juristischen Person auch die öffentliche Hand beteiligt ist.[63]

aber nach BVerfG (-) im Bereich der Daseinsvorsorge

Das BVerfG hat allerdings in einer Entscheidung zumindest für die (wichtige) Gruppe der juristischen Personen, die in der Daseinsvorsorge tätig sind, eine Grundrechtsträgerschaft bei Beteiligung der öffentlichen Hand abgelehnt.[64] Abgrenzungskriterium bei gemischt-wirtschaftlichen Unternehmen wäre demnach also nur die Betätigung, was freilich nur bedingt zur Systematik des Art. 19 III GG passt.[65]

hemmer-Methode: Bei juristischen Personen des Privatrechts, an denen die öffentliche Hand zumindest beherrschend beteiligt ist, stellt sich nicht nur die Frage danach, ob diese noch grundrechtsberechtigt sind. Man muss spiegelbildlich die Frage diskutieren, ob diese grundrechtsverpflichtet sind, sodass dann ausnahmsweise Grundrechte im Zivilrecht sogar unmittelbar zur Anwendung kämen.[66]

---

62 BayVerfGH, BayVBl. 2001, 339 = **juris**byhemmer.

63 So auch J/P, Art. 19 GG, Rn. 13a m.w.N.

64 BVerfG, NJW 1990, 1783 = **juris**byhemmer.

65 Umfassend zu diesem Problem Lang, NJW 2004, 3601.

66 Vgl. unten Rn. 91 ff.

3. Kein Antragsgegner

kein Antragsgegner

Da das Verfassungsbeschwerdeverfahren kein kontradiktorisches Verfahren ist, gibt es keine Antragsgegner.

25

II. Verfahrensfähigkeit/Prozessfähigkeit/Grundrechts-mündigkeit

grds. verfahrensfähig, wenn nach BGB geschäftsfähig

Unter Verfahrensfähigkeit bzw. Prozessfähigkeit versteht man die Fähigkeit eines Beteiligten, Verfahrenshandlungen wirksam vorzunehmen und entgegenzunehmen bzw. durch einen selbst gewählten Vertreter vornehmen und entgegennehmen zu lassen.[67]

26

Die Voraussetzungen der Verfahrensfähigkeit im Verfassungsbeschwerdeverfahren sind im BVerfGG nicht ausdrücklich geregelt.

Das BVerfG verweist insoweit auf eine Teilanalogie zum sonstigen Verfahrensrecht.[68] Insbesondere die §§ 51 ff. ZPO, § 62 VwGO sind nicht ohne weiteres anwendbar, vielmehr richtet sich die Verfahrensfähigkeit nach der Ausgestaltung der in Anspruch genommenen Grundrechte und deren Beziehungen auf das im Ausgangsverfahren streitige Rechtsverhältnis.[69] Im Einzelnen heißt das:

Verfahrensfähig ist ohne weiteres, wer nach bürgerlichem Recht geschäftsfähig ist.

aber auch Minderjährige, soweit grundrechtsmündig, vgl. z.B. RelKErzG

Minderjährige sind verfahrensfähig, wenn sie „grundrechtsmündig" sind, insbesondere, wenn ihnen in bestimmten Bereichen die Geschäftsfähigkeit zuerkannt worden ist. Im Bereich von Art. 4 GG soll das RelKErzG Hinweise für die Grundrechtsmündigkeit geben.[70]

Ebenso sind Kinder im Verfassungsbeschwerdeverfahren verfahrensfähig, die im Sorgerechtsverfahren berechtigt sind, ihre Rechte geltend zu machen.[71]

Analoges wird auch hinsichtlich des Grundrechts aus Art. 6 I GG zu gelten haben, wenn Jugendliche unter achtzehn Jahren die Ehe eingehen dürfen (§ 1303 II BGB), oder hinsichtlich des Grundrechts aus Art. 5 I GG, wenn Jugendlichen das Recht zur Herausgabe einer Schülerzeitung zugesprochen wird. Maßgeblich ist also nicht einzig die faktische individuelle Einsichtsfähigkeit, sondern vielmehr der Inhalt des jeweiligen Grundrechts einerseits und die rechtlichen Zuweisungen bezüglich der jeweiligen Materie an den Minderjährigen andererseits. Soweit ihnen das Recht eigene, selbstständige Entscheidungsbefugnisse zuweist, können sie das jeweils einschlägige Recht auch vor dem BVerfG selbst geltend machen.

Geschäftsunfähige und beschränkt Geschäftsfähige müssen sich im Übrigen durch ihre gesetzlichen Vertreter, juristische Personen durch ihre Organe vertreten lassen. Dem nasciturus kann zur Wahrnehmung seiner Rechte ein Pfleger bestellt werden, § 1912 BGB.

bei Streit über Geschäftsfähigkeit GR-Mündigkeit zu unterstellen

Wird gerade darüber gestritten, ob der Betroffene geschäftsfähig ist, wird in diesem Umfang die Prozessfähigkeit vorausgesetzt, weil ansonsten der Rechtsschutz unerträglich verkürzt würde.[72]

---

67   Pestalozza, S. 98.
68   BVerfGE 1, 109 (110 f.); 28, 243 (254 f.): **alle Entscheidungen = juris**byhemmer.
69   BVerfGE 28, 243 (254); 51, 405 (407): **alle Entscheidungen = juris**byhemmer.
70   BVerfGE 1, 87 (89) = **juris**byhemmer.
71   BVerfGE 72, 122 (132 f.) = **juris**byhemmer.
72   Robbers, JuS 1993, 741.

Das Vorliegen der Prozessfähigkeit wird vom BVerfG von Amts wegen geprüft; ihr Fehlen macht die Verfassungsbeschwerde unzulässig.

> **hemmer-Methode:** Gerade weil es keine explizite Regelung gibt, eignet sich diese Frage natürlich für die Klausur. Ihr Wissen und Ihr Argumentationsvermögen können geprüft werden. Sie sollten sich allerdings (lange) Ausführungen dazu sparen, wenn im Sachverhalt keine Probleme angelegt sind.

III. Postulationsfähigkeit

grds. kein Anwaltszwang, nur in mündlicher Verhandlung

27

Postulationsfähigkeit ist die Fähigkeit, vor dem fraglichen Gericht aufzutreten und Prozesshandlungen wirksam vornehmen zu können.

Die Postulationsfähigkeit fehlt einer Partei insbesondere dann, wenn vor dem Gericht Anwaltszwang besteht, wie es z.B. § 78 ZPO vor dem Landgericht vorsieht. Im Verfahren vor dem BVerfG ist das gemäß § 22 I S. 1 BVerfGG nur in der mündlichen Verhandlung der Fall. Wenn also das BVerfG über die Verfassungsbeschwerde mündlich verhandelt, muss der Beschwerdeführer sich durch einen Anwalt oder Hochschullehrer vertreten lassen, da anderenfalls seine Anträge als unzulässig zurückgewiesen würden. Ansonsten kann jede verfahrensfähige Partei die Verfassungsbeschwerde selbst wirksam einlegen und die erforderlichen prozessualen Anträge stellen.

> **hemmer-Methode:** Die Postulationsfähigkeit wird hier in Abgrenzung zu Beschwerdeberechtigung und Prozessfähigkeit erörtert. Anders als bei diesen, handelt es sich bei der Postulationsfähigkeit aber nicht um eine (unmittelbare) Frage der Zulässigkeit, sondern nur um eine Prozesshandlungsvoraussetzung. Handelt ein Postulationsunfähiger, ist der Antrag bzw. die Klage nicht wirksam erhoben und deshalb unzulässig. In der Klausur sollten Sie die Postulationsfähigkeit aus diesem Grund bei der ordnungsgemäßen Antragstellung ansprechen.

IV. Prozessführungsbefugnis

grds. keine Prozessstandschaft vor BVerfG

28

Prozessführungsbefugt ist derjenige, der prozessual berechtigt ist, das fragliche Grundrecht im eigenen Namen geltend zu machen. Das ist grundsätzlich jeder, der eigene Rechte geltend macht, jedoch auch derjenige, der in zulässiger Weise fremde Rechte in eigenem Namen geltend machen kann.

Im Zivilgerichtsverfahren kann sich diese Berechtigung aus dem Gesetz ergeben (gesetzliche Prozessstandschaft) oder auf einer Vereinbarung mit dem Berechtigten beruhen (gewillkürte Prozessstandschaft).

Das BVerfGG kennt dagegen keine Prozessstandschaft, sodass das als verletzt gerügte Recht dem Beschwerdeführer selbst zustehen muss.[73] So hat das BVerfG entschieden, dass die Gesellschaft nicht Rechte ihrer Gesellschafter, der Verband nicht Rechte seiner Mitglieder wahrnehmen kann, selbst wenn die Satzung dies vorschreibt.[74] Bei den sog. Parteien kraft Amtes (Insolvenzverwalter, Testamentsvollstrecker, Nachlassverwalter) soll es sich nach Ansicht des BVerfG nicht um einen Fall der gesetzlichen Prozessstandschaft handeln, da diese aus eigenem Recht handelten und bereits deswegen prozessführungsbefugt seien.[75]

---

73   BVerfGE 33, 247 (257 f.); 56, 296 (297): **alle Entscheidungen = juris**byhemmer; Zuck, Rn. 546 ff.

74   BVerfGE 25, 256 (263); 27, 326 (333); 31, 275 (280); 35, 348 (352): **alle Entscheidungen = juris**byhemmer.

75   BVerfGE 27, 326 (333); 21, 139 (143); 65, 182 (190): **alle Entscheidungen = juris**byhemmer; kritisch Zuck, Rn. 548 ff. m.w.N.

allenfalls nach Tod des Beschwerde-führers

Beim Tod des Beschwerdeführers erkennt das BVerfG hingegen dann ausnahmsweise eine Fortführungsbefugnis der Erben an, wenn es sich um finanzielle Ansprüche handelt,[76] während das Verfahren mit dem Tode enden soll, wenn es sich um höchstpersönliche Ansprüche handelt.[77]

hemmer-Methode: Eine Ausnahme hiervon wird bei dem postmortalen Ehrenrecht gemacht. Hier können Angehörige sogar neue Verfahren einleiten, wobei unklar ist, ob sie dabei als Prozessstandschafter fremde Rechte des Verstorbenen oder eigene „ererbte" Rechte geltend machen.[78]
Der Prüfungspunkt Prozessführungsbefugnis ähnelt dem der Beschwerdebefugnis. Dort werden aber noch strengere Anforderungen gestellt als lediglich die Geltendmachung eigener Rechte.[79]

B) Beschwerdegegenstand

I. Öffentliche Gewalt

öffentl. Gewalt i.S.d. Art. 93 I Nr. 4a GG: alle drei Gewalten

Nach Art. 93 I Nr. 4a GG und § 90 I BVerfGG kommen als Beschwerdegegenstand der Verfassungsbeschwerde nur Akte der öffentlichen Gewalt in Betracht.

Hierunter fallen alle Maßnahmen der deutschen unmittelbaren und mittelbaren Staatsgewalt und zwar aller Gewalten, d.h. Legislative, Judikative und Exekutive. Insofern unterscheidet sich der Begriff der „öffentlichen Gewalt" von dem des Art. 19 IV GG, der nach allgemeiner Meinung Akte der Rechtsprechung grundsätzlich nicht erfasst[80] und - jedenfalls nach der Rechtsauffassung des BVerfG - auch auf Gesetzgebungsakte des parlamentarischen Gesetzgebers nicht anwendbar ist.[81]

hemmer-Methode: Diese Auslegung der ganz h.M. kann auch auf Art. 1 III GG gestützt werden, wonach alle drei Gewalten durch die Grundrechte gebunden sind. Formulierungsvorschlag für die Klausur: „Öffentliche Gewalt i.S.d. Art. 93 I Nr. 4a GG, § 90 I BVerfGG sind alle drei Gewalten (Exekutive, Legislative und Judikative), da die Verfassungsbeschwerde der prozessualen Sicherung der ebenfalls umfassenden Grundrechtsbindung aus Art. 1 III GG dienen soll."

Bsp.: Öffentliche Gewalt i.S.d. Art. 93 I Nr. 4a GG, § 90 I BVerfGG wird danach ausgeübt von Bund und Ländern, den sonstigen juristischen Personen des öffentlichen Rechts, darunter Gemeinden und Gemeindeverbänden, Hochschulen, berufsständischen Kammern, Sozialversicherungsträgern und berufsständischen Unternehmen, sowie von Rundfunk- und Fernsehanstalten, jedenfalls dann, wenn sie im Wahlkampf Sendezeiten zur Wahlwerbung zuteilen oder verweigern.[82]

Auch können Akte von sog. beliehenen Unternehmern tauglicher Gegenstand einer Verfassungsbeschwerde sein, soweit sie im Rahmen ihrer Beleihung öffentliche Gewalt ausüben.[83]

29

---

76   BVerfGE 3, 162 (164); 23, 288 (300); 26, 327 (332); 39, 169 (185): **alle Entscheidungen** = juris*byhemmer*.

77   BVerfGE 6, 389 (442); 12, 311 (315); anders BVerfGE 124, 300 = **Life&Law 02/2010, 111: alle Entscheidungen** = juris*byhemmer*, hier entscheidet das BVerfG trotz Tod des Beschwerdeführers und obwohl es um ein höchstpersönliches Recht geht, Art. 5 I, 8 I GG, im Interesse der Rechtsfortbildung in der Sache!

78   Ausführlich hierzu Rn. 14.

79   Vgl. unten Rn. 45.

80   Vgl. Zuck, Rn. 391 m.w.N.

81   BVerfGE 24, 33 (49 ff.); 45, 297 (334) = **juris**byhemmer; Jarass/Pieroth, Art. 19 GG, Rn. 25 mit Nachweisen zur Gegenmeinung.

82   BVerfGE 7, 99 (104); 14, 121 (130); 47, 198 (223); 67, 149 (151); 69, 257 (266): **alle Entscheidungen** = juris*byhemmer*.

83   Zusammenstellung bei Zuck, Rn. 393 ff.

Keine öffentliche Gewalt üben dagegen nach ständiger Rechtsprechung des BVerfG die öffentlich-rechtlichen Religionsgemeinschaften aus, soweit sich die Maßnahme im innerkirchlichen Bereich hält; anderes gilt nur, wenn diese Religionsgemeinschaften im Einzelfall, z.B. im Kirchensteuerrecht, Gebrauch von staatlich verliehener öffentlicher Gewalt machen.[84]

Tarifverträge (-), wohl aber Allgemeinverbindlicherklärung

Tarifverträge der Tarifvertragsparteien können mit der Verfassungsbeschwerde nicht angegriffen werden, da sie gerade im staatsfreien Raum ergehen, wie die Garantie der Tarifautonomie in Art. 9 III GG zeigt.[85] Die Allgemeinverbindlicherklärung gemäß § 5 IV TVG vom Bundesarbeitsminister hingegen ist ein Akt öffentlicher Gewalt, der mit der Behauptung angegriffen werden kann, die für allgemeinverbindlich erklärten Bestimmungen verstießen gegen Grundrechte.[86]

nur Akte der öffentl. Gewalt der Bundesrepublik Deutschland

Die Grundrechte und grundrechtsgleichen Rechte des Grundgesetzes binden nur die deutsche öffentliche Gewalt, sodass Gegenstand der Verfassungsbeschwerde grundsätzlich nur Akte der öffentlichen Gewalt der Bundesrepublik Deutschland sein können.

30

So mögen Maßnahmen der UNO, von Interpol oder etwa der NATO Grundrechtsgüter verletzen, beschwerdefähig sind sie nicht.[87]

International oder ausländische Stellen üben keine deutsche Hoheitsgewalt aus, auch wenn ihre Maßnahmen im Inland Wirkungen entfalten.[88]

hemmer-Methode: Allerdings kann eine Verfassungsbeschwerde gegen die Bundesrepublik Deutschland Erfolg haben, wenn ausländische Staaten oder sonstige ausländische oder internationale Stellen Grundrechtsgüter von Deutschen verletzen, während die Bundesrepublik Deutschland die erforderlichen Maßnahmen des diplomatischen Schutzes unterlässt und dabei den weiten Rahmen ihres außenpolitischen Ermessens überschreitet.[89]

bei EU-Recht: Solange-Rechtsprechung des BVerfG

Ein Sonderproblem bilden Akte der Organe der Europäischen Union. Die Frage ist, ob abgeleitetes (sekundäres) Unionsrecht von den nationalen Verfassungsgerichten überprüfbar, also z.B., ob das BVerfG eine EU-Verordnung, die gemäß Art. 288 II AEUV unmittelbare Geltung besitzt, an den nationalen Grundrechten messen darf. Dies ist Gegenstand einer längeren Rechtsprechungsentwicklung[90] von den BVerfG-Entscheidungen „Solange I"[91] bis zu „Solange II",[92] dem Maastricht-Urteil,[93] dem Lissabon-Urteil,[94] der Honeywell-Entscheidung[95] und dem (teilweise so bezeichneten) Solange III-Beschluss.[96]

31

---

84 BVerfGE 18, 385 (387); 19, 288 (289); BVerfG, DVBl. 2002, 1624: **alle Entscheidungen = juris**byhemmer; Zuck, Rn. 423 ff., 394; diese Frage korrespondiert mit der bereits mehrfach angesprochenen Problematik der Grundrechtsbindung der Kirchen.

85 Robbers, JuS 1993, 741.

86 Robbers, JuS 1993, 741.

87 Zuck, Rn. 413 m.w.N.

88 Dazu zählte das BVerfG auch das Besatzungsrecht, das nicht der Verfassungsbeschwerde unterliegen sollte, da die Rechtsakte nicht einer an das Grundgesetz gebundenen öffentlichen Gewalt entstammten. BVerfGE 1, 10 (11); 2, 181 ff.; 3, 368 (377); 4, 45 (49, 52); 6, 15 (16 f.): **alle Entscheidungen = juris**byhemmer.

89 Diesen Ansatz wählt das BVerfG im sog. OMT-Verfahren vgl. BVerfG, Beschluss vom 14.01.2014, 2 BvR 2728/13 u.a. = **Life&Law 04/2014** sowie Beschluss vom 21.06.2016, 2 BvR 2728/13. Hier ging es um die Frage, wieweit die EZB ihre unionsrechtlichen Befugnisse überschreitet. Unmittelbar als Anknüpfungspunkt für die Verfassungsbeschwerden wählte das BVerfG aber die Unterlassungen der Bundesbank und der Bundesregierung, gegen den OMT-Beschluss der EZB vorzugehen.

90 Vgl. Beuttenmüller in **Life&Law 09/2009**, „Geschichte der Europäischen Integration – wichtigste Eckdaten – ein Überblick".

91 BVerfGE 37, 271 ff. = **juris**byhemmer.

92 BVerfGE 73, 339 ff. = **juris**byhemmer.

93 BVerfG, EuZW 1993, 667 ff. = **juris**byhemmer; eine Bestätigung dieser Rechtsprechung ist die Entscheidung des BVerfG zur Bananenmarktordnung; BVerfG, NJW 2000, 3124 = BayVBl. 2000, 754 = **Life&Law 2001, 64** = **juris**byhemmer.

94 BVerfG, NJW 2009, 2767 = **Life&Law 2009, 618**.

95 BVerfG, 2 BvR 2661/06; DVBl. 2010, 1229 = **Life&Law 2010, 694** = **juris**byhemmer.

96 BVerfG, Beschluss vom 15.12.2015, 2 BvR 2735/14 = Life&Law 2016, 405.

Dabei ist als gegenwärtiger Stand davon auszugehen, dass das BVerfG zwar seine Gerichtshoheit über die Anwendbarkeit von abgeleitetem Unionsrecht in einem Kooperations- bzw. Subsidiaritätsverhältnis zum EuGH ausübt.

Allerdings beansprucht es („solange" generell ausreichender Grundrechtsschutz v.a. durch den EuGH gewährleistet wird) diese grds. nicht mehr, sodass bei Akten auf der Grundlage von abgeleitetem Unionsrecht kein zulässiger Beschwerdegegenstand einer Verfassungsbeschwerde vorliegt.[97]

Grenze auch bei EU-Recht:
Art. 79 III GG = Identitätskontrolle

Die Grenze, ab der das BVerfG auch europäisches Unionsrecht kontrollieren will, bildet Art. 79 III GG, zu dessen Grundentscheidungen auch das Grundrechtssystem zählt. Sobald also europäisches Unionsrecht und in Ausführung dessen auch mittelbar Akte deutscher Gewalt gegen die in Art. 79 III GG als unabdingbar festgeschriebenen Grundwerte verstößt, kann eine Verfassungsbeschwerde erfolgreich sein.

sog. Identitätskontrolle

Dies hat das BVerfG in seiner Entscheidung zum Vertrag von Lissabon ausdrücklich betont und bezeichnet dies als Identitätskontrolle, d.h. die Kontrolle daraufhin, ob die Kernidentität des Grundgesetzes i.S.d. Art. 79 III GG verletzt wird.[98]

ultra-vires-Kontrolle?

In der Entscheidung zum Vertrag von Lissabon betonte das BVerfG, dass es sekundäres Unionsrecht auch darauf überprüfen werde, ob dieses die Grenzen der vom Bundestag übertragenen Kompetenzen i.S.d. Art. 23 I S. 2 GG einhalte. Diese sog. ultra-vires-Kontrolle wäre in letzter Konsequenz die Aufgabe der Solange-Rechtsprechung und die Aufkündigung des Kooperationsverhältnisses zum EuGH. Wohl auch aus diesem Grund ruderte das BVerfG in seiner Honeywell-Entscheidung sehr stark zurück. Zum einen will es nur erhebliche und offenkundige Kompetenzüberschreitungen durch Unionsorgane prüfen, zum anderen steht diese Prüfung unter dem Vorbehalt der Solange-Rechtsprechung. Solange der EuGH also generell einen ausreichenden Rechtsschutz gewährt, übt das BVerfG die ultra-vires-Kontrolle nicht aus bzw. schließt sich das BVerfG den Vorstellungen des EuGH an! Ob ein Handeln ultra vires liegt oder nicht, entscheidet also – abgesehen evtl. von besonders eindeutigen Fällen – der EuGH verbindlich für das BVerfG.[99]

> **hemmer-Methode:** Einen eindeutigen und schwerwiegenden Fall einer Kompetenzüberschreitung hat das BVerfG erstmalig im sog. OMT-Beschluss der EZB (grenzenloser Ankauf von Anleihen der Mitgliedstaaten zur Bewältigung der Euro-Krise) gesehen. Das BVerfG sieht hier insbesondere eine evidente Verletzung von Art. 267 AEUV. Es hat hierüber aber (zunächst) nicht in der Sache selbst entschieden, sondern die Frage nach einer Kompetenzüberschreitung der EZB nach Art. 267 AEUV dem EuGH vorgelegt.[100]
> Der EuGH sah den Fall aber völlig anders und bestätigte der EZB, jedenfalls weitgehend unionsrechtskonform gehandelt zu haben.[101] Das BVerfG gab daraufhin „klein bei" und schloss sich der Auslegung des EuGH an. Selbst wenn diese evtl. nicht zutreffend sei, sei sie grundsätzlich dennoch verbindlich. Dem EuGH komme ein Anspruch auf „Fehlertoleranz" zu.[102]

---

97   Vgl. ausführlicher, auch zur Entwicklung: **Hemmer/Wüst, Europarecht, Rn. 290 ff.**; Limbach, „Das BVerfG und der Grundrechtsschutz in Europa: Zum Verhältnis EuGH und BVerfG", NJW 2001, 2913.

98   BVerfG, 2 BvE 2/08, Urteil vom 30.6.2009, NJW 2009, 2767 = **Life&Law 09/2009** = juris*byhemmer*.

99   BVerfG, Beschluss vom 21.06.2016, 2 BvR 2728/13 sowie BVerfG, 2 BvR 2661/06; DVBl. 2010, 1229 = **Life&Law 2010, 694: alle Entscheidungen** = **juris**by*hemmer*.

100 BVerfG, 2 BvR 2728/13 u.a., Beschluss vom 14.01.2014 = **Life&Law 04/2014.**

101 EuGH, Urteil vom 16.06.2015, C 62/14.

102 BVerfG, Beschluss vom 21.06.2016, 2 BvR 2728/13.

II. Akte der öffentlichen Gewalt

Öffentliche Gewalt manifestiert sich nach dem Ausgeführten als rechtsetzende, richterliche und rechtsanwendende Gewalt. Im Einzelnen sind folgende Sonderprobleme erwähnenswert:

1. Akte der rechtsetzenden Gewalt

a) Grundsatz

Rechtsetzung: alle formellen und materiellen Gesetze

Aus §§ 93 III, 94 IV, 95 III BVerfGG ergibt sich bereits unmittelbar, dass auch Gesetze zu den überprüfbaren Beschwerdegegenständen gehören. Darunter fallen alle formellen und materiellen Gesetze, also auch Rechtsverordnungen und Satzungen, wobei es gleichgültig ist, ob das Gesetz vom Bundes- oder Landesgesetzgeber erlassen worden ist oder ob es sich um vor- oder nachkonstitutionelles Recht handelt.[103] Beschwerdegegenstand können auch sonstige materielle Rechtsätze der Verwaltung sein.[104] Etwas anders gilt für Verwaltungsvorschriften, die nur den internen Verwaltungsbereich betreffen und nach h.M. mangels Außenwirkung keine beschwerdefähigen Rechtsnormen darstellen.[105]

32

Gesetze grds. erst ab Verkündung

Gesetze sind grundsätzlich erst mit ihrer Verkündung Akte der Rechtsetzung und daher erst dann mit der Verfassungsbeschwerde angreifbar.[106] Zu einem Akt der Rechtsetzung zählt aber nicht die bloße Neubekanntmachung, die lediglich rein deklaratorisch den unveränderten Wortlaut ohne inhaltliche Änderung bekannt gibt,[107] im Gegensatz zu Gesetzesänderungen, die Beschwerdegegenstand sein können.[108]

b) Gesetzgeberisches Unterlassen

Sonderproblem: Unterlassen des Gesetzgebers

Ob das Unterlassen des Gesetzgebers i.S.d. legislativen Unrechts verfassungsbeschwerdefähig ist, ist eine der umstrittensten Fragen des Verfassungsprozessrechts.

33

grds. auch Unterlassungen vb-fähig, aber bei Gesetzgebung weiter Spielraum zu beachten; nur bei verfassungsrechtl. Pflicht

Gem. § 92 BVerfGG sind nicht nur Handlungen, sondern auch Unterlassungen der öffentlichen Gewalt verfassungsbeschwerdefähig. Dies gilt grundsätzlich auch für ein Unterlassen des Gesetzgebers, allerdings nicht ohne gewisse Einschränkungen.

Bedeutsam ist nämlich, dass es dem Gesetzgeber nach dem Grundgesetz regelmäßig weitgehend freisteht, eine Materie gesetzlich zu regeln oder dies zu unterlassen.

Das allgemeine Verlangen nach Erlass neuer Gesetze kann jedenfalls nicht im Wege der Verfassungsbeschwerde geltend gemacht werden.[109] Vielmehr ist zu berücksichtigen, dass die einzelnen Staatsbürger grds. keinen gerichtlich verfolgbaren Anspruch auf ein Handeln des Gesetzgebers haben können.

---

103 Gusy, Rn. 29; Zuck, Rn. 443 ff.

104 BVerfGE 40, 237 (254 f.) = **juris**byhemmer; Pestalozza, S. 103; Zuck, Rn. 444.

105 BVerfGE 1, 82 (83 f.); 2, 139 (141); 2, 237 (242 f.); 12, 180 (199); 18, 1 (15); 41, 88 (105): **alle Entscheidungen = juris**byhemmer; Zuck, Rn. 444; kritisch Gusy, Rn. 31 m.w.N.

106 BVerfGE 42, 263 (283) = **juris**byhemmer; zur Besonderheit des Zustimmungsgesetzes bei völkerrechtlichen Verträgen vgl. Rn. 35.

107 BVerfGE 17, 364 (368 f.) = **juris**byhemmer.

108 Übersicht bei Gusy, Rn. 30.

109 BVerfGE 2, 287 (291); NJW 1986, 1979: **alle Entscheidungen = juris**byhemmer; umfassend Zuck, Rn. 491 ff.

Sonst käme es zu einer vom Grundgesetz schwerlich gewollten Schwächung der gesetzgebenden Gewalt.[110] Voraussetzung jeder Handlungspflicht des Gesetzgebers ist daher die positive Feststellung einer verfassungsgerichtlichen Norm, welche die Legislative zu einem spezifischen Tun verpflichtet.

Allgemeine Verpflichtungen wie etwa aus dem Sozialstaatsprinzip oder die allgemeine Nachbesserungspflicht gegenüber Gesetzen reichen dazu an Eindeutigkeit nicht aus.[111]

Handlungsauftrag aus Grundgesetz?

Legislatives Unterlassen ist nur dann beschwerdefähig, wenn im Grundgesetz ein ausdrücklicher Auftrag zum Tätigwerden enthalten ist, der Inhalt und Umfang der Gesetzgebungspflicht im Wesentlichen bestimmt.[112] Dies hat das BVerfG bislang nur für Art. 6 V GG und Art. 12a II S. 3 GG angenommen.[113] Weiterhin hat das BVerfG in Konkretisierung der Schutzgebotsfunktion der Grundrechte ausgeführt, dass, wenn die öffentliche Gewalt Schutzvorkehrungen entweder überhaupt nicht getroffen habe, oder wenn die vom Gesetzgeber getroffenen Maßnahmen offensichtlich gänzlich ungeeignet oder völlig unzureichend seien, jedenfalls im Bereich des Art. 2 II S. 1 GG Verfassungsbeschwerde gegen dieses Unterlassen erhoben werden könne.[114]

Voraussetzungen

Das BVerfG akzeptiert mithin eine Kontrolle gesetzgeberischen Unterlassens unter drei Voraussetzungen:

⇨ echtes Unterlassen

„echtes Unterlassen" (⇨ nur bei unvollständiger Norm gegen diese vorzugehen)

Der Gesetzgeber muss trotz bestehender Handlungs- und Schutzpflichten gänzlich untätig geblieben sein. Ist der Gesetzgeber hingegen tätig geworden, und enthält das Gesetz eine - sei es auch ablehnende - Regelung, dann hat er eine Entscheidung nicht unterlassen. Wer diese Regelung als unzureichend ansieht, muss unmittelbar gegen das Gesetz oder gegen einen Vollzugsakt vorgehen.[115]

hemmer-Methode: Dies wird der häufigere Fall in einer Klausur sein, wenn z.B. das Gesetz bestimmte Gruppen gleichheitswidrig nicht erfasst oder keine Ausnahmebestimmungen für Härtefälle enthält.

Bsp.: In einer Verfassungsbeschwerde, in der die Einleitung von Gesetzgebungsmaßnahmen zur Aidsbekämpfung gefordert wurde, hat das BVerfG die staatliche Schutzpflicht bejaht, aber die Voraussetzung der gänzlichen Untätigkeit (echtes Unterlassen) verneint[116] und die Verfassungsbeschwerde als unzulässig verworfen.

Dagegen ist die zulässige Verfassungsbeschwerde gegen eine begünstigende Regelung, die den Fall des Beschwerdeführers nicht erfasst, kein Fall des Unterlassens, da nur eine für den Betroffenen unzureichende Regelung vorliegt.[117]

34

---

110   BVerfGE 1, 97 (100); 11, 255 (261): **alle Entscheidungen = juris**byhemmer.

111   BVerfGE 6, 257 (264); 8, 1 (9); 11, 255 (261 f.); 12, 139 (142); 56, 54 (70 f.): **alle Entscheidungen = juris**byhemmer.

112   BVerfGE 56, 54 (70); 55, 37 (53 f.); 59, 360 (375); Beschluss vom 11.01.2016, 1 BvR 2980/14 (unzulässige Verfassungsbeschwerde gegen den sog. Pflegenotstand) **alle Entscheidungen = juris**byhemmer.

113   Vgl. Zuck, Rn. 498 m.w.N.

114   BVerfGE 77, 170 (214); BVerfG, NJW 1998, 2961 (Nichtraucherschutz): **alle Entscheidungen = juris**byhemmer; in BVerfG, **Life&Law 04/2007** bejaht das BVerfG auch einen Anspruch auf Schaffung eines gerichtlichen Verfahrens auf Klärung der Abstammung eines Kindes von seinem juristischen Vater. Diesen Anspruch leitet das BVerfG aus dem Persönlichkeitsrecht des Vaters nach Art. 2 I, 1 I GG ab. Auch hier war die Verfassungsbeschwerde letztlich wegen eines gesetzgeberischen Unterlassens erfolgreich.

115   BVerGE 56, 54 (71); BVerfG, BayVBl. 2013, 334 = **juris**byhemmer.

116   BVerfG, Kammerentscheidung, EuGRZ 1987, 353 (354) = **juris**byhemmer.

117   BVerfGE 18, 288 (301); 22, 349 (359 ff.): **alle Entscheidungen = juris**byhemmer.

Schutzpflicht

⇨ Annahme einer Schutzpflicht durch Auslegung der Grundrechtsnorm

konkrete Handlungspflicht

⇨ Begründung konkreter Handlungspflichten aus dem Schutzauftrag.[118]

c) Völkerrechtliche Verträge

völkerrechtl. Verträge (-), wohl aber ZustimmungsG

Zu erwähnen ist ob des Sachzusammenhangs noch, dass zwar völkerrechtliche Verträge, an denen die Bundesrepublik Deutschland beteiligt ist, nicht beschwerdefähig sind, dagegen aber das Zustimmungsgesetz tauglicher Beschwerdegegenstand ist.[119] Anders als sonstige Gesetze kann das Zustimmungsgesetz zu völkerrechtlichen Verträgen mit der Verfassungsbeschwerde bereits angegriffen werden, bevor es in Kraft tritt, d.h. schon nach der Verabschiedung im Parlament.[120] Dies gilt, wie auch bei der abstrakten Normenkontrolle, um zu verhindern, dass sich die Bundesrepublik in verfassungswidriger Weise völkerrechtlich bindet und in die Situation gerät aus Treue zur Verfassung einen Völkerrechtsbruch begehen zu müssen.

Fehlt es indes an einem Zustimmungsgesetz, etwa weil der Vertrag nicht die politischen Beziehungen des Bundes regelt (Art. 59 II GG), können seine Regelungen ggf. implizit i.R.d. Verfassungsbeschwerde geprüft werden, die sich gegen die konkrete Anwendung des Vertrages durch die deutsche öffentliche Gewalt richten muss. Kommt es nicht zu entsprechenden Umsetzungsakten, fehlt es ohnehin an der unmittelbaren Beschwer direkt durch den völkerrechtlichen Vertrag.

Im Übrigen enthalten die §§ 93 III, 94 IV, 95 III BVerfGG Sonderregelungen für Verfassungsbeschwerden gegen die rechtsetzende Gewalt.

2. Akte der vollziehenden Gewalt

a) Grundsatz: Einheitlicher Beschwerdegegenstand

Akte der vollziehenden Gewalt grds. (+) (⇨ ggf. Aufhebung des Akts und der bestätigenden Entscheidung)

Die Verfassungsbeschwerde ist grundsätzlich gegen jeden Akt der Exekutive möglich, unabhängig davon, ob die Maßnahme im Bereich der Leistungs- oder Eingriffsverwaltung ergeht. Zu beachten ist allerdings, dass wegen des Erfordernisses der Rechtswegerschöpfung die Verfassungsbeschwerde regelmäßig gegen die abschließende Gerichtsentscheidung in Verbindung mit der angegriffenen Verwaltungshandlung zu richten ist. Es gilt dann die angegriffene Verwaltungshandlung in der Form des letztinstanzlich bestätigenden Urteils. Diese Einheit des Beschwerdegegenstands ändert indessen nichts an der doppelten Schutzrichtung der Verfassungsbeschwerde; ist sie erfolgreich, so sind alle angegriffenen Vorentscheidungen aufzuheben.[121]

---

118 Nachweise bei Zuck, Rn. 502 ff.
119 BVerfGE 6, 290 = **juris**byhemmer; Zuck, Rn. 439; Robbers JuS 1993, 742.
120 Vgl. BVerfGE 24, 33 ff. (LS 2) = **juris**byhemmer; Robbers, JuS 1993, 742.
121 Gusy, Rn. 33, 36 m.w.N.

b) Problem: Gnadenentscheidungen

Gnadenentscheidungen str., nach h.M. aber (+)

Ein Problemfeld bilden die Gnadenentscheidungen. Nach Ansicht des BVerfG sollen diese selbst nicht öffentliche Gewalt[122] und damit nicht beschwerdefähig sein. Dagegen soll jedenfalls der Widerruf des Gnadenerweises im Verfassungsbeschwerdeverfahren überprüfbar sein.[123] Aus rechtsstaatlichen Gründen sollte man zumindest das Verfahren einer Überprüfung unterziehen.

Auch der Gnadenerweis selbst sollte nach kritischen Stimmen aus dem Schrifttum tauglicher Gegenstand sein, wobei aber zu beachten ist, dass dem Bundespräsidenten und den Ministerpräsidenten der Länder ein erheblicher Entscheidungsspielraum zusteht. Dies spielt jedoch erst für die Begründetheit eine besondere Rolle.[124]

hemmer-Methode: Das BVerfG folgt der alten Regel „Gnade vor Recht" und lässt überhaupt keine Überprüfung der Gnadenakte zu. Dies lässt sich auch mit der Tradition des Gnadenrechts begründen, das (u.a.) im Absolutismus wurzelt. Der absolute Herrscher schuldet niemandem über sein Handeln Rechenschaft. Das Gnadenrecht des Bundes- bzw. Ministerpräsidenten ist damit eigentlich ein Fremdkörper in unserer Verfassung.

c) Problem: Privatrechtliches Behördenhandeln

Streitig ist hingegen noch, wie weit auch privatrechtsförmliches Handeln der vollziehenden Gewalt unter den Begriff der öffentlichen Gewalt i.S.d. Art. 93 I Nr. 4a GG, § 90 I BVerfGG fallen kann. Aufgrund des Gebots der Rechtswegerschöpfung, § 90 II BVerfGG, wird dieses privatrechtliche Behördenhandeln aber nie direkt mit der Verfassungsbeschwerde angegriffen werden können, unmittelbarer Gegenstand der Verfassungsbeschwerde ist vielmehr das bestätigende Urteil eines Zivilgerichts.

hemmer-Methode: Letztlich geht es hier damit um die Frage, wieweit zivilrechtliche Gerichtsentscheidungen über privatrechtliches Behördenhandeln den Gegner in seinen Grundrechten verletzen können. Aus diesem Grund wird der Aspekt unter der Frage der Beschwerdebefugnis diskutiert werden.[125]

3. Akte der richterlichen Gewalt

Justiz: grds. jede Gerichtsentscheidung, aber Rechtswegerschöpfung und Subsidiarität zu beachten

Auch die Justiz ist - insoweit gleichfalls im Unterschied zur Auslegung des Art. 19 IV GG durch das BVerfG - öffentliche Gewalt i.S.d. § 90 I BVerfGG. Grundsätzlich kann jede Gerichtsentscheidung Gegenstand der Verfassungsbeschwerde sein.

Das gilt für Entscheidungen der Gerichte des Bundes mit Ausnahme des Bundesverfassungsgerichts selbst,[126] seiner Senate und Annahmeausschüsse i.S.d. § 93a BVerfGG.[127] Ferner sind die Entscheidungen aller Gerichte der Länder einschließlich der Landesverfassungsgerichte, von berufsständischen Gerichten, von Wahlprüfungsgerichten etc. mit der Verfassungsbeschwerde anfechtbar.[128]

37

38

39

---

122   BVerfGE 25, 352 (357 ff.) = **juris**byhemmer.

123   BVerfGE 30, 108 (110 f.) = **juris**byhemmer.

124   Robbers, JuS 1993, 742; Schenke, JA 1981, 583 ff. m.w.N.

125   Vgl. unten Rn. 44.

126   BVerfGE 7, 7 (18); 19, 88 (90): **alle Entscheidungen** = **juris**byhemmer.

127   BVerfGE 7, 241 (243); 18, 440 f.; 19, 88 (90): **alle Entscheidungen** = **juris**byhemmer.

128   Nachweise bei Zuck, Rn. 446; allerdings sind Landesverfassungsgerichtsurteile durch das BVerfG nur sehr eingeschränkt überprüfbar, da Landesverfassung und Grundgesetz grundsätzlich zwei getrennte, eigenständige Verfassungsräume darstellen. Ein Landesverfassungsgerichtsurteil kann wohl nur an den Grenzen des Homogenitätsprinzips nach Art. 28 I GG gemessen werden.

Auch können letztinstanzliche Entscheidungen im Verfahren des vorläufigen Rechtsschutzes i.S.d. §§ 123, 80 V VwGO mit der Verfassungsbeschwerde anfechtbar sein, da sie grundsätzlich gegenüber dem Hauptsacheverfahren selbstständig sind.[129]

hemmer-Methode: Allerdings hat das BVerfG dabei wegen des Grundsatzes der Subsidiarität der Verfassungsbeschwerde die Einschränkung gemacht, dass je nach Eigenart des Verfahrensgegenstandes das Hauptsacheverfahren durchzuführen ist.[130]

Gründe für Verfassungswidrigkeit einer Entscheidung

Die Verfassungsbeschwerde gegen Gerichtsentscheidungen kann insbesondere darauf gestützt werden, dass   **40**

⇨ die Gerichtsentscheidung auf einem verfassungswidrigen Gesetz beruht,[131]

⇨ das Gericht gegen eine Verfahrensnorm des Grundgesetzes wie Art. 103, 101 I S. 2 GG verstoßen hat oder

⇨ die Gerichtsentscheidung selbst inhaltlich gegen das Grundgesetz verstößt, wobei insbesondere dann das Problem der sog. mittelbaren Drittwirkung auftritt, d.h. die Frage, ob das Gericht die Ausstrahlungswirkung der Grundrechte über die Generalklauseln des bürgerlichen Rechts hinreichend berücksichtigt hat.[132]

hemmer-Methode: Diese Einschränkungen der Überprüfbarkeit müssen Sie jedenfalls in der Begründetheit der Verfassungsbeschwerde als Einschränkung des Prüfungsmaßstabs darstellen.
Wenn der Beschwerdeführer gegen einen Akt der öffentlichen Gewalt zunächst den Instanzenzug durchlaufen hat und sich auch noch durch die letztinstanzliche Entscheidung beschwert fühlt, kommen als Angriffsgegenstand sowohl der ursprüngliche Hoheitsakt, als auch die Entscheidungen aller Instanzen in Betracht.
Das BVerfG lässt ihm die Wahl, ob er nur gegen die letzte Instanz[133] vorgehen oder auch die unteren Instanzen bzw. den vorangegangenen Exekutivakt einbeziehen will.[134] Er kann sich aber nicht auf die erstinstanzliche Entscheidung oder den Exekutivakt beschränken.[135]

C) Beschwerdebefugnis

Beschwerdebefugt im Verfahren der Verfassungsbeschwerde ist gemäß Art. 93 I Nr. 4a GG, § 90 I BVerfGG nur, wer behauptet, durch die öffentliche Gewalt in einem seiner Grundrechte oder der im Grundgesetz genannten grundrechtsgleichen Rechte verletzt zu sein.

I. Behauptung der Rechtsverletzung

mögliche Verletzung ausreichend

Wenn jedermann die Beschwerde mit der Behauptung erheben kann, er sei in den genannten Rechten verletzt, dann kann in der Zulässigkeitsprüfung sinnvollerweise nicht mehr verlangt werden, als dass sich die Verletzung aus seiner Behauptung ergibt. Es genügt für die Zulässigkeit die Möglichkeit der Grundrechtsverletzung. Das tatsächliche Vorliegen der Verletzung wird erst in der Begründetheit geprüft.   **41**

---

129   Siehe die vielen Nachweise bei Zuck, Rn. 453 f.

130   BVerfG, NJW 2002, 741 = **juris**byhemmer; dazu näher unten Rn. 59.

131   BVerfGE 35, 81 ff.; 24, 104 ff.; 48, 240 ff. u.a.**: alle Entscheidungen** = jurisbyhemmer.

132   BVerfGE 7, 198 (204 ff.) = **juris**byhemmer; vgl. auch Rn. 91.

133   BVerfGE 4, 52 (56); 19, 377 (393): **alle Entscheidungen** = jurisbyhemmer.

134   BVerfGE 3, 377 (379); 20, 257 (267): **alle Entscheidungen** = jurisbyhemmer.

135   BVerfGE 21, 102 (104) = **juris**byhemmer.

substantiierte Behauptung einer GR-Verletzung

Nach der Rechtsprechung des Bundesverfassungsgerichts, der die Lehre gefolgt ist, muss sich indes aus dem Tatsachenvortrag ergeben, dass die geltend gemachte Grundrechtsverletzung zumindest möglich erscheint.[136] Das BVerfG verlangt also - über den Wortlaut des § 90 I BVerfGG hinaus - die ausreichend substantiierte Behauptung einer Grundrechtsverletzung;[137] insoweit bestehen deutliche Parallelen zu der für die Klagebefugnis bei der verwaltungsgerichtlichen Klage erforderlichen Behauptung der möglichen Rechtsverletzung, § 42 II VwGO.[138]

II. Grundrecht oder grundrechtsähnliches Recht

Verletzung eines GR oder grund-rechtgleichen Rechts

Als Beschwerdegrundlage kommen ausschließlich die in Art. 93 I Nr. 4a GG, § 90 I BVerfGG genannten Rechte in Betracht, sodass als unmittelbare Prüfungsgrundlage alle Normen des Grundgesetzes ausscheiden, die nicht unter diesen Katalog fallen und der Beschwerdeführer sich grundsätzlich nicht auf die Verletzung objektiven Verfassungsrechts berufen kann.

42

über Art. 2 I GG allerdings mittelbar auch Überprüfung obj. Verfassungs-rechts

Allerdings hat das BVerfG im „Elfes-Urteil" die Brücke von den Grundrechten zur Rechtsordnung im Übrigen über die „verfassungsmäßige Ordnung" in Art. 2 I GG geschlagen.[139] Das BVerfG betont seitdem, dass belastende Normen nur dann zur verfassungsmäßigen Ordnung gehören, wenn sie formell und materiell mit dem Grundgesetz in Einklang stehen. Wenn nicht, schränken sie die allgemeine Handlungsfreiheit unzulässig ein. Art. 2 I GG ist so zum Hebel geworden, gegen jede Belastung möglicherweise auch Verfassungsbeschwerde erheben zu können, und dies, obwohl Art. 93 I Nr. 4a GG die Befugnis zu ihrer Erhebung auf die Verletzung enumerativ aufgezählter Rechte beschränkt und daher kein unbegrenztes Recht zur Verfassungsbeschwerde begründet.[140]

Eingeschränkt wird diese Rechtsprechung insofern, als das BVerfG die Fälle einer bloß unrichtigen Anwendung unterverfassungsmäßigen Rechts aus der Anwendung des Art. 2 I GG und der benannten Einzelgrundrechte ausscheidet und sich insoweit bei der Prüfung auf die Fragen beschränkt, ob die dem angegriffenen Akt zugrundeliegende Norm zur verfassungsmäßigen Ordnung gehört und ob ihre Auslegung gegen spezifisches Verfassungsrecht verstößt.[141]

Der Beschwerdeführer darf sich insoweit nicht damit begnügen, dem angegriffenen Akt die Verletzung einfachen Rechts vorzuwerfen; Ansatzpunkt ist der mögliche Verstoß gegen Verfassungsrecht über Art. 2 I GG und die anderen Grundrechte.

III. Rechtsrelevanz des angegriffenen Aktes

Rechtsrelevanz gegenüber Beschwerdeführer

Wenn der angegriffene Akt überhaupt keine Rechtswirkungen entfaltet, kann er den Beschwerdeführer auch nicht beschweren. Das kann er nur dann, wenn er eine materielle Entscheidung enthält und unmittelbare Auswirkungen zeitigt.[142]

43

---

136   BVerfGE 13, 237 (239); BVerfGE 64, 367 (375): **alle Entscheidungen = juris**byhemmer; Weber, JuS 1992, 124; Robbers, JuS 1993, 1022.

137   Vgl. nur BVerfGE 64, 367 (375) = **juris**byhemmer.

138   Weber, JuS 1992, 124 m.w.N.

139   BVerfGE 6, 32 (36 ff., 41) = **juris**byhemmer.

140   Weber, JuS 1992, 124 f. m.w.N.; krit. Schlaich, Rn. 241 ff.

141   BVerfGE 49, 252 (258); 55, 244 (247) = **juris**byhemmer; st. Rspr.; mehr dazu unten, Prüfungsmaßstab in der Begründetheit, Rn. 90.

142   BVerfGE 33, 18 (20 f.) = **juris**byhemmer; Gusy, Rn. 100.

Bsp.: Die Frage der Rechtsrelevanz hat das BVerfG verneint bei Maßnahmen mit bloß staatsinterner Wirkung, etwa der Auflösung des Bundestages,[143] behördeninternen Anträgen[144] und sonstigen Mitwirkungshandlungen interner Art, bei unverbindlichen Meinungsäußerungen, Mitteilungen über den Stand der Dinge, bloßen Auslegungen und Anregungen an den Bürger,[145] bei bloßen Vorbereitungshandlungen zu staatlichen Maßnahmen, wie Ankündigungen, Vorbereitungen und bloßen Entwürfen, auch die bloße Neubekanntmachung einer Norm ohne inhaltliche Änderung[146] sowie bei sonstigen staatlichen Maßnahmen, die ihrem konkreten Inhalt nach keine Beschwerde begründen können, wie etwa der Haushaltsplan oder außenpolitische Absichten und Einstellungen.[147]

hemmer-Methode: Nicht notwendig zur Annahme der Beschwerde ist allerdings ein gezielter Eingriff in das Grundrecht, faktische Grundrechtsverletzungen genügen für die Beschwerde.[148] Denken Sie in diesem Zusammenhang an die parallele Problematik bei der Feststellung eines Eingriffs i.R.d. Grundrechtsprüfung (vgl. unten Rn. 109 ff.). Allerdings werden hier in der Klausur seltener Probleme liegen. Regelmäßig näher zu prüfen ist dagegen der nachfolgende Punkt der Betroffenheit des Beschwerdeführers.

IV. Betroffenheit des Beschwerdeführers

BVerfG: Beschwerdeführer muss selbst, gegenwärtig und unmittelbar betroffen sein

Nach ständiger Rechtsprechung des BVerfG muss der Beschwerdeführer ferner substantiiert behaupten, selbst, gegenwärtig und unmittelbar in seiner grundrechtlich geschützten Position betroffen zu sein.[149] Das BVerfG hat diese Formel zunächst für die Verfassungsbeschwerde unmittelbar gegen Rechtsnormen entwickelt, sie später aber auch für Beschwerden gegen Einzelakte angewendet; dabei hat es aber betont, dass die Voraussetzungen bei Beschwerden gegen Gerichtsentscheidungen i.d.R. keiner näheren Prüfung bedürften.[150]

hemmer-Methode: Etwas anderes kann aber bei gerichtlichen Durchsuchungsanordnungen und vergleichbaren Entscheidungen gelten. Anders als bei einem „normalen" Urteil, wird sich eine solche Anordnung mittlerweile meist erledigt haben, sodass die Gegenwärtigkeit der Beschwer ein Problem ist.

Grundrechte im Zivilrecht?

Richtet sich die Verfassungsbeschwerde gegen zivilrechtliche Gerichtsentscheidungen, stellt sich die Frage, wieweit der Beschwerdeführer durch eine solche Entscheidung überhaupt in Grundrechten verletzt sein kann. Voraussetzung hierfür ist, dass die Grundrechte im Zivilrecht für den Richter überhaupt Prüfungsmaßstab sind, da die Entscheidung nur gegen solche Vorschriften verstoßen kann, die für bei Erlass dieser Entscheidung auch zu beachten sind.

Die Grundrechte gelten im Zivilrecht zwar grundsätzlich nicht unmittelbar, sind aber von den Zivilgerichten bei der Auslegung unbestimmter Rechtsbegriffe zu berücksichtigen, sog. mittelbare Drittwirkung der Grundrechte.[151] Aus diesem Grund kann auch eine zivilgerichtliche Entscheidung gegen Grundrechte verstoßen. Die erforderliche Betroffenheit kann damit bejaht werden.

44

---

143   BVerfGE 62, 397 (398) = **juris**byhemmer.

144   BVerfGE 20, 162 (172) = **juris**byhemmer.

145   Nachweise bei Gusy, Rn. 101.

146   Nachweise bei Pestalozza, S. 110.

147   BVerfGE 55, 345 (367); NJW 1983, 2136: **alle Entscheidungen** = **juris**byhemmer.

148   Weber, JuS 1992, 125 m.N.

149   St. Rspr. seit BVerfGE 1, 97 (101) = **juris**byhemmer.

150   BVerfGE 53, 30 (40 ff.) = **juris**byhemmer.

151   Ausführlich Rn. 91 f.

1. Selbstbetroffenheit

„selbst" immer (+), wenn Adressat des staatl. Handelns

Der rechtsrelevante Akt muss gerade den Beschwerdeführer betreffen, was unzweifelhaft immer dann vorliegt, wenn der Beschwerdeführer Adressat des Verhaltens der öffentlichen Hand ist.

45

hemmer-Methode: Machen Sie sich den Unterschied zur Prozessführungsbefugnis klar: Bei dieser geht es darum, ob dem Beschwerdeführer das Recht in concreto zusteht, während die Selbstbetroffenheit erst dann gegeben ist, wenn er zudem selbst verletzt sein kann. Beide Gesichtspunkte ergänzen einander und schließen eine Popularklage im Wege der Verfassungsbeschwerde aus.[152]

problematisch bei Nicht-Adressaten: unmittelbare, rechtl. Betroffenheit erforderlich

Problematisch wird die Selbstbetroffenheit in den Fällen, in denen die Maßnahme zwar nur auf die Adressaten zielt, aber auch auf andere wirkt, und der Beschwerdeführer zu den Nicht-Adressaten gehört. Voraussetzung ist dann, dass zwischen seiner Rechtsposition und dem Akt eine hinreichend enge Beziehung besteht, wofür das BVerfG eine unmittelbare, rechtliche im Gegensatz zur bloß mittelbaren, faktischen oder wirtschaftlichen Betroffenheit verlangt.[153]

Bsp.: Diese rechtliche Betroffenheit hat das BVerfG etwa bejaht bei der Ausweisung des Ehemannes, die auch die Ehefrau in Art. 6 I GG betrifft,[154] bei einer Norm, die eine Partei im Wahlverfahren benachteiligt, aber dadurch auch deren Wähler betrifft[155] oder beim Mitbestimmungsgesetz, das sich zwar an den Arbeitgeber richtet, aber auch die Arbeitnehmer betrifft.[156] Es soll außerdem ein Eingriff in Rechte einer Religionsgemeinschaft darstellen, wenn dem Sektenführer gegenüber ein Einreiseverbot verhängt wird.[157]

Hingegen hat das BVerfG die Selbstbetroffenheit abgelehnt bei einer Gerichtsentscheidung, die der GmbH Prozesskostenhilfe versagt, im Hinblick auf deren Gesellschafter[158] und bei einer gegenüber Strafgefangenen verfügten Kontaktsperre im Hinblick auf deren Verteidiger[159] oder bei der Erbschaftssteuerpflicht, gegen die sich ein potenzieller Erblasser wendet.[160]

hemmer-Methode: Immer wieder versuchen Organisationen Grundrechtsverletzungen zu rügen, die ihre Mitglieder erlitten haben. Sie können aber nur ihre eigenen Grundrechte geltend machen. Wie bei der Prozessführungsbefugnis bereits dargestellt, gibt es grundsätzlich keine Prozessstandschaft. Bei den Beispielen sehen Sie aber auch die enge Verknüpfung von Prozessführungsbefugnis und Selbstbetroffenheit in manchen Konstellationen.

2. Gegenwärtige Betroffenheit

„gegenwärtig": nicht nur virtuell

Gegenwärtige Betroffenheit bedeutet zweierlei: Der Beschwerdeführer darf auf der einen Seite nicht bloß virtuell, also irgendwann einmal in der Zukunft, betroffen sein. Voraussetzung für die Zulässigkeit der Verfassungsbeschwerde ist demnach, dass zum Zeitpunkt ihrer Erhebung die angegriffene Maßnahme Gültigkeit aufweist. Verfassungsbeschwerden gegen Gesetze sind daher grundsätzlich erst nach ihrer Verkündung zulässig.[161]

46

---

152 BVerfGE 1, 97 (101 f.) = **juris**byhemmer.

153 BVerfGE 34, 338 (340); 28, 384 (320 f.); 51, 369 (376 f.): **alle Entscheidungen** = **juris**byhemmer.

154 BVerfGE 51, 386 (395) = **juris**byhemmer.

155 BVerfGE 12, 10 (22) = **juris**byhemmer.

156 BVerfGE 50, 290 (323 f.) = **juris**byhemmer. Weitere Beispiele bei Pestalozza, S. 112.

157 BVerfG, Beschluss vom 24.10.2006 = **juris**byhemmer; 2 BvR 1908/03 = **Life&Law 06/2007**.

158 BVerfGE 35, 348 (352) = **juris**byhemmer.

159 BVerfGE 52, 24 (47 f.) = **juris**byhemmer.

160 BVerfG, NJW 2011, 366 = **Life&Law 05/2011** = **juris**byhemmer.

161 Vgl. nur Gusy, Rn. 113 f.

Eine gegenwärtige Betroffenheit ist bereits dann zu bejahen, wenn der Beschwerdeführer schon jetzt zu nicht mehr korrigierbaren Entscheidungen gezwungen ist oder Dispositionen treffen muss, die später nicht mehr nachgeholt werden können, und ihm deshalb ein Abwarten nicht zugemutet werden kann.[162]

hemmer-Methode: Das BVerfG wendet die Kriterien selbst, gegenwärtig und unmittelbar nicht sklavisch an, sondern wertet im Einzelfall, ob dem Betroffenen ein Abwarten zumutbar ist oder nicht. So hat es Verfassungsbeschwerden gegen § 14 III LuftSiG[163] angenommen, obwohl die Beschwerdeführer durch das Gesetz nicht unmittelbar betroffen waren.
Hier konnten die Beschwerdeführer unmöglich darauf verwiesen werden, so lange zu warten, bis das Gesetz in ihrem Fall auch wirklich relevant wird, da dann jeglicher Antrag an das BVerfG zwangsläufig zu spät käme.[164]

grds. auch noch fortbestehend

Auf der anderen Seite muss die Betroffenheit auch gegenwärtig noch fortbestehen, dass sie einmal in der Vergangenheit vorgelegen hat, reicht grundsätzlich nicht aus.[165] Etwas anderes gilt dann, wenn ein berechtigtes Interesse an einer Entscheidung des BVerfG trotz der Erledigung gegeben ist. Dies ist vergleichbar der Rechtsprechung zu § 113 I S. 4 VwGO bspw. bei einer Wiederholungsgefahr und bei Vorliegen eines Rehabilitationsinteresses der Fall. Diese Problematik wird allerdings partiell auch unter dem Aspekt des Rechtsschutzbedürfnisses thematisiert.[166]

Der Beschwerdeführer kann insbesondere noch betroffen sein durch Rechtsnormen, die mit ex-nunc-Wirkung aufgehoben werden.[167] Stets ist erforderlich, dass die Maßnahme eine andauernde belastende Wirkung für den Beschwerdeführer zeitigt.

hemmer-Methode: Der Beschwerdeführer muss also „schon" und „noch" betroffen sein!

3. Unmittelbare Betroffenheit

„unmittelbar" (-), wenn noch Vollzugsakt erforderlich

Die unmittelbare Betroffenheit fehlt, wenn der angegriffene Akt der öffentlichen Gewalt rechtsnotwendig oder auch nur nach der tatsächlichen Verwaltungspraxis einen besonderen Vollzugsakt voraussetzt.[168] Problematisch ist sie besonders, wenn Gesetzesvorschriften angegriffen werden, die regelmäßig auf Vollzug durch die Verwaltung angelegt sind.

Bsp.: Die Unmittelbarkeit wurde bejaht beim Mitbestimmungsgesetz im Hinblick auf die Arbeitgeber, weil es für die Gesellschaften Handlungspflichten, insbesondere zu einer neuen Zusammensetzung des Aufsichtsrates, ohne weitere Vollzugsakte auslöst,[169] und bei einem Landesmediengesetz im Hinblick auf die öffentlich-rechtlichen Rundfunkanstalten, da es bestimmte Sendeveranstaltungen ohne weitere Konkretisierungen privaten Rundfunkanbietern vorbehielt.[170]

47

---

162 BVerfGE 60, 360 (372); 65, 1 (37); 75, 246 (263); BVerfG, FamRZ 2003, 832: **alle Entscheidungen** = juris by hemmer.

163 Befugnis für die Bundeswehr, etwaige Terrorflugzeuge abzuschießen.

164 BVerfG, NJW 2006, 751 = **Life&Law 2006, 269** = juris by hemmer.

165 Weber, JuS 1992, 125 m.w.N.

166 Vgl. Rn. 61.

167 BVerfGE 2, 237 (242); 23, 208 (223): **alle Entscheidungen** = juris by hemmer; Gusy, Rn. 117.

168 St. Rspr., vgl. nur BVerfGE 72, 39 (42) = **juris** by hemmer.

169 BVerfGE 50, 290 (319) = juris by hemmer.

170 BVerfGE 74, 297 (318) = juris by hemmer.

Dagegen wurde die Unmittelbarkeit abgelehnt für die gesetzliche Verpflichtung bestimmter Krankenhäuser, sich zur Erfüllung automatisierter Aufgaben gemeinsamer Rechenzentren zu bedienen: diese betrifft die Krankenhäuser dann nicht unmittelbar, wenn die Einzelheiten dieser Verpflichtung einer Rechtsverordnung vorbehalten ist, die noch nicht erlassen ist.[171] Ebenso wurde sie abgelehnt für Vorschriften, welche die Hochschulen auffordern, Vorkehrungen zur Harmonisierung der freien Meinungsäußerung der Studenten zu treffen; diese betrifft Mitglieder der Hochschule nicht unmittelbar, solange von dieser Möglichkeit im betreffenden Fachbereich noch kein Gebrauch gemacht worden ist.[172]

hemmer-Methode: Bedarf es mithin eines Vollzugsaktes, muss zunächst gegen diesen vorgegangen und der Rechtsweg erschöpft werden. Auf diesem Weg kann die konkrete Normenkontrolle gem. Art. 100 I GG durch eine Richtervorlage erreicht oder die Norm implizit bei der Entscheidung über die Verfassungsbeschwerde gegen die letztinstanzliche Entscheidung überprüft werden.
Dadurch will man den Zugang zum BVerfG steuern und verhindern, dass die Verfassungsbeschwerde sich zu sehr der abstrakten Normenkontrolle angleicht, für die der Einzelne gerade nicht antragsbefugt ist.

aber keine Unmittelbarkeit erforderlich bei:

Allerdings hat das BVerfG auch Ausnahmen bezüglich des weiteren Vollzugsaktes bei Normen zugelassen.

- fehlendem Entscheidungsspielraum bei Vollzugsakt

So soll eine Verfassungsbeschwerde unmittelbar gegen ein Gesetz trotz Erforderlichkeit eines Vollzugsaktes zulässig sein, wenn die Normanwendung keinerlei Entscheidungsspielraum zulässt, wobei allerdings hierbei eine Einschränkung über den Grundsatz der Subsidiarität des BVerfG gegenüber der Überprüfung durch die Fachgerichte erfolgt.[173]

- Unzumutbarkeit, v.a. bei Strafvorschriften

Die wichtigste Ausnahme bildet indessen der Grundsatz der Unzumutbarkeit. Danach hat das BVerfG dann die unmittelbare Betroffenheit des Beschwerdeführers angenommen, wenn ihm ein Abwarten des Vollzugsaktes und das Vorgehen dagegen nicht zumutbar erschienen.

> *Bsp.: Durch Landtagsgesetz wird das Rauchen in der Öffentlichkeit unter Strafe gestellt. Es kann dem Betroffenen hier nicht zugemutet werden, zunächst straffällig zu werden, nur um so eine Überprüfung des Gesetzes durch das Bundesverfassungsgericht zu ermöglichen. Allerdings lässt sich bei einem Strafgesetz eine unmittelbare Betroffenheit auch damit bejahen, dass dieses unmittelbar, also auch ohne Strafurteil ein Verbotsgesetz darstellt.*

- Unzumutbarkeit bei irreversiblen Dispositionen

Nicht zumutbar ist das Abwarten eines Vollzugsaktes, wenn das Gesetz den Betroffenen bereits vorher zu Dispositionen veranlasst, die er nach dem Gesetzesvollzug nicht mehr nachholen oder beseitigen könnte, und der Vollziehungsakt ohne Auslegungs- und Entscheidungsspielraum der Verwaltung ergehen muss.[174]

48

---

171   BVerfGE 53, 366 (388 ff.) = **juris**byhemmer.

172   BVerfGE 55, 37 (52 f.) = **juris**byhemmer.

173   Vgl. BVerfGE 72, 39 (44); 74, 69 (75); 58, 81 (104 f.)**: alle Entscheidungen** = **juris**byhemmer; in einer weiteren Entscheidung lässt das BVerfG das Vorliegen einer gebundenen Entscheidung alleine nicht ausreichen, sondern fordert zusätzlich, dass bereits jetzt irreversible Dispositionen getroffen werden müssen; BVerfG, FamRZ 2003, 832, dazu sogleich.

174   BVerfGE 46, 246 (256); 77, 84 (100); zuletzt BVerfG, DVBl. 1994, 751 (751 f.); BVerfG, NJW 1998, 1385; BVerfG, FamRZ 2003, 832; vgl. auch BVerfG, Urteil vom 24.04.2013, 1 BvR 1215/07 (**alle Entscheidungen** = **juris**byhemmer), wonach eine Verfassungsbeschwerde direkt gegen das Gesetz trotz eines noch erforderlichen Vollzugsakts zulässig ist, wenn dieser dem Betroffenen überhaupt nicht (zwingend) bekannt gemacht wird (Speicherung von Daten im Rahmen der Terrorbekämpfung).

hemmer-Methode: Ein interessantes Beispiel für das Problem der Unmittelbarkeit ist die Mitwirkung deutscher Stellen bei Maßnahmen der EU. Das BVerfG hat hierzu ausgeführt, dass eine Verfassungsbeschwerde gegen die Mitwirkung der Bundesregierung an der Entstehung sekundären Unionsrechts unzulässig sei, da die Zustimmung der Bundesregierung zu dem Erlass der Richtlinie durch den Rat der Europäischen Union keinen den Beschwerdeführer unmittelbar belastenden Hoheitsakt darstelle. Die Mitwirkung der Bundesregierung sei kein Akt öffentlicher Gewalt gegenüber dem Beschwerdeführer, sondern trage lediglich zur Entstehung einer Richtlinie bei, die erst nach Inkrafttreten und nach ihrer Umsetzung in nationales Recht den Beschwerdeführer betreffe.[175] Allerdings kann der Betroffene unter bestimmten Voraussetzungen gegen das sekundäre Unionsrecht selbst vorgehen.[176]

Auch hier gilt es wieder, das Ergebnis im Blick zu behalten. Kann es dem Betroffenen zugemutet werden, den Vollzugsakt abzuwarten? Durch die Befugnis des § 14 III LuftSiG, Terrorflugzeuge abzuschießen, ist kein Passagier unmittelbar im engeren Sinn betroffen. Allein das Gesetz tötet keinen Flugzeuginsassen. Es kann aber aus einleuchtenden Gründen sicher keinem möglichen Flugzeuginsassen zugemutet werden, zunächst einen Vollzugsakt, sprich einen Abschuss abzuwarten, sodass die Beschwerdebefugnis zu bejahen ist.[177]

D) Rechtswegerschöpfung (§ 90 II BVerfGG) und der Grundsatz der Subsidiarität

§ 90 II S. 1 BVerfGG verlangt, gestützt auf Art. 94 II S. 2 GG, die Erschöpfung des Rechtsweges in den Fällen, in denen ein Rechtsweg prinzipiell eingeräumt ist, was bei formellen Gesetzen nicht der Fall ist. Des Weiteren geht das BVerfG von einer grundsätzlichen Subsidiarität der Verfassungsbeschwerde aus.

hemmer-Methode: Nach ständiger Rechtsprechung des BVerfG[178] und Ansicht des herrschenden Schrifttums[179] ist das Gebot der Rechtswegerschöpfung i.S.d. § 90 II BVerfGG nur die gesetzliche Ausprägung des Grundsatzes der Subsidiarität der Verfassungsbeschwerde. Dennoch sind beide Grundsätze selbstständig nebeneinander zu prüfen. Machen Sie dem Korrektor klar, dass „Subsidiarität" im Einzelfall mehr ist als bloße Rechtswegerschöpfung!

I. Rechtswegerschöpfung

„Rechtsweg" umfassend zu verstehen

Rechtsweg ist der Weg, der dem Einzelnen mit dem Begehren, die behauptete Grundrechtsverletzung zu überprüfen und auszuräumen, vor die deutschen staatlichen Gerichte führt. Er beginnt u.U. bei der Verwaltung, wenn nämlich dem Gerichtsverfahren das Widerspruchsverfahren vorgeschaltet ist.

Er endet normalerweise mit der Entscheidung letzter Instanz, gegen die kein Rechtsmittel mehr gegeben ist.

Zum Rechtsweg gehören auch der Antrag auf Wiedereinsetzung in den vorigen Stand[180] und der Antrag auf Wiederaufnahme des Verfahrens.[181]

49

---

175 Vgl. BVerfG, NJW 1990, 974 = jurisbyhemmer.

176 Vgl. oben Rn. 31.

177 BVerfG, NJW 2006, 751 = Life&Law 2006, 269 = jurisbyhemmer.

178 Vgl. etwa BVerfGE 51, 130 (139); DVBl. 1995, 147 = jurisbyhemmer.

179 Gusy, Rn. 131 m.w.N.

180 BVerfGE 42, 252 (257) = jurisbyhemmer.

181 BVerfGE 11, 61 (63) = jurisbyhemmer. Zum Wiederaufnahmeverfahren als Voraussetzung für die Zulässigkeit einer Verfassungsbeschwerde vgl. auch BayVerfG, NJW 1998, 1136.

Zum Rechtsweg gehören ferner auch Normenkontrollen gemäß § 47 VwGO sowie solche Rechtsbehelfe, die keinen Devolutiveffekt haben, d.h. zur Überprüfung nicht durch eine höhere, sondern dieselbe Instanz führen, z.B. Einspruch gegen einen Strafbefehl gemäß §§ 409 ff. StPO und Einspruch gegen ein Versäumnisurteil gemäß §§ 338 ff. ZPO.

50 Wegen der zunehmenden praktischen Bedeutung des vorläufigen Rechtsschutzes, insbesondere der §§ 80 V, 123 VwGO, ist die Frage bedeutsam, ob Verfassungsbeschwerden gegen letztinstanzliche Entscheidungen im Verfahren des vorläufigen Rechtsschutzes zulässig sind. Das BVerfG bejaht dies grundsätzlich. Der Zulässigkeit stehe nicht entgegen, dass der Beschwerdeführer das Verfahren in der Hauptsache betreiben könne und dass insoweit der Rechtsweg nicht erschöpft sei, denn gegenüber dem Hauptsacheverfahren sei das Verfahren des vorläufigen Rechtsschutzes rechtlich selbstständig.[182] Allerdings beschränkt es wiederum die Anfechtbarkeit letztinstanzlicher Entscheidungen im vorläufigen Rechtsschutz über den Grundsatz der Subsidiarität (dazu näher unten Rn. 58 ff.).

Anforderungen im Einzelnen

51 Erschöpfung des Rechtsweges bedeutet, dass der Beschwerdeführer alle zulässigen und ihm zumutbaren prozessualen Möglichkeiten zur Beseitigung der behaupteten Grundrechtsverletzung in Anspruch genommen haben muss. Das bedeutet im Einzelnen:

kein Amtshaftungsprozess erforderlich

⇨ Nicht erforderlich ist die Durchführung von Verfahren, in denen es nicht um die Beseitigung der behaupteten Grundrechtsverletzung geht, sondern um andere, wenngleich damit zusammenhängende Fragen, z.B. im Amtshaftungsprozess.[183]

jedes zulässige Rechtsmittel ausgeschöpft

⇨ Die zulässigen prozessualen Möglichkeiten dürfen vom Beschwerdeführer nicht versäumt worden sein, d.h., dass er jedes zulässige Rechtsmittel eingelegt haben muss.[184]

frühzeitiges Vorbringen der GR-Verletzung – sog. materielle Rechtswegerschöpfung

⇨ Nach Auffassung des BVerfG muss der Beschwerdeführer bereits während der einfachgerichtlichen Auseinandersetzung im Kern mit denselben Gründen gegen die behauptete Rechtsverletzung vorgegangen sein, die er mit der Verfassungsbeschwerde geltend macht, ansonsten ist der Rechtsweg nicht erschöpft.[185]

kein aussichtsloses Rechtsmittel erforderlich

⇨ Der Rechtsweg gilt als erschöpft, wenn das zulässige Rechtsmittel aussichtslos ist.[186]

> **hemmer-Methode: Häufig wird hier in der Klausur kein Problem liegen. Richtet sich die Verfassungsbeschwerde gegen ein formelles Gesetz, gibt es keinen Rechtsweg, richtet sie sich gegen einen Verwaltungsakt oder eine Gerichtsentscheidung, wird häufig eine letztinstanzliche Entscheidung vorliegen. Geht allerdings aus dem Sachverhalt hervor, dass der Rechtsweg nicht erschöpft ist, ist an die sogleich dargestellten Ausnahmen zu denken. Mehr Probleme bereitet die beschriebene allgemeine Subsidiarität der Verfassungsbeschwerde.**

---

182 BVerfGE 35, 382 (397); DVBl. 1995, 147; **beide Entscheidungen = juris**byhemmer; Robbers, JuS 1993, 1024.
183 BVerfGE 20, 162 (173) = **juris**byhemmer.
184 BVerfGE 1, 12 (13) = **juris**byhemmer.
185 BVerGE 82, 6 (11); vgl. BVerfG, NJW 1994, 2817 = **juris**byhemmer; BVerfG, NJW 2004, 1650 = **juris**byhemmer; zu den Bedenken Robbers, JuS 1993, 1024.
186 BVerfGE 55, 154 (157); BVerfG, NJW 1999, 2031; **beide Entscheidungen = juris**byhemmer.

II. Ausnahmen

1. Gesetzliche Ausnahmen

gesetzliche Ausnahmen

§ 90 II S. 2 BVerfGG enthält zwei Ausnahmen, bei deren Vorliegen die Rechtswegerschöpfung entbehrlich ist.

a) Allgemeine Bedeutung

allgemeine Bedeutung

52

Gemäß § 90 II S. 2 Alt. 1 BVerfGG kann (Ermessensentscheidung) das BVerfG über die Verfassungsbeschwerde entscheiden, ohne dass der Rechtsweg erschöpft zu sein braucht, wenn die Vorabentscheidung von allgemeiner Bedeutung ist. Die Verfassungsbeschwerde ist von allgemeiner Bedeutung, wenn sie grundsätzliche verfassungsrechtliche Fragen aufwirft und die zu erwartende Entscheidung über den Einzelfall hinaus Klarheit über die Rechtslage in einer Vielzahl gleichgelagerter Fälle schafft.[187]

b) Schwerer und unabwendbarer Nachteil

schwerer und unabwendbarer Nachteil

53

§ 90 II S. 2 Alt. 2 BVerfGG lässt eine weitere Ausnahme dann zu, wenn dem Beschwerdeführer ein schwerer und unabwendbarer Nachteil entstünde, falls er zunächst auf den Rechtsweg verwiesen würde.

Wann ein schwerer und unabwendbarer Nachteil angenommen werden muss, lässt sich nicht allgemein sagen, sondern richtet sich nach den Umständen des Einzelfalles.[188] Voraussetzung ist jedenfalls, dass gerade das Abwarten einer späteren Entscheidung diesen Nachteil begründet, etwa weil sie zu spät käme und den Beschwerdeführer damit praktisch rechtsschutzlos stellte,[189] wie z.B. bei Zuteilung von Rundfunksendezeiten an Parteien unmittelbar vor der Wahl.[190]

2. Ungeschriebene Ausnahmen

ungeschriebene Ausnahmen

Als ungeschriebene Ausnahme lässt das BVerfG ferner die Unzumutbarkeit der Rechtswegerschöpfung zu, die sowohl materiell als auch prozessual begründet sein kann.

a) Materiell begründete Unzumutbarkeit

54

⇨ Die entgegenstehende gefestigte höchstrichterliche Rechtsprechung:

entgegenstehende gefestigte höchstrichterliche Rechtsprechung

Nach dem Sinn des § 90 II S. 1 BVerfGG ist die Rechtswegerschöpfung objektiv nicht geboten und dem Beschwerdeführer subjektiv nicht zuzumuten, wenn im Hinblick auf eine gefestigte jüngere und einheitliche höchstrichterliche Rechtsprechung auch im konkreten Einzelfall kein von dieser Rechtsprechung abweichendes Ergebnis zu erwarten ist.[191]

---

187   BVerfGE 19, 268 (273); 19, 288 (289); 25, 236 (246); 68, 176 (185); vgl. BVerfG, Beschluss vom 25.06.2015, 1 BvR 439/14 = **Life&Law 10/2015**; **alle Entscheidugen** = **juris**byhemmer; Beispiele bei Zuck, Rn. 635.

188   BVerfGE 9, 120 (121) = **juris**byhemmer.

189   Vgl. BVerfG, EuGRZ 1994, 642 (642 f.) = **juris**byhemmer.

190   BVerfGE 14, 121 (130) = **juris**byhemmer; Beispiele bei Zuck, Rn. 639.

191   St. Rspr. seit BVerfGE 9, 3 (7 f.); 55, 154 (157); 70, 180 (186): **alle Entscheidungen** = **juris**byhemmer.

⇨ Bei eindeutiger gesetzlicher Regelung:

eindeutige gesetzl. Regel

Die Erschöpfung des Rechtsweges kann ferner nicht gefordert werden, wenn der Beschwerdeführer bereits durch zwei Instanzen erfolglos geblieben ist, und im Hinblick auf die eindeutige gesetzliche Regelung auch bei Durchführung eines erneuten Beschwerdeverfahrens kein anderes Ergebnis zu erwarten ist.[192]

⇨ Bei Verweigerung der Prozesskostenhilfe für die Erschöpfung des Rechtsweges.[193]

Das allgemeine Erfolgs- und Kostenrisiko eines Prozesses macht im Hinblick auf die Regeln der Prozesskostenhilfe die Erschöpfung des Rechtswegs aber grundsätzlich nicht unzumutbar.[194]

⇨ Keine Unzumutbarkeit liegt indessen vor, wenn die Zulässigkeit eines Rechtsmittels unterschiedlich beurteilt wird.[195]

b) Prozessual begründete Unzumutbarkeit

Prozessual ist die Rechtswegerschöpfung unzumutbar, wenn Parallelverfahren anhängig sind,[196] oder wenn unsicher ist, welches von mehreren Verfahren in Betracht kommt.[197]

Geht es um die Beseitigung groben prozessualen Unrechts, so ist es den Betroffenen zumutbar, Abhilfe zunächst durch Einlegung auch eines außerordentlichen Rechtsbehelfs im fachgerichtlichen Verfahren zu suchen. Die Monatsfrist zur Einlegung der Verfassungsbeschwerde wird durch eine auf einen solchen Rechtsbehelf hin ergehende Entscheidung neu in Lauf gesetzt.[198]

hemmer-Methode: Die hier dargestellten Ausnahmen sind eng zu begrenzen, weil die darin zum Ausdruck kommende Subsidiarität der Verfassungsbeschwerde ein Wesensmerkmal dieses außerordentlichen Rechtsbehelfs ist.[199] Im Übrigen gilt: Lernen Sie die Fallgruppen nicht auswendig, sondern versuchen Sie, sie unter dem Gesichtspunkt der hier nicht zu fordernden Subsidiarität zu verstehen! Dann werden Sie in der Klausur entsprechende Informationen aus dem Sachverhalt richtig einordnen und die Ausnahmen vom Erfordernis der Rechtswegerschöpfung auch zur Zufriedenheit des Korrektors begründen können.

III. Irrtum des Beschwerdeführers über den Rechtsweg

Probleme in der Klausur können sich ergeben, wenn der Beschwerdeführer über den Rechtsweg bzw. das Erfordernis seiner Beschreitung irrt. Hier ist zu differenzieren:

---

192   BVerfGE 47, 1 (17 f.); 56, 363 (380); 69, 188 (202); BVerfG, NJW 2004, 3029: **alle Entscheidungen = juris**byhemmer.

193   BVerfGE 16, 1 (2); 22, 349 (355); 26, 206 (209); vgl. BVerfG, NJW 1994, 2749: **alle Entscheidungen = juris**byhemmer.

194   BVerfG, NJW 1998, 590 f. = **juris**byhemmer.

195   BVerfGE 16, 1 (2); 47, 168 (175): **alle Entscheidungen = juris**byhemmer.

196   BVerfGE 52, 43 (52) = **juris**byhemmer.

197   BVerfGE 27, 88 (97) = **juris**byhemmer.

198   BVerfG, NJW 1997, 46 = **juris**byhemmer; vgl. dazu auch Berl.VerfGH, NJW 1999, 275 sowie Sächs.VerfGH, NJW 1998, 3114 und BVerfG, NJW 1997, 1301 = **juris**byhemmer.

199   St. RSpr. seit BVerfGE 1, 97 (103); vgl. 70, 180 (186): **alle Entscheidungen = juris**byhemmer.

55

1. Irrtümliche Beschreitung des Rechtswegs

irrtüml. Beschreitung: VB gegen vorausgegangene Entscheidung

Beschreitet der Beschwerdeführer den Rechtsweg, obwohl er wissen musste, dass die von ihm gewählte Verfahrensart unstatthaft und unzulässig war, muss er nach ständiger Rspr. Verfassungsbeschwerde gegen die der Rechtsmittelentscheidung vorausgegangene Entscheidung einlegen.[200]

56

Frist aber erst ab Rechtsmitteleinlegung, falls schuldlos

Beschreitet der Beschwerdeführer schuldlos den Rechtsweg, so läuft die Frist zur Einlegung der Verfassungsbeschwerde erst von der Entscheidung an, die das Rechtsmittel als unstatthaft oder unzulässig verwirft, wobei vom Beschwerdeführer nicht verlangt werden kann vorsorglich Verfassungsbeschwerde zu erheben.[201]

2. Irrtümliche Nichtbeschreitung des Rechtsweges

Erhebt der Beschwerdeführer Verfassungsbeschwerde, obwohl er eigentlich den Rechtsweg hätte beschreiten müssen, so hängt die Zulässigkeit von der Frage der Zumutbarkeit ab.[202] Bloße Zweifel an der Statthaftigkeit oder Zulässigkeit des Rechtsmittels reichen für den Verzicht auf den Rechtsweg nicht aus.[203]

57

IV. Subsidiarität der Verfassungsbeschwerde

1. Inhalt

Subsidiarität: jede zumutbare Möglichkeit ausschöpfen, um GR-Verletzung abzuwenden

Das BVerfG hat die Zulässigkeitsvoraussetzung der Rechtswegerschöpfung zum Grundsatz der Subsidiarität der Verfassungsbeschwerde ausgedehnt:

58

Der Beschwerdeführer muss über die Rechtswegerschöpfung i.e.S. hinaus alle nach Lage der Sache zur Verfügung stehenden Möglichkeiten ergreifen, um eine Korrektur der geltend gemachten Verfassungsverletzungen zu erwirken oder eine Grundrechtsverletzung zu verhindern.[204] Dem Grundsatz der Subsidiarität entnimmt das BVerfG auch eine generelle Aussage über die Aufgabenverteilung zwischen BVerfG und den Fachgerichten.

Diesen obliegt ausschließlich die Ermittlung und Würdigung des Sachverhalts sowie die Auslegung des einfachen Rechts; ihnen obliegt auch zunächst die Wahrung der Grundrechte.[205] Sie sind auch dann vorrangig anzurufen, wenn das Gesetz keinen Auslegungs- oder Entscheidungsspielraum offen lässt.[206]

Um das BVerfG zu entlasten und für seine eigentliche Aufgabe des Verfassungsschutzes frei zu machen, muss der Beschwerdeführer alle zumutbaren Rechtsschutzmöglichkeiten wahrnehmen, sonst ist die Verfassungsbeschwerde unzulässig.[207]

---

200   BVerfGE 5, 17 (19); 28, 1 (6); 57, 121 (130): **alle Entscheidungen = juris**byhemmer.

201   BVerfGE 51, 150 (154 f.); 52, 380 (387); BVerfG, NJW 1994, 2817 ff.: **alle Entscheidungen = juris**byhemmer.

202   BVerfGE 38, 139 (145); 51, 150 (155): **alle Entscheidungen = juris**byhemmer.

203   Pestalozza, S. 124.

204   BVerfGE 68, 384 (388 f.); 73, 322 (325); 74, 102 (103); zur Subsidiarität der Verfassungsbeschwerde gegen Rechtschreibreform vgl. BVerfG,
      NJW 1998, 1218; zum Dosenpfand vgl. BVerfG, NJW 2003, 418: **alle Entscheidungen = juris**byhemmer.

205   BVerfGE 49, 252 (258); 55, 244 (247); 74, 69 (75): **alle Entscheidungen = juris**byhemmer.

206   BVerfGE 72, 39 (43 ff.); 79, 1 (20); BVerfG, FamRZ 2003, 832: **alle Entscheidungen = juris**byhemmer.

207   BVerfGE 71, 305 (335 f.); 74, 69 (74); 75, 246 (263): **alle Entscheidungen = juris**byhemmer.

2. Ausprägungen

Gegenvorstellung

⇨ Wegen des Grundsatzes der Subsidiarität verlangt das BVerfG, dass der Betroffene gegen offensichtliche Fehler der letztinstanzlichen Entscheidung bei dem entscheidenden Gericht noch Gegenvorstellungen erhebt, mit dem Ziel, das Gericht zur Aufhebung seiner Entscheidung zu bewegen.[208]

§ 33a StPO, § 321a ZPO

⇨ Der Beschwerdeführer ist verpflichtet, vor Durchführung des Verfassungsbeschwerdeverfahrens alle in Betracht kommenden rechtlichen Mittel zu ergreifen, um sich nachträglich das rechtliche Gehör zu verschaffen, d.h., dass die Verfassungsbeschwerde wegen Subsidiarität unzulässig ist, wenn der Beschwerdeführer einen Antrag gemäß § 33a StPO zu stellen unterlässt, der jeden Verstoß gegen Art. 103 I im Beschlussverfahren erfassen würde.[209] Gleiches gilt, wenn ein möglicher Antrag nach § 321a ZPO, § 152a VwGO nicht gestellt wird.[210]

keine Zwischenentscheidung angreifbar

⇨ Erstinstanzliche Eröffnungsbeschlüsse sind Zwischenentscheidungen,[211] die im Hinblick auf den Subsidiaritätsgrundsatz grundsätzlich nicht mit der Verfassungsbeschwerde angegriffen werden können. Dies gilt jedenfalls dann, wenn der angebliche Verfassungsverstoß im Ausgangsverfahren zum Gegenstand der fachgerichtlichen Nachprüfung gemacht werden kann.[212]

Inzidentkontrolle bei Gesetzen

⇨ Bei Verfassungsbeschwerden direkt gegen Gesetze stellt das BVerfG ebenfalls auf den Subsidiaritätsgrundsatz ab, da ein Rechtsweg für den Bürger gegen Gesetze in der Regel nicht gegeben ist. Vor der Erhebung einer Verfassungsbeschwerde fordert das BVerfG, dass der Beschwerdeführer zuvor alle Möglichkeiten einer Inzidentkontrolle durch die Fachgerichte wahrgenommen hat.[213]

In Betracht kommen die Beantragung einer Ausnahme, soweit diese im Gesetz vorgesehen ist, und die Erhebung einer negativen Feststellungsklage nach § 43 I VwGO mit dem Antrag festzustellen, dass durch das fragliche Gesetz gerade kein Rechtsverhältnis begründet wurde.[214]

⇨ Sinn des Subsidiaritätsprinzips ist es dabei auch zu verhindern, dass das BVerfG seine Entscheidung über die Wirksamkeit der Norm auf ungesicherten Grundlagen zur Auslegung und Anwendung dieser Vorschrift sowie zu verschiedenen Fallkonstellationen treffen muss.[215]

Ausnahme Unzumutbarkeit

Der Subsidiaritätsgrundsatz greift bei Gesetzen als Beschwerdegegenstand allerdings dann nicht, wenn der denkbare Weg zu den Fachgerichten dem Bürger unzumutbar ist. Das ist insbesondere der Fall, wenn es sich um Straf- und Ordnungswidrigkeitengesetze handelt.

---

208   BVerfGE 63, 77 (78 f.) = **juris**byhemmer; zur Kritik s. Robbers, JuS 1993, 1024.

209   BVerfGE 42, 243 (250); vgl. BVerfGE 33, 192 (194): **alle Entscheidungen** = **juris**byhemmer.

210   BVerfG, NJW 2002, 3387, 3388 = **juris**byhemmer.

211   Dazu ausführlich Zuck, Rn. 447 ff.

212   BVerfG, NJW 1995, 316 = **juris**byhemmer.

213   BVerfGE 86, 382 = **juris**byhemmer.

214   BVerfG, NVwZ 2005, 79; BVerfG, NVwZ 2006, 922 ff. = **Life&Law 2006, 773**; BVerfG, Beschluss vom 25.06.2015, 1 BvR 37/15 = **Life&Law 10/2015: alle Entscheidungen** = **juris**byhemmer.

215   BVerfG, NJW 1997, 2446 = **juris**byhemmer.

Es kann dem Betroffenen nicht zugemutet werden, zunächst gegen ein für verfassungswidrig gehaltenes Gesetz zu verstoßen, um dann gegen Strafverfolgungsmaßnahmen gerichtlich vorzugehen und so eine Inzidentkontrolle der Norm zu erreichen. Er würde dann mit dem Risiko einer Strafe für den Fall belastet, dass die Vorschrift entgegen seiner Ansicht doch verfassungsgemäß ist oder sich zumindest verfassungskonform auslegen lässt.[216]

Bsp. zur Subsidiarität: Entscheidung des BVerfG zum nordrhein-westfälischen Universitätsgesetz - Der Beschwerdeführer hatte sich gegen dieses Gesetz gewendet, welches in seinem § 71 I, II der Studentenschaft die Befugnis zur Wahrnehmung eines allgemein-politischen Mandates verleiht.

Instruktiv ist zu dieser Problematik die Ausführung des Gerichts, dass der Beschwerdeführer als Student Zwangsmitglied sei und in dieser Eigenschaft selbst, gegenwärtig und unmittelbar von der Regelung betroffen werde. Allerdings scheitere seine Verfassungsbeschwerde an der Subsidiarität. Der Grundsatz solle gewährleisten, dass das BVerfG keine weitreichenden Entscheidungen auf einer ungesicherten Tatsachen- und Rechtsgrundlage treffen müsse und erst dann über die Verfassungsmäßigkeit einer Norm entscheide, wenn anhand eines konkreten Falles feststehe, ob und in welchem Ausmaß ein Beschwerdeführer durch die Regelung betroffen sei. Das gelte insbesondere, wenn das Gesetz einen Auslegungs- oder Entscheidungsspielraum offen ließe. Unzumutbar sei aber eine Verweisung auf den fachgerichtlichen Schutz nur, wenn sie den Normadressaten zu später nicht mehr korrigierbaren Entscheidungen zwinge oder zu Dispositionen veranlasse, die er nicht mehr rückgängig machen könne. § 71 des nordrhein-westfälischen Universitätsgesetzes sei auslegungsbedürftig.

Dem Wortlaut sei nicht zu entnehmen, ob und in welchem Umfang die Studentenschaft ein allgemein-politisches Mandat ausüben dürfe. Außerdem sei zu berücksichtigen, dass es der Entscheidungsfindung diene, wenn nicht nur die abstrakte Rechtsfrage, sondern auch die Beurteilung der Rechtslage durch ein für die Materie speziell zuständiges Gericht vorliege.[217]

bei vorläufigem Rechtsschutz Hauptsache abwarten, wenn kein irreversibler Schaden droht

⇨ Eine sehr wichtige Rolle spielt der Subsidiaritätsgrundsatz im einstweiligen Rechtsschutz. Zwar erkennt das BVerfG letztinstanzliche Entscheidungen im vorläufigen Rechtsschutz als selbstständigen Rechtsweg i.S.d. § 90 II BVerfGG an, jedoch gebiete der Grundsatz der Subsidiarität, dass die Erschöpfung des Rechtsweges im Eilverfahren dann nicht ausreiche, wenn das Hauptverfahren ausreichende Möglichkeiten biete, der Grundrechtsverletzung abzuhelfen, und dieser Weg dem Beschwerdeführer zumutbar ist.

Das sei regelmäßig anzunehmen, wenn mit der Verfassungsbeschwerde ausschließlich Grundrechtsverletzungen gerügt würden, die sich auf die Hauptsache bezögen, wenn die tatsächliche und einfachrechtliche Lage durch die Fachgerichte noch nicht ausreichend geklärt sei und dem Beschwerdeführer durch die Verweisung auf den Rechtsweg in der Hauptsache kein schwerer Nachteil entstehe.[218]

Bsp.: Der Medienforscher Friedolin Kittler hat sich aufgrund seiner Schreibmaschinenkenntnisse in die Redaktion der Computerzeitschrift Lowscreen eingeschlichen. Dabei werden ihm die Namen von Insider-Informanten aus der Industrie bekannt. Er nimmt diese Namen in sein Forschungsmanuskript auf. Die geplante Veröffentlichung wird durch eine einstweilige Verfügung des Lowscreen-Verlages verhindert.

60

---

216 BVerfGE 80, 70 (82) = **juris**byhemmer.

217 BVerfG, NVwZ 1998, 1286 f.; zur Problematik des allgemein-politischen Mandats der Studentenschaft vgl. außerdem VGH Kassel, NVwZ 1998, 873 und davor schon in DVBl. 1998, 972; ferner VG Gießen, NVwZ-RR 1998, 241: **alle Entscheidungen** = **juris**byhemmer.

218 St. Rspr., zuletzt BVerfGE 80, 40 (45); DVBl. 1995, 147 = **juris**byhemmer.

Nachdem sämtliche Rechtsmittel ohne Erfolg geblieben sind, erhebt er formgerecht Verfassungsbeschwerde. Er bringt zur Begründung vor, der Verlag nehme seinen Text nur an, wenn dieser innerhalb der nächsten vier Monate veröffentlicht werden könnte. Wie ist dies hinsichtlich der Erfordernisse der Rechtswegerschöpfung und der Subsidiarität zu beurteilen?

1. Rechtswegerschöpfung, § 90 II BVerfGG

Nach § 90 II BVerfGG ist vor Erhebung einer Verfassungsbeschwerde grundsätzlich der Rechtsweg zu erschöpfen.[219] Der Beschwerdeführer muss demnach durch die Einlegung aller statthaften und zumutbaren Rechtsbehelfe versuchen, die Grundrechtsverletzung abzuwenden.

Unter Rechtsweg i.S.v. § 90 II BVerfGG ist der Weg gerichtlicher Nachprüfung des Hoheitsaktes einschließlich der Durchführung vorgeschriebener Vorschaltverfahren (z.B. Widerspruchsverfahren nach §§ 68 ff. VwGO) und der Erhebung möglicher Rechtsmittel mit oder ohne Devolutiveffekt zu verstehen.

Hier wendet sich F gegen eine einstweilige Verfügung. Die vorgesehenen Rechtsmittel gegen diese Art einer gerichtlichen Entscheidung wurden von F erfolglos eingelegt. Damit hat F den möglichen Rechtsweg in vollem Umfang ausgeschöpft.

Weitere Rechtsbehelfe kommen gegen die einstweilige Anordnung nicht in Betracht. Insbesondere ist die Möglichkeit, ein Hauptsacheverfahren durchzuführen, nicht Teil des Rechtswegs. Deshalb steht das noch nicht durchgeführte Hauptsacheverfahren der Verfassungsbeschwerde unter dem Gesichtspunkt der Rechtswegerschöpfung nicht entgegen.

2. Subsidiarität

Das bisher noch nicht durchgeführte Hauptsacheverfahren könnte der Verfassungsbeschwerde des F jedoch im Hinblick auf die grundsätzliche Subsidiarität der Verfassungsbeschwerde entgegenstehen. Diese zusätzliche Zulässigkeitsvoraussetzung leitet das BVerfG ebenfalls aus § 90 II BVerfGG ab.[220]

Der Grundsatz der Subsidiarität der Verfassungsbeschwerde erfordert also, dass der Beschwerdeführer über das Gebot der Rechtswegerschöpfung im engeren Sinne hinaus auch sonstige prozessuale Möglichkeiten ergreift, um eine Korrektur der geltend gemachten Verfassungsverletzung zu erwirken oder eine Grundrechtsverletzung zu verhindern.[221]

Danach ist eine Verfassungsbeschwerde nur zulässig, wenn der Beschwerdeführer neben der Erschöpfung des Rechtswegs auch alle ihm sonst zur Verfügung stehenden und zumutbaren verfahrensrechtlichen Möglichkeiten zur Verhinderung der Grundrechtsverletzung ergriffen hat. Bei der Beurteilung einer Verfassungsbeschwerde gegen Entscheidungen, die im Verfahren des vorläufigen Rechtsschutzes ergangen sind, ist deshalb zu prüfen, ob die behauptete Verletzung verfassungsmäßiger Rechte ohne Inanspruchnahme des BVerfG, insbesondere durch das Verfahren in der Hauptsache, ausgeräumt werden kann.[222] Das ist in der Regel anzunehmen, wenn mit der Verfassungsbeschwerde ausschließlich Grundrechtsverletzungen gerügt werden, die sich auf die Hauptsache beziehen, wenn die tatsächliche und einfachrechtliche Lage durch die Fachgerichte noch nicht ausreichend geklärt ist und dem Beschwerdeführer in der Hauptsache kein schwerer Nachteil entsteht.[223]

---

219   Jarass/Pieroth, 1992, Art. 94 GG, Rn. 39.

220   Jarass/Pieroth, 1992, Art. 94 GG, Rn. 3.

221   Vgl. BVerfG, NVwZ 1989, 855 = **juris**byhemmer.

222   Vgl. auch BayVerfGH, BayVBl. 1989, 78, der bei der VB nach Art. 120 BV ebenfalls von dem Grundsatz der Subsidiarität ausgeht.

223   Vgl. BVerfGE 77, 381, 401 f.; NVwZ 1989, 451: **alle Entscheidungen** = **juris**byhemmer.

Das heißt, dass die Durchführung des Hauptsacheverfahrens dann nicht erforderlich ist, wenn der Beschwerdeführer behauptet, gerade durch die Entscheidung im vorläufigen Rechtsschutzverfahren in seinen verfassungsmäßigen Rechten verletzt zu sein.

Ebenso, wenn der Sachverhalt umfassend geklärt ist und die im vorläufigen Rechtsschutzverfahren und die im Hauptsacheverfahren zu klärenden Rechtsfragen identisch sind oder wenn die gerügte Verletzung von Grundrechten durch das Hauptsacheverfahren nicht mehr ausreichend ausgeräumt werden kann. Der zweite und dritte Gesichtspunkt sind hier von entscheidender Bedeutung.

Der Sachverhalt, der der einstweiligen Verfügung zugrunde liegt, ist umfassend geklärt. Entscheidend - auch für das Hauptsacheverfahren - ist allein die Frage, ob das Gericht beim Erlass der einstweiligen Verfügung bei der Auslegung und Anwendung einfachgesetzlicher Rechtsnormen die Bedeutung der betroffenen Grundrechte richtig erkannt hat. Die zu klärenden Rechtsfragen sind demnach in beiden Verfahren identisch. Somit besteht keine Notwendigkeit, dass vor der Entscheidung über die Verfassungsbeschwerde das Hauptsacheverfahren durchgeführt wird.

Das Abwarten einer rechtskräftigen Entscheidung im Hauptsacheverfahren würde für F aber auch einen schwerwiegenden Nachteil bedeuten: Nach dem Sachverhalt will der Verlag die Forschungsarbeit des F nur herausbringen, wenn dies innerhalb der nächsten vier Monate möglich ist. Nach Ablauf dieser Zeitspanne besteht die Gefahr, dass die Untersuchung des F überhaupt nicht mehr veröffentlicht werden kann. Stellt sich nach Durchführung eines möglicherweise Jahre dauernden Verfahrens vor den Zivilgerichten heraus, dass die einstweilige Verfügung F in seinen Grundrechten verletzt hat, ist zu befürchten, dass die Nachteile, die sich für F aus der damit rechtswidrigen Maßnahme ergeben haben, nicht mehr ausreichend ausgeglichen werden können. Deshalb ist F die Durchführung eines Hauptsacheverfahrens vor Erhebung der Verfassungsbeschwerde nicht zumutbar.

Die Verfassungsbeschwerde des F ist nicht wegen Verstoßes gegen den Grundsatz der Subsidiarität unzulässig.

hemmer-Methode: Zusammenfassend ist festzuhalten: Das BVerfG stellt i.R.d. Subsidiarität sehr hohe Anforderungen – schon um sich selbst etwas vor der immer weiter steigenden Zahl von Verfassungsbeschwerden zu schützen. So waren es im Jahr 2014 6.606 Verfassungsbeschwerden bei insgesamt 6.811 Verfahren vor dem BVerfG! Das BVerfG geht auch dazu über, nicht nur die Verfassungsbeschwerde als solche, sondern auch einzelne Argumente des Beschwerdeführers an der Subsidiarität scheitern zu lassen. Konkret hatte der Beschwerdeführer sämtliche Rechtsmittel gegen ein Urteil eingelegt, aber erst im Verfassungsbeschwerdeverfahren vorgebracht, dass die Urteile seiner Ansicht nach einen Verstoß gegen Völkerrecht darstellen.[224]

E) Allgemeines Rechtsschutzbedürfnis

allgemeines Rechtsschutzbedürfnis

Die Zulässigkeit der Verfassungsbeschwerde setzt nach allgemeinem Prozessrecht ein Rechtsschutzbedürfnis voraus. Ein allgemeines Rechtsschutzbedürfnis der Verfassungsbeschwerde besteht dann, wenn sie geeignetes, erforderliches und zumutbares verfassungsprozessuales Rechtsschutzmittel für das Rechtsschutzbegehren des Beschwerdeführers ist, es insbesondere kein anderes Verfahren gibt, mit dem das angestrebte Ziel leichter zu erreichen ist.   *61*

z.T. Subsidiaritätsgrundsatz spezieller

Spezielle Ausprägungen dieses Rechtsschutzinteresses sind die bereits behandelten Erfordernisse des selbst, gegenwärtig und unmittelbaren Betroffen-Seins sowie der Subsidiarität der Verfassungsbeschwerde.

---

224   BVerfG, NJW 2004, 1650 = **juris**byhemmer.

Im Regelfall erschöpft sich die Behandlung des Erfordernisses des Rechtsschutzinteresses in den vorgenannten Kategorien; das BVerfG hat indes immer daran festgehalten, dass die Erfüllung dieser besonderen Rechtsschutzvoraussetzungen das Erfordernis des allgemeinen Rechtsschutzinteresses nicht entfallen lasse.[225]

Das allgemeine Rechtsschutzinteresse fehlt insbesondere, wenn ein spezielleres Verfahren, etwa das Wahlprüfungsverfahren, zum BVerfG möglich ist.[226]

Problem: weggefallene Beschwer

Ist die Beschwer zwischenzeitlich weggefallen, dürfte häufig bereits die gegenwärtige Betroffenheit und damit die Beschwerdebefugnis entfallen. Das Rechtsschutzbedürfnis muss noch im Zeitpunkt der Entscheidung des BVerfG gegeben sein. Es entfällt grundsätzlich mit der Erledigung des mit der Verfassungsbeschwerde verfolgten Begehrens.

61a

Das Rechtsschutzbedürfnis kann allerdings unter engen Voraussetzungen auch nach Erledigung des Begehrens bestehen bleiben, wenn

⇨ Wiederholungsgefahr besteht,[227]

⇨ die Maßnahme faktische oder rechtliche Voraussetzung weiterer belastender Nachwirkungen ist, etwa wenn weiter die Verwertung von Erkenntnissen aus verfassungswidrigen Maßnahmen droht,[228] oder

⇨ der gerügte Grundrechtseingriff besonders belastend erscheint und

entweder

⇨ die Klärung einer verfassungsrechtlichen Frage von grundsätzlicher Bedeutung anderenfalls unterbliebe

oder

⇨ eine direkte Belastung durch den angegriffenen Hoheitsakt sich auf eine Zeitspanne beschränkt, in der der Betroffene nach dem regelmäßigen Geschäftsgang eine Entscheidung des BVerfG kaum erlangen konnte, weil sonst der Grundrechtsschutz in unzumutbarer Weise verkürzt werden würde[229] und

⇨ die Länge des Rechtsschutzverfahrens vor den Fachgerichten anderenfalls den Grundrechtsschutz ausschließen würde.[230]

Bsp.:[231] A und B hatten als Mitglieder des örtlichen Geistigen Rates der Bahai erfolglos den Rechtsweg erschöpft mit dem Begehren, den Geistigen Rat als Verein einzutragen, obwohl er entgegen den vereinsrechtlichen Bestimmungen gegenüber dem Nationalen Geistigen Rat keine vereinsrechtlich hinreichende Selbstständigkeit besitzt. Nach Erhebung der Verfassungsbeschwerde sind A und B aus dem örtlichen Geistigen Rat ausgeschieden.

225   Nachweise bei Zuck, Rn. 595 ff.

226   BVerfGE 14, 154 (155); BVerfGE 64, 301 (312) bzgl. Organstreit: **alle Entscheidungen** = jurisbyhemmer.

227   BVerfGE 33, 247 (257); 35, 1 (4); 47, 198 (223 f.); 56, 99 (106): **alle Entscheidungen** = jurisbyhemmer; Robbers, JuS 1993, 1025.

228   BVerfGE 44, 353 (367) = **juris**byhemmer.

229   BVerfGE 81, 138 (140 f.) = **juris**byhemmer.

230   Gusy, Rn. 117 m.w.N.

231   Robbers, JuS 1993, 1025.

Die Verfassungsbeschwerde bleibt zulässig, weil die aufgeworfenen verfassungsrechtlichen Fragen im Blick auf die Religionsfreiheit aus Art. 4 GG grundsätzliche Bedeutung besitzen und A und B bei Wahlen erneut Mitglieder des örtlichen Geistigen Rates werden können und endlich weitere gerichtliche Verfahren bei erneuten Eintragungsanträgen möglich sind.[232]

hemmer-Methode: Das allgemeine Rechtsschutzbedürfnis ist aber wie bei allen Zulässigkeitsprüfungen nur ausnahmsweise zu problematisieren. Bei der Verfassungsbeschwerde gilt dies umso mehr, da bestimmte Fallgruppen durch den Grundsatz der Subsidiarität erfasst sind.

F) Form gemäß §§ 23, 92 BVerfGG

Die Form der Verfassungsbeschwerde spielt in Übungs- und Examensarbeiten selten eine Rolle, daher ist auf sie nur kurz einzugehen.

Schriftform, § 23 I BVerfGG

Wie alle anderen verfahrenseinleitenden Anträge ist auch die Verfassungsbeschwerde schriftlich beim BVerfG gemäß § 23 I BVerfGG einzureichen (Antragsgrundsatz). Telefax (auch PC-Fax) oder Fernschreiben sind möglich, sie müssen aber schriftlich bestätigt werden. Zur Zulässigkeit gehört, dass das Schriftstück Inhalt, d.h. insbesondere den Beschwerdegegenstand, und Urheber des Antrags klar erkennen lässt.[233]

Die Verfassungsbeschwerde ist innerhalb der Beschwerdefrist zu begründen, die erforderlichen Beweismittel sind gem. § 23 I S. 2 BVerfGG anzugeben; gemäß § 92 BVerfGG sind in der Begründung das Recht, das verletzt sein soll, und die Handlung oder die Unterlassung des Organs oder der Behörde, durch die der Beschwerdeführer sich verletzt fühlt, zu bezeichnen. Kann ein Grundrechtsträger nach der gesetzlichen Ausgestaltung und dem tatsächlichen Geschehensablauf nicht wissen, ob er tatsächlich von Eingriffsmaßnahmen betroffen ist (Datenerhebungs- und Datenverarbeitungsbestimmungen etwa des Polizeigesetzes), genügt er den Begründungsanforderungen einer Verfassungsbeschwerde, wenn er darlegt, dass er mit einiger Wahrscheinlichkeit in seinen Grundrechten verletzt sei. Dies entbindet ihn nicht von der Pflicht, die beanstandete Bestimmung exakt zu bezeichnen und darzutun, dass gerade er unter die Vorschrift fällt, ohne von den entsprechenden Maßnahmen zu erfahren.[234]

G) Frist gemäß § 93 BVerfGG

Hinsichtlich der Frist, binnen derer die Verfassungsbeschwerde zu erheben ist, ist gemäß § 93 BVerfGG zwischen zwei Fällen zu unterscheiden: zum einen die Verfassungsbeschwerde gegen ein Gesetz oder einen Hoheitsakt, gegen den ein Rechtsweg nicht offen steht, und zum anderen die Verfassungsbeschwerde gegen einen sonstigen Hoheitsakt.

62

---

232   BVerfGE 83, 341 (352) = **juris**byhemmer.

233   BayVerfGH, BayVBl. 2003, 396 = **juris**byhemmer.

234   BVerfG, NVwZ 1998, 1287 f. = **juris**byhemmer.

I. Verfassungsbeschwerde gegen einen sonstigen Hoheitsakt/Entscheidung i.S.d. § 93 I BVerfGG

gegen Entscheidung oder vergleichbaren Hoheitsakt: ein Monat

Dieser Fall ist – aufgrund der Punkte Rechtswegerschöpfung und Subsidiarität - der praktisch häufigste. Die Verfassungsbeschwerde muss im Regelfall binnen eines Monats nach Zustellung oder Mitteilung der Entscheidung erhoben werden, § 93 I S. 1 u. 2 BVerfGG.

63

Für die Berechnung der Frist gelten wie auch sonst die üblichen Regeln, insbesondere §§ 187 ff. BGB, auch wenn auf diese Vorschriften im BVerfGG nicht direkt verwiesen wird; Einzelheiten zum Fristablauf in Fällen, in denen eine Zustellung nicht erfolgt, enthalten § 93 I S. 2 bis 4 BVerfGG. Besonderheiten gelten in den Fällen, in denen ein am Verfahren nicht Beteiligter Verfassungsbeschwerde erhebt: In diesen Fällen beginnt die Frist zur Einlegung der Verfassungsbeschwerde erst mit der Kenntnis der in vollständiger Form abgefassten Entscheidung.[235]

außerdem Begründungspflicht

§ 93 I S. 1 BVerfGG sieht vor, dass innerhalb der Frist nicht nur der Sachverhalt mitgeteilt werden muss, hinsichtlich dessen der Verfassungsverstoß gerügt wird, sondern zudem, dass die Verfassungsbeschwerde innerhalb der Frist auch zu begründen ist.

Nach Ablauf der Frist darf zwar die rechtliche Begründung ergänzt, nicht aber mehr ein neuer Sachverhalt dem BVerfG unterbreitet werden, wenn nicht nach § 93 II BVerfGG eine Wiedereinsetzung in den vorigen Stand in Betracht kommt.[236]

64

II. Verfassungsbeschwerden gegen ein Gesetz oder einen Hoheitsakt, gegen den der Rechtsweg nicht offen steht

gegen Gesetze: ein Jahr

Gemäß § 93 III BVerfGG muss die Verfassungsbeschwerde in diesen Fällen binnen eines Jahres seit Inkrafttreten des Gesetzes oder Erlass des Hoheitsaktes erhoben werden. Gesetze im Sinne dieser Vorschrift sind Gesetze im materiellen Sinn, also auch Rechtsverordnungen und Satzungen.

65

Wird ein Gesetz geändert, beginnt die Frist nur für die konkrete Änderung zu laufen. Für die unveränderten Teile des Gesetzes wird die Frist daher nicht erneut eröffnet, selbst wenn der Gesetzgeber diese Teile erneut in seinen Willen aufgenommen hat.

Treten Gesetze rückwirkend in Kraft, beginnt die Frist erst mit der Verkündung, weil sonst der gebotene Grundrechtsschutz verkürzt oder sogar entzogen werden könnte.[237]

bei echtem Unterlassen des Gesetzgebers: keine Frist

Bleibt der Gesetzgeber gänzlich untätig (echtes Unterlassen), so läuft die Frist nicht, solange diese Untätigkeit andauert.[238] Unterlässt es der Gesetzgeber bei einer Normierung bloß, gewisse Fälle in seine Regelung mit einzubeziehen (unechtes bzw. kein Unterlassen), so muss der Betroffene die Jahresfrist gemäß § 93 III BVerfGG gegen die aus seiner Sicht unvollkommene Norm einhalten.[239]

---

235   BVerfGE 4, 309 (313); 21, 132 (136 und LS 1): **alle Entscheidungen** = jurisbyhemmer.

236   BVerfGE 84, 212 (223) = **juris**byhemmer; 81, 208 (214 f.).

237   BVerfGE 1, 415 (416 f.); 32, 157 (162); 62, 374 (382): **alle Entscheidungen** = jurisbyhemmer.

238   BVerfGE 6, 257 (266); 10, 302 (308); 58, 208 (218): **alle Entscheidungen** = jurisbyhemmer.

239   BVerfGE 13, 284 (287 f.); 15, 126 (132): **alle Entscheidungen** = jurisbyhemmer.

bei VB gegen Gesetz wohl keine Wiedereinsetzung

Wegen der systematischen Stellung des § 93 II BVerfGG ist in des die Wiedereinsetzung in den vorigen Stand in den Fällen des § 93 III BVerfGG nicht möglich, d.h., dass es sich bei Verfassungsbeschwerden gegen Gesetze um eine Ausschlussfrist handelt.[240] Angesichts der Jahresfrist dürfte freilich auch das praktische Bedürfnis für eine Wiedereinsetzung eher gering sein.

H) Keine entgegenstehende Rechtshängigkeit, Rechtskraft oder Gesetzeskraft[241]

entgegenstehende Rechtshängigkeit oder Rechtskraft

Der Zulässigkeit der Verfassungsbeschwerde kann u.U. entgegenstehen, dass die Sache durch eine Entscheidung des BVerfG gegenüber dem Beschwerdeführer rechtskräftig erschieden ist oder dass die streitige Frage durch eine Entscheidung des BVerfG auch gegenüber Dritten mit Gesetzeskraft geklärt ist (vgl. § 31 II BVerfGG).

66

Für die Bestimmung des inhaltlichen Umfangs der inter omnes wirkenden Gesetzeskraft ist nach der Rechtsprechung des BVerfG nicht nur der Entscheidungstenor heranzuziehen, sondern auch die zu dessen Ermittlung wesentlichen Entscheidungsgründe.[242]

parallele unterschiedliche Verfahren vor BVerfG möglich

Die Rechtshängigkeit der gleichen Rechtsfrage vor dem BVerfG hindert die Zulässigkeit der Verfassungsbeschwerde hingegen nur dann, wenn der konkrete Rechtsstreit dort bereits anhängig ist in parallelen Verfahren, auch unterschiedlicher Verfahrensarten, kann die gleiche Frage durchaus anhängig sein.

hemmer-Methode: Das ergibt sich für das Verhältnis von Verfassungsbeschwerde und Richtervorlage auch aus § 80 III BVerfGG.

Unzulässigkeit nur bei Identität von Beschwerdeführern und Beschwerdegegenstand

Voraussetzung einer Unzulässigkeit ist die Identität von Beschwerdeführern und angegriffenen Maßnahmen. Dass eine Person gegen eine staatliche Maßnahme Verfassungsbeschwerde eingelegt hat, schließt die Zulässigkeit der Verfassungsbeschwerde einer weiteren Person gegen dieselbe Maßnahme nicht aus.

Da die Verfahren vor den Landesverfassungsgerichten und dem BVerfG selbstständig voneinander sind (§ 90 III BVerfGG), macht die anderweitige Rechtshängigkeit bei einem Landesverfassungsgericht die Verfassungsbeschwerde zum BVerfG nicht unzulässig.

Exkurs: Annahmeverfahren gemäß §§ 93a ff. BVerfGG[243]

67

Das Verfahren zur Annahme der Verfassungsbeschwerde i.S.d. §§ 93a ff. BVerfGG gehört nicht zu den Zulässigkeitsvoraussetzungen der Verfassungsbeschwerde und ist auch für Klausuraufgaben weniger geeignet.

Wegen der großen praktischen Bedeutung soll es kurz beschrieben werden.[244]

240 Robbers, JuS 1993, 1026.
241 Ausführlich Gusy, Rn. 163 ff.
242 Gusy, Rn. 170 ff.
243 Ausführlich Gusy, Rn. 286 ff.; Zuck, Rn. 726 ff.
244 Zu weiteren Einzelheiten, lies §§ 93b, c, d BVerfGG.

hemmer-Methode: Soweit im Bearbeitervermerk das Annahmeverfahren nicht ausgeschlossen wird, sollten Sie in Ihrer Lösung der Vollständigkeit halber kurz darauf eingehen, bspw. bereits im Obersatz: „Die Verfassungsbeschwerde hat Aussicht auf Erfolg, wenn sie angenommen wird, zulässig und begründet ist. Die Annahmeentscheidung hängt dabei nach § 93a II lit. b BVerfGG u.a. davon ab, ob dies zur Durchsetzung der Grundrechte angezeigt ist. Dies ist dann der Fall, wenn eine besonders schwere Grundrechtsbeeinträchtigung vorliegt oder die Verfassungsbeschwerde hinreichend Erfolgsaussichten aufweist, was nun im Folgenden in Zulässigkeit und Begründetheit zu prüfen ist."

§ 93a BVerfGG sieht in Ausführung von Art. 94 II S. 2 GG vor, dass die Verfassungsbeschwerde der Annahme zur Entscheidung bedarf. Über die Annahme entscheidet zunächst eine Kammer des BVerfG, die aus drei Richtern des BVerfG besteht. Jeder der beiden Senate bildet drei dieser Kammern.

Die Verfassungsbeschwerde ist gemäß § 93a II BVerfGG zur Entscheidung anzunehmen, soweit ihr grundsätzliche Bedeutung zukommt oder wenn es zur Durchsetzung der verfassungsbeschwerdefähigen Rechte angezeigt ist, insbesondere wenn dem Beschwerdeführer durch die Versagung der Entscheidung zur Sache ein besonders schwerer Nachteil entstünde.

Dabei nimmt das BVerfG zumindest teilweise eine summarische Prüfung der Erfolgsaussichten vor.[245]

In diesem Annahmeverfahren scheitern die meisten Verfassungsbeschwerden. Von den eingelegten Verfassungsbeschwerden, die 95 Prozent der Verfahren vor dem BVerfG ausmachen, werden nur ca. zwei Prozent zur Hauptsacheentscheidung durch den Senat angenommen.[246]

Die Entscheidung der Kammer ist unanfechtbar, § 93d I S. 2 BVerfGG. Die Ablehnung der Annahme braucht zudem nicht begründet zu werden, § 93d I S. 3 BVerfGG.

---

245   BVerfG, NJW 1998, 443 = **juris**byhemmer.

246   Vgl. Gusy, Rn. 1.

2. ABSCHNITT: Begründetheit der Verfassungsbeschwerde

In der Zulässigkeit wurde an mehreren Stellen dargelegt, dass der Beschwerdeführer geltend machen muss, dass bzw. wie er in seinen Grundrechten verletzt sein könnte. Dementsprechend gilt für die Begründetheit der Verfassungsbeschwerde:

⇨ „Die Verfassungsbeschwerde ist begründet, wenn der Beschwerdeführer in seinen Grundrechten (bzw. grundrechtsgleichen Rechten) verletzt ist."

hemmer-Methode: Denken Sie auch hier wieder an die Obersatzbildung. Diese ist im vorliegenden Fall zwar gänzlich unproblematisch, umso unvollständiger wirkt aber deshalb die Arbeit, wenn der Korrektor großen Wert auf saubere Obersätze legt. Die „grundrechtsgleichen Rechte" hier noch einmal zu zitieren, empfiehlt sich zumindest dann, wenn ein solches ausführlich geprüft wird.

Zur genaueren Prüfung einer solchen Verletzung sind im Folgenden die Grundrechte und grundrechtsgleichen Rechte mit ihren examenstypischen Problembereichen näher darzustellen. Bevor dies aber erfolgt, sind drei allgemeine Fragen zu klären, die sich im Zusammenhang mit (fast) jedem Einzelgrundrecht i.R.d. Begründetheit stellen können, nämlich

⇨ in welchem Umfang das Bundesverfassungsgericht überhaupt staatliches Handeln, insbesondere letztinstanzliche Gerichtsentscheidungen, überprüft,

⇨ welche Funktionen Grundrechten zukommen können und in welchen staatlichen Handlungen dementsprechend Grundrechtsverletzungen liegen könnten sowie

⇨ nach welchem Schema im Normalfall eine Grundrechtsverletzung zu prüfen ist und was bei dessen einzelnen Prüfungspunkten typischerweise zu beachten ist.

Außerdem sollen als kurzer Exkurs der Entscheidungsinhalt der Entscheidung über eine Verfassungsbeschwerde und ihre Wirkung dargestellt werden.

70

§ 5 PRÜFUNGSUMFANG BEI EINER VERFASSUNGS-BESCHWERDE

A) Prüfungsmaßstab

Prüfungsmaßstab: GRe und grundrechtsgleiche Rechte (Art. 93 I Nr. 4a GG)

Prüfungsmaßstab sind gemäß Art. 93 I Nr. 4a GG, § 90 I BVerfGG die Grundrechte der Art. 1 - 19 GG und die grundrechtsgleichen Rechte der Art. 20 IV, 33, 38, 101, 103 und 104 GG. Keinen Maßstab im Verfahren der Verfassungsbeschwerde bilden daher die UN-Menschenrechtserklärung,[255] die Europäische Menschenrechtskonvention[256] und insbesondere Landesverfassungsrecht.[257]

71

> **hemmer-Methode:** Die EMRK ist nach Ansicht des BVerfG als Völkervertragsrecht im Rang einem einfachen Bundesgesetz gleichzustellen, sodass sie nicht unmittelbar Prüfungsmaßstab einer Verfassungsbeschwerde sein kann. Wird die EMRK von dem nationalen Gericht aber überhaupt nicht beachtet (oder schematisch streng umgesetzt), kann aber eine Verletzung des Rechtsstaatsprinzips in Verbindung mit den Grundrechten, v.a. Art. 2 I GG, gegeben sein![258]

aber mittelbar auch obj. Verfassungsrecht

Die Grundrechtsverletzung kann sich dabei auch aus sonstigem Verfassungsrecht des Bürgers ergeben. Dies ist vom BVerfG zunächst in seiner Rechtsprechung zu Art. 2 I entwickelt worden. Danach ist ein Eingriff in die allgemeine Handlungsfreiheit nur dann durch die verfassungsmäßige Ordnung gedeckt, wenn er mit der Verfassung im Übrigen übereinstimmt. So werden Verstöße gegen sonstiges Verfassungsrecht einschließlich der Kompetenz- und Verfahrensvorschriften zu Grundrechtsverletzungen.

72

Die vom BVerfG für Art. 2 I GG angestellten Überlegungen gelten gleichermaßen für alle anderen Grundrechte. So kann etwa eine Verletzung des Art. 12 I GG darin liegen, dass bei einer berufsbeschränkenden Maßnahme gegen das Rechtsstaatsgebot,[259] die Kompetenzordnung[260] oder Art. 72 II GG[261] verstoßen worden ist.

nach BVerfG auch Prüfungsbefugnis über gerügte GR-Verletzung hinaus

Das BVerfG nimmt in Konsequenz zu dieser Ausweitung des Prüfungsmaßstabes eine umfassende Prüfungsbefugnis für sich in Anspruch, die sich unabhängig von dem als verletzt gerügten Grundrecht auf die Einhaltung sonstigen Verfassungsrechts erstreckt. Die Verfassungsbeschwerde diene nicht nur der Sicherung grundgesetzlich verbürgter subjektiver Rechte, sondern in gleicher Weise sei sie ein spezifisches Rechtsschutzmittel des objektiven Verfassungsrechts.[262]

73

> **hemmer-Methode:** Trotzdem dürfen Sie objektives Verfassungsrecht wie die Gesetzgebungskompetenz nicht isoliert, sondern nur i.R.d. Grundrechte, genauer bei der Rechtfertigung des Grundrechtseingriffs prüfen.[263]

---

255   BVerfGE 41, 88 (118) = **juris**byhemmer.

256   BVerfGE 10, 271 (274); 34, 384 (395); 41, 88 (105 f.): **alle Entscheidungen** = **juris**byhemmer.

257   BVerfGE 41, 88 (118) = **juris**byhemmer.

258   BverfG, NJW 2004, 3407= **juris**byhemmer; **Life&Law 2005, 48 ff.**

259   BVerfGE 9, 83 (87 f.) = **juris**byhemmer.

260   BVerfGE 13, 181 (190) = **juris**byhemmer.

261   BVerfGE 13, 237 (239) = **juris**byhemmer.

262   BVerfGE 45, 63 (74) = **juris**byhemmer; kritisch AK-GG/Rinken, Art. 93 GG, Rz. 52, 62, 70 f.

263   Vgl. unten Rn. 120 ff.

B) Bei Urteilsverfassungsbeschwerden Einschränkung des Prüfungsumfangs auf die Verletzung spezifischen Verfassungsrechts

aber BVerfG keine Superrevisionsinstanz

Durch die erweiterte in Anspruch genommene Prüfungsbefugnis könnte die Gefahr entstehen, dass wegen des Gesetzmäßigkeitsprinzips in der Ausprägung des Vorrangs und des Vorbehalts des Gesetzes, das aus dem Rechtsstaatsgebot abgeleitet wird, zu prüfen ist, ob ein staatlicher Akt gegen einfaches Gesetzesrecht verstößt, also gesetzeswidrig ist. Der Beschwerdeführer könnte dann über Art. 2 I GG und das Rechtsstaatsprinzip das BVerfG dazu veranlassen, die Anwendung einfachen Gesetzesrechts zu überprüfen, sodass das BVerfG zur Superrevisionsinstanz werden würde. Gerade das ist aber nicht Aufgabe des BVerfG. Die Aufgabe der anderen obersten Bundesgerichte, für die Rechtsgebiete ihrer Zuständigkeit letzte Instanz zu sein, würde ausgehöhlt. Zudem wäre wegen Überlastung die Funktionsfähigkeit des BVerfG aufs Spiel gesetzt.

74

⇨ bei Urteilsverfassungsbeschwerde nur Prüfung der Verletzung spezifischen Verfassungsrecht

Das BVerfG beschränkt angesichts dieses Problems seine Überprüfung gerichtlicher Entscheidungen auf die Verletzung spezifischen Verfassungsrechts. Falsche Rechtsanwendung durch den Richter stellt nur dann eine Grundrechtsverletzung dar, wenn

⇨ der Einfluss der Grundrechte oder einer einschlägigen Verfassungsnorm ganz oder doch grundsätzlich verkannt wird,

⇨ die Rechtsanwendung grob und offensichtlich willkürlich ist, Art. 3 I GG, oder

⇨ die Grenzen richterlicher Rechtsfortbildung überschritten werden.

Dabei kommt es maßgeblich auf die Intensität des Eingriffs an, d.h. je stärker z.B. ein Gericht die grundrechtliche Position verkürzt, desto umfangreicher ist die verfassungsgerichtliche Überprüfung.[264] Daher sind strafrechtliche Sanktionen für eine Grundrechtsausübung besonders streng zu kontrollieren.[265]

Das Unterscheidungskriterium der Willkür ist insbesondere dann maßgeblich, wenn Gesetzesnormen, die den Schutzbereich eines Grundrechts ausgestalten, fehlen und das Grundrecht selbst alleiniger Maßstab für die Fachgerichte ist oder wenn die grundrechtliche Gewährleistung gerade in der Gesetzlichkeit besteht, wie etwa bei Art. 101 I S. 2 GG und Art. 103 II GG.

hemmer-Methode: Das BVerfG bejaht ein willkürliches Urteil zum Teil auch in solchen Fällen, in denen es dem Richter besonders deutlich die Fehlerhaftigkeit seines Urteils vor Augen führen, ihm gleichsam eine Lektion erteilen will.[266] Mit diesem Ansatz sollten Sie im Examen äußerst zurückhaltend sein, da Sie hier mittelbar doch die Richtigkeit und nicht nur die Verfassungswidrigkeit prüfen und es im Examen auch nicht darum gehen kann, einem fiktiven Gericht die Leviten zu lesen.

Wo keine spezifische Verfassungsrechtsverletzung in diesem Sinne vorliegt, lässt das BVerfG eine gerichtliche Entscheidung bestehen, selbst wenn sie gesetzeswidrig sein sollte.[267]

264   BVerfGE 61, 1 (6); 70, 297 (316); 75, 201 (221): **alle Entscheidungen = juris**byhemmer.

265   BVerfGE 67, 213 (223); 75, 369 (376); 77, 240 (250 f.): **alle Entscheidungen = juris**byhemmer.

266   BVerfG, FamRZ 2006, 1358 = **Life&Law 2006, 780 = juris**byhemmer: Kopftuchverbot gegen Zuhörerin in einem Gerichtssaal.

267   St. Rspr., etwa BVerfGE 18, 85 (92); BayVerfGH, BayVBl. 1999, 369: **alle Entscheidungen = juris**byhemmer; eine kritische Bestandsaufnahme bei Kenntner, NJW 2005, 785.

hemmer-Methode: Die Lehre hat unterschiedliche Versuche unternommen, die Abgrenzung zwischen der Verletzung einfachen Rechts und spezifischen Verfassungsrechts klarer zu fassen, wovon hier nur die sog. Schumann`sche Formel erwähnt werden soll, die eine breitere Zustimmung gefunden hat.[268] Danach liegt eine spezifische Grundrechtsverletzung jedenfalls dann vor, wenn der angefochtene Richterspruch eine Rechtsfolge annimmt, die der einfache Gesetzgeber nicht als Norm erlassen dürfte.[269] Diese Formel ist allerdings insofern zu eng, als sie dem BVerfG verwehren würde, selbst bei besonders intensiven Eingriffen in Grundrechte einzelne Auslegungsfehler als relevant anzusehen, wofür ein Bedürfnis bestehen kann.[270] In Übungsarbeiten sollte man sich nicht unter Berufung darauf, dass keine Verletzung spezifischen Verfassungsrechts vorliege, von der Prüfung relevanter Probleme ausschließen. Vielmehr ist in der Begründetheit regelmäßig dem weiten Verständnis des BVerfG zu folgen. Eine Kontrolle der richtigen Anwendung des einfachen Gesetzesrechts an sich hat aber selbstverständlich nicht stattzufinden. Kurz: Die Verfassungsbeschwerde ist nicht bereits begründet, wenn die angefochtene Entscheidung rechtswidrig ist, sondern erst dann, wenn sie auch verfassungswidrig ist!

---

268   Vgl. AK-GG/Rinken, Art. 93 GG, Rn. 67.

269   Schumann, Verfassungs- und Menschenrechtsbeschwerde gegen richterliche Entscheidungen, 1963, S. 207.

270   Vgl. BVerfGE 60, 79 (91) = **juris**byhemmer.

§ 6 EXKURS: BINDUNGSWIRKUNG DER VERFASSUNGS-GERICHTSENTSCHEIDUNG

Ist eine Verfassungsbeschwerde unbegründet, so wird sie zurückgewiesen, ist sie unzulässig, wird sie verworfen oder abgelehnt.

76

bei zulässiger und begründeter VB grds. Feststellung der Verfassungswidrigkeit und Aufhebung ...

Ist die Verfassungsbeschwerde indessen zulässig und begründet, so stellt das BVerfG gemäß § 95 I S. 1 BVerfGG fest, dass die bestimmte Handlung oder Unterlassung eine bestimmte Vorschrift des Grundgesetzes verletzt. Entscheidungen von Gerichten und Behörden werden gemäß § 95 II BVerfGG grundsätzlich aufgehoben. Das gilt nicht nur für die letztinstanzliche Entscheidung, sondern für alle Entscheidungen im Laufe des Verfahrens, die Grundrechte verletzen. Im Falle des § 90 II S. 1 BVerfGG verweist das BVerfG die Sache an das zuständige Gericht zur erneuten Entscheidung zurück, § 95 II HS 2 BVerfGG.

77

... bzw. bei Gesetzen Nichtigerklärung

Kommt das BVerfG zu dem Ergebnis, dass ein Gesetz in Widerspruch zur Verfassung steht, so wird das Gesetz grundsätzlich für nichtig erklärt, § 95 III BVerfGG.

78

ausnahmsweise (v.a. bei Art. 3 GG) aber auch nur Erklärung für verfassungswidrig

Entgegen dem Wortlaut von § 95 III BVerfGG gilt dies nicht, wenn das Gesetz gegen Gleichheitssätze wie Art. 3 I GG oder Art. 33 V GG verstößt. Wegen des Gewaltenteilungsprinzips bleibt es grds. dem Gesetzgeber überlassen, innerhalb einer angemessenen Frist seine bisherige Regelung auf den unter Verletzung des Art. 3 I GG übergangenen Personenkreis zu erstrecken oder aber den gesamten von dem Verfassungsauftrag ergriffenen Bereich neu zu regeln.[271] In einem solchen Fall stellt das BVerfG nur die Verfassungsverletzung fest und fordert den Gesetzgeber auf, die Gleichheitswidrigkeit in einer bestimmten Frist zu beseitigen.[272]

Hiervon macht das BVerfG nicht nur bei Gleichheitsverletzungen, sondern allgemein dann Gebrauch, wenn der Gesetzgeber mehrere Möglichkeiten hat, die Verfassungswidrigkeit aus der Welt zu schaffen.[273] Mit der Feststellung der Verfassungswidrigkeit begnügt sich das BVerfG auch dann, wenn durch die Nichtigerklärung des Gesetzes ein nicht hinnehmbarer, chaosähnlicher Zustand entstünde.

79

Wirkung inter omnes

Die Entscheidungen des BVerfG binden gemäß § 31 I BVerfGG die Verfassungsorgane des Bundes und der Länder sowie alle Gerichte und Behörden.[274] Diese Bindungswirkung besteht nicht nur für den einzelnen Fall, sondern für die Rechtsfrage insgesamt. Nach ständiger Rechtsprechung des BVerfG ergreift die Bindungswirkung nicht nur den Tenor, sondern auch die tragenden Gründe der Entscheidung.[275] Erklärt das BVerfG in seiner Entscheidung über die Verfassungsbeschwerde ein Gesetz für nichtig, dann kommt dieser Entscheidung nach § 31 II S. 2 u. S. 1 BVerfGG sogar inter-omnes-Wirkung zu!

80

sowie formelle und materielle Rechtskraft

Neben dieser besonderen Bindungswirkung erwachsen die Entscheidungen des BVerfG natürlich auch in „normale" Rechtskraft.

81

---

271   Vgl. auch unten Rn. 186 zu Art. 3 GG.

272   BVerfG, NJW 2009, 48 ff. = **Life&Law 03/2009** (Verstoß der Pendlerpauschale gegen Art. 3 I GG) = **juris**byhemmer.

273   Vgl. bspw. BVerfG, FamRZ 2003, 816 zur Verfassungswidrigkeit von §§ 1600, 1684 BGB = **juris**byhemmer.

274   Ausführlich Zuck, Rn. 842 ff.

275   BVerfGE 1, 14 (37); 19, 377 (392); 40, 88 (93); Nachweise zur Kritik bei Zuck, Rn. 852 in Fn. 129.

Alle Entscheidungen des BVerfG erwachsen, da unanfechtbar, zunächst in formelle Rechtskraft. Daraus folgt, dass das BVerfG selbst an seine für den konkreten Fall einmal verkündete Entscheidung gebunden ist, d.h., dass diese nicht mit Rechtsbehelfen angegriffen werden kann, das BVerfG sie also nicht wieder aufheben kann.

Außerdem besteht die materielle Rechtskraft, d.h. die inter partes Bindung, durch die die Beteiligten des Verfahrens an die formell rechtskräftige Entscheidung gebunden sind, und zwar über das Verfahren selbst hinaus.

§ 7 ARTEN UND FUNKTIONEN DER GRUNDRECHTE

Arten und Funktionen der GRe aus Wortlaut und Systematik zu ermitteln

Die Grundrechte des Grundgesetzes können nach ihrer Zielrichtung in verschiedene Gruppen eingeteilt werden. Ausschlaggebend ist dabei der sich aus Wortlaut und Systematik ergebende Hauptzweck der jeweiligen Vorschrift. Darüber hinaus können aber die meisten Grundrechte auch auf verschiedene Arten gedeutet werden, d.h. ihnen könnten verschiedene Funktionen zugedacht werden, welche mehr vom grundsätzlichen Grundrechtsverständnis des jeweiligen Interpreten abhängen. Dieses Vorverständnis ist hier besonders wichtig, da die Grundrechte mit ihren relativ knappen Formulierungen auslegungsbedürftiger sind, als die meisten anderen Gesetze.[276]

82

hemmer-Methode: Die folgenden Einteilungen und Interpretationsansätze sind somit nicht etwa nur von wissenschaftlichem Interesse, sondern auch für die Examensklausur von Bedeutung. Für den Umfang der Grundrechtsgewährleistung und damit im Einzelfall für die Frage, ob im konkreten Fall das Grundrecht berührt ist oder nicht, können die hier behandelten Fragen ausschlaggebend sein!

A) Grundrechtsarten

grds. Unterteilung: Freiheits-, Gleichheits- und Teilhaberechte

Nach ihrem Hauptzweck lassen sich Freiheitsgrundrechte, Gleichheitsrechte und Teilhaberechte unterscheiden.[277] Die Freiheitsgrundrechte[278] zielen primär auf ein staatliches Unterlassen ab, wollen also dem Grundrechtsinhaber einen Freiraum gegen staatliche Einwirkungen sichern. Sie werden also in der Klausur v.a. relevant werden, wenn es um eine den Grundrechtsträger belastende staatliche Maßnahme geht, gegen die dieser sich wehren will. Die Gleichheitsrechte[279] richten sich dagegen auf ein relatives staatliches Verhalten, d.h. sie haben dann Bedeutung, wenn der Staat in vergleichbaren Konstellationen anders gehandelt hat bzw. ebenso, wie es nun von ihm gefordert wird. Die dritte Gruppe der Teilhaberechte[280] gibt dem Bürger einen Einfluss auf staatliches Handeln.

83

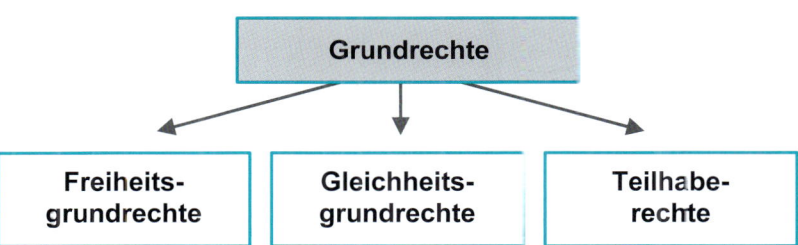

dabei aber auch mehrere Funktionen eines GRs möglich

Über diese erste Einteilung hinaus, können Grundrechte der einen Art, aber auch einmal Funktionen einer anderen Art übernehmen, insbesondere für die große Gruppe der Freiheitsgrundrechte wird diskutiert, inwiefern sie nicht im Einzelfall auch Leistungs- oder zumindest Teilhabeansprüche verbürgen können. Dies ist aber keine Frage der Grundrechtsarten, sondern eher eine solche der Grundrechtsfunktionen. Freiheitsrechte, die ihrer Art nach staatliches Handeln abwehren, können dann im Einzelfall die Funktion eines Teilhaberechtes übernehmen.

84

---

276   So auch Frotscher, JuS 1994, L 65; Böckenförde, NJW 1974, 1529.

277   Vgl. Jarass/Pieroth, Vorb. vor Art. 1 GG, Rn. 1.

278   Diese machen die größte Gruppe aus.

279   Also v.a. Art. 3 GG, vgl. im Einzelnen unten Rn. 177 ff

280   Etwa Art. 17, 19 IV, 103 I GG, vgl. Jarass/Pieroth a.a.O.

> **hemmer-Methode:** Differenzieren Sie also zwischen Leistungs-grundrechten i.S.v. z.B. Art. 17, 103 I GG o.Ä. und der Streitfrage, ob nicht die Grundrechte generell auch staatliches Tätigwerden fordern können: Während Sie in den erstgenannten Fällen ohne breite Ausführungen schon aus dem Verfassungswortlaut zu einem entsprechenden Anspruch kommen können, kann die zweite Frage eine tiefergehende Diskussion erfordern.

B) Grundrechtsfunktionen

Die Auslegung der Grundrechte über ihre primäre Arteneinteilung (vgl. o.) hinaus wird stark vom Grundrechts- und überhaupt vom Staatsverständnis des Interpreten beeinflusst.[281] Dabei dürfen aber grundrechtstheoretische Vorentscheidungen nicht die geschriebene Systematik der Verfassung überspielen.

> **hemmer-Methode:** Das BVerfG vertritt die sog. objektive Ausle-gungslehre. Danach haben in einem Konfliktfall der Wortlaut und die Systematik des Gesetzes Vorrang vor der historischen und genetschen Auslegung. Dies wird damit begründet, dass Wortlaut und Systematik näher am Normtext stehen. Daraus lässt sich allgemein ableten, dass der engere normtextnähere Kontext Vorrang hat vor normgelösten Argumenten. Entsprechend hat die Systematik der Verfassung Vorrang vor einer grundrechtstheoretischen Überlegung, wenn diese der Systematik widerspricht.

I. Grundrechte als subjektive Abwehrrechte

Mehrzahl der GRe: Abwehrrechte in liberal-staatlicher Tradition

Die Mehrzahl der Grundrechte stellen sich auf den ersten Blick als subjektive Abwehrrechte dar (vgl. o. zu den anderen Arten), womit sie in einer liberal-staatlichen Tradition stehen: dem Einzelnen soll eine Freiheit i.S.v. „Freiheit vor dem Staat" garantiert werden, die Grundrechte wehren also staatliche Übergriffe in die gesellschaftliche Sphäre ab. Der dieser Auffassung zugrunde liegende Dualismus zwischen Staat und Gesellschaft entsprach zwar nicht mehr unbedingt den Vorstellungen z.Zt. der Verfassungsentstehung. Der Rückgriff auf diese klassische liberale Funktion ist aber auch als Reaktion auf die elementare Freiheitsverletzung in der der Verfassungsgebung vorausgehenden NS-Zeit zu verstehen.

Diese subjektive Abwehrfunktion steht auch heute noch im Zentrum des Verfassungsverständnisses des BVerfG[282] und hat deshalb auch die größte Klausurrelevanz. Dabei ist nicht nur in staatstheoretischer Hinsicht daran zu denken, dass auch in einer Demokratie letztlich Menschen über andere herrschen und damit ein Machtmissbrauch möglich ist, sondern auch daran, dass z.B. neue technische aber auch gesellschaftliche Entwicklungen Eingriffe möglich erscheinen lassen, an die früher noch gar nicht zu denken war.

> **hemmer-Methode:** Dabei sind mehrere Wege gangbar, um auf veränderte tatsächliche und soziale Verhältnisse zu reagieren: Entweder es werden Leitbegriffe in den speziellen Grundrechten neu interpretiert (so z.B. bei der Rundfunkfreiheit, die wegen der gestiegenen Zahl der zur Verfügung stehenden Sendefrequenzen nicht mehr den „Binnenpluralismus" innerhalb jedes Senders, sondern nur noch einen „Außenpluralismus" in der Gesamtbewertung aller Sender fordert) oder es werden neue Schutzrichtungen (v.a.) in die Auffanggrundrechte aus Art. 1 I, 2 I GG hinein interpretiert (so z.B. das allgemeine Persönlichkeitsrecht und das Recht auf informationelle Selbstbestimmung).

85

---

281   Vgl. auch Böckenförde a.a.O.
282   Vgl. Pieroth/Schlink, Rn. 97.

Zu denken ist an Probleme wie Datenschutz und informationelle Selbstbestimmung, Genomanalysen, strafprozessuale Abhör- und Fahndungstechniken etc.: Hier kann in der Klausur der Ort sein, bei der Frage nach Schutzbereich oder Eingriff klarzustellen, dass der vorliegende Sachverhalt vielleicht nicht exakt in die von den Verfassungsvätern gewählten Begrifflichkeiten passt, dass aber der umfassende Schutz des Individuums vor staatlichen Eingriffen als Grundidee die Abwehrrechte beherrscht.

II. Nichtdiskriminierungsfunktion

Schutz vor Diskriminierung

Schutz vor Diskriminierung dadurch, dass auf das relative Verhalten des Staates abgestellt wird, gewähren grundsätzlich die Gleichheitsrechte (vgl. o.). Aber auch Freiheitsrechte können eine solche Funktion einnehmen, wenn man davon ausgeht, dass ein bestimmtes grundrechtlich geschütztes Verhalten nicht Anknüpfungspunkt einer negativen Unterscheidung sein darf: so wäre es z.B. jeweils sub specie der Abwehrrechte aus Art. 4 I, II, 5 I S. 1 Alt. 1, 6 I GG verfassungsrechtlich bedenklich, an eine bestimmte Religionszugehörigkeit, eine bestimmte Meinung oder an eine geschlossene Ehe negative Konsequenzen anzuknüpfen.[283] Im Einzelfall kann es aber entbehrlich sein, hier erst eine „gleichheitsrechtliche Seite" zu konstruieren, vielmehr können solche Maßnahmen im Einzelfall auch unmittelbar als Eingriff gewertet werden, dem die Abwehrfunktion entgegensteht.

86

III. Grundrechte als Leistungs- und Teilhaberechte

Leistungs- und Teilhaberechte in sozial-staatlicher Dimension

Die Abwehrfunktion, die letztlich auch dem Diskriminierungsschutz zugrunde liegt, war aus einer liberal-staatlichen Rechtstradition erklärt worden. Die Grundrechtsdogmatik hat aber auch neue verfassungsrechtliche Vorgaben[284] und neue gesellschaftliche Wirklichkeiten zu berücksichtigen. Insbesondere tritt der Staat dem Bürger nicht mehr nur in Form der Eingriffsverwaltung gegenüber, sondern zunehmend auch mit seinen sozialen Vorsorge- und Verteilungsfunktionen im Bereich der Leistungsverwaltung. In einer Gesellschaft, in der die Staatsquote rund 50 Prozent des Sozialprodukts beträgt, drängt sich der Gedanke auf, dass nicht nur in bereits bestehende Freiheiten möglichst wenig eingegriffen werden darf, sondern dass solche Freiheiten nicht zuletzt vom Staat auch mit geschaffen werden müssen.[285]

87

Eine mehr sozialstaatliche Grundrechtstheorie geht davon aus, dass auch die Freiheitsgrundrechte nicht nur Abwehrrechte, sondern auch Ansprüche beinhalten, wobei unterschieden wird zwischen[286]

⇨ derivativen Teilhaberechten, die sich darauf richten, in gleicher Weise an staatlichen Leistungen beteiligt zu werden, und

⇨ originären Teilhaberechten, nach denen unmittelbar aus den Grundrechten ein Anspruch auf eine bestimmte staatliche Leistung bestehen soll.

---

283 Vgl. Jarass/Pieroth, Vorb. vor Art. 1 GG, Rn. 6.

284 Z.B. die Verfassungsstrukturprinzipien des Art. 20 GG bzw. nunmehr auch des Art. 20a GG.

285 Vgl. Pieroth/Schlink, Rn. 95 ff.; ausführlich die Beiträge von Häberle und W. Martens in VVDStrL 30, 69 ff. bzw. 28 ff.

286 Zu dieser Unterscheidung z.B. Richter/Schuppert, S. 42; Frotscher, JuS 1994, L 67; auch Jarass/Pieroth, Vorb. vor Art. 1 GG, Rn. 7.

1. Derivative Teilhaberechte

derivative Teilhaberechte: (gerechte) Beteiligung an vorhandenen Kapazitäten und Ressourcen

Gleicher Zugang zu staatlichen Leistungen ist v.a. dann von Bedeutung, wenn der Staat ein (weitgehendes) Monopol an den zur Grundrechtsausübung erforderlichen Einrichtungen besitzt, z.B. im Hochschulbereich. Ein entsprechendes Recht ergibt sich i.d.R. aus Art. 3 I GG, welcher eine ungleiche Verteilung freilich dann zulässt, wenn ein sachlicher Grund für die Ungleichbehandlung besteht. Bei dieser Frage können dann andere (an sich Abwehr-) Grundrechte eine weitere Rolle spielen: Zum einen ist als Differenzierungsmerkmal ein grundrechtlich geschütztes Verhalten problematisch, zum anderen wird man umso strengere Anforderungen an die gerechte Verteilung stellen, je wichtiger sie für die Grundrechtsverwirklichung ist.

hemmer-Methode: Bei den derivativen Teilhaberechten liegt die Schwierigkeit also weniger in der grundsätzlichen Begründung, da zumindest Art. 3 GG eine Gleichbehandlung vorschreibt. Dafür wird u.U. Argumentationsarbeit erwartet, soweit Sie die Rechtfertigung einer gleichwohl vorgenommenen Differenzierung untersuchen müssen.

88

2. Originäre Teilhaberechte

originäre Teilhaberechte: Anspruch auf (neu zu schaffende) Leistung per se

Weit problematischer ist die Konstruktion so genannter originärer Teilhaberechte, aus denen sich unmittelbar Ansprüche herleiten lassen sollen, die also gleichsam echte Leistungsrechte darstellen. Zwar deutet etwa zur NC-Problematik das BVerfG die Frage an, ob nicht auch ein sozialstaatlicher Auftrag zur Schaffung ausreichender Ausbildungskapazitäten bestehen könnte, dem sogar ein Individualanspruch korrespondieren könnte.[287] Jedoch ist bei einer generellen dahingehenden Annahme Vorsicht geboten, zumal auch das BVerfG diese Frage offen gelassen und in der Folgezeit kaum wieder aufgegriffen hat. Für die Klausur sind sich gleichwohl der argumentative Ansatz des BVerfG wie auch die entgegenstehenden Gründe zu vergegenwärtigen:

89

Konstruktion über objektiv-rechtl. Dimension

a) Das BVerfG sieht die Grundrechte nicht nur als subjektive Abwehrrechte, sondern auch als objektive Wertordnung.[288] Gerade in Bereichen staatlicher Monopole (vgl. o.) besteht deshalb nicht nur die Verpflichtung eine rein formale, sondern auch eine tatsächliche Freiheit zu gewährleisten. Dies muss v.a. dann gelten, wenn ansonsten die betroffene Freiheitsgarantie leer zu laufen droht.

Außerdem kann über die objektiv-rechtliche Seite im Einzelfall auch eine grundrechtlich geschützte Tätigkeit zur Einrichtungsgarantie verstärkt werden, so z.B. aus Art. 5 I S. 2 GG die Pressefreiheit als solche: Wenn aber eine solche Einrichtung als solche in ihrem Bestand bedroht ist, kann sich eine staatliche Förderungspflicht ergeben. Entwickelt hat sich diese Problematik im Bereich des Art. 7 IV GG. Die grundgesetzliche Garantie von Privatschulen stellt an solche Einrichtungen eine doppelte Anforderung: Einerseits soll sie den staatlichen Schulen in ihrer Leistung gleichwertig sein. Andererseits soll sie aber kein Schulgeld erheben können, dass eine Sonderung nach Besitzverhältnissen fördert. Diese doppelte Anforderung bringt Privatschulen in eine Zwickmühle, denn sie brauchen für die Erreichung des Funktionsniveaus staatlicher Schulen finanzielle Mittel, die über das Schulgeld nicht erbracht werden können. Deswegen ergibt sich aus Art. 7 IV GG unter bestimmten Voraussetzungen ein Anspruch der Privatschulen auf staatliche Förderung. Denn ohne diesen Anspruch wäre die Existenz der Privatschulen nicht zu gewährleisten.[289]

---

287   BVerfGE 33, 303 (333) = **juris**byhemmer.

288   Vgl. nur E 23, 367, 389; E 35, 79, 112; dazu auch Richter/Schuppert, S. 48; Schwerdtfeger, Rn. 484 ff.

289   Vgl. zu der Problematik der Leistungsrechte als grundlegenden Text Friedrich Müller, Bodo Pieroth, Lothar Fohmann, Leistungsrechte im Normbereich einer Freiheitsgarantie, 1982.

aber Zurückhaltung geboten wegen Kompetenzproblemen

b) Trotzdem ist bei einer leistungsrechtlichen Interpretation Vorsicht geboten. Zum einen hat der Verfassungsgeber gerade auf eine Reihe sozialer Grundrechte in der Verfassung verzichtet.[290]

Zum anderen würde die Anerkennung einer Vielzahl von Ansprüchen unmittelbar aus den Grundrechten die grundgesetzliche Kompetenzzuweisung zumindest einengen, nach der die (Verfassungs-) Gerichtsbarkeit v.a. die Einhaltung des Rechtsstaatsprinzips[291] überwachen soll, während die nähere Ausgestaltung des Sozialstaatsprinzips grundsätzlich dem Gesetzgeber obliegt.

Es gibt eine größere Anzahl von Entscheidungen zu den Grundrechten als Leistungsrechten. So hat der BayVGH entschieden, dass es mit Art. 3 III S. 2 GG vereinbar sei, wenn kein Anspruch behinderter Kinder auf Aufnahme in einen Regelschule oder Schaffung von Integrationsklassen nach bayerischem Schulrecht bestehe.[292] Zu dieser Problematik hat auch das BVerfG Stellung genommen:[293] Eine Benachteiligung i.S.d. Benachteiligungsverbots des Art. 3 III S. 2 GG liegt nicht nur bei Regelungen und Maßnahmen vor, die die Situation des Behinderten wegen seiner Behinderung verschlechtern. Vielmehr kann eine Benachteiligung auch bei einem Ausschluss von Entfaltungs- und Betätigungsmöglichkeiten durch die öffentliche Gewalt gegeben sein, wenn dieser Ausschluss nicht durch eine auf die Behinderung bezogene Förderungsmaßnahme hinlänglich kompensiert wird. Wann dies der Fall ist, wird regelmäßig von Wertungen, wissenschaftlichen Erkenntnissen und prognostischen Einschätzungen abhängen. Art. 3 III S. 2 GG verlangt jedoch keine gemeinsame Erziehung und Unterrichtung von schulpflichtigen behinderten und nichtbehinderten Kindern und Jugendlichen an allgemeinen öffentlichen Schulen, wenn diese Integrationsform aus pädagogischen, aber auch aus organisatorischen, personellen oder finanziellen Gründen nicht vertretbar erscheint. Auch im Zusammenhang der Entstehung neuartiger Krankheiten wurden die Grundrechte als Leistungsgrundrechte herangezogen. Das BVerfG führt hierzu aus:[294] Ein mit der Verfassungsbeschwerde durchsetzbarer Anspruch auf Bereitstellung spezieller Gesundheitsleistungen, die der Heilung von Krankheiten dienen oder jedenfalls bezwecken, dass sich Krankheiten nicht weiter verschlimmern, kann aus Art. 2 II S. 1 GG nicht hergeleitet werden. Es ist verfassungsrechtlich unbedenklich, die Verordnungsfähigkeit eines Arzneimittels zu verneinen, wenn und solange dieses nicht arzneimittelrechtlich zugelassen ist. Auch neue technische Risiken können die leistungsrechtlichen Dimensionen von Grundrechten berühren. Das BVerfG ist allerdings in diesem Bereich sehr vorsichtig:[295] „Soweit Art. 2 II S. 1 GG Schutz gegen Einwirkungen benachbarter Anlagen verlangt (hier mögliche Gesundheitsgefährdung durch elektromagnetische Felder einer Trafo-Station), hat der Gesetzgeber dem durch die Vorschriften des zivilen und öffentlichen Nachbarrechts, insbesondere § 906 BGB und § 22 BImschG ausreichend Rechnung getragen."

Im Übrigen scheint es beim BVerfG noch einige Raucher zu geben

außerdem Problem des „Vorbehalts des Möglichen"

„Es ist von Verfassungs wegen nicht zu beanstanden, dass der Gesetzgeber derzeit eine Verstärkung des Nichtraucherschutzes nicht für geboten hält.[296]"

---

290 So Hesse, Rn. 289.

291 Das Rechtsstaatsprinzip ist aber mit seinen Ausgestaltungen von Vorrang und Vorbehalt des Gesetzes v.a. im Bereich der Abwehrfunktionen betroffen.

292 Vgl. dazu BayVGH, BayVBl. 1997, 561 = **juris**byhemmer und dazu auch JuS 1997, 1034.

293 BVerfG, NJW 1997, 1844 = **juris**byhemmer; vgl. zu Art. 3 III S. 2 GG aber auch das umstrittene „Kölner Behinderten-Urteil", OLG Köln, NJW 1993, 763 = JuS 1998, 1061.

294 BVerfG, NJW 1997, 3085 = **juris**byhemmer.

295 BVerfG, NJW 1997, 2509 = **juris**byhemmer.

296 BVerfG, NJW 1998, 2961 ff.; zum Nichtraucherschutz vgl. auch VG Wiesbaden, NJW 1997, 3042 ff; BAG, NJW 1996, 3028 ff. (Passagierflugzeug); BVerwG, NJW 1994, 955 (Arbeitsplatz Bundeswehr): **alle Entscheidungen = juris**byhemmer.

Als mehr praktisches Problem ist jedenfalls zu beachten, dass jeder Anspruch unter „dem Vorbehalt dessen, was der Einzelne vernünftigerweise von der Gesellschaft beanspruchen kann",[297] stehen würde, sodass sich also jedenfalls schnell Grenzen aus den Staatsfinanzen ergeben würden. Eine solche permanente Relativierung durch den „Vorbehalt des Möglichen" kann auf Dauer auch die normative Kraft der Grundrechte, die ja gerade nicht nur Programmsätze, sondern durchsetzbare Rechte enthalten, aushöhlen.[298] Auch deshalb ist einer grundsätzlichen Interpretation als Leistungsgrundrechte mit einem ebenso grundsätzlichen Vorbehalt die Begründung allenfalls in einzelnen, besonders gelagerten Fällen vorzuziehen. Dabei ist mit dem BVerfG nicht pauschal auf eine sozialstaatliche Neuinterpretation abzustellen, sondern auf den objektiv verstärkten Gehalt des entsprechenden Grundrechts unter Berücksichtigung der sozialen Wirklichkeit.

Die sich aus dieser Problematik ergebende Abwägung wird vom BVerfG immer wieder deutlich herausgestellt: „Weder durch das nach Art. 2 I GG i.V.m. Art. 1 GG geschützte Recht des Kindes auf Kenntnis seiner Abstammung noch durch Art. 6 V GG ist für die Frage, ob ein nichteheliches Kind einen Anspruch gegen seine Mutter auf Benennung des Vaters hat, ein bestimmtes Ergebnis vorgegeben. Den Gerichten steht bei der Abwägung zwischen den widerstreitenden Grundrechten der Mutter und des Kindes i.R.d. Anwendung zivilrechtlicher Generalklauseln – wie des hier vom Gericht herangezogenen § 1618a BGB – ein weiter Spielraum zur Verfügung.[299]"

> **hemmer-Methode:** Die Grundrechte als originäre Leistungsrechte bilden die Ausnahme in der Rechtspraxis und wohl auch in der Klausur. Trotzdem sollten Sie sich einmal in die Problematik hineindenken, da sie dann, wenn sie in der Klausur gefragt ist, einen Schwerpunkt darstellen wird. Die Linie des BVerfG - keine schematische Einordnung, sondern Entscheidung im Einzelfall - kommt Ihnen natürlich auch klausurtaktisch entgegen, da es bei dieser Diskussion Punkte zu gewinnen gibt! Achten Sie in solchen Fällen auch besonders auf die Angaben zur Sache und vorgebrachten Argumentationsstränge im Sachverhalt („Echoprinzip")!

IV. Grundrechte als objektive Wertordnung

90

Wie oben schon ausgeführt, wird vom BVerfG und ihm folgend von der h.L. eine objektiv-rechtliche Seite der Grundrechte i.S.e. Wertordnung anerkannt, die an den Grundrechten orientiert ist. Wichtig wird diese bei der Begründung von Leistungsrechten (vgl. o. Rn. 89) und grundgesetzlich garantierten Einrichtungen i.w.S. (vgl. u. Rn. 97). Darüber hinaus soll diese objektive Wertordnung noch für andere Bereiche von Bedeutung sein:

1. Ausstrahlung ins Privatrecht

Ausstrahlung ins Privatrecht/mittelbare Drittwirkung

91

Nach ganz überwiegender Ansicht sollen die Grundrechte als klassische Abwehrrechte gegen den Staat unter Privaten nicht unmittelbar[300] wirken, sondern nur mittelbar durch ein Ausstrahlen über die sogenannten Generalklauseln.[301]

---

297 E 33, 303 (333).

298 Zu dieser Gefahr auch Pieroth/Schlink, Rn. 125; in diesem Sinne auch BVerfGE 50, 290, 336 f. = jurisbyhemmer

299 BVerfG, NJW 1997, 1769 = jurisbyhemmer, vgl. auch BVerfG, Urteil vom 13.02.2007, 1 BvR 421/05 = **Life&Law 04/2007** = jurisbyhemmer. Allein ein Geheimhaltungsinteresse der Mutter überwiegt hier aber die Interessen des Kindes sicherlich nicht, so schon BVerfG, Beschluss vom 18.01.1988, 1 BvR 1589/87 = jurisbyhemmer. In diesem Kontext auch OLG Hamm, Urteil vom 06.02.2013, 14 U 7/12 = **Life&Law 04/2013** = jurisbyhemmer, wonach dem Kind auch gegen die „Samenbank" ein Auskunftsanspruch über die Identität des Spenders zusteht.

300 So noch BAGE 1, 185 (193); vgl. auch VGH Kassel, NVwZ 2003, 874, wonach eine Aktiengesellschaft, die sich mehrheitlich in öffentlicher Hand befindet, unmittelbar Grundrechtsverpflichteter sein soll.

301 Vgl. Pieroth/Schlink, Rn. 202 ff.

Das Ausmaß dieser „Ausstrahlungswirkung" ergibt sich aus der objektiv-rechtlichen Dimension. Die Grundrechte beeinflussen so das bürgerliche Recht; dieses darf nicht im Widerspruch zu den Grundrechten stehen, es ist vielmehr im Sinne der Grundrechte auszulegen.

Dabei können Private im Wege der mittelbaren Drittwirkung nach der Rechtsprechung des BVerfG von Grundrechten unbeschadet ihrer eigenen Grundrechte ähnlich oder auch genauso weit wie der Staat durch die Grundrechte in die Pflicht genommen werden, insbesondere, wenn sie in tatsächlicher Hinsicht in eine vergleichbare Pflichten- oder Garantenstellung hineinwachsen wie traditionell der Staat.[302]

hemmer-Methode: Bei der mittelbaren Drittwirkung von Grundrechten handelt es sich um ein Problem, das Ihnen bekannt sein muss. In diesem Zusammenhang sollten Sie schon jetzt das Lüth-Urteil des BVerfG nachlesen.[303]

2. Fiskalverwaltung und Verwaltungsprivatrecht

Fiskalverwaltung (im einzelnen str.) und Verwaltungsprivatrecht

Fraglich ist, inwieweit die Grundrechte greifen, wenn der Staat privatrechtlich handelt. Im Bereich des Verwaltungsprivatrechts, wenn also öffentliche Aufgaben zivilrechtlich wahrgenommen werden, ist die unmittelbare Grundrechtsgeltung weitgehend unumstritten,[304] da ein „abwehrfähiger" staatlicher Eingriff auch hier stattfinden und der Staat sich durch eine „Flucht ins Privatrecht" nicht seiner Grundrechtsbindung entziehen kann.

rein fiskalisches Handeln

Strittig ist aber, inwieweit die Grundrechte unmittelbar gelten, wenn der Staat rein erwerbswirtschaftlich auftritt. Das BVerfG bejaht auch hier eine unmittelbare Grundrechtsgeltung. Begründet wird dies mit der umfassenden Grundrechtsbindung nach Art. 1 III GG. Durch zivilrechtliches Handeln darf sich der Staat dieser Bindung nicht entziehen können, es darf eben keine „Flucht ins Privatrecht" stattfinden.[305]

Nach Ansicht des BVerfG genügt für diese unmittelbare Grundrechtsgeltung, wenn der Staat an einer juristischen Person des Privatrechts beherrschend beteiligt ist, wenn er also bspw. mehr als 50 % der Anteile innehat.[306]

hemmer-Methode: Die unmittelbare Grundrechtsgeltung im Zivilrecht hat allerdings nicht die große Bedeutung, die man auf den ersten Blick vermuten würde. Die Grundrechte können in diesem Fall bspw. als Verbotsgesetze i.S.d. § 134 BGB geprüft werden. In den meisten zivilrechtlichen Fällen wird aber überhaupt kein Grundrechtseingriff vorliegen, da in einem Vertragsschluss kein einseitiger Eingriff in Grundrechte zu sehen ist, sondern eine Grundrechtsbetätigung. Nur wenn im Zivilrecht einseitiges, verbindliches Handeln vorliegt wie bspw. im Fall eines Hausverbots nach § 903 BGB, kann ein Grundrechtseingriff bejaht werden.

---

302 BVerfG, Beschluss vom 18.07.2015, 1 BvQ 25/15 = **juris**byhemmer: Das BVerfG tendiert aus diesem Grund dazu, den Privateigentümer eines frei zugänglichen öffentlichen Platzes zur Duldung einer Versammlung zu verpflichten!

303 Hierzu auch BVerfG, NJW 1998, 1387 = JuS 1998, 1053 und BGH, NJW 1999, 3552: **alle Entscheidungen** = **juris**byhemmer.

304 Vgl. BGHZ 52, 325 (327) = **juris**byhemmer.

305 BVerfG, NJW 2011, 1201 = **Life&Law 04/2011** = **juris**byhemmer.

306 BVerfG, NJW 2011, 1201 = **Life&Law 04/2011** = **juris**byhemmer.

3. Staatliche Schutzpflichten

staatliche Schutzpflichten

Ebenfalls aus der objektiv-rechtlichen Funktion abgeleitet hat das BVerfG gewisse staatliche Schutzpflichten. Grundlegend hierzu war das erste Abtreibungsurteil.[307] In diesem bewertete das BVerfG nicht nur unmittelbare Eingriffe in das (hier werdende) Leben als verboten, sondern nahm an, Art. 2 II GG gebiete dem Staat auch, „sich schützend und fördernd vor dieses Leben zu stellen".[308]

Eine ähnliche Argumentation hat das BVerfG seitdem mehrfach im Bereich der Gesundheitsfürsorge und des Umweltschutzes gewählt.[309]

hemmer-Methode: Gerade im Bereich der Schutzpflichten können neue gesellschaftliche oder technische Entwicklungen im Einzelfall eine großzügige Beurteilung dieser Frage gebieten, wenn das Individuum den drohenden Gefahren sonst hilflos gegenüber steht. Wenn sich die Klausur mit neuen und aktuellen Problemen befasst, ist durchaus juristische Kreativität gefragt, denken Sie in solchen Fällen Schutzpflichten zumindest im Konzept kurz an!

Dabei besteht aber ein weiter Entscheidungsspielraum des Staates, wie er dieser Schutzpflicht nachkommt,[310] insbesondere müssen auch hier kollidierende Rechte in eine Abwägung zur Schutzpflicht eingestellt werden.[311]

Das BVerfG führt zum Problem der Waldschäden durch Luftverschmutzung dabei Folgendes aus:

„Die Gestaltungsfreiheit des Gesetzgebers bei der Bewältigung der Schutzaufgaben im Zusammenhang mit der Luftverunreinigung hat sich nicht derart verengt, dass nur noch Ausgleichsregeln zugunsten der geschädigten Waldeigentümer in Betracht kämen.[312]"

Bisher wurde davon ausgegangen, dass die Gefährdungen von Dritten ausgehen; problematischer kann die Konstellation sein, in der der Grundrechtsträger sich selbst gefährdet, sodass die Schutzpflicht in Kollision mit dem Selbstbestimmungsrecht geraten kann: hier wird zumindest bei Suizid der Schutzpflicht der Vorrang zu geben sein, bei bloßen Selbstgefährdungen tendenziell das Selbstbestimmungsrecht.[313]

4. Objektiv-rechtliche Seite als Wesensgehalt

obj. Kern als Wesensgehalt

Z.T. wird die objektive Seite der Grundrechte mit dem Wesensgehalt in Art. 19 II GG gleichgesetzt,[314] doch soll dies an dieser Stelle nicht näher ausgeführt werden (zum Wesensgehalt vgl. u. Rn. 136).

93

94

---

307   E 39, 1, 41 ff.; krit. hier das Minderheitsvotum zur Konsequenz einer „Pflicht zum Strafen", die die Grundrechte in ihr Gegenteil verkehre, vgl. a a.O., S. 73 f.

308   E 31, 1, 42.

309   Vgl. E 49, 89 - Kalkar; NJW 1987, 2287 - AIDS; NJW 1988, 1651 - Chemiewaffenlagerung.

310   Vgl. dazu die Schleyer-Entscheidung, BVerfGE 46, 160 = **juris**byhemmer; vgl. auch die Entscheidung BVerfG, BayVBl. 2013, 334 = **juris**byhemmer, wonach den Gesetzgeber trotz verschiedener Amokläufe keine Pflicht zur Verschärfung des Waffenrechts trifft.

311   Allg. zum Abwägungsvorgang vgl. u. Rn. 135.

312   BVerfG, NJW 1998, 3264 ff. = **juris**byhemmer; eine Anmerkung findet sich in NJW 1998, 3254.

313   Für einen möglichen Vorrang der Schutzpflicht durch gesetzgeberische Entscheidung aber BVerfGE 59, 275 zur Helmpflicht = **juris**byhemmer

314   Vgl. die Darstellung bei Schwerdtfeger, Rn. 488.

5. Objektiv-rechtliche Seite in der Güterabwägung

Abwägungskriterium in Güterabwägung

Keine eigene Funktion i.e.S., aber dafür sehr klausurrelevant ist der Einfluss der objektiv-rechtlichen Seite auf die Güterabwägung i.R.d. Verhältnismäßigkeitsprüfung:[315] Zusätzlich zur Berechtigung des Einzelnen ist hier u.U. die objektive Dimension zugunsten des Grundrechtsschutzes mit zu berücksichtigen, insb. wenn die Ausübung des betreffenden Grundrechts sonst partiell unmöglich würde. Insoweit gelten die Ausführungen, die zur individualrechtsverstärkenden Wirkung der Einrichtungsgarantien gemacht wurden, entsprechend.

95

> **hemmer-Methode: Hierbei ist freilich Vorsicht geboten: Die Argumentation mit der „objektiven Wertentscheidung" wird oft im Gegenteil die subjektive Einschätzung des Bearbeiters wiedergegeben! Achten Sie darauf, dass die objektiv-rechtliche Seite oft nicht die ganze Weite des Abwehranspruchs ausschöpft, z.B. kann die weit ausgelegte allgemeine Handlungsfreiheit aus Art. 2 I GG nicht zum umfassenden Ordnungsprinzip eines „Jeder kann tun und lassen was er will" führen![316]**
>
> **Für Sie in der Klausur ist entscheidend, dass Sie den Charakter des Grundrechts als objektive Wertentscheidung nicht einfach behaupten, sondern für den Korrektor nachvollziehbar begründen. Verwenden Sie dazu folgende Methode: Zum Kern des Grundrechts gehören alle Handlungsmodalitäten, die nicht hinweggedacht werden können, ohne dass die Freiheitsgarantie als Ganzes entfällt. So ist es für die Kunstfreiheit unverzichtbar, dass ein Musiker Gelegenheit zum Üben hat. Der Zeitpunkt seines Übens ist dagegen eine ersetzbare Handlungsmodalität und wird nicht mehr vom Kern des Grundrechts als Wertentscheidung geschützt.**
>
> **Das geschilderte Gedankenexperiment können Sie verwenden bei der Frage nach der Drittwirkung, bei der Abwägung in der Verhältnismäßigkeitsprüfung und bei der Bestimmung des Wesensgehalts.**

V. Grundrechte als Einrichtungsgarantien

Die objektiv-rechtliche Seite der Grundrechte als Wertentscheidung kann sich zu einer Einrichtungsgarantie für einen sozialen Zusammenhang verdichten. Dabei sind terminologisch korrekt Institutsgarantien und institutionelle Garantien zu unterscheiden:

Institutsgarantie: Institut des Privatrechts (z.B. Art. 6 I, 14 I GG)

1. Unter Institutsgarantie versteht man die Verbürgung eines Rechtsinstituts des Privatrechts, z.B. Art. 6 I GG (Ehe), Art. 7 IV GG (Privatschulen) und 14 I GG (Eigentum und Erbrecht).

96

Dabei ist jedoch die subjektiv-rechtliche Seite für den Bürger insoweit wichtiger, als ihm die Institutsgarantie an sich i.d.R. keine zusätzlichen Rechte verschafft.[317] Allerdings können diese Garantien sich auch beim Abwehrrecht auswirken, so z.B. wenn ein durch Gesetzesvorbehalt an sich möglicher Eingriff in das Eigentum für den Betroffenen partiell nur noch eine Rechtsstellung übrig ließe, die die Bezeichnung Eigentum nicht mehr verdient, und deshalb verfassungswidrig ist. Allgemeiner: Im Rahmen einer erforderlichen Güterabwägung können die Einrichtungsgarantien auch für den individuellen Grundrechtsschutz streiten.

institutionelle Garantie: Institut des öffentl. Rechts (z.B. Art. 7 III S. 1, 33 V GG)

2. Demgegenüber verbürgen institutionelle Garantien ein Rechtsinstitut des öffentlichen Rechts, z.B. Art. 7 III S. 1 GG (Religionsunterricht an öffentlichen Schulen), Art. 33 V GG (Berufsbeamtentum).[318]

97

---

315   Zur Verhältnismäßigkeit näher unten Rn. 131 ff., 135; vgl. auch Schwerdtfeger, Rn. 487.

316   Beispiel bei Schwerdtfeger, Rn. 490.

317   Zu den Ausnahmen (Leistungsrechte kraft Institutsgarantie) vgl. o. Rn. 89.

318   Dabei ist freilich bei Art. 33 V GG str., ob bzw. in welchem Umfang er grundrechtsgleichen Schutz vermittelt.

Hinsichtlich der Bedeutung für den Grundrechtsschutz des Einzelnen gelten die Ausführungen zu den Institutsgarantien entsprechend.

3. Diese grundgesetzlichen Einrichtungsgarantien sind vom Schutz über eine objektiv-rechtliche Seite, z.B. der Pressefreiheit, insoweit zu unterscheiden, als diese als solche eher ein gesellschaftlicher Tatbestand als Rechtsinstitut bzw. -institution ist.[319]

VI. Grundrechte als Verfahrens- und Organisationsrechte

GRe als Verfahrens- und Organisationsrechte

Nicht mehr der objektiv-rechtlichen Dimension zugehörig dürfte die Funktion der Grundrechte als Verfahrens- und Organisationsrechte sein. Danach sollen die Grundrechte eine den Grundrechtsschutz effektuierende Organisations- und Verfahrensgestaltung gewähren;[320] dies hat Bedeutung zum einen bei der verfassungsrechtlichen Beurteilung von Verfahrensregeln („Verfahrensrecht als Vorposten der materiellen Rechtsposition"[321]):

Z.B. sind Zwangsvollstreckungsvorschriften wegen Art. 14 I GG so auszulegen, dass das Vermögen des Schuldners nicht über Bedarf durch die Vollstreckung „verschleudert" wird;[322] das Verfahren bei einer Volkszählung muss das Grundrecht auf informationelle Selbstbestimmung sichern.[323]

V.a. aber können Verfahrensvorschriften nicht nur als bloße Ordnungsvorschriften betrachtet werden, sondern ihnen muss u.U. drittschützender Charakter zuerkannt werden, wenn gerade durch die Verfahrensgestaltung Grundrechtsschutz beabsichtigt ist bzw. gewährleistet werden muss.[324]

98

VII. Exkurs: Die klassische Statuslehre

klass. Statuslehre: diff. status negativus, positivus und activus

Mehr von historischem Interesse als von Relevanz für die Examensklausur ist die klassische Einteilung der Grundrechtsfunktionen von Georg Jellinek,[325] die nur der Vollständigkeit halber genannt sein soll:

Hier wird unterschieden zwischen dem status negativus (der ungefähr den Freiheits- und Abwehrrechten entspricht), dem status positivus (der Teilhabe- und Leistungsrechten nahe kommt) und dem status activus (der bestimmte staatsbürgerliche Rechtspositionen umfasst, wie sie heute z.B. Art. 38 I, 33 I - III GG enthalten).

99

Grundrechtsfunktionen:

I. Abwehrfunktion

II. Nichtdiskriminierungsfunktion

III. Leistungsfunktion

　　1. Originäre Leistungsrechte

　　2. Derivative Leistungsrechte

319　So auch Pieroth/Schlink, Rn. 88 f.

320　Vgl. BVerfGE 69, 315 (355) = **juris**byhemmer; 73, 280 (296); auch Jarass/Pieroth, Vorb. vor Art. 1 GG, Rn. 11; Richter/Schuppert, S. 45 f. m.w.N.

321　Vgl. Pieroth/Schlink, Rn. 121.

322　BVerfGE 46, 325 (334 f.) = **juris**byhemmer.

323　BVerfGE 65, 1 (44) = **juris**byhemmer.

324　Grundlegend BVerfGE 53, 30 (insb. 65 f.) = **juris**byhemmer.

325　Dazu z.B. Pieroth/Schlink, Rn. 71 ff.; Richter/Schuppert, S. 40.

IV. Objektive Wertordnung

1. Privatrecht
2. Fiskalverwaltung + Verw.Privatrecht
3. Schutzpflichten
4. Wesensgehalt
5. Güterabwägung

V. Einrichtungsgarantie

1. Institution
2. institutionell

VI. Verfahrens-/Organisationsrecht

C) Grundrechte und Grundpflichten[326]

Grundpflichten nach GG wohl (-), zumindest nicht gleichrangig mit GRen

In den Verfassungstexten (und v.a. in der Verfassungswirklichkeit) der modernen westlichen Demokratien findet der Gedanke der Grundpflichten kaum eine Ausprägung, soweit man nicht den Staat und i.R. einer Drittwirkung der Grundrechte[327] die Bürger als durch die Grundrechte der anderen verpflichtet sieht, was freilich keinen hohen Erkenntniswert hat.

Im Übrigen mögen sich aus dem Gesamtgefüge der Verfassung oder allgemein zu einem staatlichen Zusammenleben gewisse nicht wegzudenkende Pflichten ergeben, wie z.B. die zur Steuerzahlung, doch sind dies keine verfassungsrechtlichen Grundpflichten, die auf derselben Ebene wie die Grundrechte liegen. Vielmehr werden sie - soweit sie rechtlich bedeutsam sind - erst durch den Gesetzgeber geschaffen und sind dementsprechend gerade an den Grundrechten zu messen.

Eine hinter solchen gesetzlichen Verpflichtungen stehende Grundpflicht, diese Gesetze zu erfüllen, hätte ebenfalls einen ausgesprochen geringen Erkenntniswert.[328]

100

Im Grundgesetz[329] werden nur sehr eingeschränkt Pflichten genannt:

Pflichten im GG: Art. 6 II, 14 II GG

Art. 6 II S. 1 GG nennt die Kindererziehung Recht, aber auch Pflicht der Eltern; Art. 5 III S. 2 GG könnte als Pflicht der wissenschaftlichen Lehrer zur Verfassungstreue verstanden werden; Art. 14 II GG statuiert die (als solche bezeichnete) Sozial-„Pflichtigkeit" des Eigentums; Art. 12a GG schließlich eröffnet die Möglichkeit, für Männer eine Wehrpflicht einzuführen. Doch gilt auch in diesen Fällen, dass diese Pflichten erst jeweils durch den Gesetzgeber aktualisiert werden müssen, und außerdem sind diese Fälle alle in gewisser Hinsicht als (zumindest immanente) Schranken bestehender Grundrechte interpretierbar.[330]

> **hemmer-Methode:** Zu dieser Frage werden normalerweise keine vertieften Kenntnisse vorausgesetzt werden können. Es reicht daher, wenn Sie sich diesen gegenwärtigen Befund noch einmal klarmachen. Klausurrelevant dürfte allenfalls die Konstellation der genannten Normen als (immanente) Grundrechtsschranken sein, die Sie sehen müssen, wenn in die jeweils korrespondierenden Grundrechte, also das Erziehungsrecht, die Wissenschaftsfreiheit oder das Eigentum eingegriffen wird.[331]

---

326   Relativ ausführlich Maunz/Zippelius, § 22 (allerdings nicht in allem mit der h.L. gehend); vertiefend vgl. auch die Beiträge von Götz und Hofmann in VVDStRL 1983, 7 ff. bzw. 41 ff.

327   Dazu oben Rn. 91.

328   Zutreffend Pieroth/Schlink, Rn. 224c.

329   Anders z.T. in einigen Länderverfassungen, in denen z.B. eine Pflicht, Ehrenämter zu übernehmen, konstituiert wird

330   Ebenso Maunz/Zippelius, § 22 I 2; dies gilt auch für Art. 12a GG, soweit er im Zusammenhang mit Art. 12 GG verstanden wird.

331   Vgl. hierzu ausführlich Rn. 334 ff.

§ 8 PRÜFUNGSSCHEMA ZUR VERLETZUNG VON FREIHEITS-GRUNDRECHTEN

Zentraler Punkt der Begründetheit einer Verfassungsbeschwerde ist die Prüfung, ob ein Grundrecht verletzt ist. Dabei wird hier der Übersichtlichkeit wegen unterschieden zwischen Grundrechten mit und ohne Eingriffsvorbehalt.

101

A) Grundrechte mit (geschriebenem) Gesetzesvorbehalt

vierstufiges Schema für GRe mit Gesetzesvorbehalt

Zunächst soll das Schema für Grundrechte mit Gesetzesvorbehalt dargestellt werden. Der Systematik dieser Grundrechte wird dabei wohl ein vierstufiger Prüfungsaufbau am ehesten gerecht, von dem in diesem Skript auch ausgegangen wird:

> **I.** Eröffnung des Schutzbereichs
> **II.** Eingriff
> **III.** Rechtfertigung des Eingriffs/Schranken
> **IV.** Schranken-Schranken

Daneben sind auch andere Prüfungsschemata geläufig, insbesondere werden die Schranken-Schranken oft als Unterpunkt der Schranken geprüft, teilweise werden auch die ersten beiden Prüfungspunkte unter „Eingriff in den Schutzbereich" zusammengezogen. Wie häufig bei Aufbauvorschlägen ändert sich dadurch aber nichts in der Sache. Das vorliegende Schema wird im Folgenden auch der Darstellung der Einzelgrundrechte zugrunde gelegt, sodass diese i.d.R. nach Schutzbereich, typischen Eingriffen und Schranken dargestellt werden.

> **hemmer-Methode: Wie immer gilt zwar: Klammern Sie sich nicht zu starr an Aufbauschemata. Da das vorliegende Schema aber nur vier Prüfungspunkte aufweist, wird es in der Klausur nicht schwerfallen, zu jedem Punkt etwas zu schreiben. Der Vorteil des vierstufigen Schemas liegt auch gerade darin, dass Sie in der Klausur automatisch zu einer sauberen Ausdifferenzierung kommen. Eines der verkürzten Schemata bietet sich aber u.U. dann an, wenn Sie z.B. in einer verwaltungsrechtlichen Arbeit nur noch eine kurze Anmerkung zu den Grundrechten machen wollen.**

Mit Modifikationen ließen sich zwar auch die Gleichheitsrechte unter dieses Schema einordnen, doch soll hierzu ein eigenes, besser passendes Schema vorgestellt werden,[332] sodass die nachfolgenden Ausführungen für Freiheitsgrundrechte und hier v.a. für die Abwehrfunktion gelten.

I. Eröffnung des Schutzbereichs

einzelne GRe schützen jeweils einzelne Bereiche aus Sphäre des GR-Trägers

Die einzelnen Grundrechte schützen jeweils einzelne Bereiche oder Umstände aus der Sphäre des Grundrechtsinhabers, etwa Verhaltensweisen (z.B. die Meinungsäußerung), Rechtsgüter (etwa Leib und Leben) oder auch nur bestimmte Situationen, in denen sich der Grundrechtsträger befindet (z.B. wenn er Rechtsschutz gegen die staatliche Gewalt begehrt, Art. 19 IV GG).[333]

102

---

332   Vgl. u. Rn. 184.
333   Vgl. Jarass/Pieroth, Vorb. vor Art. 1 GG, Rn. 13.

Je nachdem, wie problematisch sich der Klausurfall an dieser Stelle darstellt, kann man i.R.d. Schutzbereichs noch weiter unterscheiden:

1. Sachlicher Schutzbereich[334]

sachl. Schutzbereich: geschützte Verhaltensweise bzw. Rechtsgüter

103

Sachlich werden die Tätigkeiten, Verhaltensweisen, Rechtsgüter etc. (vgl. o.) umfasst, die das Grundrecht seinem Wortlaut nach schützt. Dabei wird man häufig mit einer vorläufigen Definition der zentralen Begriffe (z.B. Presse, Kunst, Meinung[335]) zu beginnen haben.

„funktionaler Schutzbereich"

Soweit kein finaler Eingriff, sondern z.B. eine bloß faktische Beeinträchtigung[336] vorliegt, kann über den thematischen Bezug hinaus fraglich sein, ob das Grundrecht auch seiner Funktion nach eingreift (sog. funktionaler Schutzbereich[337]); in der Tendenz verfährt die Rechtsprechung hier jedoch großzügig.[338] Dieses Problem ließe sich im Übrigen ebenso gut vertretbar bei der Prüfung des Eingriffs verorten, nämlich unter dem Gesichtspunkt, ob eine bestimmte (insbesondere nicht-finale) Maßnahme Eingriffscharakter hat.[339]

Insbesondere für die Begriffe Kunst, Wissenschaft und Religion wird z.T. vertreten, dass eine Definition an sich nicht möglich sei:[340] Hier kann man an die sachlichen Gegebenheiten des jeweiligen Lebensbereichs anknüpfen, also z.B. an historische Entwicklungen, allgemein anerkannte Sachverhalte o.ä.

> **hemmer-Methode: Natürlich ist es in der Klausur von Vorteil, die wichtigsten anerkannten Definitionen ungefähr zu kennen. Da man sich aber nicht alles merken kann, müssen Sie in der Klausur auch einmal in der Lage sein, sich eine Definition selbst zu erschließen. Dabei ist es zweckmäßig, sich - je nach Komplexität des zu definierenden Begriffs - zwei bis fünf konstituierende Merkmale zu überlegen und diese dann in einem oder zwei definierenden Sätzen miteinander zu verbinden. Dies gilt übrigens auch in anderen Rechtsgebieten, in denen man eine Definition zum Einstieg braucht, z.B. im Verwaltungs- oder Strafrecht.**

u.U. auch Schutzbereichsbegrenzungen (z.B. Art. 8 I GG: „friedlich und ohne Waffen")

Bereits i.R.d. Schutzbereichs sind im Wortlaut angelegte Begrenzungen (nicht aber Begrenzungsmöglichkeiten) zu berücksichtigen, v.a. in Art. 8 I GG die Versammlung „friedlich ohne Waffen".[341] Soweit darüber Streit besteht, ist hier auch die Stelle, weitere Einschränkungen zu diskutieren, z.B. ob nur „wertvolle" Meinungen oder Presse und nur Versammlungen zum Zweck einer im Allgemeininteresse liegenden Willensbildung geschützt sind.

Auslegung des Schutzbereichs: „in dubio pro libertate"

Allgemein ist zum sachlichen Schutzbereich anzumerken, dass das BVerfG im Zweifel eine extensive Auslegung bevorzugt, nämlich diejenige, „welche die juristische Wirkungskraft der Grundrechtsnorm am stärksten entfaltet",[342] die also den weitestreichenden Grundrechtsschutz gewährleistet.

---

334 Zur unterschiedlichen Terminologie und ihren Bedeutungsinhalten (Schutzbereich, Normbereich, Regelungsbereich) vgl. näher Pieroth/Schlink, Rn. 229 ff.

335 Dazu im Einzelnen im „Besonderen Teil" bei den Einzelgrundrechten.

336 Zu den Qualifikationen der Eingriffe vgl. unten Rn. 108 ff.

337 Dazu knapp Schwerdtfeger, Rn. 447 m.w.N.

338 Zur weiten Auslegung durch das BVerfG und deren Vorzüge für die Klausurtaktik vgl. sogleich unten.

339 Zum „nicht-klassischen" Eingriff vgl. ausführlich unten Rn. 110.

340 Vgl. beispielhaft zur Kunst: Jarass/Pieroth, Art. 5 GG, Rn. 67.

341 Str. ist, ob die verbotene Vereinigung in Art. 9 II GG Schutzbereichsbegrenzung oder Schranke ist, vgl. unten Rn. 250.

342 So die st. Rechtsprechung, z.B. E 39, 1 (37); 32, 54 (71); 6, 55 (72).

> **hemmer-Methode: Dies kommt Ihnen natürlich klausurtaktisch entgegen! Nur so erschließen sich Ihnen noch weitere Probleme, v.a. der Rechtfertigung und Schranken-Schranken, in denen Sie argumentieren und damit Punkte sammeln können. Denken Sie deshalb in Zweifelsfällen an diese Rechtsprechung und bejahen Sie mit Hinweis darauf und auf den optimalen Grundrechtsschutz die Eröffnung des Schutzbereichs, um zu weiteren Problemen zu kommen. Dass dieses Vorgehen nicht völlig abwegige Ergebnisse decken kann, versteht sich von selbst.**

2. Personaler Schutzbereich

personaler Schutzbereich: vgl. GR-Fähigkeit und -Mündigkeit

Vom personalen Schutzbereich werden die Personen umfasst, die überhaupt nur Träger des jeweiligen Grundrechts sein können, wobei sich die Fragen der Grundrechtsmündigkeit, der Menschen- und Bürgerrechte[343] etc. stellen. Diese wurden bereits i.R.d. Zulässigkeit erörtert,[344] worauf hier verwiesen sei. Häufig wird man zu dieser Frage auch in der Klausur i.R.d. Begründetheit nicht mehr viel zu schreiben haben, weil man die Problemfälle schon in der Zulässigkeit diskutiert bzw. nicht einschlägige Grundrechte schon abgelehnt hat.

104

3. Grundrechtskonkurrenzen

GR-Konkurrenz: Verhalten fällt in Schutzbereich mehrerer GRe eines GR-Trägers

Aufbaumäßig am Günstigsten als Schutzbereichsproblem behandelt werden ebenfalls mögliche Grundrechtskonkurrenzen: Von solchen spricht man, wenn ein Verhalten in den Schutzbereich mehrerer Grundrechte desselben Grundrechtsträgers fällt. Schwierigkeiten macht die Grundrechtskonkurrenz besonders, wenn die Grundrechte unterschiedlichen Schranken unterliegen.

105

> **hemmer-Methode: Unterscheiden Sie davon genau das Problem der Grundrechts-Kollision, die vorliegt, wenn die Verwirklichung eines Grundrechts durch einen Grundrechtsträger ein Grundrecht eines anderen beschneidet. Die Grundrechtskollision spielt im Bereich der Schranken eine wichtige Rolle.[345] Die Behandlung von Konkurrenzen erfordert besonderes Verständnis eines Rechtsgebiets und juristische Argumentationsfähigkeit und ist nicht nur im Verfassungsrecht von Bedeutung.**

entweder Vorrang der lex specialis

Zunächst ist zu prüfen, ob ein Grundrecht grundsätzlich als lex specialis vorgeht. Dies ist regelmäßig der Fall im Verhältnis zwischen Art. 2 I GG und den übrigen Freiheitsgrundrechten. Dann ist zu beachten, dass Art. 2 I GG auch dann nicht eingreifen kann, wenn das speziellere Grundrecht dem Betroffenen nicht weiterhilft.[346] Für den Aufbau bedeutet das, dass Art. 2 I GG immer erst nach den speziellen Freiheitsrechten anzusprechen und dann nicht mehr ausführlich zu prüfen ist.

> **hemmer-Methode: Denken Sie in Zusammenhängen! Im Verwaltungsrecht besagt die sog. Adressatentheorie, dass der Adressat eines belastenden VA im Rahmen einer Anfechtungsklage immer möglicherweise in seiner allgemeinen Handlungsfreiheit aus Art. 2 I GG verletzt, und deshalb nach § 42 II VwGO klagebefugt ist. Auch hier müssen Sie aber beachten, dass Art. 2 I GG ein Auffanggrundrecht darstellt.**

---

343   Zu Art. 2 I GG als Auffanggrundrecht für Nicht-Deutsche bei Deutschengrundrechten vgl. unten Rn. 159.

344   Vgl. oben Rn. 10 ff.

345   Vgl. dazu unten Rn. 140 ff.

346   Vgl. Jarass/Pieroth, Vorb. vor Art. 1 GG, Rn. 18; Pieroth/Schlink, Rn. 385 ff., die freilich differenzieren, wenn das Verhalten zwar in den Regelungs-, nicht aber in den Schutzbereich des speziellen Grundrechts fällt. Vertiefend zu den Konkurrenzen Frohmann, EuGRZ 1985, 49.

Ist daher eine andere Rechtsverletzung evident, so müssen Sie immer erst auf die spezielle Rechtsverletzung abstellen. Wenn Sie danach noch die Adressatentheorie mit einem Verweis auf deren Subsidiarität erwähnen, zeigen Sie dem Korrektor Verständnis.

oder Frage nach stärkerem sachl. Bezug

Problematischer sind die Fälle, in denen ein Grundrecht dem anderen nicht generell, wohl aber in der gegebenen Konstellation vorgeht, wie es z.B. für Presse- und Meinungsäußerungsfreiheit der Fall sein kann.[347]

Das BVerfG stellt darauf ab, welches Grundrecht „nach seinem Sinngehalt die stärkere sachliche Beziehung zu dem zu prüfenden Sachverhalt"[348] aufweist. Dabei soll dann der spezifische Gehalt des verdrängten Grundrechts i.R.d. des konsumierenden Grundrechts mitberücksichtigt werden.[349]

hemmer-Methode: Hier haben Sie Raum für eine umfassende Argumentation, mit der Sie Punkte sammeln können. Einschränkend muss man sich natürlich klarmachen, dass oft kein so großer „spezifischer Gehalt des verdrängten Grundrechts" übrig bleiben wird, da man sonst gar keinen Vorrang eines Grundrechts annehmen wird.

ansonsten Idealkonkurrenz

Lässt sich dagegen kein deutlich stärkerer Bezug eines Grundrechts ausmachen, liegt Idealkonkurrenz vor, d.h. beide Grundrechte sind parallel anzuwenden. Der staatliche Eingriff hat dann die Schrankenanforderungen beider Grundrechte, im Ergebnis also des strengeren Grundrechts zu berücksichtigen.[350] Aufbaumäßig empfiehlt es sich, mit dem Grundrecht zu beginnen, welches zumindest „etwas sachnäher" ist, soweit sich dies feststellen lässt.

hemmer-Methode: Für die Klausur bedeutet das also, dass Sie beide Grundrechte zu prüfen haben. Allerdings werden Sie beim zweiten viel nach oben verweisen können. Insbesondere wenn der Vorrang eines Grundrechts auch ernsthaft zur Diskussion stand, wird sich man i.R.d. Verhältnismäßigkeitsabwägung u.U. auch mit einem Hinweis dahingehend helfen können, dass das zweite Grundrecht auch im Falle seiner Einschlägigkeit für diesen speziellen Sachverhalt keinesfalls weitergehenden Schutz vermitteln kann, als das zuerst geprüfte. Das geschützte Verhalten wird dann nämlich regelmäßig in den (stärker geschützten) Kernbereich des ersten Grundrechts fallen, während es beim zweiten nur eine Handlungsmodalität im Randbereich betrifft.

II. Eingriff

1. Benennung des Eingriffsakts

konkrete Benennung des Eingriffs

Je nach Fallkonstellation kann es ratsam sein, bei der Frage nach dem Eingriff klarzustellen, welche staatliche Maßnahme letztlich Anknüpfungspunkt der Prüfung sein soll. Dies hat Bedeutung z.B. bei Klagen gegen letztinstanzliche Verwaltungsgerichtsentscheidungen, denen regelmäßig ursprünglich ein Verwaltungsakt zugrunde liegt

106

In solchen Fällen wird sich der Beschwerdeführer zumindest gegen das letztinstanzliche Urteil wehren, kann die (einheitliche) Verfassungsbeschwerde aber auch zusätzlich gegen alle vorangegangenen Akte richten,[351] die dann grds. auch alle aufzuheben sind.[352]

---

347 Vgl. Pieroth/Schlink, Rn. 390.

348 E 64, 229 (238 f.); 67, 186 (195).

349 Vgl. BVerfGE 13, 290 (296 ff.); 65, 104 (112): **alle Entscheidungen = juris**byhemmer.

350 Vgl. Pieroth/Schlink, Rn. 391; Jarass/Pieroth, Vorb. vor Art. 1 GG, Rn. 18; zur - abzulehnenden - a.A., wenn es sich um ein schrankerloses Grundrecht handelt („Schrankenübertragung durch Grundrechtskonkurrenz") vgl. unten Rn. 141.

351 Vgl. BVerfGE 19, 377 (389); 54, 53 (64 ff.).

352 So BVerfGE 84, 1 (3 ff.) = **juris**byhemmer.

Ist dagegen ein verfassungsrechtlich zweifelhaftes Gesetz Befugnisnorm für das angegriffene Handeln und ist möglicherweise eine Prüfung sowohl des Gesetzes als auch des Einzelakts von Nöten, empfiehlt es sich, schon ganz zu Beginn klarzustellen, auf welchen Akt sich die folgende Prüfung bezieht.

2. Eingriff und Ausgestaltung

Problem bei GRen mit normgeprägtem Schutzbereich: Abgrenzung Eingriff ggü. Ausgestaltung

Die Grundrechte schützen nicht vor jeder staatlichen Einwirkung auf den grundrechtlich geschützten Lebensbereich. Kein Eingriff liegt insbesondere in (zulässigen) Ausgestaltungen, zu denen der Gesetzgeber berechtigt sein kann. Schon strukturell ist eine nähere Ausgestaltung erforderlich bei echten Leistungsgrundrechten. So ist zur Gewährung von Rechtsschutz i.S.d. Art. 19 IV GG Voraussetzung, dass der Gesetzgeber ein Gerichtssystem schafft,[353] und erst der Gesetzgeber macht letztlich aus einem Zusammensein von Mann und Frau die Ehe (Art. 6 I GG) oder aus der persönlichen Habe das Eigentum (Art. 14 I GG). Obwohl bei Grundrechten mit solchen normgeprägten Schutzbereichen[354] der Gesetzgeber einen gewissen Gestaltungsspielraum hat, ist auch diese Gestaltungsmöglichkeit im Lichte des betreffenden Grundrechts zu sehen, damit nicht auf diesem Wege verdeckte Eingriffe zulässig werden.

107

Die größte Klausurrelevanz dürfte hier Art. 14 GG haben, bei dem man in der Prüfung deshalb auch von einer „probeweisen Eröffnung des Schutzbereichs" statt von einem Eingriff sprechen kann, da _a gerade fraglich sein kann, ob eine bestimmte Rechtsposition noch vom Eigentum umfasst sein muss.[355]

Grundrechtsverzicht problematisch, jedenfalls eng auszulegen

Kein Eingriff könnte auch vorliegen, wenn der Bürger in eine grundrechtsrelevante Maßnahme einwilligt bzw. auf den Grundrechtsschutz verzichtet.[356] Zumindest einige Vorschriften machen die Schutzwirkung der Grundrechte ausdrücklich vom Willen des Betroffenen abhängig, z.B. Art. 6 III, 7 III S. 3 GG und wohl auch Art. 16 I S. 1 GG („Entziehen"), andererseits versagt Art. 9 III S. 2 GG den Berechtigten die Disposition über das Grundrecht aus Art. 9 III S. 1 GG. In den übrigen Fällen macht der Verfassungstext keine Aussagen über Zulässigkeit und Auswirkungen eines Grundrechtsverzichts; wenn man diesen nicht von vornherein als Verstoß gegen die abschließende Schrankensystematik des Grundgesetzes versteht, sind bei der Argumentation v.a. folgende Gesichtspunkte einzustellen: (abstrakte) Schwere der Grundrechtsbeeinträchtigung, Schutzrichtung des Grundrechts (v.a. Selbstentfaltung des Betroffenen oder auch politische Willensbildung), Betroffenheit nur des subjektiven Bereichs oder der objektiven Wertentscheidung (vgl. o. Rn. 90 ff.). Jedenfalls muss ein solcher Verzicht freiwillig, konkret und für den Verzichtenden überschaubar sein, weshalb auch kein völliger Verzicht „auf ein Grundrecht", sondern allenfalls auf den Grundrechtsschutz für eine einzelne Handlungsweise möglich ist. Ein Verzicht scheidet auch dann aus, wenn der Menschenwürdegehalt eines Grundrechts betroffen ist. Die Menschenwürde ist „unantastbar", auch für den Würdeträger selbst.

108

---

353   Vgl. Jarass/Pieroth, Art. 19 GG, Rn. 30a.

354   So die Bezeichnung bei Pieroth/Schlink, Rn. 241.

355   Zur Prüfung bei Art. 14 GG ausführlicher vgl. unten § 24.

356   Für eine Einordnung des Verzichts beim Prüfungspunkt Eingriff auch Pieroth/Schlink, Rn. 168.

3. Eingriffsarten

a) Klassischer Eingriff

klass. Eingriff: final, imperativ und unmittelbar

Geht es - wie i.d.R. - in der Klausur um das Grundrecht als Abwehr- **109** recht, liegt der klassische (und v.a. früher einzig als solcher aner- kannte) Eingriff in einem finalem staatlichem Handeln durch Rechts- akt, das mit Befehl und Zwang durchsetzbar ist und unmittelbar das grundrechtlich geschützte Verhalten einschränkt.

hemmer-Methode: Ein solcher klassischer Eingriff wird i.d.R. vorliegen bei belastenden Verwaltungsakten, Verbotsgesetzen und Gerichtsur- teilen. Hier sind in der Klausur lange Ausführungen über den Eingriffs- charakter der staatlichen Maßnahme nicht erforderlich. Legen Sie sich im Hinblick auf das Examen für solche Fälle eine kurze, prägnante Formulierung zur Recht, mit der Sie hier „Ihren Haken bekommen", ohne viel Zeit zu verlieren.

b) Modernes Eingriffsverständnis

Dem Grundrechtsverständnis unter dem Grundgesetz, v.a. aber dem **110** Staat der heutigen Zeit, der der Gesellschaft nicht mehr nur gegen- über steht, sondern vielfältig mit ihr verwoben ist,[357] wird indes die- ser enge Eingriffsbegriff nicht mehr gerecht. Von den Voraussetzun- gen des klassischen Eingriffs werden deshalb nach verschiedenen Richtungen Abstriche gemacht:

Erweiterung: auch faktischer Eingriff

aa) Fast einhellig wird auf das Kriterium des Rechtsakts und der im- **111** perativen Wirkung (Durchsetzbarkeit mit Befehl und Zwang) verzich- tet, vielmehr können auch faktische Maßnahmen Eingriffscharakter haben.[358]

hemmer-Methode: Auch insoweit müssen keine breiten Ausführungen in einer Klausur gemacht werden, wenngleich sich ein kurzer Hinweis auf die Abweichung vom klassischen Eingriffsbegriff empfiehlt. Be- gründen lässt sich diese Ausweitung zusätzlich mit der umfassenden Grundrechtsbindung des Staates (Art. 1 III GG). Behalten Sie auch fol- gendes Argument im Kopf: ein Eingriff z.B. in die persönliche Ehre wird regelmäßig ein faktischer sein.

Problem: mittelbare Einwirkungen

bb) Problematischer stellen sich Fälle dar, in denen es an der Un- **112** mittelbarkeit des Staatshandelns für die Grundrechtsbeeinträchti- gung fehlt: Einerseits verbietet die Grundrechtsbindung aus Art. 1 III GG sicherlich, mittelbare Auswirkungen ganz aus dem Eingriffsbe- reich herauszunehmen, andererseits könnte eine grenzenlose Ein- griffsbejahung selbst bei fernliegendsten Folgen die staatliche Hand- lungsfähigkeit empfindlich beschneiden.[359]

Wichtigstes Beispiel für das Problem des „mittelbaren Eingriffs" sind die vielgestaltigen Fälle behördlicher Warnungen, sei es vor ver- seuchten Lebensmitteln,[360] der Zugehörigkeit zu Jugendsekten[361] oder in Form eines sog. polizeilichen Gefährderanschreibens.[362]

---

357   Zur Bedeutung des geänderten Staats- für ein geändertes Grundrechtsverständnis vgl. bereits oben Rn. 82, 84.

358   Statt vieler Erichsen/Martens, S. 327; ausführlich und m.w.N. Bleckmann/Eckhoff, DVBl. 1988, 373 (374, 376).

359   Vgl. zu diesem Gesichtspunkt Erichsen, Jura 1992, 142 (146).

360   Vgl. dazu BVerwGE 71, 183 - Transparenzlisten-Entscheidung; Bestätigung bei BVerfG, NJW 2002, 2621 ff. = **juris**byhemmer, hierzu kritisch Murswiek, NVwZ 2003, 1.

361   Vgl. dazu BVerfG, NJW 2002, 2621 ff., hierzu kritisch Murswiek, NVwZ 2003, 1; BVerfG, NJW 2002, 3458; BVerwGE 82, 76; BVerwG, NJW 1991, 1770; 1992, 2496; BVerfG, NJW 1989, 3269 = **juris**byhemmer; instruktiv zu diesen Urteilen- auch hinsichtlich der Eingriffsproblematik - Dischler, JuS 1993 463.

362   Ein Eingriff liegt nach OVG Münster, NJW 2006, 391 = **Life&Law 05/2006** auch in dem Fall eines Gefährderanschreibens vor: Ein potenzieller Stö- rer erhält nur eine Warnung, nicht aber ein Verbot, an einer bestimmten Versammlung teilzunehmen = **juris**byhemmer.

Hier wirkt die Behörde nicht unmittelbar auf die betroffenen Grundrechtsträger ein, sondern erst die Reaktion der gewarnten Bürger erschwert den Betroffenen die Grundrechtsausübung.[363]

hemmer-Methode: Das BVerfG spricht allerdings nicht von einem Eingriff, sondern nimmt „lediglich" eine bloße „Grundrechtsbeeinträchtigung" an, vor der Art. 4 GG allerdings auch Schutz gewähren soll.[364] Dem BVerfG wird hier zu Recht vorgeworfen, durch neue Begrifflichkeiten Unklarheit zu schaffen, ohne zur Lösung des Problems beizutragen.[365]

Hintergrund für die neue Begrifflichkeit dürfte die außergewöhnliche Rechtfertigung über eine bloße Kompetenzzuweisung sein, die für einen Eingriff im herkömmlichen Sinn gerade nicht ausreichen würde.[366]

Die Examensrelevanz dieser „Warnungsrechtsprechung" zeigt sich v.a. an den Folgeproblemen: Besteht eine gesetzliche Grundlage? Ist eine solche überhaupt erforderlich oder genügt die Staatsaufgabe „Öffentlichkeitsarbeit" (Frage dann: in wessen Kompetenz fällt diese hier)? Welche kollidierenden Grundrechte der „Gewarnten" können zur Rechtfertigung herangezogen werden?

Bei der Frage nach dem Vorliegen eines Eingriffs ist vieles streitig und in der Klausur ist von Ihnen eine fundierte Argumentation am einzelnen Fall gefordert.

hemmer-Methode: Denken Sie aber auch hier klausurtaktisch: Die weitere Grundrechtsprüfung - u.U. mit den eben genannten punkteträchtigen Folgeproblemen - erschließt sich Ihnen richtig nur dann, wenn Sie einen Eingriff bejahen.

mögliche Kriterien: Finalität, Typizität, Intensität, Schutzzweck

In diese Argumentation sind folgende Gesichtspunkte einzustellen: finales Handeln hinsichtlich der Beeinträchtigung wird man als hinreichende, aber nicht als notwendige Voraussetzung für einen Eingriff betrachten können, wobei die Finalität freilich bei mittelbaren Eingriffen genau zu prüfen ist. Für einen Eingriff spricht auch die Typizität der Folge des staatlichen Handelns für den Grundrechtsträger.[367] Des Weiteren kann nach der Rechtsprechung[368] die Intensität der mittelbaren Beeinträchtigung zur Abgrenzung herangezogen werden. Die sog. „Schutzzwecktheorie"[369] dagegen fragt, ob der Schutzzweck des Grundrechts einen Schutz vor mittelbaren Eingriffen erfordert[370] bzw. ob die Beeinträchtigung Ausdruck derjenigen Gefahr ist, vor dem das Grundrecht schützen will.[371]

hemmer-Methode: Gerade die letzten Formulierungen zeigen, dass hier die Entscheidung letztlich von Wertungen abhängt. Achten Sie aber darauf, zumindest formal keinen Zirkelschluss zu ziehen! Machen Sie sich auch klar, dass hier ähnliche Gesichtspunkte eine Rolle spielen wie beispielsweise im Staatshaftungsrecht bei der Frage, wann ein enteignender Eingriff vorliegt oder im Zivilrecht bei der Frage, wann mittelbare Eigentums- (z.B. Nutzungs-)beeinträchtigungen eine Verletzung i.S.d. § 823 I BGB darstellen. Lernen Sie also bestimmte Argumentationsfiguren fachübergreifend zu nutzen.

---

363   Vgl. zu Warnungen auch BVerfG, Beschluss vom 17.08.2010, 1 BvR 2585/06 = NJW 2011, 511 = **juris**byhemmer.

364   BVerfG, NJW 2002, 2626 = **juris**byhemmer.

365   Murswiek, „Das Bundesverfassungsgericht und die Dogmatik mittelbarer Grundrechtseingriffe", NVwZ 2003, 1 ff.

366   Vgl. unten Rn. 117.

367   Vgl. Discher, JuS 1993, 463 (465), der zu Recht damit das von der Rechtsprechung - etwa BVerwGE 82, 76 (79) = **juris**byhemmer - gebrauchte Kriterium der „Inkaufnahme" für staatliches Handeln objektiviert.

368   Vgl. BVerwG, NJW 1992, 2496 (2499) = **juris**byhemmer.

369   Z.B. Lübbe-Wolff, NJW 1987, 2705; Schulte, DVBl. 1988, 512.

370   Insoweit wird also die dem funktionalen Schutzbereich zugrunde liegende Idee fruchtbar gemacht, weshalb eine Erörterung auch i.R.d. Schutzbereichs stattfinden könnte.

371   So die Formulierung bei Jarass/Pieroth, Vorb. vor Art. 1 GG, Rn. 21a.

c) Weitere Eingriffsvarianten

Eingriff durch Diskriminierung oder Leistungsverweigerung

Die bisherigen Ausführungen beziehen sich (v.a.) auf Eingriffe, denen das Grundrechtsverständnis der Abwehrrechte[372] zugrunde liegt. **113**

Bei den Gleichheits- und Leistungsgrundrechten bzw. bei den Freiheitsgrundrechten, soweit ihnen so eine Funktion zukommt,[373] ist immer auch an Eingriffe durch Diskriminierung oder Verweigerung von Leistungen zu denken.

aa) Ein Eingriff läge also in einer Ungleichbehandlung, die zur (relativen) Belastung eines Grundrechtsträgers führt. Eine solche kann auch vorliegen, wenn eine Handlung im Schutzbereich schlechter behandelt wird als eine außerhalb, also z.B. negative Konsequenzen an den Tatbestand des Verheiratetseins im Vergleich zum nichtehelichen Zusammenleben geknüpft werden. Ähnlich sind die sog. influenzierenden Maßnahmen zu beurteilen, bei denen die Grundrechtsausübung zwar nicht verboten, an ihren Verzicht aber Vorteile geknüpft werden.[374]

bb) Die Nichtgewährung bzw. das Nichtteilhabenlassen an einer Leistung kommt als Eingriff nur in Frage, wo ein originäres oder derivatives Teilhaberecht besteht; hier ist außerdem auch daran zu denken, dass gerade bei Leistungsrechten häufig ausgestaltungsbedürftige Grundrechte vorliegen.[375]

cc) Soweit staatliche Schutzpflichten bestehen oder eine mittelbare Drittwirkung anzunehmen ist,[376] kommt als Eingriff schließlich noch das Nichtgewähren dieses Schutzes bzw. die Nichtbeachtung der Ausstrahlungen ins Privatrecht in Betracht.

III. Rechtfertigung des Eingriffs/Schranken

(geschriebene) Schranken

Erfolgt im Schutzbereich des Grundrechts eine Beeinträchtigung, muss diese Maßnahme noch nicht verfassungswidrig sein,[377] vielmehr kann der Eingriff auf verschiedene Arten gerechtfertigt sein. Der Trennung der Schemata entsprechend werden an dieser Stelle nur geschriebene Schranken genannt.[378] **114**

hemmer-Methode: Achten Sie auf die richtigen Begrifflichkeiten! Obwohl an sich das Schema später richtig weiter geprüft wird, sprechen viele Bearbeiter schon in der Eingriffsstufe von „Verletzung" des Grundrechts. Ein dummer Fehler, der einen schlechten Eindruck macht, und eigentlich sehr leicht vermeidbar ist.

---

372 Vgl. oben Rn. 85.

373 Vgl. oben Rn. 86 f.

374 Vgl. zu diesen Maßnahmen Jarass/Pieroth, Vorb. vor Art. 1 GG, Rn. 21.

375 Vgl. dazu oben Rn. 89.

376 Vgl. dazu oben Rn. 91.

377 Ob angesichts der z.T. großzügigen Schrankenregelungen einerseits und des durch die Gesamtheit der Grundrechte erfassten Bereichs andererseits viel damit gewonnen ist, insofern von einer indiziellen Wirkung des Eingriffs für eine Grundrechtsverletzung zu sprechen - so z.B. Jarass/Pieroth, Vorb. vor Art. 1 GG, Rn. 28a -, erscheint zumindest fraglich.

378 Zu den ungeschriebenen vgl. unten Rn. 140 ff.

1. Arten der geschriebenen Grundrechtsschranken

Arten: Eingriffs-, Schranken-, Ausge-staltungs- und Regelungsvorbehalte

Die meisten Grundrechte sind schon nach dem Wortlaut des Grundgesetzes nicht schrankenlos gewährt, sondern einschränkbar. Dabei kennt das Grundgesetz einfache und qualifizierte Gesetzesvorbehalte; eine weitere Unterscheidung ist möglich zwischen Eingriffsvorbehalten, Schrankenvorbehalten, Ausgestaltungsvorbehalten und Regelungsvorbehalten, indes spielt diese hier keine grundsätzliche Rolle, soweit man nicht bei normgeprägten Grundrechten in einer Ausgestaltung begrifflich gar keinen Eingriff sieht. Wichtig wird diese Unterscheidung lediglich im Zusammenhang mit Art. 19 I GG, weshalb sie dort näher dargestellt werden soll.

115

hemmer-Methode: Hier handelt es sich um keinen Prüfungspunkt im Schema, sondern die nachfolgende Differenzierung soll lediglich dem Verständnis dienen. In der Klausur genügt es, zunächst den Vorbehalt zu erwähnen und die nähere Bestimmung dann vorzunehmen, wenn es u.U. erforderlich wird.

a) Einfacher Gesetzesvorbehalt

einfacher Gesetzesvorbehalt

Grundrechte mit einfachem Gesetzesvorbehalt sind ihrem Wortlaut nach leicht einschränkbar, verlangt wird nur, dass der Eingriff durch ein Gesetz oder aufgrund eines Gesetzes erfolgt.

116

Beispiele sind Art. 2 II S. 3, 8 II, 10 II S. 1 GG. Dabei macht es sachlich keinen Unterschied, ob die Norm beide Alternativen oder nur die zweite („aufgrund eines Gesetzes") erwähnt.[379]

aa) Begriff des Gesetzes

Begriff des Gesetzes individuell zu entwickeln; im Zweifel Gesetz im formellen Sinne

Die Bedeutung der Formulierung „Gesetz" ist aus dem jeweiligen Einzelgrundrecht zu entwickeln. Wenn sich dabei keine Besonderheiten ergeben, ist nach der ständigen Rechtsprechung des BVerfG und dem folgend der ganz h.M.[380] ein Gesetz im formellen Sinne, also Rechtsetzung durch das Parlament, gemeint. Allerdings hat das BVerfG hiervon Ausnahmen zugelassen für vorkonstitutionelles (sogar Gewohnheits-) Recht[381] und auch für Art. 2 I GG und Art. 12 I GG liegen Äußerungen des BVerfG vor, dass die Gesamtheit der verfassungsmäßigen Normen (also auch Satzungen und Verordnungen) diese Grundrechte einschränken können.[382]

117

dann aber i.d.R. („auf Grund") auch durch VO oder VA möglich

Es ist aber Folgendes zu beachten: Wenn eine Einschränkung aufgrund eines Gesetzes möglich ist, umfasst das ja gerade auch Eingriffe durch Verwaltungsakte oder untergesetzliche Normen, die auf der Grundlage der Parlamentsgesetze erlassen werden. Dass Verordnungen einer solchen Grundlage bedürfen, ergibt sich schon aus Art. 80 GG. Bei Satzungen ist zu berücksichtigen, dass die allgemeine Einräumung der Satzungsautonomie nicht zu Grundrechtseingriffen berechtigt, sondern hierzu immer eine spezielle gesetzliche Grundlage vorhanden sein muss.

> *Bsp.: Die Regelungen über Anschluss- und Benutzungszwang für gemeindliche Einrichtungen bedürfen einer speziellen gesetzlichen Grundlage, weil sie in die Grundrechte der Einwohner (Art. 14 GG) eingreifen.*

---

379 Vgl. BVerfGE 33, 125 (156) = jurisbyhemmer.

380 St. Rspr. seit BVerfGE 33, 1; vMü-Krebs, Art. 19 GG, Rn. 4; BK-Menger, Art. 19 GG, Rn. 76; vgl. auch Schwerdtfeger, Rn. 452; etwas anders wohl Richter/Schuppert, S. 51 f.

381 Jeweils unter Verweis auf Art. 123 GG, E 9, 338 (343); 41, 253 (261); zum Gewohnheitsrecht E 34, 293 (303).

382 Vgl. E 6, 32 (38) (Elfes), 33, 125 (155) (Facharztbeschluss/Satzungsgewalt von Ärztekammern).

Die Ausweitung in Richtung auf Gesetze im materiellen Sinn spielt also höchstens da eine Rolle, wo der Wortlaut des Grundgesetzes nicht ausdrücklich auf Eingriffe „aufgrund eines Gesetzes" abstellt, v.a. in Art. 2 I GG und Art. 5 II GG.

> **hemmer-Methode: Lassen Sie sich also nicht durcheinanderbringen: prinzipiell meint „Gesetz" ein solches im formellen Sinn. D.h. aber gerade nicht, dass schon alle Fälle ausdrücklich und erschöpfend geregelt sein müssen, vielmehr ist ein Eingriff der Verwaltung durch Verwaltungsakt und/oder untergesetzliche Norm „aufgrund eines Gesetzes" möglich. Wie weit der Spielraum der Verwaltung dabei ist, ist eine Frage der „Wesentlichkeitstheorie", die im Folgenden zu erörtern ist.**
>
> **Schranken- bzw. Gesetzesvorbehalt bedeutet aber immer, dass ein Handeln der Behörde nur auf einer gesetzlichen Grundlage erfolgen kann, die Behörde kann sich niemals direkt auf Vorschriften des Grundgesetzes berufen. Von diesem Grundsatz wird in der Rspr. des BVerfG nur eine Ausnahme zugelassen:**
>
> **Bei Warnungen (bspw. vor verunreinigten Lebensmitteln oder jugendgefährdenden Sekten) genügt dem jeweiligen Bundesminister seine aus der Ressortkompetenz nach Art. 65 S. 2 GG abgeleitete Befugnis. Eine spezielle gesetzliche Regelung ist nach Ansicht des BVerfG entbehrlich, da diese ohnehin zwangsläufig so unbestimmt wäre, dass an Rechtssicherheit für den Bürger nichts gewonnen wäre.[383] Aus Sicht des BVerfG ist dies auch kein Bruch mit der allgemeinen Grundrechtsdogmatik, da ja kein Grundrechtseingriff, sondern nur eine -beeinträchtigung vorliegt.[384]**

bb) Parlamentsvorbehalt und Wesentlichkeitstheorie

„Wesentlichkeitstheorie": Wesentliche Entscheidungen sind vom Gesetzgeber selbst zu treffen.

Aus dem Wortlaut des Grundgesetzes ergibt sich bei Gesetzesvorbehalten lediglich die Forderung, dass eine (formell-)gesetzliche Ermächtigung einem Eingriff mittelbar zugrunde liegt, nicht aber wie diese aussieht: somit könnte das Gesetz den Grundrechtseingriff detailliert regeln oder aber der Verwaltung einen großen Spielraum überlassen. Eine erste Grenze bildet hier schon Art. 80 GG für den Erlass von Verordnungen.[385]

Noch über Art. 80 GG hinausgehend,[386] v.a. aber auch für die von Art. 80 GG nicht erfassten Satzungen hat das BVerfG die sog. „Wesentlichkeitstheorie" entwickelt, nach der „der Gesetzgeber verpflichtet (ist), in grundlegenden normativen Bereichen, zumal im Bereich der Grundrechtsausübung, soweit diese staatlicher Regelung zugänglich ist, alle wesentlichen Entscheidungen selbst zu treffen.[387]" Der Gesetzesvorbehalt erstarkt insoweit zu einem Parlamentsvorbehalt, sodass die wesentlichen Fragen ausreichend detailliert im förmlichen Gesetz geregelt sein müssen.

Abgrenzungskriterien zur Wesentlichkeit

Problematisch ist natürlich, was als „wesentlich" zu betrachten ist: abzustellen ist auf die Intensität des Eingriffs und die Bedeutung für die Grundrechtsausübung, also z.B. auf die Frage, ob[388]

⇨ durch die Einschränkung ein großer oder nur ein kleiner Teil des grundrechtlich geschützten Verhaltens unmöglich gemacht wird,

118

---

383 BVerfG, NJW 2002, 2621 ff. = **juris**byhemmer, hierzu kritisch Murswiek, NVwZ 2003, 1.

384 Vgl. oben Rn. 112, zur Kritik hieran Murswiek, NVwZ 2003, 1.

385 Näher zu Art. 80 GG im Skript **Hemmer/Wüst, Staatsrecht II, Staatsorganisationsrecht**.

386 Insoweit krit. Ak/GG-Ramsauer, Art. 80 GG, Rn. 28 f.

387 E 61, 260 (275); 77, 170 (230 f.); grundlegende Entscheidungen auch E 45, 400 (417 f.) - Hessische Oberstufenreform; E 33, 125 (138 f.); E 53, 257 (268) - Schulausschluss; über die Wesentlichkeit löst das BVerfG auch den „Kopftuchstreit"; BVerfG, NJW 2003, 3111 = **juris**byhemmer, sehr krit. Bspr. von Ipsen in NVwZ 2003, 1210 sowie von Sacksofsky, NJW 2003, 3297, Pofalla, NJW 2004, 1218; Hufen, NVwZ 2004, 575; zur Frage der Wesentlichkeit der Beschlagnahme von Grundstücken zum Zweck der Flüchtlingsunterbringung vgl. OVG Lüneburg, Beschluss vom 01.12.2015, 11 ME 230/15 = **juris**byhemmer.

388 Angelehnt an Pieroth/Schlink, Rn. 309.

⇨ ein Kernbereich oder nur ein Randbereich der grundrechtlich geschützten Betätigung erfasst wird,

⇨ das grundrechtlich geschützt Verhalten kurz, lang oder gar an-
dauernd unmöglich gemacht wird,

⇨ die Grundrechtsausübung von subjektiven oder von objektiven
Kriterien außerhalb des Einflussbereichs des Grundrechtsträgers
abhängig gemacht wird.

> **hemmer-Methode: Bei der Frage nach dem Gesetzes- bzw. Parla-
> mentsvorbehalt sind die drei für die Examensklausur wichtigsten ju-
> ristischen Qualifikationen von Ihnen gefordert:**
> **Zum einen das materielle Wissen um die Unterschiede zwischen for-
> mellem und materiellem Gesetz sowie der Lehre von der Wesentlich-
> keit. Zum anderen die Fähigkeit, Informationen zu ordnen und Begriff-
> lichkeiten sauber zu trennen.**
> **Schließlich die Argumentation am konkreten Fall, bei der Sie oben ge-
> nannte Topoi sowie das mit der „hemmer-Methode" fortlaufend trai-
> nierte juristische Handwerkszeug einzubringen haben.**

Eine wichtige Entscheidung zur Wesentlichkeitsproblematik betrifft
die Rechtschreibreform. Das BVerfG formuliert folgende Leitsätze:

⇨ Der Staat ist von Verfassungs wegen nicht gehindert, Regelungen über die richtige Schreibung der deutschen Sprache für den
Unterricht in den Schulen zu treffen. Das Grundgesetz enthält
auch kein generelles Verbot gestaltender Eingriffe in die Schreibung.

⇨ Regelungen über die richtige Schreibung für den Unterricht in
den Schulen fallen in die Zuständigkeit der Länder.

⇨ Für die Einführung der von der Kultusministerkonferenz vom
30.11./01.12.1995 beschlossenen Neuregelung der deutschen
Rechtschreibung an den Schulen des Landes Schleswig-Holstein
bedurfte es keiner besonderen, über die allgemeinen Lernzielbe-
stimmungen des Landesschulgesetzes hinausgehenden gesetzlichen Grundlage.

⇨ Grundrechte von Eltern und Schülern werden durch diese Neuregelung nicht verletzt.[389]

b) Qualifizierter Gesetzesvorbehalt

qualifizierter Gesetzesvorbehalt

Qualifizierte Gesetzesvorbehalte lassen eine Beeinträchtigung des
Grundrechts nur zu, wenn das einschränkende Gesetz bestimmten,
näher spezifizierten Anforderungen genügt bzw. bestimmten Zwecken dienen soll.

> *Bsp.: Beispiele sind Art. 5 II GG (allgemeine Gesetze), Art. 6 III GG (zum
> Schutz vor Verwahrlosung) oder Art. 11 II GG (drohende Gefahr für die
> dort näher aufgezählten Rechtsgüter).*

Man könnte die Qualifikation zwar bereits als Schranken-Schranke
betrachten, systemgerechter erscheint es jedoch, sie i.R.d. Schran-
ken/Rechtfertigung anzusprechen: Wenn das Gesetz nicht den qualifizierten Anforderungen genügt, besteht für den Eingriff eben gar
kein (geschriebener[390]) Vorbehalt.

119

---

389   BVerfG, NJW 1998, 2515 = **juris**byhemmer; vgl. zum selben Problem Menzel, NJW 1998, 1177 ff.; Wagner, NJW 1998, 1184 ff; Roellecke,
NJW 1997, 2501 ff.; ausführliche Besprechung und klausurmäßige Darstellung der Problematik in **Life&Law 1998, 802 ff.**

390   Zu den ungeschriebenen Schranken sogleich; ob freilich eine solche gesucht werden darf, wenn ein qualifizierter Vorbehalt besteht, aber die Qualifikation nicht erfüllt ist, erscheint allerdings fraglich.

2. Anforderungen an die Schranke

weitere Anforderungen an die Schranke

Auch solche Schranken, die durch das Grundgesetz gestattet werden, können ein Grundrecht nur dann verfassungsgemäß beschränken, wenn sie ihrerseits formell und materiell verfassungsmäßig sind.

hemmer-Methode: Nach dem vorliegenden Schema wird also die formelle und materielle Verfassungsmäßigkeit schon als Anforderung an die Schranke geprüft. Erst im Anschluss werden die Fragen der Verhältnismäßigkeit und der Wesensgehaltsgarantie im Prüfungspunkt „Schranken-Schranken" erörtert. Denkbar wäre es aber auch, bei den Schranken überhaupt nur die Existenz eines Gesetzesvorbehalts sowie die Erfüllung einer eventuellen Qualifikation zu prüfen und die Fragen der formellen und materiellen Verfassungsmäßigkeit bereits als Problem der Schranken-Schranken zu verstehen.

120

a) Formelle Verfassungsmäßigkeit

formelle Verfassungsmäßigkeit:

Fragen der formellen Verfassungsmäßigkeit eines Gesetzes[391] sind solche der Gesetzgebungskompetenz, des Gesetzgebungsverfahrens und u.U. sonstiger Formvorschriften.

121

aa) Gesetzgebungskompetenz

Kompetenzen, Art. 70 ff. GG

Noch am häufigsten als Problem der formellen Verfassungsmäßigkeit taucht in der Grundrechtsklausur die Frage nach der Gesetzgebungskompetenz auf. Nach der Konzeption des Grundgesetzes steht diese den Ländern zu (vgl. Art. 70 I GG), soweit nicht dem Bund die Kompetenz ausdrücklich im Grundgesetz ausschließlich (Art. 73 GG) oder konkurrierend (Art. 74, 72 GG) zugewiesen ist

122

hemmer-Methode: Die Fragestellungen rund um die Gesetzgebungskompetenz, z.B. zu ungeschriebenen Kompetenzen des Bundes, sind ausführlich in dem Skript Hemmer/Wüst, Staatsrecht II - Staatsorganisationsrecht, Rn. 144 ff. dargestellt!
Denken Sie in der Klausur an die Gesetzgebungskompetenz insbesondere dann, wenn es um die Beurteilung eines fiktiven neuen Gesetzes geht, im Einzelfall auch dann, wenn einem schon existenten Gesetz eine neue Vorschrift mit ganz anderem Regelungsgehalt eingefügt wird. Bei „realen" Gesetzen, z.B. aus dem Sartorius, spricht sehr viel dafür, dass die Gesetzgebungskompetenz beachtet wurde. Besonders im Bereich der konkurrierenden Gesetzgebung kann es u.U. erforderlich sein, eine bundesgesetzliche Regel dahingehend auszulegen, ob sie hinsichtlich bestimmter Regelungsbereiche abschließend sein soll - nur dann besteht nämlich die Sperrwirkung für den Landesgesetzgeber. Diese Sperrwirkung tritt allerdings nicht nur bei positiver Regelung, sondern auch bei bewusster „Nichtregelung" durch den Bundesgesetzgeber ein.[392]

---

391 Im Weiteren wird von einer Grundrechtsbeeinträchtigung durch ein Gesetz ausgegangen. Soweit die belastende Maßnahme in einem Verwaltungsakt oder einem Gerichtsurteil liegt, wird man im Endeffekt ebenfalls häufig zu dem Gesetz kommen, welches dem Verwaltungsakt bzw. Urteil zugrundeliegt. Natürlich z.B. muss ein Verwaltungsakt auch seinerseits formell rechtmäßig erlassen worden sein, doch stellen sich insofern keine spezifischen verfassungsrechtlichen Probleme, vielmehr sind die allgemeinen Vorschriften für das einschlägige Verwaltungsverfahren zu beachten. Rechtsverletzungen in diesem Bereich werden aber vom Bundesverfassungsgericht nur geprüft, soweit die Verfahrensvorschriften dem Grundrechtsschutz dienen.

392 BVerfG, BayVBl. 1999,79 (abweichende Ansicht BayVBl. 1999, 111) = NJW 1999, 841 = **juris**byhemmer.

bb) Gesetzgebungsverfahren

Verfahren, Art. 76 - 82 GG

Einzelheiten des Gesetzgebungsverfahrens sind selten Gegenstand der Klausur; ggf. wird es ausreichen, die ausführlichen Regelungen der Art. 76 - 82 GG aufmerksam zu subsumieren. Eine nähere Darstellung des Gesetzgebungsverfahrens mit möglichen Problemen erfolgt im Skript **Hemmer/Wüst, Staatsrecht II - Staatsorganisationsrecht**.

123

Als wichtigster Punkt ist hier schon einmal der Unterschied zwischen Einspruchs- und Zustimmungsgesetz hinsichtlich der Beteiligung des Bundesrates zu erwähnen.[393]

cc) Formerfordernisse/Zitiergebot

Zitiergebot, Art. 19 I S. 2 GG; allerdings enge Auslegung und nur bei „Einschränkungsvorbehalten"

Soweit bestimmte Förmlichkeiten des Verfahrens (vgl. o.) einzuhalten sind, ergeben sich regelmäßig keine Probleme. Als „Formvorschrift" speziell im Zusammenhang mit Grundrechtseingriffen ist in der Klausur an das Zitiergebot des Art. 19 I S. 2 GG zu denken.[394] Diese Vorschrift soll den Gesetzgeber zwingen, sich über die grundrechtsrelevanten Auswirkungen seiner Regelung noch einmal klar zu werden, und somit „sicherstellen", dass „nur wirklich gewollte Eingriffe erfolgen".[395]

124

Fehlt ein solcher ausdrücklicher Hinweis, ist das Gesetz wegen Verletzung des eingeschränkten Grundrechts i.V.m. Art. 19 I S. 2 GG nichtig.[396]

Allerdings wird der Anwendungsbereich des Art. 19 I S. 2 GG von der h.M. beträchtlich eingeschränkt. Streng am Wortlaut orientiert soll er nur für „Einschränkungsvorbehalte" gelten,[397] d.h. nur in den Fällen der Art. 2 II S. 3, 6 III, 8 II, 10 II, 11 II, 13 II, VII, 16 I S. 2 GG.

Dagegen findet das Zitiergebot keine Anwendung bei Art. 2 I GG, bei sog. Regelungsvorbehalten (Art. 12 I S. 2 GG), Inhaltsbestimmungen (Art. 14 I S. 2 GG), ungeschriebenen Ausgestaltungsaufträgen (z.B. Art. 6 I, 9 I GG) und verfassungsimmanenten Schranken.

Auch im Übrigen wird das Zitiergebot eng ausgelegt, sodass es auch keine Anwendung finden soll bei Gesetzen, die schon bestehende Einschränkungen unverändert oder lediglich geringfügig modifiziert wiedergeben,[398] sowie bei vorkonstitutionellen Gesetzen.[399] Zweifelhaft ist dagegen, ob es ebenfalls nicht gelten soll, wenn die Grundrechtsbeschränkung offensichtlich ist,[400] wie der Verzicht auf ein Zitat bei nur mittelbaren und faktischen Eingriffen, soweit diese bei Gesetzen überhaupt denkbar sind.

> **hemmer-Methode:** Hier liegt in der Klausur ebenfalls i.d.R. kein großes Problem, insbesondere wenn man dem eingeschränkten Anwendungsbereich der h.M. folgt. Um dies mit einem Argument abzustützen, kann man auf die Funktion (vgl. o.) verweisen, die in diesen Fällen ein Zitat nicht unbedingt fordert. Andernfalls droht Art. 19 I S. 2 GG zu einer leeren Förmlichkeit zu erstarren, die den Gesetzgeber unnötig behindert.

---

393   Dazu Jarass/Pieroth, Art. 74 GG, Rn. 4 ff.

394   Hierzu ausführlich Selk, JuS 1992, 816.

395   BVerfGE 64, 72 (79) = **juris**byhemmer; vgl. auch M/D-Herzog, Art. 19 GG, Rn. 48.

396   Vgl. BVerfGE 5, 13 (15 f.) = **juris**byhemmer; M/D-Herzog, Art. 19 GG, Rn. 60; Jarass/Pieroth, Art. 19 GG, Rn. 2.

397   Vgl. BVerfGE 83, 130 (154); auch 64, 72 (79): **alle Entscheidungen** = **juris**byhemmer; Jarass/Pieroth, Art. 19 GG, Rn. 3.

398   So schon BVerfGE 5, 13 (16) = **juris**byhemmer.

399   Vgl. BVerfGE 28, 36 (46) = **juris**byhemmer.

400   So wohl BVerfGE 35, 185 (189) = **juris**byhemmer; krit. auch Jarass/Pieroth, Art. 19 GG, Rn. 5.

dd) Verbot des einschränkenden Einzelfallgesetzes

> **hemmer-Methode: Da hier inhaltliche Anforderungen eine große Rolle spielen, wäre es auch vertretbar, diesen Punkt in der materiellen Verfassungsmäßigkeit zu prüfen.**

Verbot des Einzelfallgesetzes

Nach Art. 19 I S. 1 GG ist ein grundrechtseinschränkendes Gesetz nur verfassungsgemäß, wenn es allgemein[401] und nicht nur für den Einzelfall gilt. Für den Anwendungsbereich wäre es zwar konsequent, ihn genauso zu begrenzen wie beim Zitiergebot (vgl. Rn. 124), indes wird dies von der wohl überwiegenden Ansicht abgelehnt.[402]

125

Die Bedeutung dieser Frage ist aber deshalb eher gering, weil Art. 19 I S. 1 GG sowohl in der Praxis als auch in der Klausur eine untergeordnete Rolle spielt:

formelles Verständnis: konkret oder allgemein

Während eine eher formale Theorie die Bedeutung des Verbots des Einzelfallgesetzes ohnehin in der Abgrenzung konkret-individuelle (etwa i.S.d. § 35 VwVfG) und abstrakt allgemeine Regelung und damit in einer Abgrenzung der Kompetenzen von Legislative und Exekutive erschöpft, sieht die wohl h.M.[403] zwar durchaus einer materiellen Gehalt des Art. 19 I S. 1 GG darin, dass der Gesetzgeber aus einer Reihe gleichartiger Sachverhalte willkürlich einen Fall herausgreift.

materielles Verständnis: Willkürkontrolle (ähnlich Art. 3 GG)

Dies entspricht aber im Wesentlichen der Beschränkung, die schon Art. 3 GG dem Gesetzgeber auferlegt, zumal dann, wenn „es nur einen Fall dieser Art gibt und die Regelung dieses singulären Sachverhalts von sachlichen Gründen getragen wird"[404], das Gesetz nicht nur mit Art. 3 GG, sondern auch mit Art. 19 I S. 1 GG für vereinbar gehalten wird. Soweit aus mehreren vergleichbaren Fällen aber einer individualisiert herausgezogen und anders behandelt wird, ist der Verstoß gegen Art. 19 I S. 1 GG leichter festzustellen als der gegen Art. 3 GG, da rechtfertigende Gründe (die in so einem Fall freilich schlecht denkbar sind) gar nicht erst näher untersucht werden müssen.

Zur Anwendung des Art. 19 I S. 1 GG ist noch festzuhalten, dass er seinem Sinn nach zwar nicht anwendbar ist, wenn ein Gesetz gegenwärtig zwar nur einen Fall betrifft, seine Anwendung in Zukunft aber durchaus möglich ist[405], wohl aber dann, wenn ein abstrakt-generell gehaltenes Gesetz in Wahrheit nur einen Fall betrifft und auch nur diesen einen Fall treffen soll („getarntes Einzelfallgesetz").

> **hemmer-Methode: Wenn hier ein Problem liegen soll, wird sich dies klar aus dem Sachverhalt ergeben. Sprechen Sie dann Art. 19 I S. 1 GG in seinem Verhältnis zu Art. 3 GG an, wobei Sie argumentativ bei der zweiten Prüfung nach oben verweisen können.**
> **Denken Sie auch daran, dass aus anderen Prinzipien heraus Einzelfallgesetze problematisch sein können: So kann der Grundsatz der Gewaltenteilung zu prüfen sein, da die Legislative Einzelfälle entscheidet, was i.d.R. Aufgabe der Exekutive ist. Außerdem wird der Rechtsschutz der Betroffenen (Art. 19 IV GG) erschwert, wenn sie sich gegen ein Gesetz richten müssen.**

---

401 Zu unterscheiden davon ist der Begriff des allgemeinen Gesetzes i.S.d. Art. 5 II GG. Vgl. dazu unten Rn. 211 ff.

402 Vgl. M/D-Herzog, Art. 19 GG, Rn. 21; vMü-Krebs, Art. 19 GG, Rn. 13. Zuzugeben ist dieser Ansicht immerhin, dass sich Art. 19 I S. 1 GG gerade nicht in einer rein formalen Regelung erschöpft.

403 In diesem Sinne wohl BVerfGE 25, 371 (399) = jurisbyhemmer; vMü-Krebs, Art. 19 GG, Rn. 10 ff.; Jarass/Pieroth Art. 19 GG, Rn. 1; beide Ansätze verbindend Pieroth/Schlink, Rn. 351 f.

404 BVerfGE 25, 371 (399) = jurisbyhemmer.

405 Vgl. BVerfGE 13, 225 = jurisbyhemmer.

b) Materielle Verfassungsmäßigkeit

materielle Verfassungsmäßigkeit

Wenn man die Verhältnismäßigkeitprüfung bei den Schranken-Schranken getrennt durchführt, ist die Frage der materiellen Verfassungsmäßigkeit häufig kurz abzuhandeln.

126

Es bleiben dann hier v.a. die Prüfungspunkte der Bestimmtheit, der Schrankenqualifikation und u.U. des Willkürverbots.

Rückwirkungsverbot

Eine Rolle kann auch das sog. Rückwirkungsverbot spielen; da dies jedoch nicht die Regel ist, wird auf eine weitere Darstellung in diesem Rahmen verzichtet. Zu der weiteren Darstellung vgl. das Skript **Hemmer/Wüst, Staatsrecht II - Staatsorganisationsrecht, Rn. 131 ff.**

aa) Bestimmtheitsgrundsatz

Bestimmtheitsgrundsatz (z.B. Probleme „unbestimmter Rechtsbegriff", „Ermessen")

Der Bestimmtheitsgrundsatz ist Ausfluss des Rechtsstaatsprinzips und wird noch näher dargestellt im **Skript Hemmer/Wüst, Staatsrecht II - Staatsorganisationsrecht**.[406] In der Grundrechtsklausur ist er regelmäßig nur kurz anzusprechen. Einzugehen hat man dann auf unbestimmte Rechtsbegriffe und evtl. eröffnete Ermessensspielräume in der Norm. Hierzu kann man regelmäßig feststellen, dass eine gewisse Flexibilität der Verwaltung schon aus Gründen der Verhältnismäßigkeit erforderlich sein kann.[407]

127

Weiterhin kann eine Ermessensbetätigung nach den anerkannten Regeln über die Ermessensausübung überprüft werden und (v.a. auch sonst häufiger gebrauchte) unbestimmte Rechtsbegriffe (z.B. öffentliche Sicherheit und Ordnung) der gerichtlichen Kontrolle anhand der durch Rechtsprechung und Lehre gefundenen Begriffsausfüllungen unterliegen.

hemmer-Methode: Natürlich ist es immer wichtig, den konkreten Fall zu prüfen und eingeübte Schemata und Begründungsmuster nur kritisch und mit Bedacht anzuwenden. Andererseits ist die Examensklausur z.T. auch eine Ansammlung von Standardsituationen, für die Sie sich vernünftig klingende Argumentationsstrategien zurechtlegen sollten, so die genannten Schemata zu unbestimmten Rechtsbegriffen und Ermessensspielräumen. Holen Sie sich auf diese Weise hier den Haken und sparen Sie Ihre Zeit und Kreativität für die eigentlichen Probleme.

Wie viel an Bestimmtheit in kritischen Fällen zu fordern ist, lässt sich in der Klausur mit den zur Wesentlichkeitstheorie genannten Kriterien[408] näher entwickeln.

bb) Erfüllung der Schrankenqualifikation

Erfüllung der Schrankenqualifikation

Soweit es sich beim Gesetzesvorbehalt um einen qualifizierten handelt, ist es eine Frage der materiellen Verfassungsmäßigkeit, ob das Gesetz diese Qualifikation erfüllt. Wichtigstes Beispiel für die Klausur sind hierzu die „allgemeinen Gesetze" i.S.d. Art. 5 II GG, die unten näher erläutert werden.[409]

128

---

406   **Hemmer/Wüst, Staatsrecht II, Rn. 140.**

407   Zur Verhältnismäßigkeit sogleich Rn. 131; aus diesem Grund kann es auch ratsam sein, den Bestimmtheitsgrundsatz erst am Ende kurz anzusprechen; vgl. auch Pieroth/Schlink, Rn. 357, die zweifeln, ob der Bestimmtheitsgrundsatz neben dem Übermaßverbot überhaupt noch eigene Bedeutung hat.

408   Vgl. dazu oben Rn. 118.

409   Vgl. dazu unten Rn. 211 ff.

cc) Willkürverbot

nach BVerfG: Willkürverbot

Das BVerfG prüft als Frage der materiellen Verfassungsmäßigkeit z.T. noch Verstöße gegen das Willkürverbot. Für die Klausur sauberer erscheint es aber, in solchen Fällen eine spezielle Prüfung anhand des Grundrechts aus Art. 3 GG oder ggf. an einem speziellen Gleichheitssatz durchzuführen.

129

IV. Schranken-Schranken

Schranken-Schranken: Wechselwirkung zwischen GR und Schranke

Die Grundrechte stehen allerdings auch bei einem Gesetzvorbehalt nicht unbeschränkt zur Disposition des Gesetzgebers, vielmehr sind gewisse Einschränkungen der Beschränkungsmöglichkeiten, kurz „Schranken-Schranken"[410] zu beachten.[411]

130

Es besteht also eine Wechselwirkung zwischen der Schranke und der eingeschränkten Freiheitsgarantie. Die Schranke muss „im Lichte der Bedeutung der Freiheitsgarantie" ausgelegt werden.[412] Sowohl Gesetzgeber als auch Rechtsanwender müssen zwischen beiden einen verhältnismäßigen Ausgleich zustande bringen. Prüft man die allgemeinen Erfordernisse der formellen und materiellen Verfassungsmäßigkeit schon bei der Schranke selbst, spielen hier v.a. der Grundsatz der Verhältnismäßigkeit und die Wesensgehaltsgarantie eine Rolle.

1. Grundsatz der Verhältnismäßigkeit

Verhältnismäßigkeitsgrundsatz

Das Kernstück vieler Grundrechtsklausuren liegt in der Frage der Verhältnismäßigkeit des Gesetzes. Grundsätzlich ist dabei nach dem folgenden Schema vorzugehen, bei einigen Einzelgrundrechten hat sich aber eine der Verhältnismäßigkeitsprüfung z.T. entsprechende Sonderprüfung eingebürgert.[413]

131

Der Verhältnismäßigkeitsgrundsatz wird ebenfalls aus dem Rechtsstaatsprinzip abgeleitet und gilt umfassend für das staatliche Handeln, d.h. v.a. sowohl für Verwaltung als auch für Gesetzgebung. Dabei ist zum einen der Gesetzgeber freier als die Verwaltung, die bei der Auswahl ihrer Mittel durch die Gesetze viel enger gebunden ist als der Gesetzgeber. Andererseits macht z.B. bei gebundenen Entscheidungen der Verwaltung eine Verhältnismäßigkeitsprüfung nur bedingt Sinn, da die Verwaltung gerade bei Vorliegen der Tatbestandsvoraussetzungen so und nicht anders handeln muss.

Aufbaumäßig sei noch einmal betont, dass dieser Punkt auch als Teil der materiellen Verfassungsmäßigkeit behandelt werden kann.

diff. Verhältnismäßigkeit i.e.S. und i.w.S.

Begrifflich ist klarzustellen: Es wird unterschieden zwischen der Verhältnismäßigkeit i.w.S. und i.e.S., wobei die Verhältnismäßigkeit i.w.S. (= Übermaßverbot) die Prüfungspunkte „legitimer Zweck, Geeignetheit, Erforderlichkeit und Verhältnismäßigkeit i.e.S. (= Angemessenheit)" umfasst. Die Terminologie ist im Übrigen auch etwas schwankend. Wichtig ist in der Klausur v.a., dass klar wird, was Sie jeweils wo ansprechen.

---

410 Das Grundgesetz kennt diesen Begriff nicht, er ist aber mittlerweile in der Literatur weit verbreitet, sodass er auch in der Klausur bedenkenlos verwendet werden kann.

411 Eine solche Einschränkung würde auch das Qualifikationserfordernis eines Gesetzesvorbehalts bedeuten, soweit dieses noch nicht beim Prüfungsgesichtspunkt der Schranken angesprochen wird, vgl. oben Rn. 119.

412 Grundlegend: BVerfGE 7, 198 = **juris**byhemmer.

413 So die Wechselwirkungslehre bei Art. 5 I, II GG, vgl. unten Rn. 215 und die Drei-Stufen-Theorie bei Art. 12 I GG, vgl. unten Rn. 270.

a) Legitimer Zweck

Erreichung eines legitimen Zwecks

Eine Grundrechtsbeschränkung ist von vornherein nur zur Erreichung eines legitimen Zwecks zulässig, welcher vorliegt, wenn das gesetzgeberische Ziel auf das Wohl der Allgemeinheit gerichtet ist.

132

Dabei ist dem Gesetzgeber ein gewisser Spielraum einzuräumen, wenn der Zweck nicht verfassungsrechtlichen Wertungen eindeutig widerspricht.

hemmer-Methode: Dieses Element wird in vielen Darstellungen nicht ausdrücklich erwähnt. Zwar wird hier oft kein großes Problem liegen. Gleichwohl sollten Sie es zur Abrundung der Prüfung ansprechen. Juristische Kompetenz können Sie dabei beweisen, indem Sie nicht einfach einen Gesetzeszweck „erfinden", sondern diesen aus gesetzlichen Vorschriften oder aus verfassungsrechtlichen Vorgaben ableiten.

b) Geeignetheit

Geeignetheit zur Erreichung des Zwecks

Geeignet ist ein Mittel, wenn es zur Erreichung des angestrebten Zwecks tauglich ist,[414] wobei nicht unbedingt die bestmögliche Möglichkeit gewählt werden musste und selbstverständlich im Einzelfall Hypothesen zulässig sind. Dabei steht dem Gesetzgeber wieder ein Beurteilungsspielraum zu, allerdings wird man verlangen müssen, dass zumindest bewährte und nicht ganz fernliegende Hypothesen über den Zusammenhang mit dem angestrebten Zweck bestehen.[415]

133

hemmer-Methode: Dabei kann in der Klausur ein Zusammenhang zwischen Eingriff und Eignung bestehen: Behauptet z.B. eine Jugendsekte einen mittelbaren Eingriff[416] durch eine Warnung der Bundesregierung und ist bei der Frage des Eingriffs zu ihren Gunsten zu unterstellen, dass sich die Bürger davon beeinflussen lassen, ist es nur konsequent, auch anzunehmen, dass die Warnung zum Zwecke der Sensibilisierung der Bevölkerung vor solchen Sekten geeignet ist.

c) Erforderlichkeit

Erforderlichkeit (keine weniger eingreifende Maßnahme gleich effektiv)

Erforderlichkeit (= Notwendigkeit) bedeutet, dass es kein milderes (= weniger eingreifendes) Mittel gibt, um den gleichen Erfolg im Hinblick auf das angestrebte Ziel zu erreichen. Auch hier besteht eine Einschätzungsprärogative des Gesetzgebers,[417] die man als freilich umso stärker eingeschränkt betrachten wird, je härter das ausgewählte Mittel den Bürger trifft.

134

nach BVerfG bereits weniger effektiv, wenn teurer

Nicht unproblematisch, aber vom BVerfG akzeptiert[418] ist der Ansatz, dass das alternative Mittel schon dann nicht mehr genauso effizient sein soll, wenn es zu höheren finanziellen Belastungen des Staates führt. Freilich bleibt dann als Korrektiv die Verhältnismäßigkeitsprüfung i.e.S. mit der Frage, ob dieser geringere finanzielle Aufwand in einem angemessenen Verhältnis zur größeren Belastung des Bürgers steht.

---

414   Vgl. BVerfGE 30, 292 (316); 33, 171 (187): **alle Entscheidungen = juris**byhemmer; Jarass/Pieroth, Art. 20 GG, Rn. 59.

415   Vgl. Pieroth/Schlink, Rn. 322 f.

416   Vgl. dazu oben Rn. 112.

417   Vgl. Pieroth/Schlink, Rn. 326.

418   E 77, 84 (110 f.).

d) Verhältnismäßigkeit i.e.S. (= Angemessenheit)

Verhältnismäßigkeit i.e.S.
(= Angemessenheit): Ziel und GR-
Beeinträchtigung dürfen nicht außer
Verhältnis stehen

Unter dem Prüfungspunkt der Verhältnismäßigkeit i.e.S. ist zuletzt zu prüfen, ob das zu erreichende Ziel und die dafür in Kauf genommene Belastung des Bürgers nicht außer Verhältnis stehen. Dabei hat eine Abwägung zwischen den betroffenen Interessen stattzufinden, für die folgendes Vorgehen empfohlen wird, welches zugleich als Beispiel für eine saubere juristische Abwägung in der verfassungsrechtlichen Klausur dienen soll.

135

keine Position vollständig verdrängt

aa) Zunächst gehört es zu einer Abwägung bzw. zu einem gerechten Ausgleich, dass keine der im Streit stehenden Positionen völlig verdrängt wird.

abstrakte Wertigkeit

bb) In einem ersten Prüfungsschritt ist sodann das abstrakte Wertverhältnis der betroffenen Positionen zu vergleichen: Hier kann ein Unterschied zwischen verfassungsrechtlichen und einfachgesetzlichen Positionen bestehen. Zwischen zwei Grundrechten könnte die Unterscheidung zwischen schrankenloser Gewährung und Gesetzesvorbehalt genannt werden. Außerdem könnte man unterscheiden zwischen Grundrechten, die „nur" der Selbstverwirklichung dienen und solchen, die auch eine Bedeutung für die politische Willensbildung haben.

konkrete Wertigkeit (⇨ Kernbereich
oder nur periphere Modalität)

cc) Ist man so zu einer ersten Einschätzung gelangt, wird in einem zweiten Schritt die eigentliche (und für das Ergebnis wichtigere) Abwägung im konkreten Fall vorgenommen: hierbei ist v.a. nach der Eingriffsintensität zu fragen, wobei ein Eingriff intensiver ist, wenn er das Grundrecht in seinem Kernbereich trifft, als wenn er nur die Peripherie berührt. Es ist also zu prüfen, ob eine Ausübung des Grundrechts nahezu völlig unmöglich wird oder ob nur eine bestimmte Modalität beschnitten wird, die durch funktional gleichwertige Grundrechtsbetätigungen ersetzbar ist.

An dieser Stelle kann es auch erforderlich sein, weitere Grundrechte des Grundrechtsträgers bzw. auch Grundrechte anderer in die Abwägung einzustellen, sog. Schutzbereichsverstärkung.

Bsp.: Bei der Zulässigkeit des Schächtens[419] stehen sich primär Art. 12 I GG des Metzgers und der Tierschutz als legitimer Zweck in einer Abwägung gegenüber. Die Berufsfreiheit des Metzgers wird allerdings dadurch aufgewertet, dass in einer Abwägung auch zu berücksichtigen ist, dass es auch um die Religionsfreiheit der Kunden des Metzgers geht, die aus religiösen Gründen auf geschächtetes Fleisch angewiesen sind.

hemmer-Methode: Hier werden in der Klausur viele Punkte vergeben! Machen Sie also Ihre Argumentation dem Korrektor nachvollziehbar und arbeiten Sie juristisch sauber. So unterscheiden Sie sich von einer „Abwägung", die nur in den Kategorien „Vorteile - Nachteile - Ergebnis" auf dem Niveau eines Deutschaufsatzes aus der Mittelstufe arbeitet. Wichtig ist hierbei neben einem geschulten Judiz auch die Sachverhaltsanalyse: Nehmen Sie die von den handelnden Personen vorgebrachten Argumente auf („Echoprinzip")!
Z.T. wird vorgebracht, ein solches Abwägen und Gewichten entbehre jeder rationalen und verbindlichen Maßstäbe. Richtig daran ist, dass hier ein Rest Subjektivität bestehen bleibt, was für Sie in der Klausur heißt, dass es i.d.R. auf das Ergebnis letztlich nicht so sehr ankommen wird. Deshalb ist für das Examen auch zu empfehlen, die Prüfungspunkte der Geeignetheit und Erforderlichkeit durchaus ernst zu nehmen und nicht möglichst schnell in die Angemessenheitsprüfung zu kommen und dort womöglich noch einfach „ins Blaue hinein" zu argumentieren. Andererseits wird in der Klausur von Ihnen eine Diskussion erwartet, in der nicht zuletzt auch eine Notendifferenzierung eher stattfinden kann als z.B. im Zulässigkeitsschema, wo viele Bearbeiter ungefähr das Gleiche schreiben werden.

---

419   Vgl. unten Rn. 191 ff.

2. Wesensgehaltsgarantie

Wesensgehaltsgarantie: nach h.M. muss Wesensgehalt auch einzelnem erhalten bleiben

Art. 19 II GG ist eine dogmatisch nicht ganz einfach zu handhabende, in der Klausur aber ebenfalls meist nicht zu bedeutungsvolle Vorschrift. Früher wurde vertreten, dass die Vorschrift letztlich im öffentlichen Interesse einen letzten Rest der Grundrechtsbindung sichere.

Heute wird sie – der primären Abwehrfunktion der Grundrechte entsprechend – eher als Mindestgrenze des subjektiven Schutzes betrachtet,[420] sodass dem Einzelnen etwas vom Grundrechtsschutz bleiben muss. Nicht ausreichend ist, dass irgendjemandem das Grundrecht erhalten bleibt. Problematischer ist, wie der Wesensgehalt zu ermitteln ist:

a) Absolute Theorie

absolute Theorie

Die Theorie vom absoluten Wesensgehalt[421] postuliert einen unabhängig von der jeweiligen Konstellation zu bestimmenden Kernbereich, der jedenfalls unangetastet bleiben muss.

b) Relative Theorie

relative Theorie: wie viel bleibt in konkreter Situation übrig?

Dagegen geht die Theorie vom relativen Wesensgehalt[422] davon aus, dass in der konkreten Situation unter Berücksichtigung der betroffenen privaten und öffentlichen Interessen abzuwägen ist, ob der Wesensgehalt betroffen ist. Gegen diese Theorie spricht systematisch, dass Art. 19 II GG dann neben dem Verhältnismäßigkeitsprinzip keine eigenständige Bedeutung hätte.

Obwohl die relative Theorie flexiblere Lösungen für den Einzelfall zulässt und ein absoluter Wesensgehalt schwer zu bestimmen ist, spricht deshalb wohl mehr für die absolute Theorie. In Verbindung mit dem subjektiven Ansatz (vgl. o.) ist deshalb zu fragen, ob dem konkret Betroffenen noch etwas von dem Schutz verbleibt, den das Grundrecht gewähren will.

Dies würde bedeuten, dass z.B. die Einführung der Todesstrafe (von Art. 102 GG abgesehen) gegen Art. 2 II S. 1 GG i.V.m. Art. 19 II GG verstoßen würde, da das Grundrecht auf Leben für den Betroffenen völlig suspendiert wird. Das zeigt zugleich die Probleme der absoluten Theorie i.V.m. dem subjektiven Verständnis bei einem Grundrecht wie Art. 2 II S. 1 GG, bei dem jeder Eingriff zugleich den Wesensgehalt beseitigen würde. Anders z.B. bei Art. 12 GG, da selbst das Totalverbot mehrerer Berufe die grundsätzliche Berufsfreiheit nicht völlig suspendieren würde.

BVerfG: relative Theorie

Das BVerfG vertritt (in neueren Entscheidungen) wohl schon aus Gründen der Praktikabilität die relative Theorie, sodass Art. 19 II GG neben der Verhältnismäßigkeitsprüfung tatsächlich weitgehend irrelevant ist.[423]

136

---

420   Z.B. Pieroth/Schlink, Rn. 349.

421   Z.B. vMü-Hendrichs, Art. 19 GG, Rn. 25.

422   Z.B. M/D-Maunz, Art. 19 II GG, Rn. 16 ff.

423   Vgl. exemplarisch hierzu die Entscheidung zu § 14 III LuftSiG, BVerfG in NJW 2006, 751 = **Life&Law 2006, 269** = **juris**byhemmer. Das BVerfG billigt hier grundsätzlich die Tötung eines Terroristen, was nach der absoluten Theorie nicht möglich wäre.

> **hemmer-Methode: Letztlich können Sie in der Klausur beide Ansichten vertreten, u.U. auch einmal ergebnisorientiert. Meist werden aber die Fälle ohnehin nicht so gelagert sein, dass ein Eingriff in den Kernbereich ernsthaft in Betracht kommt. Aufbaumäßig kann es sich empfehlen, auch diesen Prüfungspunkt nach der Verhältnismäßigkeit zu behandeln, da in dieser normalerweise der Schwerpunkt liegen sollte und Sie die Frage nach dem Wesensgehalt dann u.U. mit einem Verweis nach oben kurz abhandeln können.**
>
> **Art. 19 II GG gilt allerdings nur für den einfachen Gesetzgeber. Der verfassungsändernde Gesetzgeber ist hieran nicht gebunden. Er kann einzelne Grundrechte auch komplett abschaffen. Die Grenze hierfür ist allein Art. 79 III GG![424]**

B) Aufbau für vorbehaltlos gewährte Grundrechte

Schema für schrankenlose GRe

Da sich das oben dargestellte Schema an den Schranken und Schranken-Schranken orientiert, gilt es primär für Grundrechte mit Gesetzesvorbehalt. Es gibt aber auch Grundrechte ohne Gesetzesvorbehalt. Für diese soll nachfolgend ein Aufbauschema dargestellt werden, das ihre Besonderheiten berücksichtigt. Freilich gibt es dabei sehr viele Übereinstimmungen, sodass häufig nach oben verwiesen werden kann.

137

> **hemmer-Methode: Missbrauchen Sie Ihren Kopf nicht als Festplatte! Verinnerlichen Sie das Grundschema zu den Grundrechten mit Gesetzesvorbehalt und merken Sie sich v.a. die Abweichungen.**

Es ergibt sich folgende grobe Prüfungsreihenfolge:

> **I.** Eröffnung des Schutzbereichs
> **II.** Eingriff in den Schutzbereich
> **III.** Schranken, v.a. Schrankengewinnung
> **IV.** Praktische Konkordanz

I. Schutzbereich

Schutzbereich w.o.

Für die Ermittlung des Schutzbereichs gilt grds. das Gleiche wie bei den Grundrechten mit Gesetzesvorbehalt (vgl. o. Rn. 102 ff.). U.U. kann aber in die Auslegung einfließen, dass der vorbehaltlos grundrechtlich geschützte Bereich vom Verfassungsgeber als besonders gefährdet betrachtet wurde. Umgekehrt wäre es aber auch einmal denkbar, den Schutzbereich als nicht eröffnet anzusehen, wenn nicht anzunehmen ist, dass der Verfassungsgeber ein bestimmtes Verhalten vorbehaltlos schützen wollte.

138

II. Eingriff

Eingriff w.o.

Für den Eingriff ergeben sich bei den vorbehaltlos garantierten Grundrechten keine Unterschiede im Vergleich zu denen mit Gesetzesvorbehalt, sodass hier auf die Ausführungen oben (Rn. 103 ff.) verwiesen werden kann.

139

III. Schranken

keine geschriebenen Schranken

Bei den vorbehaltlos gewährten Grundrechten (z.B. Art. 4 I, 5 III S. 1 GG) bestehen nach dem Wortlaut des Grundgesetzes gerade überhaupt keine Schrankenvorbehalte und damit Beschränkungsmöglichkeiten.

140

Gleichwohl ist leicht einsichtig, dass eine uneingeschränkte Ausübung dieser Grundrechte nicht immer zugelassen werden kann.

> *Beispiele: Das öffentliche Schlachten von Säuglingen kann weder als re-*
> *ligiöse Kulthandlung sub specie Art. 4 I, II GG noch sub specie Art. 5 II*
> *S. 1 GG als künstlerische Darbietung oder soziologische Feldforschung*
> *(etwa „Wie reagieren Passanten auf das öffentliche Abschlachten von*
> *Kleinkindern?") zulässig sein. Aber auch in weniger extremen Fällen kann*
> *sich die Frage stellen, ob z.B. künstlerische Anliegen am Bau über die*
> *Verletzung bauordnungsrechtlicher Vorschriften hinweghelfen können.*

auch keine Schrankenübertragung
⇨ nur verfassungsimmanente
Schranken

Das BVerfG[425] und die h.L.[426] gehen deshalb davon aus, dass auch   **141**
diesen Grundrechten verfassungsimmanente Schranken aus ande-
ren Vorschriften der Verfassung gesetzt sind. Damit erteilt die h.M.
zugleich allen Versuchen eine Absage, auf die schrankenlos gewährleisteten Grundrechte pauschal anderswo bestehende Schranken zu übertragen, insbesondere also einer Schrankenübertragung

⇨ der Schrankentrias des Art. 2 I GG:[427] insbesondere wegen der
weiten Auslegung der „verfassungsmäßigen Ordnung" i.S.d.
Art. 2 I GG[428] würde diese der Systematik des Grundgesetzes jedoch nicht gerecht und wird heute nicht mehr vertreten

⇨ der „allgemeinen Gesetze" i.S.d. Art. 5 II GG, die insbesondere
bei Art. 5 III GG herangezogen wird, wobei gerade hier aus der
Systematik des Grundgesetzes der entgegenstehende Wille des
Verfassungsgebers deutlich wird[429]

⇨ in Form einer Gemeinwohlklausel, welche viel zu weit und unbestimmt ist

⇨ kraft konkurrierenden Verfassungsrechts, wenn das betreffende
Verhalten zugleich in den Schutzbereich eines anderen, be-
schränkbaren Grundrechts fällt:[430] hier wird nicht nur methodisch
der Grundsatz der Spezialität durchbrochen, sondern v.a. ist
nicht ersichtlich, weshalb ein mehrfach geschütztes Verhalten
leichter einschränkbar sein sollte.

praktische Konkordanz

Vielmehr können vorbehaltlos gewährte Grundrechte nur einge-   **142**
schränkt werden, um diese mit anderen verfassungsrechtlichen
Rechtspositionen, die durch eine vorbehaltslose Gewährung ihrerseits eingeschränkt würden, in einen gerechten Ausgleich zu bringen, sog. praktische Konkordanz.[431] Hierzu ist eine Abwägung zwischen den verfassungsrechtlich geschützten Positionen erforderlich.

Zu dieser Abwägung ist vorweg zu bemerken: Da es um Grenzen
unmittelbar aus der Verfassung geht, die gerade nicht mittels Gesetzesvorbehalts vorrangig dem Gesetzgeber zur näheren Bestimmung
überlassen wurden, ist insofern die Kontrolldichte des Verfassungs-
gerichts bzw. des Klausurbearbeiters enger als bei Abwägungen im
Zusammenhang mit dem Gesetzesvorbehalt.[432] Wegen dieser größeren Nachprüfbarkeit ist es auch systematisch nicht zu bevorzu-
gen, die praktische Konkordanz schon zur Frage des Schutzbereichs zu machen, indem man diesen nur so weit reichen lässt, wie
keine anderen Rechtspositionen beeinträchtigt werden.

---

425   Z.B. E 28, 243 (261).

426   Beispielhaft statt vieler v. Münch, Vorb. Art. 1 – 19 GG, Rn. 57; Pieroth/Schlink, Rn. 301 ff.; Schwerdtfeger, Rn. 472 ff.

427   Dagegen ausdrücklich BVerfGE 30, 173 (192); BVerfGE 32, 98 (107): **alle Entscheidungen** = juris*byhemmer*.

428   Dazu unten Rn. 164.

429   Für diesen Ansatz aber Schwerdtfeger, Rn. 482 f.

430   So Mangold/Klein, Art. 6 GG, Anm. X 6b.

431   Hierzu v.a. Hesse, Rn. 317 ff.

432   So auch Schwerdtfeger, Rn. 479; zu diesen Abwägungen unten Rn. 135.

*verfassungsimmanente
Schranken durch*

Fraglich ist noch, welche Positionen zu einer verfassungsimmanenten Schranke führen können:

1. Grundrechte Dritter

GRe Dritter (unprobl.)

Unproblematisch ist dies bei Grundrechten Dritter.[433]

143

Bei einer Abwägung ist freilich zu beachten, dass die Differenzierung zwischen vorbehaltlosen Grundrechten und solchen mit Gesetzesvorbehalt nicht unterlaufen wird, da erstere zeigen, dass der Verfassungsgeber die durch sie geschützten Lebensbereiche für besonders sensibel gegen staatliche Eingriffe gehalten hat.

2. Sonstige Rechtsgüter von Verfassungsrang

sonstige Rechtsgüter von Verfassungsrang (im einzelnen str.)

Schwieriger und zweifelhaft ist dagegen die Situation, wenn kein Grundrecht einschlägig und auf sonstige Rechtsgüter von Verfassungsrang zurückgegriffen wird. Solche wird man nur dann anerkennen können, wenn sie eine ähnliche Bedeutung haben wie die Grundrechte,[434] weshalb es bedenklich erscheint, wenn vom BVerfG neben dem Bestand der Bundeswehr[435] oder der Sicherheit des Staates und seiner Bevölkerung[436] sogar die Erwähnung in Kompetenznormen[437] als ausreichend betrachtet wird, um von einem verfassungsrechtlich geschützten Gut auszugehen. Gerade die Kompetenznormen stellen nicht unbedingt Wertungen dar, sondern bestimmen nur die Zuständigkeiten. Nur einzelne Gesetzgebungskompetenzen, wie etwa der Tierschutz, lassen Wertungen erkennen, wobei es auf letzteres angesichts der Neufassung des Art. 20a GG nicht mehr ankommt.

144

hemmer-Methode: Zeigen Sie in der Klausur bei solch umstrittenen Fragen ruhig Kritikfähigkeit. Gehen Sie aber auf die Rspr. unseres höchsten Gerichts ein und verwerfen Sie ein solches Vorgehen nicht als „abwegig" oder dergleichen. Am günstigsten ist es, das grundsätzliche Problem anzureißen und bei der Entscheidung für oder gegen die Anerkennung als verfassungsrechtlich geschütztes Gut letztlich besondere Umstände des jeweiligen Klausurfalls heranzuziehen.

Selbstverständlich können an die Verfassungsmäßigkeit eines eingreifenden Gesetzes bei vorbehaltlosen Grundrechten keine geringeren Anforderungen gestellt werden als bei solchen mit Gesetzesvorbehalt. Entsprechend ist auch hier erforderlichenfalls eine Prüfung der formellen und materiellen Verfassungsmäßigkeit durchzuführen.[438]

Diese ist freilich insofern eingeschränkt, als weder das Zitiergebot noch die Erfüllung einer Vorbehaltsqualifikation zu prüfen ist, sodass i.d.R. nur Gesetzgebungskompetenz und -verfahren sowie Bestimmtheit kurz anzusprechen sind.

---

433   Beispiele aus der Rspr. des BVerfG: Menschenwürde bzw. Jugendschutz als Grenzen der Kunstfreiheit, E 30, 173 (193); E 83, 130 (139); NJW 1990, 3026 (3027).

434   So Jarass/Pieroth, Vorb. vor Art. 1 GG, Rn. 38; restriktiv auch Pieroth/Schlink, Rn. 381.

435   E 28, 243 (261).

436   E 49, 202 (209).

437   E 53, 30 (56).

438   Vgl. dazu oben Rn. 121 bis Rn. 129.

IV. Praktische Konkordanz/Verfassungsmäßiger Ausgleich

145

praktische Konkordanz: ähnlich wie Verhältnismäßigkeitsprüfung

Schließlich muss auch bei der Grundrechtsbeschränkung durch kollidierendes Verfassungsrecht im Wege der praktischen Konkordanz ein verhältnismäßiger Ausgleich gefunden werden. Orientiert man sich am Schema für die Grundrechte mit Gesetzesvorbehalt,[439] gilt hier Folgendes:

1. Der legitime Zweck der Einschränkung ist hier unproblematisch, da man ja schon zur Schrankengewinnung festgestellt hat, dass andere Grundrechte bzw. im Einzelfall sonstiges Verfassungsrecht dadurch begünstigt werden sollen.

hemmer-Methode: Der Schutz des kollidierenden Verfassungsrechts ist der legitime Zweck des in das schrankenvorbehaltlos gewährte Grundrecht eingreifenden Gesetzes. Bei schrankenvorbehaltlos gewährten Grundrechten sind mithin die Anforderungen an eine Rechtfertigung des Eingriffs ungleich höher als bei anderen Grundrechten. Während bei diesen vernünftige Erwägungen des Allgemeinwohls als legitimer Zweck ausreichen können, muss es hier um den Schutz kollidierenden Verfassungsrechts gehen! Diese Frage ist durch das BVerfG vollumfänglich nachprüfbar, während dem Gesetzgeber bei der Frage, was vernünftige Erwägungen des Allgemeinwohls sind, eine weitgehende Einschätzungsprärogative zukommt!

2. Hinsichtlich Geeignetheit und Erforderlichkeit gilt das zu den Grundrechten mit Gesetzesvorbehalt Ausgeführte entsprechend.

bei Abwägung zu beachten: geringerer Spielraum des Gesetzgebers

3. Der Prüfung der Verhältnismäßigkeit i.e.S. bzw. Angemessenheit entspricht hier die Prüfung, ob ein angemessener Ausgleich zwischen den kollidierenden Grundrechten getroffen wurde.

Es kommt also wieder zu einer Güterabwägung, bei der das oben (Rn. 135) dargestellte Vorgehen (abstrakte und konkrete Wertigkeiten, Eingriff in Kernbereich oder periphere Modalitäten) verfolgt werden sollte. Hier ist kurz festzustellen (und auch bei der Abwägung deutlich zu machen), dass die Kontrolldichte enger ist als bei Grundrechten mit Gesetzesvorbehalt, bei denen dem Gesetzgeber ein größerer Beurteilungsspielraum zusteht.

4. Schon aus dem Prinzip der praktischen Konkordanz ergibt sich ferner, dass bei der Abwägung - ähnlich wie bei Art. 19 II GG - keines der Grundrechte völlig geopfert werden darf, also immer zumindest der Wesensgehalt bestehen bleiben muss.

hemmer-Methode: Sie sehen also, dass die Schemata auch in der zweiten Hälfte im Wesentlichen übereinstimmen. Nur ist bei der Frage der Schranken deren Gewinnung besonders zu untersuchen. Der „verhältnismäßige Ausgleich" entspricht weitgehend der „Schranken-Schranken"-Prüfung bei Grundrechten mit Gesetzesvorbehalt. Der wesentliche Unterschied ist der, dass nicht mehr jeder legitime Zweck genügt, sondern im Schutz kollidierenden Verfassungsrechts bestehen muss.
Versuchen Sie, diese Gemeinsamkeiten zu erkennen und sich so das Lernen zu erleichtern! Abschließend sei noch einmal angemerkt: Der hier empfohlene Aufbau ist nicht der einzig vertretbare, wichtig ist v.a., dass Sie inhaltlich alle Punkte sinnvoll unterbringen.

---

439   Vgl. oben Rn. 130 bis Rn. 135.

Exkurs: Einschränkungen im besonderen Gewaltverhältnis

besonderes Gewaltverhältnis

V.a. früher wurden in sog. besonderen Gewaltverhältnissen noch weitergehend Grundrechtseinschränkungen zugelassen bzw. die Grundrechte überhaupt als suspendiert betrachtet.   **146**

Ein solches Verhältnis (heute eher als Sonderstatus-Verhältnis bezeichnet) sollte vorliegen, wo der Bürger eine engere Beziehung zum Staat aufweist bzw. in die staatliche Sphäre inkorporiert ist, so v.a. bei Beamten, Soldaten, Schülern und Strafgefangenen.[440]

h.M.: kein grundrechtsfreier Raum, aber diff. Grund-/Betriebsverhältnis

Dem Grundrechtsverständnis des Grundgesetzes entspräche ein solcher „grundrechtsfreier Raum" jedoch nicht, weshalb mittlerweile anerkannt ist, dass die Grundrechte grds. auch i.R. solcher Sonderstatusverhältnisse gelten.[441] Vom modernen Grundrechtsverständnis her ebenfalls zweifelhaft, aber weit verbreitet, ist dabei jedoch die Trennung zwischen Grund- und Betriebsverhältnis:

Dabei soll das Betriebsverhältnis die innere Regelung der betroffenen Einrichtung, etwa Organisationsmaßnahmen betreffen, während dem Grundverhältnis die Akte zuzurechnen sind, die unmittelbar die persönliche Rechtsstellung des im Sonderstatusverhältnis Stehenden betreffen.

Oft lassen sich Akte nicht ganz einfach zuordnen, deshalb sollte man sich zweierlei merken: für die Betroffenheit des Grundverhältnisses spricht immer, wenn gerade speziell der Einzelne durch eine Maßnahme betroffen ist, während Maßnahmen im Betriebsverhältnis alle im Sonderstatusverhältnis Stehenden gleich treffen und sich an niemanden speziell richten.

Außerdem ist ein (zumindest) Durchschlagen aufs Grundverhältnis schon aus klausurtaktischen Gründen großzügig zu bejahen, was sich mit effektivem Grundrechtsschutz begründen lässt. Zu erwägen ist dann aber auf der nächsten Stufe, inwiefern z.B. die Funktionsfähigkeit der jeweiligen Anstalt den Grundrechtseingriff rechtfertigen kann.

Prüfung im verwaltungsrechtlichen Schema

In der verwaltungsrechtlichen Klausur, die in einem Sonderstatusverhältnis spielt, kann dieses an mehreren Prüfungspunkten angesprochen werden.   **147**

Bei der Frage nach der Eröffnung des Verwaltungsrechtswegs käme die sog. Impermeabilitätstheorie zu dem Ergebnis, dass innerhalb eines Sonderstatusverhältnisses ein „rechtsfreier Raum" bestehe, somit eine gerichtliche Überprüfung ausscheide. Indes ist eine solche Ansicht mit Art. 20 III GG und § 40 VwGO sicher unvereinbar.

Als Klageart kommt eine Anfechtungsklage nur bei einem Verwaltungsakt in Betracht, welcher wiederum Außenwirkung voraussetzt. Diese liegt nach vielfach vertretener Ansicht (vgl. o.) nur vor, wenn das Grundverhältnis betroffen ist. Dies spielt freilich unter Geltung der VwGO eine geringere Rolle, da das Vorliegen eines Verwaltungsakts nicht mehr rechtswegeröffnend wirkt.

---

440   Vgl. Hesse, Rn. 322.

441   Leading case, insoweit BVerfGE 33, 1 ff., insb. 10 f.; näher zum Ganzen auch Richter/Schuppert, S. 66 f. m.w.N.

Eine Klagebefugnis besteht nicht, wenn man in der Unterwerfung unter ein Sonderrechtsverhältnis einen Grundrechtsverzicht sieht. Ein solcher Ansatz ist allenfalls im Beamtenverhältnis vertretbar, da nur hier der Eintritt in das besondere Gewaltverhältnis freiwillig erfolgt, ist aber letztlich auch dort als reine Fiktion abzulehnen.[442] Soweit man zwischen Grund- und Betriebsverhältnis differenziert, soll aber eine Klagebefugnis nur bei Eingriffen ins Grundverhältnis denkbar sein.

Bei der Frage nach einer Ermächtigungsgrundlage würde die (abzulehnende, vgl. o.) Impermeabilitätstheorie auf eine solche völlig verzichten, nach a.A. genügt für Eingriffe im Betriebsverhältnis die Förderung des Anstaltszwecks.

Nach dem BVerfG[443] ist aber zumindest für wesentliche Entscheidungen, die über die reine Organisation der Anstalt hinausgehen, eine Ermächtigungsgrundlage erforderlich.

Bearbeiten Sie die Wiederholungsfragen zu den allgemeinen Grundrechtslehren.

148

---

442   Das BVerfG geht in seiner Kopftuchentscheidung auf diese Problematik überhaupt nicht näher ein, vgl. BVerfG, NJW 2003, 3111 = **juris**byhemmer, sehr krit. bspr. von Ipsen in NVwZ 2003, 1210.

443   A.a.O.

§ 9 SCHUTZ DER MENSCHENWÜRDE, ART. 1 I GG

Einstiegsfall:[444] *Groß (G) ist Betreiber einer Diskothek, die nur schleppend läuft. Um neue Kunden anzulocken, vereinbart er mit dem kleinwüchsigen Klein (K), dass sich dieser an den Wochenenden für Wettbewerbe im „Zwergenweitwurf" zur Verfügung stellt. Die zuständige Behörde versagt die erforderliche Genehmigung, da zu befürchten sei, dass die Darstellung den guten Sitten zuwiderlaufen werde, § 33a II Nr. 2 GewO.*

str., ob Art. 1 GG GR ist, aber nach h.M. (+)

Ob es sich bei Art. 1 I GG überhaupt um ein Grundrecht handelt, ist streitig, da er aufgrund seiner Stellung mehr programmatischen Charakter haben könnte und außerdem nach Art. 1 III GG die öffentliche Gewalt durch die „nachfolgenden Grundrechte" gebunden wird.[445] Die h.M. sieht dagegen Art. 1 I GG als Grundrecht an.[446] Dafür spricht die Überschrift „Die Grundrechte" vor Art. 1 GG sowie sein Inhalt (Achtung der Menschenwürde als typisches Abwehrrecht).

149

Letztlich dürfte der Streit in der Klausur meistens keine Rolle spielen, weil Art. 1 I GG i.d.R. mit einem anderen Grundrecht zusammen geprüft werden dürfte, was andererseits auch möglich ist, wenn es sich um kein selbstständiges Grundrecht handelt, da Art. 1 I GG - wie auch die Verortung in Art. 79 III GG zeigt - ein „tragendes Konstitutionsprinzip"[447] des Grundgesetzes darstellt, welches die Auslegung der anderen Grundrechte in jedem Fall beeinflusst.

A) Schutzbereich

I. Sachlicher Schutzbereich

Schwierigkeit, „Würde" zu bestimmen

Der sachliche Schutzbereich ist aufgrund des relativ abstrakten und zugleich heutzutage wenig aktiv gebrauchten Begriffs der „Würde" nicht ganz einfach zu bestimmen. Ein praktisches Problem, das sich auch in der Klausur bemerkbar macht, ist die Gefahr, bei der Festlegung des Schutzbereichs immer nach einer Richtung übers Ziel hinaus zu schießen: Einerseits droht eine inflationshafte Berufung auf die vermeintlich verletzte Menschenwürde bei zu großzügiger Auslegung, andererseits käme es einer Kapitulation gleich, wegen der schweren Handhabung des Begriffs so gut wie gar keiner Anwendungsbereich zu sehen.[448]

150

„Eigenwert des Menschen" von Eingriff her interpretiert ⇨ „Objektformel"

Ansatzpunkte für eine Definition sind der „Eigenwert des Menschen schlechthin" oder die „Würde aufgrund der Leistung der eigenen Identitätsbildung".[449] Griffiger für die Klausur ist eine Abgrenzung, die sich letztlich schon der möglichen Eingriffsarten bedient. Danach umfasst der Schutzbereich der Menschenwürde den Schutz vor „Erniedrigung, Brandmarkung, Verfolgung, Ächtung"[450] sowie davor, zum bloßen Objekt degradiert zu werden.[451]

444   Nach VG Neustadt, NVwZ 1993, 98 und Christensen/Jeand'Heur, Jura 1994, 327 ff.

445   Den Grundrechtscharakter ablehnend Stein, S. 183; wohl auch M/D-Dürig, Art. 1 I GG, Rn. 13.

446   Dezidiert Pieroth/Schlink, Rn. 398; wohl auch BVerfGE 15, 149 (155), die Frage offenlassend dagegen BVerfGE 67, 126 (137) = **juris**byhemmer.

447   Bereits BVerfGE 6, 32 (36); zuletzt wieder BVerfGE 87, 209 (228): **alle Entscheidungen** = **juris**byhemmer.

448   Zu diesen Problemen vgl. Richter/Schuppert, S. 85.

449   Zu diesen Ansätzen Pieroth/Schlink, Rn. 401 m.w.N.

450   BVerfGE 1, 97 (104) = **juris**byhemmer.

451   BVerfGE 9, 89 (95); 57, 250 (275): **alle Entscheidungen** = **juris**byhemmer.

hemmer-Methode: Der Mensch als höchster Wert kann nicht definiert werden, sodass man bei Art. 1 GG nicht mit einer Umschreibung des Leitbegriffes beginnen kann. Stattdessen muss man „vom Eingriff her" denken. Eine mögliche Formulierung wäre folgende: „Der Mensch als höchster Wert ist in seiner Würde verletzt, wenn er zum bloßen Objekt staatlichen Handelns gemacht wird." Sollten Sie einmal in die Verlegenheit kommen, in einer unbekannten Konstellation die Menschenwürde prüfen zu müssen, sollten Sie aber durchaus klarmachen, dass die Eingrenzung des Schutzbereichs hier besondere Schwierigkeiten macht

Die Objektformel dürfte die griffigste Abgrenzung für die Klausur sein, wenngleich auch diese natürlich noch einer wertenden Ausfüllung bedarf und nicht alle Probleme i.R.d. Art. 1 I GG erfassen kann.[452]

Anwendungsbereich von Art. 1 I GG nach der Rechtsprechung des BVerfG ist der staatliche Strafvollzug, für welchen sich eine Pflicht zum menschenwürdigen[453] und „sinnvollen Behandlungsvollzug"[454] ergibt. Aber auch außerhalb der Strafe im engeren Sinne bleibt die Menschenwürde maßstäblich. Ein Beispiel ist eine Entscheidung des BVerwG zur entwürdigen Behandlung eines Arrestanten durch einen Wachoffizier.[455] Ein Soldat der als Offizier vom Wachdienst unter Missbrauch seiner Befehlsbefugnis einen Arrestanten durch den Wachhabenden vor dem Wachlokal der Kaserne mit Handfesseln anschließen lässt, um ihm so den zustehenden „Aufenthalt im Freien" zu ermöglichen, stellt den Betroffenen gleichsam „an den Pranger" und verstößt dadurch gegen die Unantastbarkeit der Menschenwürde des Betroffenen.[456] Aus Art. 1 I GG resultiert auch das absolute Folterverbot.[457]

Auch darüber hinaus ist der Staat gefordert, zumindest menschenwürdige existentielle Lebensbedingungen zu schaffen.[458] Zu diesen gehört auch die Wahrung der seelischen und körperlichen Identität.[459] Zu beachten ist auch der weite Anwendungsbereich des durch Art. 1 I GG i.V.m. Art. 2 I GG garantierten allgemeinen Persönlichkeitsrechts, das im Zusammenhang mit Art. 2 I GG dargestellt wird.[460]

Beachtenswert erscheint noch, dass dieser Schutz überwiegend absolut gesehen wird, d.h. unabhängig davon, ob der Einzelne seine Behandlung als menschenunwürdig betrachtet.[461] Die Menschenwürde ist nicht disponibel!

Allerdings kann natürlich der Einzelne durch sein Verhalten in gewissem Umfang die Reichweite der Menschenwürde mitbestimmen.

Bsp.: Wird ein Flugzeug entführt und nach dem „Vorbild" des 11.09.2001 als Terrorwaffe missbraucht, ist ein Abschuss und damit eine Tötung der Entführungsopfer eine Verletzung deren Menschenwürde, da diese zum bloßen Objekt staatlichen Handelns werden. Anders ist dies bei einer Tötung nur der Terroristen. Diese haben es bis zum Schluss selbst in der Hand, den Sachverhalt mitzubestimmen. Hier soll nach dem BVerfG keine Verletzung des Art. 1 I GG gegeben sein.[462]

---

452   BayVGH, NJW 2003, 1618 = BayVBl. 2003, 339 (Körperweltenentscheidung).

453   BVerfGE 33, 1 ff.; BVerfG, NJW 1982, 1583 - Arbeitsentgelt = **juris**byhemmer.

454   BVerfGE 45, 187 (237 f.) – Lebenslange Freiheitsstrafe = **juris**byhemmer.

455   BVerwG, NVwZ-RR 1998, 761 ff. = **juris**byhemmer

456   Der Einsatz von Wasserwerfern soll ohne besondere Umstände nicht gegen Art. 1 GG verstoßen. Vgl. BVerfG, NVwZ 1999, 290 ff. = **juris**byhemmer; zur körperlichen Untersuchung durch die Polizei vgl. BVerfG, 2 BvR 2815/11, Beschluss vom 10.07.2013.

457   LG Frankfurt, NJW 2005, 692 = **Life&Law 2005, 238**; BVerfG, NJW 2005, 246 = **Life&Law 2005, 246: alle Entscheidungen** = **juris**byhemmer.

458   BVerfGE 1, 159 ff., insb. 161 – Fürsorge; vgl. auch BVerfGE 54, 341 ff. zum Asylrecht: **alle Entscheidungen** = **juris**byhemmer.

459   BVerfGE 49, 286 ff. = **juris**byhemmer; 35, 202 (236) – Resozialisierung; 47, 46 (73) – Sexualkundeunterricht; 47, 239 (247) – Schutz der Haar- und Barttracht.

460   Dazu unten Rn. 162.

461   Krit. hierzu vMü-v. Münch, Art. 1 GG, Rn. 17, 39; vgl. dazu v.a. das „Peep-Show-Urteil" des BVerwGE 64, 274 (279) = **juris**byhemmer; krit. zu diesem Discher, JuS 1991, 642. Diese Problematik stellt sich auch beim Verbot von Tötungsspielen, vgl. BVerwGE 115, 189 = **Life&Law 2002, 2487**. Hierzu auch VGH München, Urt. v. 27.11.2012, Az. 15 BV 09.2719 = **Life&Law 06/2013** = **juris**byhemmer.

462   BVerfG, NJW 2006, 751 = **Life&Law 2006, 269** = **juris**byhemmer.

hemmer-Methode: Hier entsteht ein Konflikt zwischen dem Schutz der Menschenwürde nach absoluten Maßstäben und dem Selbstbestimmungsrecht, welches im Kern auch zur Menschenwürde gehört. So kann auf die Menschenwürde nicht verzichtet werden, andererseits kann jeder in gewissem Umfang selbst entscheiden, was „unter seiner Würde ist" und was nicht! In der Klausur müssen Sie dieses Problem ggf. sehen und sich damit auseinandersetzen, auf Ihr Ergebnis wird es nur zweitrangig ankommen.

II. Personaler Schutzbereich

GR-Träger ist jeder, auch nasciturus

Träger des Grundrechts ist jeder Mensch „ohne Rücksicht auf seine Eigenschaften, seine Leistungen und seinen sozialen Status",[463] geschützt wird auch schon das werdende Leben im Mutterleib[464] und noch die Würde des bereits Verstorbenen, sog. postmortales Ehrenrecht.[465]   **151**

B) Eingriffe

I. Ein Eingriff liegt vor, wenn eine solche ober genannte Behandlung vorliegt, vor dem der Schutzbereich gerade schützen soll.   **152**

hemmer-Methode: Was hier nach einem Zirkelschluss klingt, hat seinen Grund darin, dass der Schutzbereich schon vom Eingriff her bestimmt wurde. Dies ist zwar dogmatisch nicht ganz sauber, aber aus Gründen der Anschaulichkeit wohl vorzuziehen.

Dabei ist zwar nicht entscheidend, ob eine Verletzung der Menschenwürde beabsichtigt ist, es kann sich aber der entwürdigende Charakter durch eine spezielle Absicht erst ergeben oder zumindest verstärken.

auch staatl. Schutz gefordert

II. Da Art. 1 I GG nicht nur Achtung, sondern auch Schutz der Menschenwürde fordert, könnte ein Eingriff grds. auch darin liegen, dass der vom Staat zu fordernde Schutz, z.B. durch Erlass entsprechender privat- und öffentlich-rechtlicher Vorschriften, nicht gewährt wird. Allerdings dürfte hier ein Eingriff nur in Extremfällen denkbar sein, da dem Staat insoweit ein erheblicher Spielraum zusteht.[466]

„Kind als Schaden"

In den Bereich des Art. 1 I GG gehört auch der Problemkreis, der unter dem Schlagwort „Kind als Schaden" diskutiert wird. Hierbei geht es um die Frage der Haftung eines Arztes nach einer fehlgeschlagenen Sterilisation oder fehlerhafter genetischer Beratung vor Zeugung eines Kindes.

Diese Frage ist selbst zwischen den Senaten des BVerfG umstritten. Der Erste Senat sieht in einer Haftung des Arztes keinen Verstoß gegen Art. 1 I GG, da in der Verlagerung der Unterhaltspflicht auf Dritte kein Unwerturteil über den jeweiligen Unterhaltsberechtigten zu sehen sei.[467] Der Zweite Senat aber hat in einer Stellungnahme seine gegenteilige Auffassung zum Ausdruck gebracht.[468] Hierbei handelt es sich um einen in der bisherigen Geschichte des BVerfG einmaligen Vorgang.[469]   **153**

---

463   BVerfGE 87, 209 (228) = jurisbyhemmer; selbstverständlich auch Kinder, Geisteskranke, Straftäter etc.

464   BVerfGE 88, 203 (251); 39, 1 (41 f.): **alle Entscheidungen** = jurisbyhemmer.

465   BayVGH, NJW 2003, 1618 = BayVBl. 2003, 339 (Körperweltenentscheidung) = jurisbyhemmer.

466   Vgl. Jarass/Pieroth, Art. 1 GG, Rn. 7; AK-Podlech, Art. 1 GG, Rn. 79.

467   BVerfG, NJW 1998, 519, 523 = JuS 1998, 942, 944 = jurisbyhemmer.

468   BVerfG, NJW 1998, 519, 523 = JuS 1998, 942, 944 = jurisbyhemmer.

469   Vgl. z.B. BGH, NJW 2000, 1782 = **Life Law 2000, 605**, s. auch BGH, NJW 2002, 2636: **alle Entscheidungen** = jurisbyhemmer.

C) Schranken

schrankenlose Gewährleistung

Die Garantie der Menschenwürde unterliegt keinen Schranken („unantastbar"), sodass jeder Eingriff eine Verletzung darstellt. Auch eine Schranke kraft kollidierenden Verfassungsrechts ist schon praktisch kaum denkbar, v.a. aber wegen der überragenden Bedeutung der Menschenwürde, die sich aus Art. 79 III GG ergibt, nicht möglich.[470]

154

> **hemmer-Methode: Machen Sie sich noch einmal klar: dass der Eingriff hier gleichzeitig zur Verletzung führt, ist die Ausnahme, halten Sie die beiden Begriffe trotzdem gut auseinander! Andererseits spricht dieser Befund zusätzlich noch dafür, den Schutzbereich im Hinblick auf die möglichen Eingriffe zu bestimmen, da hier schon eine Vorentscheidung in der Schutzbereichsebene fällt und die zusätzlichen Korrektive in der Schranken- und Schranken-Schranken-Prüfung fehlt. Die Rechtsprechung nimmt in diesem Zusammenhang häufig bereits auf Ebene des Schutzbereichs eine Abwägung mit widerstreitenden Interessen vor und verneint dann u.U. den Eingriff in den Schutzbereich.[471]**

D) Verhältnis zu anderen Grundrechten[472]

auch andere GRe haben Menschenwürdegehalt

Da Art. 1 I GG einerseits die Auslegung der nachfolgenden Grundrechte beeinflusst, andererseits von diesen konkretisiert wird (vgl. o.) sollte man sich noch Folgendes vergegenwärtigen: Art. 1 I GG ist nicht subsidiär in dem Sinn, dass er von anderen Grundrechten in ihrem Anwendungsbereich verdrängt wird.

155

Vielmehr ist häufig eben die Menschenwürde bei der gebotenen einschränkenden Auslegung nicht betroffen. Diese zurückhaltende Auslegung ist geboten, da ein Eingriff in Art. 1 I GG nicht gerechtfertigt werden kann, die Menschenwürde ist gerade nicht abwägbar, vgl. oben.[473]

Zudem nehmen nicht alle Grundrechte, die Art. 1 I GG irgendwie konkretisieren an seiner Ewigkeitsgarantie, Art. 79 III GG, teil. Sie werden aber erfasst, soweit sich ihre normative Wirkung auch aus Art. 1 III GG ergibt (sog. Menschenwürdegehalt[474]).

> **hemmer-Methode: Verfassungsänderungen sind nach Art. 79 III GG nicht an den einzelnen Grundrechten, sondern eben nur an der Menschenwürde (und an Art. 20 GG) zu messen. Die Menschenwürde kann so der Einstieg in den Kernbereich anderer Grundrechte sein, soweit diesen ein solcher Menschenwürdegehalt zukommt.[475] Hierin liegt gerade die besondere Bedeutung des Art. 1 I GG für die Klausur. Diese kann Ihnen nicht nur über eine Verfassungsänderung, sondern auch über ein Zustimmungsgesetz zu einer Kompetenzübertragung auf die Europäische Union nach Art. 23 I S. 2 GG begegnen. Auch hierfür gelten (nur) die Schranken der Art. 23 I S. 3, 79 III, 1 und 20 GG, sog. Identitätskontrolle.[476]**

---

470   A.A. MaKl-Starck, Art. 1 GG, Rn. 21; das BVerfG formuliert vorsichtiger derart, dass jedenfalls Eingriffe in den Kernbereich immer unzulässig sind, vgl. BVerfG, DVBl. 2001, 985 = juris*byhemmer*.

471   M.w.N. BVerfG, DVBl. 2001, 985; BayVGH, NJW 2003, 1618 = BayVBl. 2003, 339 (Körperweltenentscheidung): **alle Entscheidungen** = juris*byhemmer*.

472   Vgl. Pieroth/Schlink, Rn. 414 ff.

473   Vgl. BVerfG, DÖV 2009, 540 = **Life&Law 2009, 328** = juris*byhemmer*: In der Gleichsetzung von gequälten Tieren mit den Opfern des Holocausts liegt kein Eingriff in deren Menschenwürde, sondern nur in deren allgemeines Persönlichkeitsrecht.

474   Vgl. Jarass/Pieroth, Art. 79 GG, Rn. 9.

475   BVerfG, NJW 2004, 999 (großer Lauschangriff) = juris*byhemmer*.

476   BVerfG, NJW 2009, 2767 = **Life&Law 09/2009** (Lissabon Vertrag); BVerfG, Beschluss vom 15.12.2015, 2 BvR 2735/14 = Life&Law 2016, 405 (sog. Solange III – Entscheidung): **alle Entscheidungen** = juris*byhemmer*.

Lösungshinweise zum Einstiegsfall:

Ein Verstoß gegen die guten Sitten könnte namentlich vorliegen, wenn die Veranstaltung eines Wettbewerbs im Zwergenweitwurf die Menschenwürde verletzen würde, deren Schutz der staatlichen Gewalt in Art. 1 I S. 2 GG explizit aufgetragen wird. Der geworfene „Zwerg" wird hier wie ein Sportgerät behandelt und zum bloßen Objekt der Volksbelustigung degradiert. Es steht nicht eine etwaige artistische Leistung des K im Mittelpunkt, sondern die Möglichkeit, die eigene körperliche Überlegenheit an einem kleinwüchsigen Menschen zu demonstrieren. Dass K die Mitwirkung freiwillig zugesagt und die Behandlung möglicherweise nicht als entwürdigend empfindet, ist irrelevant, soweit man mit der Rechtsprechung die Menschenwürde als unverfügbaren Wert betrachtet, auf den der Einzelne nicht wirksam verzichten kann. Dafür spricht trotz der beachtlichen Kritik in der Literatur, dass das Argument der Freiwilligkeit zu wenig wirtschaftliche Abhängigkeiten beachtet.

hemmer-Methode: Die Objektsformel kann in einem solchen Fall durchaus kritisch gesehen werden, da der Einzelne gerade nicht zum Objekt staatlichen Handelns wird, sondern sich selbst zum Objekt des Handelns eines anderen Privatmannes macht. Letztlich geht es weniger um die Würde des Einzelnen, hier des „Geworfenen", sondern mehr um das objektive Würdebild des Grundgesetzes, das im Interesse der Allgemeinheit geschützt wird. Aus diesem Grund wird die Würde auch nicht als Teil der öffentlichen Sicherheit, nämlich als wichtiges Individualrecht, sondern als Aspekt der öffentlichen Ordnung geprüft. Ähnlich ist die Argumentation, wenn es um die Zulässigkeit einer Tötungssimulation als Spiel geht.[477] In der gleichfalls aktuellen Frage, ob der Staat in Extremfällen zum Mittel der Folter greifen darf, geht es hingegen um die subjektive Würde des Gefolterten und damit um die öffentliche Sicherheit.[478]

---

477 BVerwG, NVwZ 2001, 1385 = **Life&Law 2002, 626**.

478 BVerfG, NJW 2005, 246 = **Life&Law 2005, 246**, das BVerfG betont in dieser Entscheidung das absolute Folterverbot.

§ 10 FREIE ENTFALTUNG DER PERSÖNLICHKEIT, ART. 2 I GG

Einstiegsfall:[479] *Durch eine Änderung des Bundesjagdgesetzes wurde die erste Erteilung eines Falknerjagdscheins davon abhängig gemacht, dass der Bewerber auch die Jägerprüfung erfolgreich abgelegt hat, für die u.a. Kenntnisse auch im Bereich des Waffenrechts und der Waffen-technik erforderlich sind. Freizeitjäger Nimrod (N) fühlt sich in seinen Grundrechten verletzt*

A) Schutzbereich

I. Allgemeine Handlungsfreiheit

Art. 2 I GG: nicht nur Kernbereich, sondern allgemeine Handlungsfreiheit geschützt

Im Gegensatz zu v.a. früher vertretenen engeren Ansätzen, die durch Art. 2 I GG nur den Kernbereich der Persönlichkeit[480] oder eine engere persönliche Lebenssphäre[481] geschützt sehen wollen, ist nach heute ganz h.M. durch Art. 2 I GG die allgemeine Handlungsfreiheit i.S. eines „Tun und Lassen, was man will" grds. geschützt.[482] Diese weite Fassung bringt mehrere klausurrelevante Probleme ins-besondere in der Abgrenzung zu anderen Grundrechten mit sich.

156

1. Subsidiarität

Subsidiarität des Art. 2 I GG

Art. 2 I GG tritt als Auffanggrundrecht subsidiär hinter anderen Grundrechten zurück, soweit deren Schutzbereich betroffen ist. Dar-aus folgt zum einen, dass Art. 2 I GG erst nach den spezielleren Grundrechten anzusprechen ist, zum anderen, dass eine genauere Prüfung des Art. 2 I GG ausscheidet, wenn ein anderes Grundrecht thematisch einschlägig war, selbst wenn es nicht verletzt ist.

157

> **Bsp.:** *Wenn eine Maßnahme, die die Berufsfreiheit betrifft, aber nach der Drei-Stufen-Theorie[483] letztlich gerechtfertigt ist, darf nicht mehr ausführ-lich geprüft werden, ob womöglich Art. 2 I GG verletzt ist, vielmehr ist nur mit einem Satz die Subsidiarität festzustellen.*

Nicht ganz geklärt ist, ob dies auch gilt, wenn ein Verhalten nur in den Regelungs-, nicht aber in den Schutzbereich eines Grundrechts fällt, z.B. der Fall einer unfriedlichen Versammlung.[484] Mehr spricht wohl dafür, hier einen Rückgriff auf Art. 2 I GG zuzulassen, da bei einer sachlichen Begrenzung des Schutzbereichs nichts anderes gelten kann, als wenn das Verhalten gar nicht spezialgrundrechtlich geregelt wäre.

2. Auffangfunktion

Auffangfunktion für nicht speziell geschützte Tätigkeiten

Bedeutung erlangt Art. 2 I GG damit v.a. für solche Bereiche bzw. Tätigkeiten, die keinem grundrechtlichen Schutzbereich speziell zu-geordnet sind.

158

> **Bsp.:** *Beispiele aus der Rechtsprechung des BVerfG sind die Veranstal-tung von Sammlungen (E 20, 150, 154), das Führen eines Kfz ohne Schutzhelm (E 59, 275, 278) und das Reiten im Wald (E 80, 137, 154).*[485]

---

479   Nach BVerfGE 55, 159 = **juris**byhemmer.

480   So Peters, Laun-FS, 1953, 699.

481   So noch Hesse, Rn. 428, ähnlich auch das dissenting vote in BVerfGE 80, 164 (169) = **juris**byhemmer.

482   Grundlegend BVerfGE 6, 32 (36 f.); vgl. sonst nur BVerfGE 55, 159 - Falkner-Urteil: **alle Entscheidungen** = **juris**byhemmer; vgl. E 80, 137; Ja-rass/Pieroth, Art 2 GG, Rn. 3.

483   Zu dieser unten Rn. 270.

484   Verneinend Pieroth/Schlink, Rn. 387 f.; bejahend und damit einen Rückgriff auf Art. 2 I GG hier ebenfalls nicht zulassend M/D-Herzog, Art. 8 GG, Rn. 77; ebenso Erichsen, Jura 1987, 367 (370) m.w.N.

485   Eine ausführlichere Auflistung findet sich bei Pieroth/Schlink, Rn. 425, auch zu noch nicht entschiedenen, aber diskutierten Tätigkeiten.

Zu den Bereichen des Allgemeinen Persönlichkeitsrechts und der wirtschaftlichen Handlungsfreiheit ausführlicher sogleich Rn. 161 f.

> **hemmer-Methode:** Denken Sie an diese Auffangfunktion v.a. auch bei neueren Sachverhalten in der aktuellen Diskussion z.B. bei der Frage nach dem Rauchen in der Öffentlichkeit bzw. in Gaststätten[486] oder beim Cannabis-Konsum. Eine Rolle spielt Art. 2 I GG auch dort, wo der negative Schutzbereich eines Grundrechts nicht eröffnet sein soll, z.B. bei der Freiheit von öffentlich-rechtlichen Körperschaften mit Mitgliederzwang.[487]

3. Schutz für Ausländer bei Bürgerrechten

str., ob über Art. 2 I GG Schutz für Ausländer bei Bürgerrechten

Ein eigener Anwendungsbereich wird Art. 2 I GG auch dort zugesprochen, wo das spezielle Grundrecht nur Deutschen zugutekommt, z.B. bei Art. 8, 9 I, 11, 12 I GG.

Eine Ansicht hält hier zwar einen Rückgriff auf Art. 2 I GG für ausgeschlossen, da die Regelung durch die entsprechenden Grundrechte abschließend sei und gerade klargestellt werden sollte, dass für Ausländer hier kein Grundrechtsschutz bestehe.[488]

Die ganz h.M.[489] geht aber davon aus, dass der umfassende Schutz durch Art. 2 I GG auch hier eingreift, da wegen der Nichtgeltung für Ausländer gerade kein Spezialitätsverhältnis entstehen kann. Handelt es sich um Unionsbürger, wird aufgrund des Diskriminierungsverbots des Art. 18 AEUV z.T. sogar eine direkte Anwendung der Deutschengrundrechte bejaht, während die Gegenauffassung über Art. 2 I GG zumindest den identischen Schutz gewährt, der sich auch aus den Deutschengrundrechten ergibt.[490]

> **hemmer-Methode:** Prüfen Sie also besonders genau, wenn in der Klausur ein Handelnder Ausländer ist, ob die geltend gemachten Grundrechte ihn überhaupt schützen. Wenn nicht, kommen Sie zu dem hier dargestellten Problem, welches letztlich argumentativ ähnlich läuft wie die oben angesprochene Konstellation, dass die Tätigkeit in den Regelungs-, nicht aber in den Schutzbereich fällt. Überzeugender und auch klausurtaktisch vorzugswürdig dürfte die Ansicht des BVerfG sein, wenngleich die Gegenansicht dogmatisch einiges für sich hat. Deren Argumentation können Sie sich in der Klausur wenigstens z.T. nutzbar machen, indem Sie bei der Verhältnismäßigkeitsprüfung klarstellen, dass, anders als z.B. bei Art. 8 GG selbst, bei der Prüfung des Art. 2 I GG nicht noch eine objektive Wertentscheidung (Versammlungsfreiheit als wichtiges politisches Grundrecht) zugunsten der Freiheit spricht, der Schutz durch Art. 2 I GG also i.d.R. geringer sein wird. Das BVerfG geht allerdings dazu über, Ausländern über Art. 2 I GG letztlich den gleichen Schutz einzuräumen, den das jeweilige Bürgerrecht Deutschen gewährt.[491]

159

---

486   BVerfG, NJW 2008, 2409 = **Life&Law 2008, 619** = juris*byhemmer*.

487   Dazu näher bei Art. 9 GG, unten Rn. 248.

488   Vgl. z.B. Schwabe, NJW 1974, 1044 f.; Hailbronner, NJW 1983, 2105 (2110 f.); Erichsen, Jura 1987, 367 (370) m.w.N.

489   BVerfGE 35, 382 (399); 78, 179 (196 f.) jeweils zur Freizügigkeit: **alle Entscheidungen** = juris*byhemmer*.

490   Hierzu BVerfG, Beschluss vom 04.11.2015, 2 BvR 282/13 = **Life&Law 2016, 198** = juris*byhemmer*.

491   So bspw. im „Schächt-Urteil", BVerfG, NJW 2002, 663 = **juris***byhemmer* = **Life&Law 2002, 333** = BayBl. 2002, 300 = DVBl. 2002, 328 mit interessanter Anmerkung v. Volkmann.

4. Umfassender Schutz vor Verfassungsverletzungen?

mittelbar auch Schutz vor Verletzung objektiven Verfassungsrechts

Ein weniger für die Klausur, aber für die Praxis des BVerfG bedeutendes Problem ergibt sich daraus, dass durch den weiten Schutzbereich der allgemeinen Handlungsfreiheit und die dafür erforderlichen großzügigen Schranken[492] letztlich jedes belastende staatliche Handeln auf seine Verhältnismäßigkeit, v.a. aber auch auf seine Kompetenzgemäßheit hin mit der Verfassungsbeschwerde angegriffen werden kann.[493]

160

Letztlich könnten also auch objektiv-rechtliche Verfahrensfehler zu einer begründeten Verfassungsbeschwerde führen, die ja an sich nur den Individualrechtsschutz bezweckt. Außerdem wird die Gefahr heraufbeschworen, dass das BVerfG zur Superrevisionsinstanz wird, was freilich durch eine Einschränkung des Prüfungsumfangs[494] verhindert werden soll.

II. Wirtschaftliche Handlungsfreiheit

wirtschaftl. Handlungsfreiheit, soweit nicht Art. 12, 14 GG spezieller

Art. 2 I GG schützt als Teilbereich der allgemeinen auch die wirtschaftliche Handlungsfreiheit, deren Einschränkung den Bürger besonders häufig trifft. Hierzu ist zum einen die Subsidiarität im Verhältnis zu Art. 12 I GG und Art. 14 I GG (u.U. auch zu Art. 9 GG) zu beachten (vgl. o.). Soweit die Berufsfreiheit oder der Schutz des Eigentums thematisch einschlägig sind, kann Art. 2 I GG also nicht mehr eingreifen.

161

Trotzdem bleibt Art. 2 I GG nach dem BVerfG[495] ein Anwendungsbereich beim wirtschaftlichen Handeln, soweit die spezielleren Grundrechte, insbesondere also Art. 12 GG nicht eingreifen:[496] so z.B. für den Abschluss von Verträgen per se, für gelegentliche Tätigkeiten, die keinen Beruf darstellen, oder für die unternehmerische Handlungsfreiheit.[497]

III. Allgemeines Persönlichkeitsrecht

allgemeines Persönlichkeitsrecht (Art. 1 I, 2 I GG)

Große Bedeutung (auch etwa für das Zivilrecht i.R.d. § 823 I BGB[498]) hat das aus Art. 2 I GG i.V.m. Art. 1 I GG entwickelte allgemeine Persönlichkeitsrecht. Dieses soll - über den Bereich der speziellen Einzelgrundrechte hinaus - die „engere persönliche Lebenssphäre (...) namentlich auch im Blick auf moderne Entwicklungen und die mit ihnen verbundenen neuen Gefährdungen für den Schutz der menschlichen Persönlichkeit" vor staatlichen Eingriffen bewahren.[499]

162

---

492   Zu diesen unten Rn. 164.

493   Vgl. auch BVerfGE 6, 32, 41 = **juris**byhemmer; dazu auch Richter/Schuppert, S. 88 f.

494   Vgl. dazu auch schon oben Rn. 74, 75.

495   Z.B. E 8, 274 (328); E 50, 290 (366), wo freilich die Konkurrenzverhältnisse unklar dargestellt sind.

496   Zum Schutzbereich des Art. 12 GG, vgl. unten Rn. 259 ff.

497   Vgl. die Auflistung bei Jarass/Pieroth, Art. 2 GG, Rn. 4 m.w.N.

498   Das zivilrechtlich geschützte Persönlichkeitsrecht geht im Ergebnis weiter als das verfassungsrechtliche; BVerfG, ZEV 2007, 129.

499   E 54, 148 (153).

Bsp.: *Beispiele aus der Rechtsprechung des BVerfG sind Schutz bei statistischen Erhebungen (gesteigert zu einem Recht auf informationelle Selbstbestimmung),[500] das Recht am eigenen Wort,[501] Namen[502] und Bild,[503] das Recht auf eine eigene „Einstellung zum Geschlechtlichen",[504] das Recht auf Kenntnis der eigenen Herkunft[505] oder das Recht auf Vertraulichkeit und Integrität informationstechnischer Systeme.[506]*

hemmer-Methode: Diese kurze Aufzählung[507] zeigt schon, dass in vielen Bereichen, in denen gesellschaftlich eine gewisse Sensibilität zu spüren ist, das allgemeine Persönlichkeitsrecht fruchtbar gemacht wird. Denken Sie daran auch bei neueren Konstellationen in der öffentlichen Diskussion, z.B. der Genomanalyse bei der Einstellung oder dem heimlichen Gentest zur Vorbereitung einer Vaterschaftsanfechtung.[508]

Die Rechtsprechung scheint in neuerer Zeit dazu zu neigen, das allgemeine Persönlichkeitsrecht von Art. 1 I GG abzukoppeln und nur noch in Art. 2 I GG zu verankern.[509] Bedeutung hat dies, soweit es um den Schutz juristischer Personen nach Art. 19 III GG geht, da diese sich auf die Menschenwürde naturgemäß nicht berufen können.[510]

„Sphärentheorie"

Bei der näheren Bestimmung des Schutzbereichs, v.a. aber der Zulässigkeit von Eingriffen, wurde die sog. Sphärentheorie entwickelt.

Dieser ist zwar das BVerfG in der Volkszählungsentscheidung für die informationelle Selbstbestimmung nicht gefolgt, sie sollte aber trotzdem nicht völlig vernachlässigt werden, da sie in anderen Rechtsgebieten (z.B. im Strafprozessrecht[511] oder Zivilrecht[512]) z.T. verwendet wird und auch das BVerfG noch auf sie zurückgreift, insbesondere soweit das Recht am eigenen Bild bzw. eigenen Wort betroffen ist.[513]

Dabei wird unterschieden zwischen der innersten (= Intim-)Sphäre, der Privat- oder Geheimsphäre und der äußeren (= Sozial-)Sphäre, wobei erstere der Einwirkung durch die öffentliche Gewalt völlig entzogen sein soll, auf der zweiten Stufe Eingriffe nur unter strenger Beachtung des Verhältnismäßigkeitsgrundsatzes und bei letzterer unter weniger strengen Voraussetzungen zulässig sein sollen.[514]

hemmer-Methode: Die Abgrenzungen sind relativ vage und unbestimmt, weshalb auch allgemein Kritik an dieser Theorie geübt wird. Solange sie aber nicht überwiegend abgelehnt wird, sollten Sie sie in der Klausur (ruhig kritisch) ansprechen. Als Abgrenzungskriterium kann mit dem BVerfG der „Sozialbezug" gebraucht werden.

---

500   Bereits E 27, 1 (6); grundlegend wieder E 65, 1 (43).

501   E 34, 238 (246); vgl. auch E 63, 131 (142 f.); interessant hierzu BVerfG, NJW 2002, 3619 = FamRZ 2003, 21 zur Verwertbarkeit heimlicher Tonbandaufnahmen.

502   BayVerfGH, Entscheidung vom 25.09.2012, Vf. 17-VI-11 = **Life&Law 05/2013** = **juris**byhemmer.

503   E 34, 238 (245 f.); 54, 148 (154); vgl. auch BVerwG, Urteil vom 28.03.2012, BVerwG 6 C 12.11 = **Life&Law 2012, 753** = **juris**byhemmer sowie BVerwG, Urteil vom 25.01.2012, BVerwG 6 C 9.11 = **Life&Law 2012, 586** = **juris**byhemmer.

504   E 47, 46 (73).

505   BVerfG, NJW 1997, 1769 = **juris**byhemmer, vgl. auch BVerfG Urteil vom 13.02.2007, 1 BvR 421/05 = **Life&Law 04/2007** = **juris**byhemmer; OLG Hamm, Urteil vom 06.02.2013, 14 U 7/12 = **Life&Law 04/2013** = **juris**byhemmer. Zur öffentlichen Videoüberwachung im Konflikt mit dem Recht am eigenen Bild siehe auch Grieger/Morawietz, Rechtsschutz gegen polizeiliche Videoüberwachungsmaßnahmen, Life&Law 2012, 598.

506   BVerfG, NJW 2008, 1042 (Online-Durchsuchung), vgl. hierzu auch Winnen, **Life&Law 12/2008**.

507   Ausführliche Auflistung auch bei Pieroth/Schlink, Rn. 431 ff.

508   OLG Celle, NJW 2004, 449; BGH, FamRZ 2005, 340: heimliche Vaterschaftstests wegen Verletzung des informationellen Selbstbestimmungsrechts nicht verwertbar; vgl. hierzu auch BVerfG, Urteil vom 13.02.2007, 1 BvR 421/05 = **Life&Law 04/2007: alle Entscheidungen** = **juris**byhemmer. Das BVerfG bestätigt die Rechtsprechung des BGH, verpflichtet allerdings den Gesetzgeber, ein Verfahren zu schaffen, mittels dessen der Vater seinen Verdacht klären lassen kann, da auch das allgemeine Persönlichkeitsrecht des Vaters betroffen ist. Dem kam der Gesetzgeber mit § 1598a BGB nach.

509   BVerfG, NJW 2002, 3619 = FamRZ 2003, 21 = **juris**byhemmer.

510   BVerfG, NJW 2010, 3501 = **juris**byhemmer: Das BVerfG lässt offen, wieweit juristische Personen sich auf das allgemeine Persönlichkeitsrecht berufen können.

511   Für die Frage von Beweisverboten vgl. Kleinknecht/Meyer, Kommentar zur StPO, Einleitung, Rn. 56a.

512   Vgl. **Hemmer/Wüst, Deliktsrecht I, Rn. 49**; dort in Rn. 49 ff. auch weitere Beispiele.

513   Vgl. z.B. BVerfG, NJW 1993, 2365 = **juris**byhemmer; zur Kritik an der Sphärentheorie vgl. Sachs, JuS 1990, 576 Nr. 1.

514   Vgl. Pieroth/Schlink, Rn. 434 f. m.w.N.

B) Eingriffe

Eingriff = jede belastende Maßnahme, aber gewisse Intensität nötig

Dem umfassenden Schutzbereich entsprechend liegt in jeder belastenden staatlichen Maßnahme ein Eingriff in die allgemeine Handlungsfreiheit vor. Um aber eine Abgrenzung zu bloßen „Belästigungen" zu schaffen, muss hierfür entweder auf den klassischen Eingriff abgestellt[515] oder zumindest bei sonstigen Eingriffen besonders sorgfältig die Beeinträchtigungsintensität geprüft werden.[516] Dagegen ist bei Eingriffen in das allgemeine Persönlichkeitsrecht der moderne Eingriffsbegriff anwendbar, d.h. auch z.B. faktische Maßnahmen der Datenerhebung können ohne Zweifel einen Eingriff darstellen.

> **Bsp.:** *Die Verwertung einer durch den Kläger angefertigten heimlichen Tonbandaufnahme des Beklagten durch ein Zivilgericht, stellt einen i.d.R. verfassungswidrigen Eingriff in das allgemeine Persönlichkeitsrecht dar.[517]*

hemmer-Methode: In diesem Beispiel dürfen Sie nicht auf die Aufnahme des Gesprächs abstellen, da diese nicht durch das Gericht, sondern durch einen Privatmann gefertigt wurde! Erst die Verwertung ist der hoheitliche Eingriff in das Recht am eigenen Wort.

C) Schranken

I. Verfassungsmäßige Ordnung

verfassungsmäßige Ordnung: weites Verständnis, Gesamtheit der verfassungsgemäßen Rechtsnormen

Wichtigste Schranke des Art. 2 I GG ist die der verfassungsmäßigen Ordnung, wobei diese - dem weiten Schutzbereich korrespondierend - nicht wie z.B. in Art. 9 II GG eng verstanden wird, sondern nach h.M. „die Gesamtheit der Normen, die formell und materiell verfassungsmäßig sind" umfasst.[518]

Die allgemeine Handlungsfreiheit, aber auch das allgemeine Persönlichkeitsrecht kann also grds. durch alle gesetzlichen und untergesetzlichen Normen sowie darauf basierendem Verwaltungshandeln eingeschränkt werden.

hemmer-Methode: Beachten Sie beim Begriff „verfassungsmäßige Ordnung" die sog. funktionsdifferente Auslegung. Danach kann dasselbe Wort in unterschiedlichen Kontexten seine Bedeutung wechseln. So verweist „verfassungsmäßige Ordnung" in Art. 9 II GG auf die Grundprinzipien der Verfassung i.S. der freiheitlich demokratischen Grundordnung. In Art. 20 III GG bedeutet „verfassungsmäßige Ordnung" dagegen, dass die Gesetzgebung an die Gesamtheit der Verfassung gebunden ist. Am weitesten ist der Begriff in Art. 2 I GG, vgl. oben.

II. Rechte anderer und Sittengesetz

Rechte anderer und Sittengesetz

Demgegenüber haben die Rechte anderer und das Sittengesetz keine eigenständige (zumindest aber keine große) Bedeutung: soweit Rechte anderer sich nämlich aus irgendwelchen Rechtsnormen ergeben, gehören diese schon zur verfassungsmäßigen Ordnung im hier verwendeten weiten Sinn.

163

164

165

---

515   Dazu sowie zum modernen Eingriffsverständnis vgl. oben Rn. 109 ff.; hierfür Pieroth/Schlink, Rn. 437.

516   Hierfür wohl Jarass/Pieroth, Art. 2 GG, Rn. 11; vgl. auch BVerwGE 65, 167 (174) = **juris**byhemmer.

517   BVerfG, NJW 2002, 3619 = FamRZ 2003, 21 = **juris**byhemmer; vgl. auch BGH, Urteil vom 22.12.2011, 2 StR 509/10 = NJW 2012, 945 = **Life&Law 06/2012** = **juris**byhemmer zur Verwertbarkeit eines heimlich aufgezeichneten Selbstgesprächs.

518   Grundlegend BVerfGE 6, 32 (37) = **juris**byhemmer; auch E 63, 88 (108 f.); vgl. auch Pieroth/Schlink, Rn. 440.

Das Sittengesetz ist wegen seiner Vagheit wohl ohnehin nur beschränkt aussagekräftig und dürfte - soweit es i.S. der Generalklauseln von Treu und Glauben o.Ä. verstanden wird - ebenfalls schon von der verfassungsmäßigen Ordnung umfasst sein, da die Verfassung ja gerade die Auslegung der Generalklauseln mitbestimmt.[519]

III. Kollidierendes Verfassungsrecht

kollidierendes Verfassungsrecht

166 Gerade im Bereich der allgemeinen Handlungsfreiheit, aber auch für das allgemeine Persönlichkeitsrecht ist eine Kollision mit anderen Rechten leicht möglich, z.B. mit der Pressefreiheit oder Persönlichkeitsrechten eines Anderen. Wegen der weit gefassten geschriebenen Schranken sind diese Kollisionen aber für die Schrankengewinnung i.d.R. ohne eigene Bedeutung, können aber eine wichtige Rolle bei der Abwägung in den Schranken-Schranken spielen.

D) Schranken-Schranken

hier besonders wichtig: Schranken-Schranken

167 An sich gilt hinsichtlich der Schranken-Schranken, insbesondere hinsichtlich der Verfassungsmäßigkeitsprüfung, nichts anderes als bei anderen Grundrechten auch.[520] Doch sollte man sich noch einmal vergegenwärtigen, dass aufgrund der Weite von Schutzbereich und Schranken sich bei Art. 2 I GG die Prüfung fast ausschließlich in dieser Verhältnismäßigkeitskontrolle erschöpft, sodass ganz besonderer Wert auf diese zu legen ist.

Dabei ist bei der Abwägung genau darzulegen, welche Form der allgemeinen Betätigungsfreiheit eingeschränkt wird, da Art. 2 I GG Verhaltensweisen von unterschiedlichster verfassungsrechtlicher Wertigkeit umfasst.

Auch für das allgemeine Persönlichkeitsrecht gilt die Schrankentrias des Art. 2 I GG,[521] indes ist hier eine besonders strenge Verhältnismäßigkeitsprüfung erforderlich, soweit nicht ein Eingriff in die Intimsphäre i.S.d. Sphärentheorie ganz untersagt wird, da dann eben nicht nur Art. 2 I GG, sondern gerade der nicht abwägbare Art. 1 I GG verletzt ist.[522]

Lösungshinweise zum Einstiegsfall:

Das Jagen mit Falken unterfällt als solches keinem spezielleren Grundrecht, ist aber i.R. der weit ausgelegten allgemeinen Handlungsfreiheit durch Art. 2 I GG geschützt. Das Aufstellen besonderer Voraussetzungen für die Gestattung der Beizjagd greift somit in Art. 2 I GG ein. Angesichts des weit ausgelegten Begriffs der verfassungsmäßigen Ordnung ist hier - die formelle Rechtmäßigkeit des Gesetzes unterstellt - letztlich die Verhältnismäßigkeitsprüfung entscheidend. Der Zweck, einen Missbrauch bei der Haltung von Greifvögeln zu vermeiden, ist zwar legitim, allerdings ist die konkrete Maßnahme der Jägerprüfung insoweit bereits nicht geeignet, als Kenntnisse in der Waffenkunde vorausgesetzt werden und diese zu der Falkenjagd gerade in keinem Bezug stehen.

---

519 Vgl. oben Rn. 91; zu diesem Ansatz Pieroth/Schlink, Rn. 445.

520 Zur allgemeinen Prüfung vgl. oben Rn. 130 ff.

521 Vgl. Jarass/Pieroth, Art. 2 GG, Rn. 36 m.w.N.; früher war dagegen auf Art. 2 III S. 2 GG Bezug genommen worden, vgl. BVerfGE 32, 373 (379) = **juris**byhemmer.

522 So BVerfGE 34, 238 (245); 80, 367 (373) = **juris**byhemmer.

§ 11 RECHT AUF LEBEN UND KÖRPERLICHE UNVERSEHRT-HEIT, ART. 2 II S. 1 GG

Einstiegsfall:[523] *Arm (A) wird wegen einer Bagatellstraftat strafrechtlich verfolgt. Als sich Zweifel an seiner Schuldfähigkeit ergeben, wird gestützt auf § 81a StPO eine Liquorentnahme angeordnet, bei der durch eine Hohlnadel Rückenmarksflüssigkeit aus der Wirbelsäule entnommen wird. Der Gerichtsarzt hatte erklärt, nur so über eine mögliche Nervenerkrankung und eine damit verbundene Schuldunfähigkeit Auskunft geben zu können. Ein solches Verfahren ist sehr schmerzhaft, nicht selten mit Nebenwirkungen verbunden und in seltenen Fällen können Komplikationen auftreten.*

A) Schutzbereich

I. Leben

Leben = körperliches Dasein

Das Recht auf Leben bedeutet das Recht zu leben i.S.d. körperlichen Daseins und beginnt schon vor der Geburt.[524] Es umfasst dagegen nicht als negative Gewährleistung das Recht auf (humanes) Sterben.[525]

168

II. Körperliche Unversehrtheit

körperl. Unversehrtheit: biologisch-physisch und psychisch-seelisch

Körperliche Unversehrtheit bedeutet zum einen Gesundheit im biologisch-physischen Sinn, über den Wortlaut hinaus aber auch psychisch-seelisches Wohlbefinden.[526]

169

hemmer-Methode: Eine solche Ausweitung ist angesichts des klaren Wortlauts „körperliche Unversehrtheit" nicht unproblematisch, aber andererseits konsequent, da es eine ähnliche Entwicklung auch im Zivilrecht (§ 823 I BGB) und Strafrecht (§ 223 StGB) gibt und die psychische Komponente auch den modernen medizinischen Gesundheitsbegriffen zugehört. Allerdings erscheint es dann geboten, erst erhebliche psychische Belastungen in den Schutzbereich aufzunehmen.

Ein solches „psychisches Unwohlbefinden" könnte relativ leicht kollidierendes Verfassungsrecht darstellen, welches zur Einschränkung eines schrankenlosen Grundrechts gefunden werden muss, z.B. die seelische Beeinträchtigung eines Anblicks, der umgekehrt unter die Kunstfreiheit fallen soll, sei es bei Bauwerken, die gegen bauordnungsrechtliche Verunstaltungsverbote verstoßen,[527] sei es bei Darbietungen, die den Tierschutz missachten, der nirgends explizit verfassungsrechtlich verankert ist.[528] Auch wenn man damit zu sinnvollen Ergebnissen kommt, ist ein solches Vorgehen sehr konstruiert und insbesondere mit den gebotenen strengen Anforderungen bei seelischen Belastungen schwer vereinbar.

---

523 Nach BVerfGE 16, 194 = **juris**byhemmer.

524 Grundlegend BVerfGE 39, 1 ff. = **juris**byhemmer.

525 Vgl. Pieroth/Schlink, Rn. 449: u.U. ist dies aber durch Art. 2 I GG bzw. Art. 1 I GG gewährleistet.

526 Z.B. BVerfGE 56, 54 (73 ff.) - Belästigung durch Fluglärm = **juris**byhemmer.

527 Vgl. BVerwG, NVwZ 1991, 983 (984) = **juris**byhemmer.

528 Eine solche Verankerung zu konstruieren wurden keine Mühen gescheut, z.B. sei Menschenwürde ohne Würde des Tieres nicht denkbar – ablehnend VG Frankfurt, NJW 2001, 1295 - oder eine grundgesetzliche Wertung sei in der Kompetenznorm des Art. 74 I Nr. 20 GG zu sehen. Mit Änderung des Art. 20a GG kann der Tierschutz direkt am GG-Wortlaut festgemacht werden, ein Rückgriff auf diese doch sehr weit hergeholten Ansätze ist nicht mehr notwendig.

III. Staatliche Schutzpflicht

staatl. Schutzpflicht für das Leben (z.B. bei Genehmigung von gefährlichen Anlagen zu berücksichtigen)

Gerade beim durch Art. 2 II S. 1 GG geschützten Leben, bei dem jeder Eingriff irreparabel wäre, hat das BVerfG aus der objektiv-rechtlichen Komponente auch eine staatliche Schutzpflicht abgeleitet,[529] die sogar so weit gehen kann, dass eine Pflicht besteht, das Leben unter strafrechtlichen Schutz zu stellen.[530] In der Regel aber hat der Gesetzgeber einen weiten Gestaltungsspielraum, wie er dieser Schutzpflicht nachkommt.[531] Die Schutzpflicht geht auch dahin, bloße Gefährdungen für das Leben möglichst einzuschränken, wobei eine sowohl praktische als auch für die Klausur wichtige Konstellation die Genehmigung gefährlicher, etwa atomarer, Anlagen bildet.[532] Eine entsprechende Argumentation würde sich auch anbieten, wenn es in einer Klausur um neue Technologien geht, wobei einerseits der große gesetzgeberische Gestaltungsspielraum, andererseits das Ausmaß (bzw. auch die Nicht-Überschaubarkeit) der Gefahr zu beachten wäre. Eine Schutzpflicht vor rein hypothetischen Gefahren wird vom BVerfG allerdings verneint.[533]

170

B) Eingriffe

Eingriffe

Eingriffe liegen in jeder Antastung der körperlichen Unversehrtheit gegen den Willen des Betroffenen (z.B. Menschenversuche, Zwangskastrationen, Blutentnahmen, nicht aber ärztliche Eingriffe mit Einwilligung) bzw. im Entzug oder der Gefährdung des Lebens (Todesstrafen, polizeiliche Todesschüsse, nicht aber passive Sterbehilfe, wohl auch nicht aktive Sterbehilfe, da diese mit dem Willen des Betroffenen und zudem in der Regel durch Privatpersonen erfolgt, sehr str.).[534] Entsprechend der staatlichen Schutzpflicht, kann ein Eingriff auch im Nichtgewähren dieses Schutzes liegen.

171

C) Schranken

Schranken

Das Recht auf Leben und körperliche Unversehrtheit kann aufgrund eines Gesetzes (und damit auch durch ein Gesetz, vgl. o. Rn. 117) eingeschränkt werden, Art. 2 II S. 3 GG. Von z.T. unterschiedlichen Ausgangspunkten herkommend sind sich im Ergebnis alle Ansichten einig, dass Gesetz hier ein solches im formellen Sinne ist, dass also zumindest wegen der Wesentlichkeitstheorie ein Parlamentsgesetz Rechtsgrundlage für den Eingriff oder zumindest hinreichend bestimmte Ermächtigungsgrundlage für eine untergesetzliche Norm bzw. einen Verwaltungsakt sein muss. Bei ganz unwesentlichen Beeinträchtigungen der körperlichen Unversehrtheit, z.B. Regelung der Haartracht bei der Bundeswehr, wird man großzügiger sein können.

172

D) Schranken-Schranken

Schranken-Schranken: Art. 102, 104 I S. 2 GG

Als Schranken-Schranken sind neben den allgemeinen Regeln, also insbesondere dem Verhältnismäßigkeitsprinzip, auch die speziellen Regeln der Art. 102 GG (Abschaffung der Todesstrafe) und 104 I S. 2 GG (Verbot der Züchtigung festgehaltener Personen) zu beachten.

173

---

529   Grundlegend E 39, 1 (41); auch E 46, 160 (164); 85, 191 (192).

530   E 39, 1 (42 ff.) zum Schwangerschaftsabbruch; krit. das dissenting vote 39, 1 (73 f.).

531   Vgl. die Entscheidung BVerfG, BayVBl. 2013, 334 = **juris**byhemmer, wonach den Gesetzgeber trotz verschiedener Amokläufe keine Pflicht zur Verschärfung des Waffenrechts trifft.

532   BVerfGE 49, 89 - Kalkar; E 53, 30; BVerwGE 60, 297 - Wyhl = **juris**byhemmer.

533   BVerfG, NJW 2002, 1638 = BayBl. 2002, 368 = **juris**byhemmer.

534   Zum Ganzen vgl. Pieroth/Schlink, Rn. 451 f.; Jarass/Pieroth, Rn. 47 ff.

Da diese als solche nicht an der Ewigkeitsgarantie des Art. 79 III GG teilhaben, könnte aber die Verfassung diesbezüglich zusammen mit einem entsprechenden Gesetz geändert werden.

Weiterhin ist es z.B. bei der Zulassung des sog. finalen Rettungsschusses, bei dem das Leben komplett entzogen wird, problematisch, ob der Wesensgehalt des Art. 2 II S. 1 GG i.S.d. Art. 19 II GG betroffen bzw. ob nicht sogar der mit Art. 1 I GG kongruente Menschenwürdegehalt betroffen ist.[535]

Das BVerfG verneint in seiner Entscheidung zu § 14 III LuftSiG sowohl einen Eingriff in Art. 1 I GG als auch einen Verstoß gegen die Wesensgehaltsgarantie des Art. 19 II GG. Ein Verstoß gegen Art. 1 I GG sei nicht gegeben, weil der Täter nicht zum Objekt staatlichen Handelns gemacht werde, sondern bis zum Schluss Subjekt sei und den weiteren Geschehensablauf selbst mitbestimmen könne. Den Wesensgehalt sieht das BVerfG schon deshalb nicht als verletzt an, weil es diesen (in dieser Entscheidung) relativ bestimmt, sodass Art. 19 II GG neben der Verhältnismäßigkeit keine eigenständige Bedeutung hat.[536]

Anders sieht das BVerfG dies allerdings, wenn nicht der Täter, sondern ein Opfer durch den Staat getötet wird. Dies verletzt die Menschenwürde des Getöteten.[537]

Lösungshinweise zum Einstiegsfall:

Durch die Liquorentnahme wird unzweifelhaft in den Schutzbereich des Rechts auf körperliche Unversehrtheit eingegriffen (Stichwort „Substanzverletzung"). Allerdings könnte dies durch ein (formelles) Gesetz gerechtfertigt sein, § 81a StPO. Dabei ist die Vorschrift des § 81a StPO selbst als verfassungsgemäß zu betrachten, da das Rechtsgut der effektiven Strafverfolgung i.R. einer Verhältnismäßigkeitsprüfung durchaus auch dem Grundrecht auf körperliche Unversehrtheit vorangehen kann. Auch die Anordnung ist im konkreten Fall geeignet und erforderlich, allerdings fehlt es an der Verhältnismäßigkeit i.e.S., wenn zur Verfolgung eines Bagatelldelikts in so intensiver Weise in die körperliche Unversehrtheit eingegriffen wird.

---

535 Vgl. dazu z.B. AK - Podlech, Art. 2 II GG, Rn. 13; man könnte auch argumentieren, der Menschenwürdegehalt des Rechts auf Leben würde damit entgegen Art. 79 III GG entzogen.

536 BVerfG, NJW 2006, 751 = **Life&Law 2006, 269** = jurisbyhemmer; gegen eine Verletzung des Art. 19 II GG spricht auch, dass das Grundgesetz einen Eingriff in das Leben vorsehe und ein solcher bei diesem regelmäßig in dessen Entziehung liegt. Somit wäre der Gesetzesvorbehalt so zu verstehen, dass auch eine Tötung - unter den weiteren Voraussetzungen der Verhältnismäßigkeit - zulässig sein könnte, so Pieroth/Schlink, Rn. 458 ff.

537 BVerfG, NJW 2006, 751 = **Life&Law 2006, 269** = jurisbyhemmer.

§ 12 FREIHEIT DER PERSON, ART. 2 II S. 2, 104 GG

A) Schutzbereich

Freiheit: körperliche Fortbewegungs-
freiheit

Der Schutzbereich von Art. 2 II S. 2 GG und Art. 104 GG sind identisch, sodass er für beide Bestimmungen gemeinsam angegeben werden kann: Freiheit der Person i.S.d. Art. 2 II S. 2, 104 GG ist trotz des weitgefassten Wortlauts nach ganz h.M. nur die körperliche Fortbewegungsfreiheit. Dabei ist nach h.M. nur das Recht geschützt, sich von einem Ort fortzubewegen, nicht dagegen sich an einem bestimmten Ort zu einer bestimmten Zeit nicht aufzuhalten,[538] sodass z.B. Vorladungen nicht erfasst sind.[539] Auch Ausweisungen oder Abschiebungen sollen den Schutzbereich nicht berühren, da der Betroffene sich im Ausland beliebig aufhalten kann.[540]

hemmer-Methode: Strittig ist, wieweit Art. 2 II S. 2 GG auch das Recht schützt, jeden beliebigen Ort aufzusuchen. Hierbei geht es vor allem um die Abgrenzung zu Art. 11 I GG und zu Art 2 I GG. Die Rechtsprechung gewährt über Art. 2 II S. 2 GG dabei auch das Recht, einen Ort aufzusuchen, schränkt dies aber derart ein, dass dieser Ort dem Grundrechtsberechtigten tatsächlich und rechtlich zugänglich sein muss. Durch ein rechtmäßiges Verbot wird somit ein Ort dem Art. 2 II S. 2 entzogen. Das Problem an diesem Ansatz ist, dass die Rechtmäßigkeit des Verbots eigentlich gerade an dem betroffenen Grundrecht zu messen ist. Die Rechtsprechung arbeitet hier letztlich mit einer Art Zirkelschluss.[541]

174

B) Eingriffe

Eingriffe: Freiheitsbeeinträchtigung
und -entziehung

Eingriffe (wieder sowohl in Art. 2 II S. 2 GG als auch in Art. 104 I S. 1 GG) liegen vor bei jeder Freiheitsbeeinträchtigung, insbesondere in einer Freiheitsentziehung. Letztere wird in Art. 104 I - IV GG besonders hervorgehoben und bedeutet das (nicht nur ganz vorübergehende) Festhalten an einem eng umgrenzten Ort, v.a. also bei Arresten, Unterbringungen oder Freiheitsstrafen.

175

> **Bsp.:** Beispiele für andere Freiheitsbeeinträchtigungen sind Verhaftungen oder Festnahmen, nach z.T. vertretener Ansicht auch Schul- und Wehrpflicht, Beschränkungen der Bewegungsfreiheit durch unmittelbaren Zwang.

C) Schranken

qualifizierter Vorbehalt in
Art. 104 I S. 1 GG: „Richtervorbehalt"

Für Eingriffe in die Freiheit der Person wird der Gesetzesvorbehalt des Art. 2 II S. 3 GG durch den qualifizierten Vorbehalt des Art. 104 I S. 1 GG erweitert, der ausdrücklich ein förmliches Gesetz und die Beachtung der dort vorgeschriebenen Regeln verlangt. Für den Spezialfall der Freiheitsentziehung (nicht der bloßen Freiheitsbeschränkung) greifen noch Art. 104 II - IV GG als leges speciales ein (lesen!), die als wichtigste Regelung den Entscheidungsvorbehalt des Richters statuiert.

176

hemmer-Methode: Beachten Sie auch die einfachgesetzlichen Auswirkungen dieser Regelung, z.B. in den § 14 I, II MEPolG entsprechenden Regelungen der Polizeigesetze, nach der bei einer Freiheitsentziehung durch die Polizei unverzüglich eine Entscheidung durch ein ordentliches Gericht herbeizuführen ist. Bei diesem Punkt, der als mögliche abdrängende Sonderzuweisung i.S.d. § 40 I VwGO zu prüfen wäre, können Sie zur Auslegung des Begriffs der Freiheitsentziehung die unterschiedlichen Regelungen in Art. 104 I und II - IV GG heranziehen.

---

538 A.A. aber Pieroth/Schlink, auch mit Nachweisen zur h.M.

539 Vgl. BVerfGE 22, 21 (26) = jurisbyhemmer.

540 Vgl. Jarass/Pieroth, Art. 2 GG, Rn. 59.

541 M.w.N. BayVGH, BayVBl. 2006, 671 = **Life&Law 02/2007** = jurisbyhemmer.

§ 13 ALLGEMEINER UND SPEZIELLER GLEICHHEITSSATZ, ART. 3 GG U.A.

Einstiegsfall 1: Die Gemeinde G als Trägerin der Sozialhilfe hat eine Richtlinie erlassen, wonach Empfänger laufender Leistungen nach dem Bundessozialhilfegesetz eine besondere Weihnachtsbeihilfe gewährt wird, sofern der Empfänger die Leistungen überwiegend in Form von Geld bezieht. Der Obdachlose O, der die Sozialhilfe überwiegend in Form von Sachleistungen bezieht, fühlt sich ungerecht behandelt.

Einstiegsfall 2:[542] Im Bundesland B ist bestimmt, dass alle Männer ab dem vollendeten achtzehnten Lebensjahr eine Feuerschutzabgabe zu leisten haben, wenn sie nicht der freiwilligen Feuerwehr angehören. Der Verwaltungsangestellte Herr H ist darüber empört, dass somit er, nicht aber seine viel besser verdienende Vorgesetzte Frau F mit dieser Abgabe belastet werden sollen.

Die Gleichheitsrechte und die Abwehrrechte stehen sich zwar nicht zusammenhangslos gegenüber, gleichwohl sind sie nach Regelungszweck und einschlägigen Sachverhalten so verschieden, dass sie nicht in der Weise dargestellt werden sollen wie die übrigen Grundrechte und auch ein eigenes Prüfungsschema vorgeschlagen wird. Dabei wird zunächst vom allgemeinen Gleichheitssatz (Art. 3 I GG) ausgegangen und im Anschluss werden die speziellen Gleichheitsverbürgungen des Art. 3 GG sowie weiterer Vorschriften dargestellt.

hemmer-Methode: In der Klausur müssen Sie selbstverständlich zunächst die speziellen Gleichheitssätze prüfen bevor Sie sich dem Art. 3 I GG zuwenden dürfen.

A) Geltungsbereich des Gleichheitssatzes

I. Grundrechtsverpflichtete

GR-Verpflichtete: auch Legislative

Nach dem Wortlaut des Art. 3 I GG („vor dem Gesetz") richtet sich der Gleichheitssatz nur an Verwaltung und Rechtsprechung (sog. Rechtsanwendungsgleichheit), es ist aber völlig unumstritten, dass dadurch auch die Legislative gebunden wird, vgl. Art. 1 III, 20 III GG.[543]

diff. Rechtsetzungs- und Rechtsanwendungsgleichheit

Dabei ist die Rechtsanwendungsgleichheit i.d.R. leichter zu überprüfen, da sich Exekutive und Legislative an die gesetzlich vorgegebenen Differenzierungskriterien zu halten haben. Gleichheitsprobleme tauchen dementsprechend v.a. dann auf, wenn die Verwaltung selbst einen gewissen Entscheidungsspielraum hat, also bei Ermessensentscheidungen. Dabei wiederum spielt der Gleichheitssatz eine besondere Rolle bei der Gewährung staatlicher Leistungen, z.B. bei der Vergabe von Subventionen. Dies umso mehr, wenn dafür auf eine nähere gesetzliche Grundlage verzichtet wird. Zu beachten ist in diesem Zusammenhang auch die sog. Selbstbindung der Verwaltung sowie der Grundsatz, dass es keine Gleichheit im Unrecht geben soll. Soweit es um Rechtssetzung der Exekutive geht, gilt grds. das unten zur Legislative Ausgeführte, wobei meist schon Art. 80 GG hier den Differenzierungsspielraum einschränken wird.

177

542 Vgl. aus jüngerer Zeit BVerwG, BayVBl. 1994, 315; VG Regensburg, BayVBl. 1994, 316: **alle Entscheidungen = juris**byhemmer.

543 St. Rspr. des BVerfG seit E 1, 14, 16, 52; Jarass/Pieroth, Art. 3 GG, Rn. 9; nach BVerfGE 55, 7 (21) = **juris**byhemmer soll dies auch für allgemein verbindlich erklärte Tarifverträge gelten.

Auch die Rechtsprechung ist an den Gleichheitssatz gebunden (vgl. o.), wobei hier aber die richterliche Unabhängigkeit besonders zu beachten ist und insbesondere Änderungen in der Rechtsprechung durch Art. 3 I GG grds. nicht ausgeschlossen sind.[544] In der verfassungsrechtlichen Klausur freilich wird es meistens um Fragen der Rechtsetzungsgleichheit gehen.

hemmer-Methode: In einer Verwaltungsrechtsklausur kann Art. 3 I GG zur sog. Selbstbindung der Verwaltung führen: Hat die Behörde bisher ihr Ermessen in vergleichbaren Fällen immer auf eine bestimmte Weise betätigt, muss sie dies im konkreten Einzelfall grundsätzlich auch. Ihr Ermessen kann auf Null reduziert sein.

II. Grundrechtsträger

GR-Träger: natürliche und (über Art. 19 III GG) jur. Personen

Grundrechtsträger sind alle natürlichen Personen, entgegen dem Wortlaut („alle Menschen") aber unter den Voraussetzungen des Art. 19 III GG auch juristische Personen, da der Gleichheitssatz seinem Wesen nach auf diese anwendbar ist.[545]

immer nur Gleichbehandlung durch selben GR-Verpflichteten gefordert

Dabei muss man sich klarmachen, dass der Grundrechtsträger grds. eine Gleichbehandlung immer nur hinsichtlich der Behandlung anderer Grundrechtsträger durch denselben Grundrechtsverpflichteten verlangen kann: es kann also z.B. ein Einwohner Bayerns nicht erfolgreich rügen, dass er durch ein bayerisches Gesetz anders behandelt wird als ein Einwohner Hessens in vergleichbarer Lage durch den hessischen Gesetzgeber.[546]

B) Anforderungen des Gleichheitssatzes

I. (Un-)Gleichbehandlungen

Gleichheit im Hinblick auf geregelten Sachverhalt ausschlaggebend; Vergleichsgruppe und Obergruppe suchen

1. Der Gleichheitssatz gebietet im Ausgangspunkt, Gleiches gleich und Ungleiches seiner jeweiligen Eigenart nach ungleich zu behandeln.[547] Die Problematik dieser Formel liegt darin, dass es in der Realität keine völlig gleichen Sachverhalte gibt, sondern dass die betreffenden Phänomene immer eine bestimmte Zahl von Übereinstimmungen und von Unterschieden aufweisen werden. Trotzdem wird der Gleichheitssatz nicht gegenstandslos, da der Gesetzgeber den einzelnen nie in seiner Gesamtheit, sondern in einer speziellen Funktion anspricht, z.B. als Gewerbetreibenden, Eigentümer, Soldaten, Elternteil etc. Soweit zwei Personen nun in den Tatbestandsmerkmalen, an die der Gesetzgeber mit einer Regelung anknüpft, übereinstimmen, also einer gemeinsamen Obergruppe angehören, sind sie gleich i.S.d. Gleichheitssatzes.

Andererseits werden Inhalt und mögliche Gründe einer eventuellen Ungleichbehandlung nur deutlich, wenn die beiden zu vergleichenden Gruppen durch das gemeinsame Tatbestandsmerkmal abschließend erfasst werden, d.h. keine dritte Gruppe der Obergruppe angehört.

hemmer-Methode: Ihre erste Aufgabe in der Klausur ist es also, die einer Behandlung unterzogene Gruppe genau zu fixieren. Danach suchen Sie nach einer Vergleichsgruppe. Diese könnten Sie etwa aus einem entsprechenden Oberbegriff gewinnen. Normalerweise wird hier jedoch noch kein großes Problem auftauchen.

178

179

---

544   Vgl. BVerfGE 19, 38 (47) = **juris**byhemmer.

545   Vgl. bereits BVerfGE 4, 7 (12) = **juris**byhemmer; vgl. zu Art. 19 III GG unten Rn. 15 ff.

546   St. Rspr., vgl. z.B. BVerfGE 16, 6 (24); 52, 42 (57 f.) = **juris**byhemmer; s.a. Jarass/Pieroth, Art. 3 GG, Rn. 7 zu anderen unterschiedlichen Trägern öffentlicher Gewalt.

547   So oder ähnlich die Formulierungen des BVerfG seit E 1, 14 (52); aus der Literatur z.B. Gusy, JuS 1982, 30 (33).

2. Entsprechend könnte man für die Problematik der Gleichbehandlung von Ungleichem vorgehen, d.h. es wären die einer Obergruppe zugehörigen Gleichbehandlungen herauszufinden, die ungleich behandelt werden müssten. Einfacher dürfte es aber sein, in dieser Situation durch Finden einer geeigneteren Vergleichsgruppe aus dem Gleichbehandlungs- und Ungleichbehandlungsproblem zu machen.[548]

180

II. Rechtfertigung der Ungleichbehandlung

1. Differenzierungsziel und -kriterium

Differenzierungsziel und -kriterium

Da aber die „gleichen" Sachverhalte nicht völlig identisch sind, könnte eine Ungleichbehandlung zulässig und sogar geboten sein, um diese Unterschiede zu berücksichtigen. Dabei verfolgt der Gesetzgeber mit der Differenzierung i.d.R. ein bestimmtes Ziel und bedient sich bestimmter Kriterien: um eine Ungleichbehandlung zu rechtfertigen, müssen nun sowohl Ziel als auch Kriterium zulässig sein.

181

Ermittlung des Ziels durch Auslegung

Das Differenzierungsziel ist durch Auslegung des Gesetzes zu ermitteln; ob es zulässig ist, ergibt sich aus anderen verfassungsrechtlichen Vorgaben.

> **Bspe.:**
>
> ⇨ So läge einer unterschiedlichen steuerlichen Belastung von Anlagen nach ihren Emissionen das legitime Ziel des Umweltschutzes (vgl. Art. 20a GG) zugrunde.
>
> ⇨ Verheiratete Beamte länger nicht zu befördern, um somit die Ehelosigkeit der Beamten zu fördern, da sich die Ehe negativ auf die Arbeitsmoral auswirken soll, wäre dagegen sub specie Art. 6 I GG ein unzulässiges Ziel.

hemmer-Methode: An diesem letzten Beispiel erkennen Sie auch, dass bei einem unzulässigen Differenzierungsziel häufig auch ein Eingriff in ein spezielleres Grundrecht vorliegen wird. Allgemein lässt sich des Weiteren sagen, dass gerade bei den Differenzierungszielen dem Gesetzgeber ein beträchtlicher Beurteilungsspielraum zusteht, sodass Sie nicht in der Klausur das Ziel einfach für unzulässig erklären können, weil es Ihnen nicht opportun erscheint.

Kriterium muss geeignet, erforderlich und angemessen sein

Das Differenzierungskriterium ist nur dann zulässig, wenn es zur Erreichung des (zulässigen) Ziels geeignet, erforderlich und verhältnismäßig i.e.S.[549] ist.

2. Willkürverbot

Willkürverbot

Die beiden oben genannten Prüfungspunkte zumindest nicht explizit trennend, wird häufig formuliert, eine Ungleichbehandlung sei gerechtfertigt, wenn sie nicht „willkürlich" erfolge.[550] Diese „Willkürkontrolle" ist einerseits ziemlich eng, da schon begrifflich zum Ausdruck kommt, dass nur in Extremfällen die Wertungen des Gesetzgebers korrigiert werden können. Andererseits droht sie über das Ziel des Art. 3 I GG hinauszuschießen, wenn man das Willkürverbot zur Herstellung allgemeiner Gerechtigkeit durch den Gesetzgeber heranziehen will.[551]

182

---

548   So auch Pieroth/Schlink, Rn. 501 ff.

549   Vgl. dazu oben Rn. 131 ff.

550   Z.B. BVerfGE 50, 142 (162); 71,39 (53, 58) = **juris**byhemmer; Pieroth/Schlink, Rn. 503, aber vgl. auch Rn. 506 zu einer ausführlichen Prüfung.

551   In diesem Sinne wohl BVerfGE 42, 72 = **juris**byhemmer mit sehr kritischem Sondervotum 79 ff.; davon abweichend später auch E 46, 325.

3. Sog. „Neue Formel"

„Neue Formel": Unterschiede von solchem Gewicht, dass sie Unterscheidung rechtfertigen

Aus diesen Gründen wendet das BVerfG (v.a. der Erste Senat) z.T. die heute noch immer so bezeichnete „Neue Formel"[552] an, wonach eine Ungleichbehandlung nur dann gerechtfertigt sei, wenn „zwischen beiden Gruppen (...) Unterschiede von solcher Art und solchem Gewicht bestehen, dass sie die ungleiche Behandlung rechtfertigen könnten".[553]

183

D.h. nach dieser Formel geht es nicht um eine Willkürkontrolle, sondern um die Rechtfertigung der Differenzierung. Dies führt für die Praxis zu einer erhöhten Kontrolldichte und einem eingeschränkten gesetzgeberischen Gestaltungsspielraum, für die Klausur zu einer (oben schon angesprochenen) Anwendung des Verhältnismäßigkeitsgrundsatzes statt einer vagen Willkürprüfung.

„Neue Formel" v.a. bei personenbezogenen Ungleichbehandlungen

Für die Frage der Prüfungsdichte lässt sich als grobe Richtlinie noch festhalten: Wenn es um die Ungleichbehandlungen von Verhaltensweisen geht, sind tragfähige Gründe eher anzunehmen als bei der Ungleichbehandlung von Personengruppen, weil die Betroffenen im ersten Fall sich der nachteiligen Regel eher durch geändertes Verhalten entziehen können.[554] Dies ist aber allenfalls eine Faustregel, zumal die Einordnung einer Ungleichbehandlung in diese beiden Gruppen nicht immer zweifelsfrei möglich ist.

hemmer-Methode: Natürlich sind nicht wirklich diese Begrifflichkeiten, sondern die Frage, wie viel Spielraum dem Gesetzgeber tatsächlich zugestanden wird, entscheidend. Und hier dürfen Sie in der Klausur ruhig „judicial restraint" üben. Jedenfalls aber rechtfertigt die sog. Neue Formel eine zumindest im Prüfungsaufbau strengere Kontrolle anhand des Verhältnismäßigkeitsgrundsatzes, mit der Sie sich auf gewohntem Terrain befinden.

III. Gleichheit im Unrecht

Gleichheit im Unrecht/Willkür

Der Gleichheitsgrundsatz greift nicht in Fällen, in denen eine Gruppe gegenüber einer anderen in rechtswidriger Weise begünstigt wird. Wird einer Gruppe eine begründete und gerechtfertigte Belastung auferlegt und wird von dieser Belastung eine Gruppe willkürlich ausgenommen, dann steht der belasteten Gruppe kein Anspruch auf Gleichbehandlung zu. Sie kann nicht verlangen, dass auch sie willkürlich behandelt wird und auch nicht, dass die Willkür beseitigt und die andere Gruppe ebenfalls belastet wird.

183 a

Es besteht nämlich kein subjektives Recht auf Willkür und auch nicht darauf, dass eigene Positionen nicht verbessert, sondern nur die von anderen verschlechtert werden. Das gleiche gilt in Fällen, in denen eine Gruppe willkürlich eine Begünstigung zugeteilt wird; auch hier kann eine andere Gruppe nicht mit dem Gleichheitsgebot eine Teilnahme an dieser Willkür oder ihre Beseitigung verlangen.

Bsp.: Das Schulgesetz des Landes L verbietet seinen Lehrern sichtbare religiöse Signale zu tragen. In Vollzug des Gesetzes erhält die Lehrerin M einen Bescheid, der ihr untersagt, weiter ihr muslimisches Kopftuch zu tragen. Gegenüber der Nonne N, die an der gleichen Schule Geschichte unterrichtet, ergeht kein entsprechender Bescheid, der ihr ihre Nonnentracht im Schuldienst verbieten würde. Diese wird damit rechtswidrig von dem Verbot des Schulgesetzes ausgenommen. Dennoch besteht für die Lehrerin M kein Anspruch aus Art. 3 I GG, ebenfalls mit ihrem Kopftuch unterrichten zu dürfen.[555]

---

552   Grundlegend E 55, 72 (88); anklingend bereits im Sondervotum der E 36, 237 (248 ff.); aus der Folgezeit z.B. E 75, 345 (357).

553   E 55, 72 (88).

554   Vgl. BVerfG, NJW 2010, 2783 = **Life&Law 11/2010** sowie BVerfG, Beschluss vom 07.05.2013, 2 BvR 909/06 u.a. = **Life&Law 08/2013**: Die Ungleichbehandlung von Lebenspartnern gegenüber Ehegatten ist als personenbezogene Ungleichbehandlung an der neuen Formel zu messen.

555   VGH Mannheim, VBlBW 2008, 437 = **Life&Law 2009, 116** = **juris**byhemmer.

C) Prüfung in der Klausur

ausführlicher Aufbau

Ganz ausführlich hätte nach dem oben Dargestellten also eine Prüfung des (allgemeinen) Gleichheitssatzes folgendermaßen auszusehen:

184

> I. Ausscheiden besonderer Gleichheitssätze, somit Einschlägigkeit von Art. 3 I GG
>
> II. Evtl. kurzes Skizzieren der Anforderungen des Gleichheitssatzes (etwa mit der neuen Formel)
>
> III. Darstellung der ungleich behandelten Vergleichsgruppe unter begründeter Nennung der Obergruppe
>
> IV. Darstellung und Prüfung von Differenzierungsziel und -mittel anhand der unter II. skizzierten Anforderungen, insbesondere Prüfung der Verhältnismäßigkeit i.e.S. des Mittels

hemmer-Methode: Es versteht sich von selbst, dass Sie - insbesondere wenn kein Schwerpunkt auf Art. 3 I GG liegt - nicht immer diese ausführliche Prüfung vornehmen müssen. Wichtig ist aber, dass Sie auch in die Bearbeitung des Gleichheitssatzes eine gewisse Struktur bekommen und juristisch sauber arbeiten. Damit werden Sie sich für den Korrektor wohltuend von den Arbeiten abheben, die die Norm unter der Überschrift des Art. 3 I GG nur einer allgemeinen und vagen Billigkeitskontrolle unterziehen.

D) Sonderprobleme

I. Gesetzgeberisches Unterlassen

Unterlassen des Gesetzgebers nur bei Regelungsauftrag rügefähig

Während positives gesetzgeberisches Tun unproblematisch der Kontrolle durch den Gleichheitssatz unterliegt (vgl. o. Rn. 177), ist das BVerfG bei gesetzgeberischem Unterlassen zurückhaltend,[556] da es hier in den Kernbereich des Gesetzgebers vorstößt. Deshalb stellt es insoweit Gleichheitsverletzungen nur fest, wenn der Gesetzgeber einen Regelungsauftrag des Grundgesetzes verletzt hat, wobei das BVerfG wegen des dem Gesetzgeber zustehenden Gestaltungsraumes i.d.R. nur eine Aufforderung zum Tätigwerden aussprechen und nicht selbst eine Regelung treffen wird.[557]

185

Das BVerfG hält sich deshalb nur ausnahmsweise dazu befugt zu entscheiden, dass eine begünstigende Regelung auf den ausgeschlossenen Personenkreis zu erstrecken ist: so wenn es geboten scheint, dass der Gleichheitsverstoß gerade auf diese Weise beseitigt wird,[558] oder wenn mit Sicherheit anzunehmen ist, dass der Gesetzgeber ihn auf diese Weise beseitigt hätte.[559]

II. Folgen eines sonstigen Gleichheitsverstoßes

Folge eines Gleichheitsverstoßes: keine Angleichung durch BVerfG selbst

Auch wenn ein Gleichheitsverstoß durch positive Regelung festgestellt wird, stellt sich das Problem, dass dieser grds. auf mehrerlei Weisen beseitigt werden könnte, nämlich durch Angleichung in die eine, in die andere Richtung oder einen Kompromiss.

186

---

556   Vgl. z.B. E 22, 349 (360); 97, 100 f.; allgemein zu dem Thema auch schon oben Rn. 33.

557   Zu diesem Problem z.B. E 6, 257 (264 f.) - Deutsches Rotes Kreuz.

558   Vgl. BVerfGE 15, 46 (76) = **juris**byhemmer.

559   Vgl. BVerfGE 18, 288 (301 f.); 55, 100 (113 f.): **alle Entscheidungen** = **juris**byhemmer.

Da diese Entscheidung aber ebenfalls grds. der Legislative zusteht, kann das BVerfG sie nicht selbst treffen. Um bis zur Entscheidung des Gesetzgebers kein „Vakuum" entstehen zu lassen, stellt das BVerfG in solchen Fällen oft nur die Verfassungswidrigkeit fest, ohne das Gesetz i.S.d. § 95 III S. 1 BVerfGG[560] für nichtig zu erklären.[561]

Hier liegt nämlich oft einer der Fälle vor, wo die Rechtslage ganz ohne gesetzliche Regelung einen „noch verfassungswidrigeren" Zustand bedeuten würde. Bei Gleichheitsverstößen durch die Verwaltung werden häufig Begünstigungen unmittelbar zugunsten des Betroffenen erweitert.[562] Dies allerdings mit der Grenze, dass es keine „Gleichheit im Unrecht" geben soll.[563]

III. Sonderausprägungen und Beispiele

Beispiele

Einige (z.T. aktuelle) Sonderprobleme bzw. -ausprägungen des Gleichheitssatzes sind die Steuergerechtigkeit,[564] Wehrgerechtigkeit,[565] Chancengleichheit der Parteien,[566] die ungleiche Behandlung von Alkohol und Cannabisprodukten[567] und die prozessuale Waffengleichheit.[568]

187

hemmer-Methode: Gerade das Beispiel „Cannabiskonsum" zeigt, dass einer Gleichbehandlung rein faktisch nicht zuletzt Traditionen entgegenstehen. Dies lässt sich im letzten Fall zwar u.U. damit rechtfertigen, dass über die Wirkungen des Cannabiskonsums noch keine sicheren Erfahrungswerte bestehen; lässt man dies jedoch als rechtfertigenden Grund genügen, darf man nicht übersehen, dass Art. 3 I GG dann durchaus affirmative Wirkungen besitzt und bestehende Ungleichbehandlungen verfestigt.

E) Gleichheitssätze von Art. 3 II, III GG

I. Art. 3 II GG: Gleichberechtigung von Mann und Frau

Art. 3 II GG: Programmsatz und subjektives Recht

Art. 3 II GG enthält zum einen einen Programmsatz, zum anderen aber auch ein subjektives Recht für Männer und Frauen, in welches eingegriffen wird, wenn Anknüpfungspunkt einer gesetzlichen Regelung das Geschlecht ist.[569] Dies sogar dann, wenn dies nur indirekt geschieht, indem Personengruppen betroffen werden, bei denen sich typischerweise ein Geschlecht in der absoluten Überzahl befindet, z.B. bei Regelungen für die Hausarbeit oder über Teilzeitarbeitsverhältnisse.[570]

188

---

560   § 95 III S. 1 BVerfGG gilt für die Verfassungsbeschwerde, für die abstrakte Normenkontrolle § 78 BVerfGG, für die konkrete §§ 82 I, 78 BVerfGG.

561   Vgl. BVerfG, Urteil vom 17.12.2014, 1 BvL 21/14 (Gleichheitswidrigkeit des Erbschaftssteuerrechts) = **juris**byhemmer. Interessant an dieser Entscheidung ist, dass der Gesetzgeber die vom BVerfG gesetzte Frist zur Änderung fruchtlos verstreichen ließ und daraufhin das BVerfG angekündigt hat, die Materie erneut auf die Tagesordnung zu setzen – ohne genau zu sagen, mit welchen Folgen, vgl. die Pressemitteilung des BVerfG Nr. 41/2016 vom 14. Juli 2016.

562   Vgl. Jarass/Pieroth, Art. 3 GG, Rn. 30.

563   H.M., vgl. Pieroth/Schlink, Rn. 573.

564   Vgl. aus jüngerer Zeit BVerfG, NJW 2009, 48 ff. = **Life&Law 2009, 194** zur Unzulässigkeit einer Pendlerpauschale, die erst ab einer Entfernung von 20 km zwischen Wohnort und Arbeitsplatz greift.

565   BVerfG, DVBl. 2002, 769, 771 = **juris**byhemmer; vgl. aktuell BVerfG, Beschl. v. 22.07.2009: Das BVerfG lehnt einen konkreten Normenkontrollantrag betreffend die Verfassungsgemäßheit der allgemeinen Wehrpflicht als unzulässig ab.

566   Zu diesem wichtigen Punkt ausführlich **Hemmer/Wüst, Staatsrecht II - Staatsorganisationsrecht**.

567   BVerfGE 89, 69 ff.; BVerfG, NJW 1994, 1582 ff.: **alle Entscheidungen** = **juris**byhemmer; hier freilich jeweils mehr unter dem Blickwinkel von Art. 2 I GG.

568   Dazu BVerfGE 22, 83 (86); 52 (131).

569   Str., vgl. unten Rn. 189: Nach der Gegenansicht ist das subjektive Recht allein in Art. 3 III GG zu sehen, Art. 3 I GG enthält nur ein objektives Gleichbehandlungsgebot an den Staat.

570   Vgl. zum ganzen Jarass/Pieroth, Art. 3 GG, Rn. 53 m.w.N.

hemmer-Methode: Denken Sie daran v.a. auch in arbeitsrechtlichen Klausuren, wobei die Auslegung von Vorschriften wie dem AGG durch Art. 3 II GG beeinflusst wird.[571] Für die Konkretisierung des Art. 3 II GG sind damit auch die Arbeitsgerichte zuständig. Eine große Rolle spielt auch die Rechtsprechung zu Art. 157 AEUV durch den EuGH, der in seinen Anforderungen über die nationalen Gerichte oft hinausgeht und eine gewisse Vorreiterrolle einnimmt.[572] So hat der EuGH auch festgestellt, dass es die Gleichbehandlungsrichtlinie 76/207/EWG verbietet, Frauen allgemein vom Dienst mit der Waffe auszuschließen, wie dies Art. 12a IV S. 2 GG a.F. vorsah.[573]

Differenzierung aufgrund „objektiver biologischer und funktionaler Unterschiede" (im Einzelnen str.)

Geschlechtsspezifische Regelungen können aber dort gerechtfertigt sein, wo sie bereits begrifflich notwendig sind, z.B. beim Schutz der werdenden Mutter (nicht aber zwingend, soweit es um die Versorgung des Neugeborenen geht).

Außerdem werden Differenzierungen zugelassen, wo sie auf „objektiven biologischen und funktionalen Unterschieden" beider Geschlechter basieren,[574] wobei bei den als solchen bezeichneten „funktionalen Unterschieden" genau zu prüfen ist, ob diese nicht nur auf sozial tradierten Vorstellungen beruhen, die ja gerade keine Ungleichbehandlung zulassen.

Schließlich war umstritten, inwiefern Maßnahmen gerechtfertigt sind, die zwar formal ein Geschlecht (i.d.R. die Männer) benachteiligen, aber insgesamt zu einer Angleichung der tatsächlichen Verhältnisse führen sollten (v.a. sog. Frauenquoten[575]). Während Art. 3 I GG eher als formaler Gleichheitssatz ohne soziale Angleichungsfunktion verstanden wird,[576] wurde das Voranschreiten der Gleichberechtigung von Mann und Frau als programmatischer Inhalt des Art. 3 II GG vielfach gebilligt,[577] was durch die Grundgesetzänderung von 1994 mit der Einführung des Art. 3 II S. 2 GG auch durch den Verfassungsgeber bestätigt wurde.

Bsp.: *So ist es nach der Rspr. des BVerfG wegen Art. 3 II S. 3 GG gerechtfertigt, Frauen bei einer selbstständigen Betriebsgründung bessere Konditionen einzuräumen als Männern.[578]*

II. Weitere Diskriminierungsverbote des Art. 3 III GG

Art. 3 III GG: Verbot, genannte Merkmale als Differenzierungskriterien zu wählen

Art. 3 III S. 1 verbietet allgemein, eines der dort genannten Merkmale zum Kriterium[579] für eine Differenzierung zu machen. Dabei zeigt sich in der neueren Rechtsprechung die Tendenz, den Schutz hier insoweit zu verstärken, als das Differenzierungsverbot auch gilt, soweit damit primär andere Ziele als eine bezweckte Benachteiligung verfolgt werden.[580] Dagegen greift Art. 3 III S. 1 GG nicht ein, wenn z.B. religiöse oder kulturelle Gruppierungen überhaupt, d.h. ohne Rücksicht auf die spezielle Religion oder Herkunft gefördert werden.

189

---

571   Instruktiv Zeit BVerfG, NJW 1994, 647 = **juris**byhemmer.

572   Vgl. dazu die vergleichende Darstellung von Kokott, NJW 1995, 1049 ff.

573   EuGH, NJW 2000, 497 ff. = **Life&Law 2000, 344 ff.**

574   BVerfGE 10, 59 (74); 71, 224 (229); vom BVerwG, DVBl. 2002, 1216 abgelehnt, soweit es um Beihilfe für die Kosten für eine Perücke geht, da Kahlköpfigkeit auch bei einem Mann eine Krankheit darstellen kann: **alle Entscheidungen** = **juris**byhemmer.

575   EuGH, NJW 2000, 2653.

576   Vgl. oben Rn. 187; Gusy, JuS 1982, 30 (35).

577   Dazu z.B. BAG, NJW 1994, 429 einerseits, OVG Münster, NVwZ 1991, 501 andererseits; vgl. auch Sachs, NVwZ 1991, 437.

578   BVerwG, NVwZ 2003, 92 = DVBl. 2003, 139 = **Life&Law 2003, 280** = **juris**byhemmer.

579   Zum Unterschied zwischen Differenzierungsziel und Kriterium vgl. oben Rn. 181.

580   Sowohl BVerfG, NJW 1992, 964; zur Kritik an der gegenläufigen früheren Rechtsprechung, z.B. BVerfGE 75, 40 (70): **alle Entscheidungen** = **juris**byhemmer; vgl. Pieroth/Schlink, Rn. 513.

Auf eine nähere Definition der aufgezählten Kriterien wird in diesem Rahmen verzichtet,[581] hingewiesen sei nur auf das nicht ganz unstreitige Verhältnis zwischen Art. 3 II und III S. 1 GG: z.T. wird Absatz zwei als Sondervorschrift hinsichtlich geschlechtsspezifischer Diskriminierungen betrachtet,[582] z.T. wird Absatz drei als spezielleres Diskriminierungsverbot und Absatz zwei als objektives Gleichbehandlungsgebot betrachtet.[583]   Der 1994 neu aufgenommene Art. 3 III S. 2 GG verbietet die Diskriminierung Behinderter und soll ebenso wie Art. 3 II S. 2 GG auch eine gezielte Förderung gebieten.[584]

> **hemmer-Methode:** Z.T. wird Art. 3 III GG nicht als eigenes Diskriminierungsverbot geprüft, sondern nur als Aufzählung von Gründen verstanden, die auf keinen Fall eine Ungleichbehandlung i.R.d. Art. 3 I GG legitimieren können.
>
> Mit Erlass des AGG wurden (u.a.) die Diskriminierungsverbote des Art. 3 III GG z.T. auch auf den Bereich des Zivilrechts ausgedehnt. Die entsprechenden Regelungen sind im Hinblick auf die Vertragsfreiheit, die von Art. 2 I GG geschützt wird, nicht unproblematisch!

F) Weitere spezielle Diskriminierungsverbote im Grundgesetz

weitere Diskriminierungsverbote im GG

Im Grundgesetz finden sich noch weitere, für die Klausur i.d.R. aber weniger wichtige und deshalb hier nur kurz angesprochene Diskriminierungsverbote:

190

Art. 6 V GG verbietet eine Ungleichbehandlung ehelicher und nichtehelicher Kinder und enthält einen Auftrag an den Gesetzgeber, bestehende Ungleichheiten abzubauen. Nach Ansicht des BVerfG liegt eine mittelbare Diskriminierung nichtehelicher Kinder vor, wenn der Betreuungsunterhalt für diese weniger lange gewährt wird als für eheliche Kinder.[585]

Auch einen Diskriminierungsschutz enthält Art. 6 I GG. Die Ehe darf grds. kein Anknüpfungspunkt benachteiligender Regelungen sein.[586]

Zu Art. 38 I S. 1 GG (Wahlgleichheit) und der Chancengleichheit der Parteien vgl. näher das Skript Staatsrecht I Staatsorganisationsrecht.

Art. 33 I - III GG (lesen!) enthalten in ihrer Zusammenschau die Regelung, dass für den Zugang zu öffentlichen Ämtern einerseits Religion (Absatz drei) und Zugehörigkeit zu einem Bundesland (Absatz ein) keine Unterscheidungskriterien sein dürfen, sondern dass umgekehrt nur Eignung, Befähigung und Leistung (Absatz zwei) entscheiden dürfen.

Lösungshinweise zum Einstiegsfall 1:

Ein spezieller Gleichheitssatz ist nicht einschlägig, sodass die Regelung bzw. die Vergabepraxis an Art. 3 I GG zu messen ist. In der unterschiedlichen Behandlung von Empfängern von Geld- und Sachleistungen liegt ein Verstoß gegen Art. 3 I GG, wenn diese beiden Gruppen vergleichbar sind und die Ungleichbehandlung willkürlich ist bzw. (nach der strengeren Prüfung) nicht von vernünftigen Erwägungen getragen wird.

---

581   Vgl. z.B. Jarass/Pieroth, Art. 3 GG, Rn. 69 ff.; Pieroth/Schlink, Rn. 512.

582   Jarass/Pieroth, Art. 3 GG, Rn. 67.

583   So bspw. BVerfGE 92, 91 ff.

584   So Jarass/Pieroth, Art. 3 GG, Rn. 83 mit Hinweis auf BT-DrS. 12/8165, 29; vgl. zu Art. 3 III S. 2 GG auch schon oben Rn. 89.

585   BVerfGE 118, 45 = FamRZ 2007, 1076 = **Life&Law 2007, 483** = **juris**byhemmer. In Reaktion auf diese Entscheidung wurden § 1570 BGB und § 1615l BGB angeglichen.

586   BVerfG, NJW 1999, 557; BVerfG, FamRZ 2005, 2047 = **Life&Law 01/2006** = **juris**byhemmer.

Beide Personenkreise empfangen Sozialhilfe und sind insoweit vergleichbar. Ein die Differenzierung rechtfertigender Grund könnte darin liegen, dass beim Obdachlosen O die mit dem Weihnachtsfest typischerweise verbundenen Mehraufwendungen (Weihnachtsbaum, Kerzen etc.) nicht anfallen. Allerdings ist die Ermöglichung solcher Mehraufwendungen wohl nur Ausdruck des eigentlichen Ziels der Regelung, den Sozialhilfeempfängern zu Weihnachten eine besondere Begünstigung zukommen zu lassen.

Auch O kann sich an Weihnachten aber etwas Besonderes leisten, wenn ihm eine Sonderzuwendung zukommt, sodass kein überzeugendes Differenzierungsziel ersichtlich ist.

Lösungshinweise zum Einstiegsfall 2:

Es könnte ein Verstoß gegen Art. 3 II S. 1 GG vorliegen: Das Geschlecht wird hinsichtlich der Feuerschutzabgabe als Differenzierungskriterium herangezogen. Ausnahmsweise könnte dies zulässig sein, wenn „objektive biologische Unterschiede" die Differenzierung rechtfertigen. Dabei ist hier nicht primär auf die Abgabenleistung, sondern auf die dieser zugrunde liegenden Pflicht zur aktiven Betätigung im Feuerschutz abzustellen. Früher wurde in entsprechenden Fällen selbstverständlich davon ausgegangen, dass „die Eignung von Männern (...) zum Feuerwehrdienst (...) offensichtlich (...) unvergleichlich größer als die von Frauen" sei.[587] Gegen eine zulässige Differenzierung spricht aber neben den geänderten Auffassungen zur Leistungsfähigkeit von Mann und Frau auch die Tatsache, dass durch die zunehmende Technisierung bei der Feuerwehr körperliche Unterschiede ohnehin eine geringere Rolle spielen.[588]

587   BVerwG, KStZ 1959, 148, 149; bestätigt noch von BVerwG, NVwZ 1995, 390 ff. = jurisbyhemmer.

588   BVerfGE 92, 91 - 122 ; NJW 1995, 1733: **alle Entscheidungen** = jurisbyhemmer.

§ 14 RELIGIONS-, WELTANSCHAUUNGS- UND GEWISSENS-FREIHEIT, ART. 4 GG (U.A.)

Einstiegsfall:[589] *Aufgrund einer Änderung des Tierschutzgesetzes soll das Schächten ohne vorherige Betäubung ausnahmslos verboten werden und auch keiner ausnahmsweisen Gestattung zugänglich sein. Der dem islamischen Glauben angehörige Mohammed (M) fühlt sich dadurch in seiner Religionsfreiheit verletzt.*

Im Grundgesetz ist die Religions- und Gewissensfreiheit zum einen im Grundrechtskatalog in Art. 4 GG geregelt, zum anderen enthält Art. 140 GG i.V.m. den Vorschriften der Weimarer Reichsverfassung zusätzliche Regelungen.

A) Schutzbereich

I. Abgrenzungen und Definitionen

h.M.: einheitl. Schutzbereich des Art. 4 GG, nur klarstellender Charakter des Art. 4 II GG

Während nach unbefangener Lektüre Art. 4 GG in Absatz eins und zwei unterschiedliche Schutzbereiche mit unterschiedlich weit gewährtem Schutz zu enthalten scheint, handelt es sich nach dem BVerfG und ihm folgend der h.L. bei Art. 4 GG um ein umfassendes Grundrecht auf Religions-, Weltanschauungs- und Gewissensfreiheit, wobei Art. 4 I GG umfassenden Schutz des sog. „forum internum" aber auch des Bekenntnisses und des dem entsprechenden Handelns, insbesondere des kultischen Handelns und der Verbreitung, gewährt.[590] Art 4 II GG hat nur noch klarstellenden Charakter und ist auch insoweit zu eng, als hier der Wortlaut nur auf die Religionsausübung abstellt.   **191**

Glaube: Überzeugung von Stellung des Menschen in der Welt

Glaubensfreiheit bedeutet dabei die Freiheit, sich eine (nach vorzugswürdiger Ansicht religiöse oder auch areligiöse[591]) Überzeugung von der Stellung des Menschen in der Welt und seiner Beziehung zu höheren Mächten und tieferen Seinsschichten zu bilden.[592] Dabei gibt es insbesondere keine Beschränkung auf christliche Traditionen.[593]   **192**

> **hemmer-Methode: Die Rechtsprechung ist hier – gerade bei neuartigen Religionsgemeinschaften - relativ großzügig, nicht zuletzt auch um die staatliche Neutralität zu wahren.[594] Auch in der Klausur empfiehlt es sich, hier i.d.R. Art. 4 GG nicht schon bei der Frage nach Glauben oder Religion „abzuwürgen", wenn nicht der Sachverhalt nahe legt, dass die vermeintliche Religion eindeutig nur Deckmantel für finanzielle Interessen ist. Haben Sie bei der konkreten Betätigung Zweifel, prüfen Sie dies besser bei der Frage, ob die Religionsausübung so weit geht.**

Gewissen: Phänomen, dessen Forderungen evidente Gebote unbedingten Sollens sind

Gewissen i.S.d. Art. 4 I GG wird vom BVerfG als „real erfahrbares seelisches Phänomen, dessen Forderungen (...) unmittelbar evidente Gebote unbedingten Sollens sind", definiert. Eine Gewissensentscheidung soll jede ernste sittliche, d.h. an den Kategorien von „Gut" und „Böse" orientierte Entscheidung sein.[595]   **193**

---

589   Vgl. Pache, Jura 1995, 150 ff.

590   Vgl. schon BVerfGE 12, 1 (3) = **juris**byhemmer; leading cases v.a. E 32, 98 (106); 24, 236 (245); aus der Lt. Pieroth/Schlink, Art. 4 GG, Rn. 1; Pieroth/Schlink, Rn. 581 f.; differenzierend dagegen M/D-Herzog, Art. 4 GG, Rn. 63 ff.

591   BVerwGE 90, 1 (4) = **juris**byhemmer; Jarass/Pieroth, Art. 4 GG, Rn. 6.

592   Vgl. Stein, S. 194.

593   Statt vieler AK-Preuß, Art. 4 I, II GG, Rn. 14; z.B. BVerwG, NJW 1989, 2272 und BVerfG, NJW 1989, 3269 zur „Transzendentalen Meditation": **alle Entscheidungen = juris**byhemmer.

594   Zusammenfassend Diringer, BayVBl. 2005, 97.

595   E 12, 45 (54 f.).

II. Sonderprobleme des forum externum

194

Problem: bei weiterer Auslegung gewisse Konturlosigkeit ⇨ über forum externum extrem viele Tätigkeiten geschützt

Mehr Probleme als solche Definitionen macht die Frage, ob – insbesondere bei Betätigungen über das forum internum der persönlichen Überzeugung hinaus – wirklich noch der Bereich der (einheitlich geschützten, vgl. o.) Religions- oder Glaubensausübung bzw. Gewissensbetätigung vorliegt. Bei der soeben dargestellten extensiven Interpretation besteht die Gefahr einer gewissen Konturlosigkeit des Schutzbereichs und einer umfassenden Legitimation jedes Handelns mit der Glaubens- bzw. Gewissensfreiheit.[596]

hemmer-Methode: Machen Sie sich klar: Sowohl in der Rechtspraxis als auch in der Klausur liegt im säkularen Staat das Hauptproblem der Religionsfreiheit nicht mehr bei einer Verfolgung vermeintlicher Häretiker durch die Inquisition! Zwar mögen sich mit neuen (oder auch nur anderen, z.B. bei Gastarbeitern) Religionen Konfliktfelder ergeben, aber de facto nur im Bereich des forum internum bzw. bei der Frage, inwiefern bestimmte als untragbar empfundene Verhaltensweisen oder Zustände sich durch die Religion rechtfertigen lassen. Eine eher staatstheoretische, aber als Argumentationsstrang verwendbare Überlegung ist auch die Frage, inwiefern jede Ausweitung der durch die Glaubens– und Gewissenfreiheit geschützten Tätigkeiten eine Einschränkung des Demokratieprinzips einhergeht, dass – bei allem gebotenen Minderheitenschutz – davon ausgeht, dass die vom demokratisch legitimierten Gesetzgeber vorgegebenen Wertungen ungeachtet persönlicher Vorlieben und Sensibilitäten vom Einzelnen zu achten sind.

deshalb Beschränkung auf für Glaubensausübung wesensnotwendige Tätigkeiten

Denkbare Einschränkungen schon im Schutzbereich liegen darin, vom Betroffenen zu verlangen, sein Handeln als glaubensgeleitet plausibel darzulegen, oder aber nur nach objektiven Kriterien die für die Glaubensausübung wesensnotwendigen Tätigkeiten erfasst zu sehen. Liegt hier in der Klausur ein Problem, ist ein Kompromiss zu finden zwischen dem subjektiven Ansatz des religiösen Selbstverständnisses und einer objektiven Unterscheidung zwischen geistlichem und weltlichem Handeln, d.h. einem Ausscheiden von religionsneutralen Vorgängen.

Bsp.: Die Abhaltung kultischer Veranstaltungen an sich fällt sicher in den Schutzbereich der Religionsausübung.[597] Der Verkauf von Speisen und Getränken im Zusammenhang mit einem religiös motivierten Zusammentreffen ist letztlich religionsneutral, und es ginge wohl zu weit, dies unter Berufung auf ein angebliches entsprechendes Selbstverständnis als Glaubensbetätigung zu akzeptieren. Etwas anderes gilt aber, wenn es um das eigene „Essverhalten" des Gläubigen geht.[598]

hemmer-Methode: In diesem Kontext ist auch das Problem der Gewerbeausübung durch Sekten zu sehen. Das BVerfG[599] hat dazu ausgeführt, dass die Feststellung, ob ein nach § 14 I GewO anmeldungspflichtiges Gewerbe ausgeübt wird, nicht von der Frage abhängig ist, ob eine Sekte bzw. ein Verein als Religions- oder Weltanschauungsgemeinschaft anzuerkennen ist. Entscheidend ist vielmehr alleine die Gewinnerzielungsabsicht, auch wenn nur an Mitglieder verkauft wird und die im Voraus festgelegten Gegenleistungen als Spenden deklariert werden.

---

596   Vgl. Pieroth/Schlink, Rn. 587, 597.

597   BVerwG, NJW 2001, 1365 = DVBl. 2001, 816 (Kiffen als kultische Handlung für Rastafari-Anhänger) = **juris**byhemmer.

598   BVerfG, NJW 2002, 663 = **juris**byhemmer = **Life&Law 2002, 333** = BayBl. 2002, 300 = DVBl. 2002, 328 mit interessanter Anmerkung v. Volkmann.

599   DVBl. 1994, 413 = **juris**byhemmer.

III. Negative und kollektive Freiheit

auch kollektive Freiheit geschützt

Obwohl Glauben und Gewissen an sich sehr persönliche Dinge sind, ist anerkannt, dass Art. 4 GG auch die kollektive Freiheit, insbesondere also auch eine Religionsgemeinschaft als solche schützen kann.[600] Hieran ist lediglich strittig, ob es hierfür eines Rückgriffs auf Art. 19 III GG bedarf oder ob sich dieser Schutz des Kollektivs direkt aus Art. 4 I GG ergibt.

In dieser Funktion verstärkt Art. 4 GG noch den Schutz, der durch die staatskirchenrechtlichen Bestimmungen des Art. 140 GG i.V.m. Art. 137 ff. WRV gewährt wird, welche in diesem Rahmen aber nicht näher dargestellt werden sollen.[601]

hemmer-Methode: Die kollektive Religionsfreiheit schützt eine Religionsgemeinschaft sogar dann, wenn diese nach Art. 140 GG, Art. 137 V WRV Körperschaft des öffentlichen Rechts ist. Erinnern Sie sich an diese Ausnahme zur einschränkenden Auslegung des Art. 19 III GG?[602]

negative Glaubensfreiheit

Eine besondere Bedeutung spielt bei Art. 4 GG auch die sog. negative Bekenntnis- oder Glaubensfreiheit.

Paradebeispiel ist zum einen das umstrittene Kruzifix-Urteil.[603] Der Zwang, unter dem Kreuz zu lernen, greift in die negative Religionsfreiheit der andersgläubigen Schüler bw. das Erziehungsrecht derer Eltern ein. Weitere Beispiele sind die Fälle zum Schulgebet:[604] Hierin könnte zum einen ein Zwang liegen, sich einer bestimmten Religionsausübung anzuschließen oder zumindest auszusetzen; selbst wenn es den Kindern freisteht, während dieser Zeit das Zimmer zu verlassen, müssen sie auf diese Weise ihren Nichtglauben bekennen. Abzuwägen ist diese negative Freiheit im Fall des Schulgebets dann mit der positiven Ausübungsfreiheit der anderen Kinder. Das Kreuz an der Wand des Klassenzimmers kann dagegen nicht mit der positiven Religionsfreiheit der christlichen Schüler gerechtfertigt werden, da es sich nicht um deren Glaubensbekenntnis, sondern um ein Bekenntnis des Staates handelt (str.).

Ein neueres Beispiel ist das Kopftuch der Lehrerin. Im Unterschied zum „Kruzifix" geht es aber nicht nur um die negative Glaubensfreiheit der Schüler, sondern auch um die positive Glaubensfreiheit der Lehrerin, sodass eine Abwägung der widerstreitenden Grundrechtspositionen vorzunehmen ist.[605] Angesichts der Bekenntnisfreiheit der Schule, vgl. Art. 140 GG, Art. 137 I WRV, Art. 7 GG, und des Erziehungsrechts der Eltern muss nach e.A. die Religionsfreiheit der Lehrerin, die (anders als die Schüler) freiwillig diesen Beruf gewählt hat, zurückstehen.[606] Das BVerfG schließt sich dem grundsätzlich an.

195

---

600 Vgl. BVerfGE 19, 129 (132); 23, 236 (243): **alle Entscheidungen = juris**byhemmer.

601 Dazu knapp z.B. Pieroth/Schlink, Rn. 592 ff.; Maunz/Zippelius, § 27; Steiner, JuS 1982, 157 (165 f.); lesenswert auch Renck, JuS 1989, 451 ff.

602 Vgl. oben Rn. 15 ff.

603 BVerfG, NJW 1995, 2477; Folgeentscheidungen zum neuen „Kruzifixgesetz" in Art. 7 III (IV n.F.) BayEUG bei BayVerfGH, NJW 1997, 3157; BayVGH, BayVBl. 1998, 305 = NJW 1999, 1045; BayVGH, BayBl. 2002, 400 (Abhängen des Kreuzes auf Antrag eines Lehrers); BVerwG, BayVBl. 1999, 663 = NJW 1999, 3063; zu diesem Problemkreis auch VG Darmstadt, NJW 2003, 455 (Abhängen eines Kreuzes im Kreistag auf Antrag eines Mandatsträgers): **alle Entscheidungen = juris**byhemmer. Zu diesen Fragen auch Grieger, „Das Kreuz mit dem Kreuz", **Life&Law 2014, 216 ff.**

604 Z.B. BVerfGE 52, 223 f.; vgl. auch BayVGH, BayVBl 1991, 751 sowie VG Göttingen, NJW 2003, 1265: **alle Entscheidungen = juris**byhemmer.

605 VG Lüneburg, NJW 2001, 767; VGH Mannheim, NJW 2001, 2899 = DVBl. 2001, 1534 m. Anm. Rux = **Life&Law 2001, 882**; hierzu BVerwG, NJW 2002, 3344, bspr. v. Morlok/Krüper, NJW 2003, 1020: **alle Entscheidungen = juris**byhemmer.

606 Offen gelassen noch von BVerfG, NJW 2003, 3111, das v.a. eine spezialgesetzliche Grundlage für ein Kopftuchverbot fordert, sehr krit. Bspr. von Ipsen in NVwZ 2003, 1210 sowie von Sacksofsky, NJW 2003, 3297, Pofalla, NJW 2004, 1218; Hufen, NVwZ 2004, 575. Zum daraufhin ergangenen Baden-Württembergischen Kopftuchgesetz BVerwG, NJW 2004 3581 = BayVBl. 2005, 24 = **Life&Law 2005, 54 ff. = juris**byhemmer. Auf der Linie des BVerfG liegt das Urteil des VG Augsburg, 30.06.2016, Az. Au 2 K 15.457, das das Kopftuchverbot für eine Rechtsreferendarin mangels tauglicher Rechtsgrundlage für rechtswidrig erklärte.

Ein Verbot des Kopftuchs ist dabei aber nicht generell möglich, sondern nur bei einer konkreten Gefahr für kollidierende Verfassungsgüter im Einzelfall.[607] Keinen Eingriff in die negative Religionsfreiheit der Mitschüler dürfte hingegen das Kopftuch einer Schülerin oder Studentin darstellen, da es sich nicht um eine staatliche Glaubensäußerung handelt und diese auch nicht indirekt dem Staat zuzurechnen ist.[608]

B) Eingriffe

Eingriffe: z.B. Verbote und Verletzung der staatl. Neutralität

196

Eingriffe in das Grundrecht des Art. 4 GG liegen neben den (eher fernliegenden) Fällen einer Verfolgung oder eines Verbots einer Religionsgemeinschaft v.a. in Verletzungen der staatlichen Neutralitätspflicht und im Verbot oder der Beeinträchtigung eines bestimmten Denkens, Bekennens oder Handelns, das vom Schutzbereich umfasst wird.

Viel diskutierte Beispiele eines mittelbaren Eingriffs[609] waren in jüngerer Zeit staatliche Warnungen vor Jugendsekten[610] oder die Unterstützung eines Vereins, der sich gegen diese engagiert. Hinsichtlich der negativen Freiheit kann ein Eingriff auch in der Verpflichtung zum Bekennen liegen.

Hier ist aber eine gewisse Wechselwirkung zu beachten: Beruft sich jemand für sein Handeln auf die Glaubensfreiheit, liegt kein unerlaubter Bekenntniszwang darin, wenn er dies im Hinblick auf seinen Glauben plausibel begründen soll.[611]

C) Schranken

keine geschriebenen Schranken

197

Ein – gerade wegen der weiten Auslegung des Art. 4 I, II GG besonders brennendes – Problem ist, wie das dem Wortlaut nach schrankenlos gewährte Grundrecht eingeschränkt werden kann.

M.M.: Art. 5 II, 2 I GG analog

Der Ansatz, auf das forum internum keine Schranken, auf das Bekenntnis die des Art. 5 II GG und auf das Handeln die des Art. 2 I GG anzuwenden,[612] verträgt sich wohl nicht mit der Annahme eines einheitlichen Schutzbereichs.

Schranken aus Art. 140 GG i.V.m. Art. 136 I, 137 III WRV

197a

Überzeugender ist der Ansatz, Art. 4 GG über die Regelungen der Art. 140 GG i.V.m. Art. 136 I, III S. 2, 137 III S. 1 WRV zu beschränken. Hier lassen sich v.a. drei Möglichkeiten für das Verhältnis der Schranken der WRV für Art. 4 GG vertreten. Man könnte Art. 4 GG als lex posterior als davon unberührt betrachten bzw. sogar in der Inkorporation der WRV partiell „verfassungswidriges Verfassungsrecht"[613] sehen.

---

607   BVerfG, Beschluss vom 27.01.2015, 1 BvR 471/10 = **Life&Law 2015, 437**.

608   Vgl. BayVGH, Beschluss vom 22.04.2014 – 7 CS 13.2592 = **Life&Law 01/2015**: Hier bejaht der VGH im Einzelfall die Rechtmäßigkeit eines Verbots. Es handelte sich allerdings um kein „normales" Kopftuch, sondern um ein Niqab. Die Entscheidung wird v.a. damit begründet, dass dieses die interaktive Kommunikation unmöglich mache. Vgl. zum (verneinten) Anspruch einer Kopftuch tragenden Schülerin auf Befreiung vom koedukativen Schwimmunterricht VGH Kassel, Urteil vom 28.09.2012, 7 A 1590/12 = **Life&Law 2013, 610** = **juris**byhemmer, bestätigt von BVerwG, Urteil vom 11.09.2013 – 6 C 25.12 = **Life&Law 10/2013**.

609   Dazu oben Rn. 110, 112.

610   BVerfG, NJW 2002, 2621 ff. = **juris**byhemmer, hierzu kritisch Murswiek, NVwZ 2003, 1.

611   Vgl. BVerfGE 52, 223 (246) = **juris**byhemmer; ebenso Pieroth/Schlink, Rn. 605.

612   So M/D-Herzog, Art. 4 GG, Rn. 114.

613   Nachweise bei Steiner, JuS 1982, 157 (165); eine „Überlagerung" von Art. 136 I WRV durch Art. 4 GG nimmt BVerfGE 33, 21 (31) an.

Andererseits könnte man Art. 4 GG als durch die betreffenden Vorschriften begrenzt sehen.[614]

Am überzeugendsten in der Klausur ist aber wohl ein vermittelndes Verständnis, wonach zumindest für Art. 137 WRV ein Anwendungsbereich besteht, soweit es um die Verwaltung der Religionsgemeinschaft geht, Art. 4 GG aber vorgeht, soweit es um religiöse Fragen i.e.S. (den Kultus) geht; dieser Abgrenzung entsprechend hat Art. 136 I WRV keine praktische Bedeutung, weil er einen umfassenden Gesetzesvorbehalt auch im Bereich der religiösen Betätigung durch den Einzelnen enthalten würde.

hemmer-Methode: Auch wenn man Art. 137 III WRV als Schrankenvorbehalt für die Verwaltung der Religionsgemeinschaft heranzieht, muss man beachten, dass Art. 137 I WRV in Verbindung mit Art. 4 GG den Kirchen einen inneren Bereich garantiert, der von staatlicher Einmischung freigehalten werden muss. Das OVG Magdeburg[615] hat im Zusammenhang mit der gerichtlichen Überprüfung von Wahlen in einer jüdischen Gemeinschaft dazu Folgendes ausgeführt: „Der prozessuale Anspruch eines ehemaligen Vorstands der jüdischen Gemeinde, Gemeindemitgliedern, die sich als Vorstand ausgeben, Tätigkeiten eines Vorstands zu untersagen, kann von einem staatlichen Gericht nicht entschieden werden. Er gehört zu dem sog. „innerkirchlichen“ Bereich nach Art. 137 III WRV. Eine staatliche Einmischung ist auch nicht deshalb möglich, weil es sich um Fragen der Außenvertretung einer Körperschaft des öffentlichen Rechts handelt.[616] Diese Fragen sind allein von den Kirchengerichten zu entscheiden.“

h.M.: nur kollidierendes Verfassungsrecht

Art. 4 GG ist damit im Ergebnis weitgehend nur durch kollidierendes Verfassungsrecht als ungeschriebenem Schrankenvorbehalt beschränkbar,[617] wobei hier insbesondere negative und positive Bekenntnisfreiheit einander begrenzen können.[618] Bei der Abwägung kann es (den allgemeinen Regeln entsprechend) dann zum einen eine Rolle spielen, welcher Bereich betroffen ist (z.B. wird das forum internum kaum mit einem anderen Recht kollidieren können), zum anderen ob der Kernbereich der Religionsausübung oder nur ihre Peripherie betroffen ist. So hat das BVerwG entschieden, dass das Erfordernis einer Sondernutzungserlaubnis für das Ansprechen von Passanten in religiöser Ausübung mit Art. 4 GG vereinbar ist.[619]

198

hemmer-Methode: Hier ist wieder Raum zur Argumentation, wobei Sie sich durch sauberes Arbeiten mit der oben dargelegten Methode hervorheben können. Auch wenn es auf das Ergebnis häufig nicht ankommt, sollten Sie sich hier bemühen, eigene religiöse oder weltanschauliche Überzeugungen nicht überhand nehmen zu lassen. Wichtig ist stets das Gebot der gegenseitigen Toleranz.

---

614   So bspw. BVerwG, DVBl. 2001, 485 = NJW 2001, 1225, das die Schranken aus Art. 136 I WRV heranzieht, um ein religiös motiviertes Schächten einzuschränken. Das BVerfG geht darauf in seinem Schächt-Urteil überhaupt nicht ein und nimmt ein schrankenvorbehaltlos gewährtes Grundrecht an; BVerfG, NJW 2002, 663 = **Life&Law 2002, 333** = BayB . 2002, 300 = DVBl. 2002, 328: **alle Entscheidungen = juris**byhemmer.

615   NJW 1998, 370 ff.

616   BVerfG, Beschluss vom 09.12.2008, Az. 2 BvR 717/08 = **Life&Law 2009, 126 ff.** = **juris**byhemmer, wonach rein innerkirchliche Angelegenheiten der staatlichen Kontrolle vollständig entzogen sind. Einschränkend BVerwG, Urteil vom 25.11.2015, 6 C 21/14 = **juris**byhemmer.

617   Vgl. dazu allgemein oben Rn. 141 f.; vgl. BVerfGE 32, 98 (107 f.); 41, 29 (50); 52, 223 (246 f.): **alle Entscheidungen = juris**byhemmer.

618   BVerwG, NJW 2004, 3581 = BayVBl. 2005, 24 = **Life&Law 2005, 54 ff.** (Kopftuchgesetz des Landes Baden-Württemberg) = **juris**byhemmer.

619   BVerwG, NJW 1997, 406; ebenso VG Augsburg, BayVBl. 1997, 667 bzgl. der Verteilung von Handzetteln zum Verkauf des Buchs „Dianetik“ und des Verkaufs des Buches selbst. Hierzu auch BayVGH, BayVBl. 2003, 214: **alle Entscheidungen = juris**byhemmer.

D) Art. 4 III, 12a II GG: Kriegsdienstverweigerung[620]

Kriegsdienstverweigerung

In Art. 4 III GG wird garantiert, dass aus Gewissensgründen der Kriegsdienst mit der Waffe[621] verweigert werden darf, weshalb die Möglichkeit der Pflicht zum Ersatzdienst in Art. 12a II GG eher deklaratorischen Charakter hat. Für die Klausur dürfte - zumal angesichts der derzeitigen liberalen Praxis der Anerkennung als Kriegsdienstverweigerer - dieses Problemfeld eher eine geringe Rolle spielen. Der verfassungsrechtlich problematischste Aspekt, nämlich die im Gegensatz zu Art. 12a II S. 2 GG stehende längere Dauer des Zivildienstes war nach den (freilich wenig überzeugenden) Entscheidungen des BVerfG[622] als verfassungsgemäß anzusehen. Das BVerfG sieht es als unbedenklich an, die Dauer des Zivildienstes so weit zu verlängern, dass diese der Dauer des Wehrdienstes einschließlich Wehrübungen voll entspricht. Diese Thematik hat sich mit Aussetzung der Wehrpflicht zumindest vorerst erledigt.

199

Lösungshinweise zum Einstiegsfall:

Das Schächten könnte vom (einheitlichen) Schutzbereich der Religionsfreiheit erfasst sein, soweit es nach den Regeln einer Religionsgemeinschaft geboten wird, bei bestimmten Anlässen nur Fleisch lebendig geschächteter Tiere zu verwenden. Insoweit ist nach dem Selbstverständnis einiger islamischer Gruppierungen ein entsprechendes Vorgehen vom religiösen Bereich umfasst und das rituelle Schlachten kann auch nicht objektiv als rein religionsneutraler Vorgang eingestuft werden.

Im Verbot des Schächtens liegt deshalb ein Eingriff in die Religionsfreiheit.[623] Mangels Schranken in Art. 4 GG und mangels Eingreifen von Vorschriften der Weimarer Reichsverfassung[624] kommt als Rechtfertigung nur kollidierendes Verfassungsrecht in Betracht.

Da kollidierende Grundrechte auf den ersten Blick nicht einschlägig sind, müsste der Tierschutz irgendwie verfassungsrechtlich verankert sein: z.T. wird bzw. wurde die Kompetenznorm in Art. 74 I Nr. 20 GG als Grundlage gesehen, was methodisch aber zumindest zweifelhaft ist.

Ebenfalls zweifelhaft ist, ob der Tierschutz als Teil der Menschenwürde zu sehen ist („Ein Mensch, der Tiere unnötig quält, erniedrigt sich selbst.").[625] Als verfassungsrechtliche Verankerung kommt damit allein Art. 20a GG in Betracht. Dieser soll nach seiner Entstehungsgeschichte dem Tierschutz Verfassungsrang zukommen lassen. Der Wortlaut ist hier aber keineswegs so eindeutig, da es mehr um den Schutz einer bestimmten Tiergattung und Tierrasse und weniger um das einzelne Tier geht.[626] Kommt man deshalb zum Ergebnis, dass der Tierschutz in keiner Weise verfassungsrechtlich verankert ist, läge eine Verletzung von Art. 4 GG vor. Auch wenn man eine der genannten Verortungen genügen lässt, läge hier wohl eine Verletzung vor, wenn es keine Möglichkeit für eine Ausnahmegenehmigung (z.B. für einzelne Schächtungen bei hohen religiösen Festen) gibt. Schützt man auch das einzelne Tier über Art. 20a GG heißt dies nur, dass eine Abwägung zwischen Art. 4 GG und Art. 20a GG möglich ist, nicht jedoch, dass zwingend die Religionsfreiheit zurücktreten muss. Im Rahmen dieser Abwägung wird vielmehr darauf abzustellen sein, dass zumindest ein rituelles Schächten die Religionsfreiheit in ihrem Kernbereich berührt und deshalb der Tierschutz wohl wird zurücktreten müssen.[627]

620　Dazu ausführlich und - obwohl nicht mehr ganz aktuell - in den Grundzügen lehrreich Schoch, Jura 1985, 127 ff.

621　Zur sog. Totalverweigerung (besonders ihren strafrechtlichen Problemen) Eisenberg/Wolke, JuS 1993, 285 ff.

622　E 48, 127 (141) (in einem obiter dictum); 69, 1 (28 ff.) (etwas zurückhaltender); 78, 364 (370); vgl. aber auch das dissenting vote in E 69, 57, 66 ff. und die vielfach kritische Literatur, z.B. Jarass/Pieroth, Art. 12a GG, Rn. 6.

623　A.A. teilweise das BVerwG, das den Gläubigen darauf verwies, sich vegetarisch zu ernähren.

624　So bspw. BVerwG, DVBl. 2001, 485 = NJW 2001, 1225 = **juris**byhemmer.

625　Ablehnend VG Frankfurt, NJW 2001, 1295 = **juris**byhemmer.

626　VGH Kassel, NVwZ 2003, 881 = **juris**byhemmer, kritisch hierzu Kluge, ZRP 2004, 10 ff.

627　Vgl. auch BVerwG, NVwZ 2007, 461 ff = **Life&Law 2007, 405** = **juris**byhemmer: Nach Ansicht des BVerwG hat sich auch bei nicht rituellem Schächten durch die Nennung des Tierschutzes im Art. 20a GG nichts geändert, sodass die Ausnahmegenehmigung im Zweifelsfall erteilt werden muss. Das BVerwG lässt aber offen, ob es dies in der Abwägung oder schon am fehlenden kollidierenden Verfassungsrecht festmacht.

§ 15 MEINUNGS-, INFORMATIONS-, PRESSE- UND RUNDFUNK-FREIHEIT, ART. 5 I GG

Einstiegsfall: Der Treudeutsch (T) bietet in seinem Kiosk auch „Landesheftchen" feil. Nachdem er drei Ausgaben verkauft hatte, die von der zuständigen Bundesprüfstelle auf die Liste der verbotenen Schriften gesetzt wurden, wird er zu einer Geldstrafe verurteilt. T hält die einschlägigen Verbotsvorschriften des Gesetzes über die Verbreitung jugendgefährdender Schriften (GjSM) für verfassungswidrig, weil er in der Gestaltung seines Sortiments seine Überzeugung davon, was gelesen werden sollte, zum Ausdruck bringt. Er ist nämlich der Meinung eine Verherrlichung des Krieges sei geeignet, dem moralischen Verfall der Jugend entgegenzuwirken, der sich in einer steigenden Zahl von Kriegsdienstverweigerern zeige.

Die in diesem Abschnitt zu behandelnden Grundrechte sind nicht nur von großer praktischer und „für eine freiheitlich-demokratische Staatsordnung (...) schlechthin konstituierender"[628] Bedeutung, sondern spielen wegen der (sich daraus ergebenden) vielfältigen Streitpunkte, Gerichtsentscheidungen sowie einiger interessanter dogmatischer Fragen in der Klausur z.T. eine überragend wichtige Rolle. Der Übersichtlichkeit wegen und wegen der spezifischen Besonderheiten jedes der geschützten Rechtsgüter werden dabei im Folgenden ausnahmsweise Schutzbereich und Eingriff jeweils zusammen dargestellt.

Übersicht zu Art. 5 I GG:

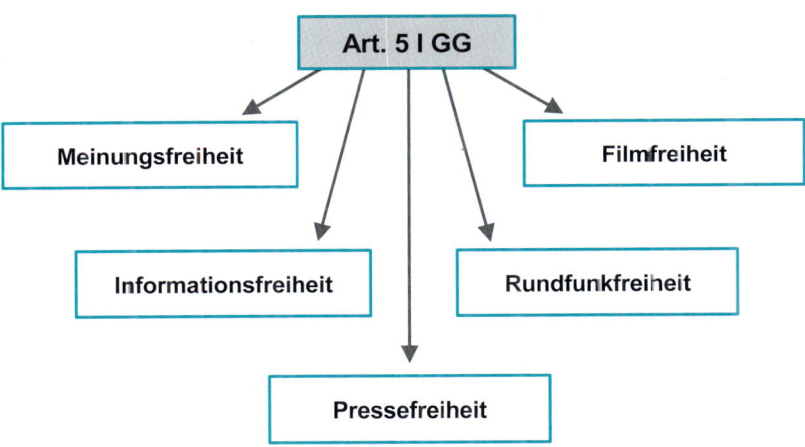

A) Schutzbereich und Eingriff

I. Meinungsfreiheit

diff.: Meinungs-/Tatsachenäußerung

1. Der Begriff der Meinungsäußerung ist im Ausgangspunkt zu unterscheiden von der Tatsachenbehauptung, wobei für erstere das Element der Stellungnahme, für die Zweite charakteristisch ist, dass sie grds. objektiv nach den Kategorien richtig und falsch überprüft werden kann, also dem Beweis zugänglich ist.[629] Dabei ist jedoch die Meinungsäußerung extensiv auszulegen, sodass eine solche auch vorliegt, wenn mit der Stellungnahme zusammen die Tatsachen vorgetragen werden, die Gegenstand der Bewertung sind.[630] In gewissen Grenzen kann sogar in der Entscheidung, bestimmte Tatsachen zu nennen, andere dagegen nicht, eine Stellungnahme liegen.

200

628   BVerfGE 7, 198 (208) = **juris**byhemmer.

629   Zur Abgrenzung BVerfG, Beschluss vom 17.09.2012, 1 BvR 2979/10 = Life&Law 02/2013.

630   BVerfG, NJW 1992, 1439 = **juris**byhemmer.

Eine reine Tatsachenbehauptung, die nicht von Art. 5 I S. 1 GG umfasst wird, liegt deshalb äußerst selten vor und ist eigentlich nur bei Angaben für statistische Erhebungen oder dergleichen denkbar.[631]

jedenfalls keine Meinungsäußerung: bewusst unwahre Tatsachenäußerung

Ebenfalls keine Meinungsäußerung sollen bewusst unwahre Tatsachenäußerungen[632] oder unrichtige Zitate[633] sein. Dies lässt sich zwar mit der weiten Auslegung schwer vereinbaren, ist aber im Ergebnis überzeugend, da bewusst unwahre tatsachenbestimmte Äußerungen des Schutzes durch Ausdehnung des Meinungsäußerungsbegriffs nicht bedürfen und zur Meinungsbildung auch nicht beitragen können. Auch hier wird aber die Meinungsäußerung insoweit geschützt, als an die Anforderungen für die Wahrheitspflicht bzw. die Pflicht, sich zu vergewissern, keine solchen Anforderungen gestellt werden dürfen, die die Funktion der Meinungsfreiheit beeinträchtigen.[634]

aktuelle Beispiele

Zur Bestimmung der Meinungsfreiheit gibt es eine breit gefächerte Judikatur.[635] U.a. wurde vom BVerfG festgestellt, dass auch Fragen unter die Meinungsfreiheit fallen,[636] rein rhetorische Fragen. aber nach den Kriterien für Tatsachenbehauptungen (vgl. o.) zu beurteilen sind,[637] dass auch Leserbriefe unter die Meinungsfreiheit fallen können,[638] dass auch Äußerungen zu Wettbewerbszwecken den Schutz des Art. 5 I S. 1 GG genießen.[639] Keinen Schutz genießen dagegen als unwahre Tatsachenbehauptung die Leugnung der Morde an den Juden im Dritten Reich[640] und eine reine Schmähkritik.[641] Allerdings ist das BVerfG mit der Annahme einer Schmähkritik sehr vorsichtig: „Schmähkritik wird bei Äußerungen in einer die Öffentlichkeit berührenden Frage nur ausnahmsweise vorliegen und im Übrigen eher auf die sog. Privatfehde beschränkt bleiben."[642]

Das BVerfG stellt hierzu fest, dass Auslegung und Anwendung strafrechtlicher Vorschriften Sache der Strafgerichte sind.

Geht es um Äußerungen, die vom Schutz der Meinungsfreiheit umfasst werden, haben sie dabei aber dem eingeschränkten Grundrecht Rechnung zu tragen, damit dessen wertsetzende Bedeutung auch auf der Rechtsanwendungsebene gewahrt bleibt. Dabei ist zwischen einer – wie verfehlt auch immer erscheinenden – Polemik und einer Beschimpfung oder böswilligen Verächtlichmachung einzelner zu unterscheiden.[643] Dies gilt insbesondere, wenn es sich bei der strafrechtlichen Vorschrift um eine Staatsschutznorm handelt, weil Art. 5 I GG gerade aus dem besonderen Schutzbedürfnis der Machtkritik erwachsen ist und darin unverändert seine Bedeutung findet.

201

---

631   BVerfGE 65, 1 (41) = **juris**byhemmer; zu den weiter oben genannten Abgrenzungen z.B. Pieroth/Schlink, Rn. 625 ff.; Jarass/Pieroth, Art. 5 GG, Rn. 2 ff.

632   H.M., vgl. BVerfGE 61, 1 (8); 85, 1 (15): **alle Entscheidungen** = **juris**byhemmer; Jarass/Pieroth, Art. 5 GG, Rn. 3a.

633   Vgl. BVerfGE 54, 208, 129 = **juris**byhemmer.

634   BVerfGE 54, 208 (219); aber auch BVerfG, NJW 1992, 1439: **alle Entscheidungen** = **juris**byhemmer, wonach es genügt, wenn sich der Äußernde für die Tatsache auf unwidersprochen gebliebene Pressemitteilungen berufen kann.

635   Neben den sogleich genannten Fundstellen instruktiv die Auflistung bei Hufen, JuS 1994, 165 ff.; auch BVerfGE 93, 266; BVerfG, NJW 2000, 199.

636   BGH, NJW 2004, 1034 = **juris**byhemmer.

637   NJW 1992, 1442.

638   NJW 1991, 3023; soweit keine reine Tatsachenbehauptung vorliegt, was aber nach den oben genannten Kriterien schwer vorstellbar ist.

639   NJW 1992, 1153, allerdings sei dort besonders genau zu prüfen, ob noch der kommunikative Bereich berührt sei.

640   NJW 1993, 916.

641   NJW 1993, 1462.

642   BVerfG, NJW 1999, 204 ff.; BVerfG, Beschluss vom 17.09.2012, 1 BvR 2979/10 = **Life&Law 02/2013** = **juris**byhemmer.

643   Vgl. m.w.N. BVerfG, Beschluss vom 17.05.2016, 1 BvR 257/14, 1 BvR 2150/14 („ACAB" als Beleidigung einzelner Polizisten) = **Life&Law 08/2016** = **juris**byhemmer.

Lässt sich die Zielrichtung einer Äußerung nicht eindeutig durch deren Auslegung ermitteln, muss die Äußerung im Zweifel so verstanden werden, dass die Meinungsäußerungsfreiheit stärker zum Tragen kommt.

> **hemmer-Methode: Es ist jedenfalls wichtiger, die Grundzüge verstanden zu haben, als jede neue Entscheidung zu kennen. Da aber gerade zu Art. 5 I S. 1 GG viele Entscheidungen ergehen, ist es ratsam, sich anhand einiger Fundstellen einen Überblick zu verschaffen - aber eben nicht in erster Linie, um sich die konkrete Entscheidung zu merken, sondern um die Argumentationsmuster in Entscheidungen einmal nachvollzogen zu haben, um sie auf den Klausurfall anzuwenden.[644]**

Weitere interessante Entscheidungen betreffen die Grenzen der Meinungsfreiheit für Strafgefangene[645] und Offiziere der Bundeswehr[646] sowie die Frage, inwieweit aus Art. 5 I GG ein Anspruch auf genehmigungsfreie straßenrechtliche Sondernutzung besteht.[647]

geschützt: jede Form der Kundgabe

202 Das „Äußern und Verbreiten in Wort, Schrift und Bild" hat hinsichtlich der geschützten Tätigkeiten nur aufzählenden Charakter, geschützt ist jede Form der Meinungskundgabe. Grenzen bestehen aber dort, wo die Meinung einem anderen „aufgezwungen" werden soll, also Druckmittel anstelle von Argumenten verwendet werden.[648] Geschützt ist natürlich auch die negative Komponente, seine Meinung gerade nicht zu äußern.

negative Meinungsfreiheit

Geschützt ist natürlich auch die negative Komponente, seine Meinung gerade nicht zu äußern.

Eingriff: Verbote und Anknüpfung negativer Konsequenzen

203 2. Eingegriffen in die Meinungsfreiheit wird durch Verbote, die Meinung überhaupt, eine bestimmte Meinung oder eine Meinung auf eine bestimmte Weise zu äußern ebenso wie durch tatsächliche Maßnahmen, die den Schutzbereich verkürzen. Da die Meinungsfreiheit v.a. Abwehrrecht ist, wird i.d.R. kein Anspruch auf Unterstützung bei der Meinungsäußerung bestehen, allerdings liegen bei Erschwernissen auch unterhalb der Verbots- oder Sanktionsgrenze Eingriffe vor.

II. Informationsfreiheit

Informationsfreiheit schützt gerade Adressaten der Nachricht

204 1. Der Informationsfreiheit kommt neben der Meinungs- und Pressefreiheit durchaus ein eigener Schutzbereich zu, da sie den Adressaten einer Nachricht gerade in dessen aktiver Funktion schützt.[649] Mit „Quelle" ist der Träger, aber auch der Gegenstand der Information gemeint. Allgemein zugänglich ist eine solche Quelle, wenn sie zur Informationsweitergabe an einen nicht abgegrenzten Personenkreis technisch geeignet und bestimmt ist, wobei es im Zweifel mehr auf die tatsächliche Art der Abgabe der Information, nicht so sehr auf die rechtliche Zugangsmöglichkeit ankommt.[650]

---

644 Vgl. hierzu BVerfG, NJW 2009, 908 = **Life&Law 2009, 417** (Bundesflagge als „Schwarz-Rot-Senf" bezeichnet) und BVerfG, NJW 2009, 749 = **Life&Law 2009, 336** („Dummschwätzer" als Beleidigung): **alle Entscheidungen = juris**byhemmer.

645 BVerfG, NJW 1994, 475.

646 BVerwG, NJW 91, 967; NVwZ 1992, 65 = **juris**byhemmer.

647 BVerfG, NVwZ 1992, 52 (53) = **juris**byhemmer; eine andere Konstruktion dehnt schon den Allgemeingebrauch verfassungskonform aus (sog. „kommunikativer Verkehr").

648 Vgl. grundlegend BVerfGE 25, 256 (265) - Blinkfüer = **juris**byhemmer.

649 Vgl. BVerfGE 21, 71 (81) = **juris**byhemmer.

650 Vgl. BVerfGE 27, 71 (83 f.) = **juris**byhemmer.

Ausstrahlung ins Privatrecht

Ein in der Vergangenheit häufiger diskutiertes Problem betraf die Ausstrahlungswirkung ins Privatrecht, wenn der Mieter an seiner Wohnung eine Parabolantenne anbringen wollte. Dabei wird das Informationsgrundrecht i.d.R. als gewahrt betrachtet (und somit ein Anspruch auf Gestattung der Parabolantenne verneint), wenn ein Kabelanschluss für das Haus besteht. Etwas anderes kann aber gelten, wenn es sich bei dem Mieter um einen Ausländer handelt, der sich mit den ins Kabel eingespeisten Programmen nicht ausreichend informieren kann.[651] Ebenfalls die verfassungskonforme Auslegung betrifft die Frage, inwiefern sich aus der Informationsfreiheit ein Anspruch auf baurechtliche Genehmigung der Errichtung eines Rundfunkmastes ergibt.[652]

nicht geschützt: rechtswidrige Informationsbeschaffung

Nicht geschützt sein soll die rechtswidrige Informationsbeschaffung,[653] wobei es sich hier i.d.R. schon nicht um allgemein zugängliche Quellen handeln wird. Dagegen kann diese Aussage wohl nicht so verstanden werden, dass der Staat einfach durch Rechtsnorm das Sich-Verschaffen einer bestimmten Information als rechtswidrig deklariert. Eine negative Komponente i.S. eines Schutzes vor unerwünschter Information wird man ebenfalls nicht anerkennen können.[654]

Ebenfalls nicht geschützt ist das Recht auf Eröffnung einer Informationsquelle. Es besteht nur ein Recht darauf, sich aus bestehenden Quellen zu informieren. Allerdings kann eine verfassungswidrig verschlossene Quelle der allgemein zugänglichen Quelle gleichzustellen sein.[655]

Bsp.: Es besteht aus diesem Grund kein Recht darauf, Fernsehübertragungen aus Gerichtsverhandlungen zuzulassen. Die entsprechenden Regelungen des GVG, die Fernsehübertragungen untersagen, sind auch verfassungsrechtlich unbedenklich, schon weil sie die Persönlichkeitsinteressen der Betroffenen schützen sollen.[656]

Eingriff: Ausschluss von Informationsmedium

2. Eingriffe in die Informationsfreiheit liegen im Ausschluss von einem Informationsmedium, u.U. auch schon bei einer längeren Verzögerung von dessen Zugang;[657] da die „ungehinderte" Unterrichtung garantiert wird, kann ein Eingriff auch schon in einer psychischen Erschwerung, etwa einer Registrierung der Informationsaufnahme liegen.[658] Dagegen besteht i.d.R. kein Anspruch auf Informationsquellenschaffung bzw. Herausgabe von Informationen, dessen Nichterfüllung ein Eingriff wäre, da Art. 5 I S. 1 GG im Wesentlichen ein reines Abwehrrecht ist.[659]

205

---

651   Dazu BVerfG, NJW 1992, 493 f.; 1993, 1252 f.; 1994, 1148 f. sowie BVerfG, Beschluss vom 31.03.2013, 1 BvR 1314/11 = **Life&Law 02/2014** = jurisbyhemmer.

652   BVerwG, NVwZ 1992, 475; BVerfG, NVwZ 1992, 463: zwar ist der Schutzbereich betroffen, i.d.R. besteht aber kein Anspruch: **alle Entscheidungen** = jurisbyhemmer.

653   Vgl. BVerfGE 66, 116 (137) - Wallraff/Bild = **juris**byhemmer.

654   Vgl. AK-Hoffmann-Riem, Art. 5 I, II GG, Rn. 95; ebenso Richter/Schuppert, S. 158.

655   BVerfG, DVBl. 2001 = NJW 2001, 1633, 456, bspr. von Huff, NJW 2001, 1622; Zuck, NJW 2001, 1623; Dieckmann, NJW 2001, 2451, Gündisch, NVwZ 2001, 990.

656   BVerfG, DVBl. 2001 = NJW 2001, 1633, 456, bspr. von Huff, NJW 2001, 1622; Zuck, NJW 2001, 1623; Dieckmann, NJW 2001, 2451, Gündisch, NVwZ 2001, 990.

657   Vgl. BVerfGE 27, 88 (98 f.) = **juris**byhemmer.

658   Zum Ganzen Jarass/Pieroth, Art. 5 GG, Rn. 16, Pieroth/Schlink, Rn. 642 ff.

659   Vgl. Jarass/Pieroth, Art. 5 GG, Rn. 17.

III. Pressefreiheit

Presse: alle zur Verbreitung geeigneten und bestimmten Druckerzeugnisse

1. Der Begriff der Presse umfasst nach h.M. alle, d.h. nicht etwa nur periodisch erscheinende, zur Verbreitung geeignete und bestimmte Druckerzeugnisse,[660] wobei eine ähnliche Definition einfachgesetzlich in den meisten Landespressegesetzen zu finden ist.

206

Das BVerfG hat klargestellt, dass Art. 5 I S. 2 GG auch für Werkszeitungen gilt.[661] Entscheidend ist für die Einordnung das Kommunikationsmedium, nicht der Vertriebsweg oder der Empfängerkreis. Auch anonyme Veröffentlichungen von Drittzuschriften fallen in den Schutzbereich.

Insbesondere wird der Schutz nicht von einem bestimmten Darstellungsniveau abhängig gemacht,[662] wenngleich es unterschiedliche Stufen der Schutzwürdigkeit geben mag, soweit i.R.d. Güterabwägung auf die konstituierende Funktion der freien Presse für den demokratischen Staat abgestellt wird. Erfasst werden grds. auch Nachrichten und Anzeigenteile, nicht also etwa nur Kommentare o.Ä.

umfassender Schutz

Dem Umfang nach schützt Art. 5 I S. 1 GG die Pressefreiheit „von der Beschaffung der Information[663] bis zur Verbreitung der Nachrichten" und alle „im Pressewesen tätigen Personen",[664] kurz gesagt also in maximalem Umfang. Zudem wird Art. 5 I S. 2 GG auch als Garantie der freien Presse schlechthin verstanden, deren Bedeutung über den konkreten Einzelfall hinaus in eine Abwägung einzufließen hat.

hemmer-Methode: Diese Garantie der freien Presse wird v.a. relevant, wenn es um Pressesubventionen geht. Während sonst für eine Subvention die Bereitstellung der Mittel im Haushalt genügt, um dem Gesetzesvorbehalt Genüge zu tun, greift hier dieser Grundsatz voll ein, sodass auch die Mittelvergabe durch den parlamentarischen Gesetzgeber geregelt werden muss.

Im Verhältnis zur Meinungsfreiheit müsste man die Pressefreiheit als spezieller einordnen, da eben Meinungen durch das Medium Presse verbreitet werden,[665] allerdings will das BVerfG in seiner neueren Rechtsprechung[666] durch die Pressefreiheit nur pressespezifische Tätigkeiten im Übrigen schützen, während im Kernbereich der Meinungsäußerung nur die Meinungsfreiheit einschlägig sei.

2. Eingriffe können grds. in der gleichen Art vorliegen wie bei der Meinungsfreiheit (vgl. o. Rn. 203), wobei die Pressefreiheit im Vorfeld der Informationsverbreitung natürlich wesentlich sensibler ist, soweit es z.B. um Erschwernisse bei der Informationsbeschaffung o.Ä. geht.

207

---

660   Statt vieler Pieroth/Schlink, Rn. 646 m.w.N.

661   BVerfG, NJW 1997, 386 = **juris**byhemmer.

662   Vgl. BVerfGE 34, 269 (283) = **juris**byhemmer; anderer Ansicht wohl der Europäische Gerichtshof für Menschenrechte in seiner Caroline v. Monaco – Entscheidung, EGMR, NJW 2004, 2647; der BGH versucht im Rahmen seiner Rechtsprechung zu gerade §§ 823 I, 1004 BGB nun wohl einen Mittelweg zu finden und stellt im Rahmen einer Abwägung darauf ab, ob im konkreten Fall ein öffentliches Informationsbedürfnis besteht; BGH, NJW 2007, 3440 ff. = **Life&Law 02/2008, 75 ff**. Diese Rechtsprechung des BGH ist von Verfassungs wegen nicht zu beanstanden, vgl. BVerfG, NJW 2008, 1793.

663   Vgl. BVerwG, Urteil vom 20.02.2013, 6 A 2/12 = **Life&Law 09/2013** = **juris**byhemmer, wonach sich direkt aus Art. 5 I S. 2 GG ein Anspruch auf Information gegenüber einer Bundesbehörde ergeben kann.

664   BVerfGE 20, 162 (175 f.) = **juris**byhemmer; str. ist das Verhältnis von Pressefreiheit des Verlegers zu der seiner Redakteure und Journalisten, Problem der sog. „inneren Pressefreiheit", vgl. Liesegang, JuS 1975, 215.

665   So auch im Ausgangspunkt Pieroth/Schlink, Rn. 650; dezidiert Jarass/Pieroth, Art. 5 GG, Rn. 19.

666   Z.B. NJW 1992, 1439.

IV. Rundfunkfreiheit

Rundfunk: jede an Vielzahl von Personen gerichtete Übermittlung durch physikalische Wellen

1. Der Begriff des Rundfunks umfasst - über den allgemeinen Sprachgebrauch hinaus - jede an eine Vielzahl von Personen gerichtete Übermittlung von Gedankeninhalten i.w.S. durch physikalische, insbesondere elektromagnetische Wellen, ohne Rücksicht darauf, ob dies drahtlos oder über Leitungen erfolgt.[667] Geschützt sind also Hörfunk, Fernsehen, aber grds. auch neuere Medien wie Internet, Videotext etc.[668] Die Rundfunkfreiheit aus Art. 5 I S. 2 GG steht als Gewährleistung der Programmfreiheit allen Veranstaltern von Rundfunkprogrammen zu.

Das Grundrecht der Rundfunkfreiheit ist deswegen interessant, weil das BVerfG ausgeführt hat, dass der Inhalt einer verfassungsrechtlichen Freiheit sich ändern kann, wenn sich die technischen Voraussetzungen im fraglichen Lebensbereich ändern. Mit der Einführung der Breitbandkabeltechnik erledigt sich im Bereich der Rundfunkfreiheit das Problem der knappen Frequenzen und man kann von der Gewährleistung des Binnenpluralismus übergehen zum Außenpluralismus.

Während also vor der Breitbandkabeltechnik nur wenige Rundfunkanstalten die knappen Frequenzen nutzen konnten und deswegen intern durch Rundfunkräte pluralistisch strukturiert waren, kann jetzt nach Einführung der neuen Technik eine Vielzahl von neuen Anbietern eine Meinungsvielfalt garantieren.

hemmer-Methode: Sollte in einer Klausur die (eher selten geprüfte) Rundfunkfreiheit (und gerade in ihrer Funktion als Abwehrrecht des Einzelnen) eine Rolle spielen, ist es nicht unwahrscheinlich, dass sie in Form eines neuen Mediums bzw. eines etwas atypischen Falles geprüft wird, bei dem Sie dann erst das Vorliegen von „Rundfunk" zu untersuchen haben.[669]
Bei den neuen Medien können Sie zum einen den Argumentationsstrang der neuen technischen Entwicklungen verwenden, denen die Verfassungsauslegung angeglichen werden muss, um auch heute den beabsichtigten Schutz zu gewähren. Bei vielen neuen Medien ist auch zu beachten, dass sie auf Interaktion angelegt sind, sodass zu fragen ist, ob mehr die unbestimmte Anzahl möglicher Adressaten oder die individuelle Kommunikation prägend sind.

ähnliche Struktur: Filmberichterstattung

Ähnliche Strukturen wie bei der Rundfunkfreiheit gelten im Übrigen auch für die weniger bedeutende Freiheit der Filmberichterstattung, welche wegen der weiten Rundfunkdefinition v.a. für Kinos oder Videotheken von Bedeutung sein könnte.

Geschützt ist beim Rundfunk - ähnlich wie bei der Presse, vgl. o. - der gesamte Bereich von Informationsbeschaffung, Redaktion und Verbreitung.[670] Träger der Rundfunkfreiheit sind nicht die einzelnen Teilnehmer, sondern die Veranstalter, insbesondere auch die öffentlich-rechtlichen Anstalten, obwohl sie juristische Personen des öffentlichen Rechts sind.

208

---

[667] Vgl. Pieroth/Schlink, Rn. 654.

[668] Vgl. zu den umfassten neuen Techniken nunmehr BVerfG, NJW 1991, 899 = **juris**byhemmer; einen Überblick über die Diskussion in den Anfängen (und damit auch über die Argumente!) gibt Paptistella, DÖV 1978, 495 ff. sowie dies. DÖV 1978, 750 ff.

[669] Vgl. z.B. die Konstellation in BVerfG, NJW 1993, 1190, in der ein Geistlicher einen privaten Sender zu gottesdienstlichen Zwecken betrieben hat. Diese Entscheidung ist auch wegen weiterer verfassungsrechtlicher Probleme lesenswert. Problematisch im Hinblick auf die unbestimmte Vielzahl von Personen wären auch die in manchen Kaufhäusern und Supermärkten ausgestrahlten „Haussender".

[670] Vgl. BVerfG, NStZ 1995, 40 ff. (zur Berichterstattung im Honeckerprozess) m. Anm. Scholz = **juris**byhemmer.

Hauptproblem: Programmgestaltung; diff. v.a. Binnen- und Außenpluralität

Nach der Menge der ergangenen Entscheidungen wichtigste Frage des Rundfunkrechts ist die nach der Programmgestaltung[671], wobei hier nicht nur das Abwehrrecht, sondern auch ein objektiv-rechtlicher Gestaltungsauftrag an den Gesetzgeber betroffen ist. Eine genauere Darstellung würde den Rahmen dieses Skripts sprengen.[672] Als wichtigste Schlagworte seien genannt das Gebot der Staatsferne des Rundfunks,[673] sowie das Gebot der Neutralität und Programmausgewogenheit, das beim Rundfunk wegen der „Knappheit der Frequenzen" v.a. früher eine große Rolle spielte, aber wegen des nach wie vor immensen erforderlichen Aufwandes immer noch gilt. Dabei ist zu unterscheiden zwischen Binnen- und Außenpluralität, wobei letztere v.a. an die Privatsender geringere Anforderungen stellt. An diese sind auch sonst geringere Anforderungen zu stellen, solange die ausgewogene „Grundversorgung" durch die öffentlich-rechtlichen Anstalten gewährt ist (sog. „Duales System").

hemmer-Methode: Hier wird der Charakter grundrechtlicher Leitbegriffe als Verweisungsbegriffe auf die soziale Wirklichkeit deutlich. Inhalt und Bedeutung können sich bei (tatsächlichen) Veränderungen in diesem Bereich ändern. Bei zunehmenden Empfangsmöglichkeiten vieler Sender für alle Haushalte, kann auch die Innenpluralität der öffentlich-rechtlichen Rundfunkanstalten einem Modell der Außenpluralität weichen. Inhaltliche Vielfalt kann durch eine Vielfalt der Anbieter erreicht werden.

2. Eingriffe sind in gleicher Weise denkbar wie bei der Presseberichterstattung, aber auch in der Programmorganisation, wobei dieser Gesichtspunkt an Bedeutung zunehmen wird, seit mehr Rundfunk privat organisiert ist. **209**

B) Schranken

Art. 5 II GG: qualifizierter Vorbehalt

Art. 5 II GG enthält für die Rechte aus Art. 5 I GG einen qualifizierten Gesetzesvorbehalt. **210**

I. Allgemeine Gesetze[674]

„allgemeine Gesetze""

Ein häufiges Klausurproblem dabei ist die Frage, wie Gesetze beschaffen sein müssen, um „allgemeine" i.S.d. Art. 5 II GG zu sein. **211**

Nach h.M. ist ein Gesetz im materiellen Sinne ausreichend, wobei selbstverständlich ist, dass allgemein nicht nur „für jedermann geltend" bedeuten kann, da das Verbot des Einzelfallgesetzes schon durch Art. 19 I S. 1 GG festgesetzt ist. Wie darüber hinaus aber „allgemein" auszulegen ist, entwickelten sich schon für die ähnliche Gewährleistung in Art. 118 I WRV zwei Ansichten:

Sonderrechtslehre

1. Nach der sog. **Sonderrechtslehre** sollten solche Gesetze allgemeine sein „die nicht Sonderrecht gegen die Meinungsfreiheit beinhalten",[675] die also nicht „eine Meinung als solche verbieten oder beschränken"[676] Es wurde also sehr formal unterschieden, ob die Gesetze meinungssteuernde Intentionen enthalten oder ohne Rücksicht auf eine bestimmte Meinung dem Schutz anderer Rechtsgüter dienen. **212**

---

671   Die Rundfunkfreiheit (zur Programmgestaltung) geht Interessen einer Partei vor, an einer „Kanzlerrunde" in der Endphase des Wahlkampfs beteiligt zu werden, BVerfG in NJW 2002, 2939 = BayBl. 2003, 16, vgl. auch OVG Münster, NJW 2002, 3417: **alle Entscheidungen = juris**byhemmer.

672   Einen Überblick über einige der sog. Rundfunkurteile geben Richter/Schuppert, S. 163 - 170; vgl. die Entscheidungen des BVerfG in NJW 1991, 1943; 1994, 1943 (Gebührenurteil) = **juris**byhemmer und NVwZ 1992, 766; NVwZ-RR 1993, 549; zur Organisation der „Neuen Medien" aus anfänglicher Sicht auch Schlink/Wieland, Jura 1985, 570 ff.

673   Vgl. hierzu BVerfG, DVBl. 2008, 507 = **Life&Law 2008, 683** = **juris**byhemmer: Verbot einer Beteiligung einer Partei an einem Rundfunksender.

674   Lesenswert der Überblick von Hoppe, JuS 1991, 734 ff.

675   Grundlegend Häntzschel, AöR 10 (1926), 228 (232).

676   Rothenbücher, VVDStrL 4 (1928), 1 (20); Hervorhebung im Original.

Abwägungslehre

2. Demgegenüber waren nach der sog. **Abwägungslehre**[677] solche Gesetze allgemeine, die ein Rechtsgut schützen, weil dieses bei einer Güterabwägung höher zu gewichten sei als die Meinungsfreiheit.

213

vermittelnder Ansatz des BVerfG

3. Gewissermaßen eine Synthese beider Ansätze stellt die **Formel des BVerfG** dar, allgemeine Gesetze seien solche, „die nicht eine Meinung als solche verbieten, die sich nicht gegen die Äußerung der Meinung als solche richten, die vielmehr dem Schutz eines schlechthin, ohne Rücksicht auf eine bestimmte Meinung, zu schützendes Rechtsgut dienen, dem Schutz eines Gemeinschaftswertes, der gegenüber der Betätigung der Meinungsfreiheit den Vorrang hat".[678]

214

Somit kommt man in der Klausur zu einer mehrstufigen Prüfung. Ein allgemeines Gesetz liegt jedenfalls dann vor, wenn das Gesetz in keiner Weise direkt und unmittelbar an eine Meinungsäußerung anknüpft, also sich nicht unmittelbar „gegen die Meinung richtet".

> *Bsp.: Allgemeines Gesetz in diesem Sinn ist § 303 StGB, der auch einschlägig ist, wenn jemand seine Meinung auf eine fremde Häuserwand sprayt. Das Gesetz richtet sich aber gegen die Beschädigung einer fremden Sache und nicht gegen die Äußerung einer Meinung als solche.*

Sobald das Gesetz sich gegen die Meinungsäußerung als solche richtet, muss es aber zumindest alle Meinungen gleich behandeln und darf nicht zwischen verschiedenen Meinungen differenzieren.

> *Bsp.: § 130 IV StGB verbietet nur Meinungen aus dem rechten Spektrum und ist aus diesem Grund nicht meinungsneutral, also kein allgemeines Gesetz.[679]*

Wenn das Gesetz allgemein im dargestellten Sinne ist, muss es weiter an der Abwägungslehre gemessen werden, also einem im Einzelfall höherrangigen Rechtsgut zum Schutz dienen.

Liegt kein allgemeines Gesetz in diesem Sinne vor, kann noch an eine ungeschriebene Schranke kraft kollidierenden Verfassungsrechts gedacht werden,[680] wobei dann eine besonders strenge Abwägung erforderlich ist, um Absatz II nicht leer laufen zu lassen.

II. Schutz der Jugend und der persönlichen Ehre

Nach Ansicht des BVerfG kommt diesen beiden Vorbehalten keine eigenständige Bedeutung zu. Es handelt sich danach nur um Unterfälle des allgemeinen Gesetzes.[681] Nach anderer Ansicht haben diese beiden Punkte durchaus eigenständige Bedeutung, insbesondere dann, wenn ein Gesetz nicht allgemein im oben dargestellten Sinn ist.[682]

214a

---

677 Grundlegend Smend, VVDStrL 4 (1928), 44 (51 ff.).
678 Grundl. BVerfGE 7, 198 (209 f.) = **juris**byhemmer; seitdem st. Rspr. und in den Grundzügen auch Ansatz der h.L.
679 BVerfGE 124, 300 = **Life&Law 2010, 111** = **juris**byhemmer.
680 Vgl. Jarass/Pieroth, Art. 5 GG, Rn. 53.
681 BVerfGE 124, 300 = **Life&Law 2010, 111** = **juris**byhemmer.
682 Pieroth/Schlink, Rn. 683.

C) Schranken-Schranken

I. Wechselwirkungslehre

Wechselwirkungslehre (gleichsam Schranken-Schranke)

Gleichsam als eine besondere Ausprägung des Verhältnismäßigkeitsgrundsatzes[683] hat das BVerfG die sog. Wechselwirkungslehre entwickelt,[684] wonach das beschränkende Gesetz seinerseits wieder im Lichte des Grundrechts auszulegen und in seiner „diese Grundrechte beschränkenden Wirkung wieder selbst einzuschränken" ist.[685]

215

> **hemmer-Methode: Hier findet eine Güterabwägung statt, bei der Sie wie sonst in der Verhältnismäßigkeit gewohnt argumentieren können, doch sollten Sie den speziellen Begriff der Wechselwirkungslehre bringen.**
>
> **Nicht ganz einfach erscheint der Aufbau im Verhältnis zum Abwägungslehreelement in der Formel des BVerfG; mit folgendem Vorgehen können Sie i.d.R. die Klausur sauber aufbauen und thematisch ausschöpfen:**
>
> **Nachdem Sie bei den Schranken festgestellt haben, dass ein allgemeines Gesetz i.S.d. des Sonderrechtslehreelements vorliegt, prüfen Sie als zusätzliches Kriterium, dass das geschützte Rechtsgut abstrakt zumindest vorrangig sein kann, und nennen bei den Schranken-Schranken nach Geeignetheit und Erforderlichkeit als spezielle Ausprägung der Verhältnismäßigkeit i.e.S. die Wechselwirkungslehre.**

Insbesondere zu den Fragen der Pressefreiheit sind hier wichtige Entscheidungen ergangen. Das BVerfG hat u.a. klargestellt, dass es keine übermäßige Beschränkung der Pressefreiheit ist, wenn die Gerichte nach einer Verdachtsberichterstattung den erforderlichen Ausgleich zwischen Pressefreiheit und Persönlichkeitsrecht dadurch herbeiführen, dass sie dem Betroffenen grundsätzlich das Recht zubilligen, eine ergänzende Mitteilung über den für ihn günstigen Ausgang des Strafverfahrens zu verlangen.[686]

In einer weiteren Entscheidung führt das BVerfG Folgendes aus „Das Grundrecht der Pressefreiheit verlangt nicht, dass die Titelseite von Presseerzeugnissen von Gegendarstellungen oder Richtigstellungen freigehalten wird. Es verstößt nicht gegen das Grundrecht der Pressefreiheit, dass der Anspruch auf Gegendarstellung weder das Vorliegen einer Ehrverletzung noch den Nachweis der Unwahrheit der Erstmitteilung oder der Wahrheit der Gegendarstellung voraussetzt.

Der Presse ist es nicht verwehrt, nach sorgfältiger Recherche auch über Vorgänge oder Umstände zu berichten, deren Wahrheit im Zeitpunkt der Veröffentlichung nicht mit Sicherheit feststeht.

Die Pflicht, Tatsachenbehauptungen zu berichtigen, die sich als unwahr erwiesen haben und das Persönlichkeitsrecht des Betroffenen fortwirkend beeinträchtigen, schränkt die Pressefreiheit nicht unangemessen ein."[687]

---

683 So wohl auch verstanden von Jarass/Pieroth, Art. 5 GG, Rn. 47; auf die Nähe zur verfassungskonformen Auslegung hinweisend Pieroth/Schlink, Rn. 677; zur Kritik an der Wechselwirkungslehre vgl. M/D-Herzog, Art. 5 I, II GG, Rn. 259 f.; in BVerfG, NStZ 1995, 40 ff. (zur Rundfunkfreiheit und § 176 GVG) wird dies deutlich, da dort an Stelle der Wechselwirkungslehre v.a. Verhältnismäßigkeitserwägungen auftauchen, diese Tendenz begrüßend Scholz, NStZ 1995, 42 f.

684 Grundlegend E 7, 198 (207 ff.); vgl. auch ausführlich E 35, 202 (219 ff.).

685 So die Formulierung aus in E 66, 116 (150); 71, 206 (214).

686 BVerfG, NJW 1997, 2589 = **juris**byhemmer.

687 BVerfG, NJW 1998, 1381 ff.; ausführliche Besprechung und klausurmäßige Darstellung der Problematik in **Life&Law 1998, 463 ff.**; vgl. zum Ganzen auch BVerfG in **Life&Law 1998, 399 ff.**; vgl. zur Kollision von Pressefreiheit und allg. Persönlichkeitsrecht auch BVerfG, JuS 2001, 74 = **juris**byhemmer.

II. Zensurverbot

Zensurverbot (h.M.: gemeint ist nur Vorzensur; keine Schutzbereichsgrenze)

Eine spezielle Schranken-Schranke[688] bildet noch das Zensurverbot des Art. 5 I S. 3 GG, d.h. ein beschränkendes Gesetz darf keine Zensurwirkung haben. Aus dem Charakter als Schranken-Schranke ergibt sich auch zwingend, dass eine Zensur auch nicht nach Maßgabe des Art. 5 II GG stattfinden darf. Zensur i.S.d. Art. 5 I S. 3 GG soll nach h.M. nur die sog. Vor- oder Präventivzensur sein.

Lösungshinweise zum Einstiegsfall:

Das Betreiben des Zeitschriftenkiosks (bzw. nicht auf T abgestellt das Verfassen der Landesheftchen) ist unproblematisch von der Pressefreiheit umfasst, insbesondere fallen die Landesheftchen unter den Pressebegriff, zumal eine Niveaukontrolle als solche beim Pressebegriff nicht stattfindet. Einschlägig dürfte hier auch Art. 12 GG sein, was jedoch nicht näher geprüft werden soll. Im Verkaufsverbot liegt auch ein Eingriff. Das GjS wäre zwar schwer als „allgemeines Gesetz" zu qualifizieren, wenn man das Element der Sonderrechtstheorie ernst nimmt, jedoch dient es jedenfalls dem Schutz der Jugend. Inwiefern es hier im Lichte der Wechselwirkungslehre richtig angewandt wurde, wäre Tatfrage, zu der der Klausursachverhalt mehr Informationen geben müsste.

Ob daneben auch die Meinungsfreiheit betroffen ist, ist problematisch, da im Anbieten einer bestimmten Presseauswahl regelmäßig auch eine Einstellung zum Ausdruck gebracht wird. Soweit man gleichwohl Art. 5 I S. 1 HS 1 GG nicht als lex generalis verdrängt sieht, verläuft die Prüfung im Prinzip wie oben. Denkbar, aber hier nicht näher geprüft, wäre auch eine Berufung auf die Kunstfreiheit.

216

---

688 H.M., vgl. Pieroth/Schlink, Rn. 688; zweifelhaft ist, ob diese ihrem Zweck nach auch für die Informationsfreiheit gilt, vgl. BVerfGE 227, 83 (102) einerseits, E 33, 52 (65 ff.) andererseits; vgl. auch M/S-Herzog, Art. 5 I, II GG, Rn. 297.

§ 16 KUNST- UND WISSENSCHAFTSFREIHEIT, ART. 5 III GG

Einstiegsfall:[689] *Die Rockgruppe „Deutsche Gründlichkeit" hat mit einem Song lokale Berühmtheit erlangt, in dem es u.a. heißt: „Lasst die Knüppel tanzen/den Fidschis auf den Ranzen/Blut fließ dunkelrot/schlagt die Schweine tot." Zwei Mitglieder der Band werden nach § 130 StGB wegen Volksverhetzung verurteilt, wodurch sie sich in ihrem „doch unbegrenzt gewährleisteten Recht auf Kunstfreiheit" verletzt fühlen.*

A) Schutzbereich

I. Kunst

schwierige Schutzbereichsbestimmung bei Kunst, verschiedene Kunstbegriffe; im Zweifel eher weit gefasst

Der Begriff der Kunst ist sehr schwer zu definieren, wegen des weitgehenden Schutzes ist aber gleichwohl der Versuch einer Abgrenzung erforderlich.[690] Es werden - auch vom BVerfG - mehrere Kunstbegriffe (z.T. nebeneinander) verwendet: Nach einem mehr formalen Kunstbegriff ist charakteristisch, dass bestimmte Werktypen (etwa Gedicht, Bildhauerei, Malerei) vorliegen, während nach einem sog. materiellen Kunstbegriff als wesentlich an der Kunst „die freie schöpferische Gestaltung, in der Eindrücke, Erfahrungen und Erlebnisse des Künstlers durch das Medium einer bestimmten Formensprache zu unmittelbarer Anschauung gebracht werden".[691] Dagegen ist nach einem eher offenen Kunstbegriff kennzeichnend für die Kunst, dass es wegen der „Mannigfaltigkeit ihres Aussagegehalts möglich ist, der Darstellung im Wege einer fortgesetzten Interpretation immer weiterreichende Bedeutungen zu entnehmen".[692]

Ergänzend können als Indizien auch die Selbsteinschätzung durch den Künstler sowie u.U. die Dritteinschätzung durch einen Experten herangezogen werden.[693]

hemmer-Methode: Für die Klausur wird es angesichts der großzügigen Rechtsprechung und der interessanten Folgeprobleme i.d.R. zu empfehlen sein, das Vorliegen von Kunst zu bejahen. Tun Sie dies z.B. mit dem Argument des effektiven Grundrechtsschutzes und des Verbots staatlichen Kunstrichtertums. Sie können mehrere Kunstbegriffe nebeneinander verwenden, wobei Sie die Frage schnell abhandeln können, wenn der relativ einfach zu handhabende formelle Kunstbegriff einschlägig ist; erwähnen Sie den materiellen und offenen Begriff aber gleichwohl noch kurz.

Mit dem relativ weiten Verständnis von Kunst schwer zu vereinbaren ist es, wenn Kunst schon dort ausgeschieden werden soll, wo ein Eingriff in fremde Rechte vorliegt.[694] Dieser Schutz einer auch sonst erlaubten Tätigkeit, auch wenn sie künstlerisch geschieht, schränkt zwar den Schutzbereich angesichts der schrankenlosen Gewährleistung auf den ersten Blick sinnvoll ein. Doch dürfte es gerade erst die Frage einer Güterabwägung sein, inwiefern hier betroffene Rechte evtl. hinter der Kunstfreiheit zurücktreten müssen.

217

---

689   Vgl. Hildebrandt, JuS 1993, 580 ff.

690   Ergänzend zu den Kunstbegriffen und als Beispiel für ihre Darstellung in der Klausur Hildebrandt, JuS 1993, 580 (581). Lesenswert diese Klausur auch im Hinblick auf die aktuelle Thematik der Rechtfertigung extremistischer Parolen als Kunst.

691   BVerfGE 30, 173 (188 f.) = **juris**byhemmer.

692   BVerfGE 67, 213 (265) - Anachronistischer Zug = **juris**byhemmer; wegen dieser typischerweise weiten Deutbarkeit verlangt die Kunstfreiheit auch, im Zweifel eine Deutung vorzunehmen, mit der die künstlerische Betätigung z.B. nicht verboten werden kann oder strafbewährt ist, vgl. a.a.O., 230.

693   Zu all diesen Kriterien Jarass/Pieroth, Art. 5 GG, Rn. 67.

694   So wohl Pieroth/Schlink, Rn. 700 ff. in sehr weiter Auslegung von BVerfG, NJW 1984, 1293 = **juris**byhemmer, wo klargestellt wird, dass es nicht zur Kunst gehöre, fremdes Eigentum zum Zwecke künstlerischer Gestaltung in Anspruch zu nehmen.

Problemfeld: Pornographie als Kunst?	Eine in jüngerer Zeit häufiger diskutierte Frage war das Verhältnis von Kunst und Pornographie, insbesondere im Hinblick auf eine Indizierung als jugendgefährdende Schrift. Dazu hat das BVerfG klargestellt, dass auch Pornographie Kunst sein kann, mithin die Kunstfreiheit bei Entscheidungen auch über ein pornographisches Werk zu berücksichtigen ist,[695] was andererseits nach einer Entscheidung des BVerwG eine Indizierung nicht ausschließt, wenn das Werk „schlicht jugendgefährdend" ist.[696]

218

geschützt: Werk- und Wirkbereich — Geschützt wird „Werk- und Wirkbereich"[697] der Kunst, also sowohl ihre Gestaltung als auch ihre Vermittlung an Dritte (Ausstellung, Werbung hierfür etc.), wohl aber durch Art. 5 III GG nicht ihre wirtschaftliche Vermarktung in vollem Umfang, soweit nicht durch wirtschaftliche Eingriffe eine freie künstlerische Betätigung faktisch unmöglich wird.

219

nicht aber Kunstkritik per se — Nicht mehr erfasst vom Wirkbereich wird die Kunstkritik,[698] wobei diese natürlich ihrerseits als künstlerische literarische Auseinandersetzung oder zumindest als Meinungsäußerung geschützt sein kann.

Aus Art. 5 III GG folgt kein Anspruch des Künstlers auf Publikation und Ausstellung seines Werks durch die Stadt. Eine Vorauswahl zugunsten einer städtischen Ausstellung ist bei sachgerechtem Vorgehen nicht zu beanstanden.[699]

II. Wissenschaftsfreiheit

Wissenschaft: ernsthafter und planmäßiger Versuch der Wahrheitsermittlung — Wissenschaft ist nach einer Definition des BVerfG „jede Tätigkeit, die nach Inhalt und Form als ernsthafter planmäßiger Versuch der Wahrheitsermittlung anzusehen ist".[700] Erforderlich ist nach h.M. sowohl das Aufbauen auf einen gewissen Kenntnisstand (wobei natürlich auch „Grundlagenforschung" umfasst ist) als auch das Bemühen um Kenntniserweiterung mit einer planvollen Methode. Hier werden in der Klausur aber i.d.R. keine Schwierigkeiten liegen.

220

Forschung und Lehre als Unterbegriffe — Dabei sind Forschung und Lehre als Aspekte der Wissenschaft mitumfasst, sodass die Wissenschaftsfreiheit insoweit als umfassender Überbegriff zu verstehen ist. Geschützt werden wie bei der Kunstfreiheit sowohl der Werk- als auch der Wirkbereich, d.h. die Verbreitung der gefundenen neuen Erkenntnisse.[701]

Angesichts des (mit finanziellen Gründen zu erklärenden) Staatsmonopols in vielen Bereichen der Wissenschaft ist Art. 5 III S. 1 Alt. 2 GG wohl auch als Teilhaberecht und Organisationsauftrag zu verstehen, bei dessen Erfüllung aber ein beträchtlicher Spielraum für den Staat besteht.[702]

Träger des Grundrechts können alle wissenschaftlich Tätigen sein, auch juristische Personen, insbesondere auch Universitäten bzw. Fachhochschulen[703] oder ihre Fakultäten. Studenten sind erfasst, soweit sie wissenschaftlich arbeiten. Soweit sie „nur" lernen, ist Art. 12 GG einschlägig. Im Schulbereich dürfte Art. 7 GG als lex specialis vorgehen.

695 BVerfGE 83, 130 (139) = **juris**byhemmer.
696 BVerwGE 91, 223 = **juris**byhemmer.
697 BVerfGE 30, 173 (89); 67, 312 (224) = **juris**byhemmer.
698 Vgl. BVerfG, NJW 1993, 1462 = **juris**byhemmer.
699 VGH München, NJW 1996,1165 = **juris**byhemmer.
700 E 35, 79 (113); 47, 327 (367).
701 BayVGH, NJW 2003, 1618 = BayVBl. 2003, 339 = **juris**byhemmer: Die Ausstellung „Körperwelten" gehört zum Wirkbereich der Wissenschaftsfreiheit, da die Verbreitung der Erkenntnisse auch auf ungewöhnliche Weise erfolgen darf (Populärwissenschaften).
702 Dazu näher BVerfGE 35, 79 (114 ff.) = **juris**byhemmer - Hochschulurteil; dabei wird dieser Spielraum aber geringer, je weniger reine Organisations-, sondern Wissenschaftsfragen i.e.S. betroffen sind.
703 BVerfG, Beschluss vom 17.02.2016, 1 BvL 8/10 = **juris**byhemmer.

Zur Erinnerung: Auf Art. 5 III GG können sich in Ausnahme zur sonstigen Auslegung des Art. 19 III GG sogar juristische Personen des öffentlichen Rechts berufen.[704]

Nicht als Eingriffsvorbehalt, sondern wohl schon als Schutzbereichsbeschränkung ist Art. 5 III S. 2 GG zu verstehen, sodass die Lehre dann aus dem Schutz der Wissenschaftsfreiheit völlig herausfällt, wenn sie zum Kampf gegen die verfassungsrechtliche Ordnung missbraucht wird, wobei kritische Äußerungen aber natürlich nicht schlechterdings verboten sind.

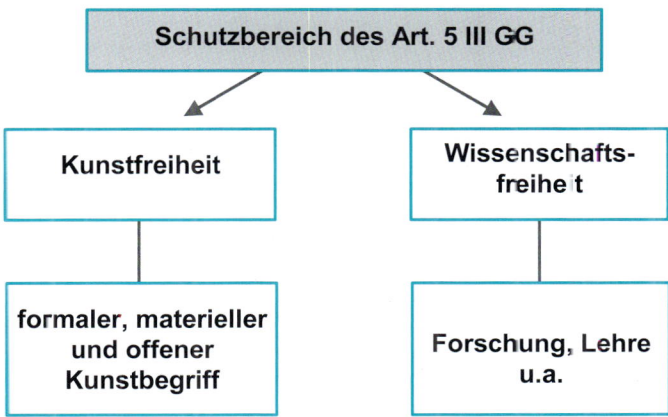

B) Eingriffe

Eingriffe

Eingriffe in Kunst- oder Wissenschaftsfreiheit können wie bei Art. 5 I GG in allen schutzbereichsverkürzenden Verboten, Sanktionen oder tatsächlichen Maßnahmen liegen.   221

C) Schranken

Schranken: kollidierendes Verfassungsrecht

Art. 5 III GG ist seinem Wortlaut nach grenzenlos gewährt. Nach dem BVerfG[705] und ihm folgend der h.L. ist insbesondere ein Rückgriff auf die Schranken des Art. 5 II GG oder die Schrankentrias des Art. 2 I GG abzulehnen.[706] Ebenso ist eine Schrankenübertragung kraft Grundrechtskonkurrenz abzulehnen.[707]   222

Somit bleibt auch hier nur der Rückgriff auf die praktische Konkordanz bzw. auf kollidierendes Verfassungsrecht.[708]

> **Bsp.:** *Ein typisches Problem wäre das Verbot von Tierversuchen an der Universität.[709]*

hemmer-Methode: Ein Problem für Klausur (und Praxis) ist es u.U., hier solches Verfassungsrecht zu finden, wo es auf den ersten Blick schwer zu sehen ist, andererseits das geschulte Indiz sagt, dass eine Berufung auf die Kunstfreiheit nicht interessengerecht sein kann. Insoweit ist fraglich, ob die extensive Bestimmung des Schutzbereichs den Intentionen des Verfassungsgebers bei der schrankenlosen Gewährleistung gerecht wird.

---

704   Vgl. oben Rn. 22.

705   E 30, 173 (191 f.).

706   Vgl. dazu näher auch oben Rn. 141.

707   Vgl. näher oben Rn. 141; vgl. auch, Manssen, JuS 1992, L 60.

708   Beispiele aus Klausurfällen: die Menschenwürde bei extremistischen Parolen in Liedern, Hildebrandt, JuS 1993, 580; das Recht auf körperliche Unversehrtheit (dazu auch oben Rn. 169 m.w.N.) wegen psychischer Beeinträchtigungen durch Bauwerke bzw. Art. 28 II GG als grundrechtsgleiches Recht, wenn durch ein Bauwerk die gemeindliche Bauplanung beeinträchtigt wird, Manssen, JuS 1992, L 60.

709   Hier können Sie die Argumentation zur Zulässigkeit des Schächtens übernehmen, vgl. oben Rn. 199.

Indes ist an dieser Entwicklung (zumindest i.R.d. Klausur) nicht zu rütteln, sodass eine gewisse Phantasie beim Finden des kollidierenden Verfassungsrechts gefragt und (trotz aller dogmatischen Bedenken) z.B. auch an die Gesetzgebungskataloge zu denken ist. Hier kann in der Klausur darauf hingewiesen werden, dass ein solches Vorgehen die grenzenlose Gewährleistung nicht unterläuft, wenn man sie in der Güterabwägung gebührend berücksichtigt.

Lösungshinweise zum Einstiegsfall:

Neben der in der Klausur hier ebenfalls zu prüfenden Meinungsäußerungsfreiheit ist v.a. die Kunstfreiheit entscheidend:

Der Schutzbereich des Art. 5 III S. 1 Alt. 1 GG dürfte hier schon nach dem formalen Kunstbegriff eröffnet sein, da es sich um eine Strophe aus einem Lied als klassischer Kunstform handelt. Ein Eingriff liegt in der Sanktionierung der Aufführung des Kunstwerks vor. Eine Verletzung der Kunstfreiheit läge jedenfalls dann vor, wenn das verurteilende Gericht unter (der Kunst eigentümlichen) mehreren Deutungsmöglichkeiten gerade nur die strafbare herausgegriffen hätte, indes ist hier gar keine anderer Deutung möglich, wenn der Sachverhalt nicht von einer eindeutig satirischen Darstellung ausgeht.

Im Übrigen müsste eine Rechtfertigung für den Eingriff bestehen: eine Übertragung der Schranken des Art. 2 I GG ist ebenso abzulehnen wie eine der Schranken des Art. 5 II GG (weder generell, noch hier konkret kraft Grundrechtskonkurrenz mit Art. 5 I GG). Es kommen aber die Menschenwürde der im Lied angegriffenen Ausländer sowie das Schutzgut des öffentlichen Friedens als kollidierende Verfassungsrechtsgüter in Betracht, von denen hier im Ergebnis zumindest erstere auch der Kunstfreiheit vorgehen wird.

§ 17 SCHUTZ VON EHE, FAMILIE UND ERZIEHUNGSRECHT, ART. 6 GG

Einstiegsfall: Bundesland L vergibt für Nachwuchswissenschaftler, die ein weit überdurchschnittliches Examen abgelegt haben, Promotionsstipendien. Von der Vergabe eines solchen sind allerdings verheiratete Personen ausgeschlossen, da diese ohnehin durch ihren Partner unterhalten werden könnten und sich auch aufgrund der mit diesem verbrachten Zeit auch nicht ausreichend der Promotion widmen würden. Der verheiratete Diplomchemiker D, der ein überragendes Studienergebnis erzielt hat, fühlt sich in seinen Grundrechten verletzt.

Art. 6 GG ist i.d.R. für die Grundrechtsklausur von geringer Bedeutung, verdient aber doch eine gewisse Beachtung, da es zum einen für die Auslegung in anderen Rechtsgebieten von Bedeutung sein kann (Familienrecht, Verwaltungsrecht, Steuerrecht), zum anderen eine relativ vielschichtige Vorschrift ist: Einerseits enthält sie echte Abwehrrechte (Absätze eins bis drei), deren Schutzbereich freilich z.T. stark normgeprägt ist, andererseits auch Leistungsrechte und Gestaltungsaufträge (Absätze eins und vier) sowie die Institutsgarantie der Ehe (Absatz eins).

A) Schutzbereich der Abwehrrechte

I. Ehe

„verweltlicht, bürgerlich-rechtl. Ehe"; auch hinkende Ehe und Scheinehe, nicht aber „wilde Ehe"

Die Ehe ist als soziales Gebilde die umfassende, grds. unauflösbare Gemeinschaft zwischen Mann und Frau, der als rechtliches Gebilde das Bild der verweltlichten bürgerlich-rechtlichen Ehe zugrunde liegt, die in der durch die entsprechenden Gesetze vorgesehenen Form geschlossen wird.[710] Diese Definition steht freilich der Möglichkeit einer Ehescheidung nicht entgegen. Da beide, die soziale und die rechtliche Komponente zusammenkommen müssen, ist problematisch, inwiefern eine sog. „hinkende" Ehe[711] oder eine bloße Scheinehe in den Schutzbereich des Art. 6 I GG fallen, was aber überwiegend bejaht wird, während eine „wilde Ehe" bzw. eine nichteheliche Lebens(abschnitts)gemeinschaft gerade nicht erfasst werden. Ebenso wenig erfasst wird nach dem Ehebegriff des Grundgesetzes die Lebenspartnerschaft gleichgeschlechtlicher Partner.[712]

geschützt: Eheschließungsfreiheit und Zusammenleben

Geschützt ist sowohl die Eheschließungsfreiheit als auch das Zusammenleben mit dem Ehepartner, woraus sich freilich nicht unbedingt ein Anspruch auf Einreise und Aufenthalt des ausländischen Ehepartners ergeben muss;[713] allerdings ist die Ehe z.B. bei der Ermessensentscheidung über die Frage einer Ausweisung zu berücksichtigen.[714]

Zur Ehe gehört z.B. auch der Charakter als Versorgungsgemeinschaft.[715] Aus der Förderungspflicht kann sich u.U. auch ein spezieller Schutzanspruch bzw. ein Bevorzugungsgebot für Ehegatten ergeben.[716]

223

---

710 Vgl. BVerfGE 53, 224 (245) = **juris**byhemmer.

711 Zum Begriff vgl. Pieroth/Schlink, Rn. 722.

712 BVerfG, Beschluss vom 07.05.2013, 2 BvR 909/06 u.a. = **Life&Law 08/2013** = **juris**byhemmer.

713 Vgl. BVerfGE 76, 1 (47) = **juris**byhemmer.

714 Vgl. BVerfGE 51, 386 (397 f.) = **juris**byhemmer.

715 Vgl. BVerfGE 53, 257 (297); 57, 361 (378 ff.), wo jeweils auch auf die über die Ehe hinausgehenden Wirkungen (z.B. nach einer Scheidung) abgestellt wird: **alle Entscheidungen** = **juris**byhemmer.

716 Vgl. zum Steuersplitting BVerfGE 6, 55 ff. = **juris**byhemmer.

II. Familie

Als Familie hatte das BVerfG zunächst v.a. die Kleinfamilie i.S.d. Lebensgemeinschaft von Eltern und Kindern verstanden,[717] allerdings von einer Begrenzung auf die traditionelle, vollständige Kleinfamilie mehr und mehr abgesehen.[718]

224

III. Elternrecht

Recht der Eltern zu Pflege und Erziehung

Das Recht der Eltern zur Pflege und Erziehung, Art. 6 II S. 1 GG, wurde gegenüber dem Schutz der Familie verselbstständigt und in seiner Bedeutung damit noch verstärkt. Es umfasst die Sorge um das körperliche Wohl, die seelische und geistige Entwicklung sowie Bildung und Ausbildung.

225

B) Eingriffe

diff.: Eingriffe contra Ausgestaltung

Bei der Frage nach dem Eingriff in diese z.T. normgeprägten Rechte ist zu differenzieren: Definierende Regelungen sind solange keine Eingriffe, wie sie dem verfassungsrechtlichen Ehebegriff noch entsprechen.[719] Sonstige Regelungen können Eingriffe darstellen, wenn sie entweder die Ehe bzw. Familie in ihrer Freiheit beschränken, aus der Verfassung geschuldeten Schutz (vgl. o.) nicht gewährleisten[720] oder rechtliche Nachteile speziell an die Ehe geknüpft werden.[721]

226

besonderes Diskriminierungsverbot

Art. 6 I GG ist insoweit ein spezielles Diskriminierungsverbot.[722] Die Ehe bzw. die Eheleute dürfen gerade gegenüber Partnern einer nichtehelichen Lebensgemeinschaft nicht schlechter gestellt werden.[723]

> **hemmer-Methode:** Nach Ansicht des BVerfG verpflichtet Art. 6 I GG den Gesetzgeber allerdings nicht zwingend dazu, die Ehe besser zu stellen als andere Lebensformen. Art. 6 I GG enthält kein „Abstandsgebot".[724] Die Gegenansicht argumentiert damit, dass die Ehe unter dem besonderen Schutz des Gesetzes stehe. Diese Besonderheit gehe aber in dem Moment verloren, in dem andere Lebensgemeinschaften ähnlich gut geschützt werden. Dies trifft nach Ansicht des BVerfG nicht zu. Zum einen ist ein „besonderer Schutz" schon begrifflich kein „einzigartiger Schutz". Zum anderen bleibt die Ehe immer noch besonders geschützt, da nur sie unter dem Schutz des Grundgesetzes steht.[725]

Eingriffe in Erziehungsrecht

Eingriffe in das elterliche Erziehungsrecht liegen bei Maßnahmen vor, die dieses im Verhältnis zum Kind beschränken, wobei aber auch hier an die Möglichkeit bloßer gesetzlicher Ausgestaltung zu denken ist.[726]

717　Vgl. BVerfGE 10, 59 (66) = **juris**byhemmer.

718　Erfasst ist z.B. auch das Verhältnis zwischen Vater oder Mutter zum nichtehelichen Kind, zu volljährigen Kindern, Adoptiv- oder Stiefkindern, vgl. die Nachweise bei Richter/Schuppert, S. 193.

719　Vgl. dazu Jarass/Pieroth, Art. 6 GG, Rn. 20, wo der Ausgestaltungsspielraum des Gesetzgebers betont wird.

720　Näher Jarass/Pieroth, Art. 6 GG, Rn. 10 ff.

721　BVerfG, NJW 1999, 557 = **juris**byhemmer.

722　Jarass/Pieroth, Art. 6 GG, Rn. 15 ff.

723　BVerfG, FamRZ 2005, 2047 = **Life&Law 01/2006**: Eine Zweitwohnungssteuer, der Eheleute, die beruflich getrennt leben, anders als die Partner einer nichtehelichen Lebensgemeinschaft nicht entgehen können, ist verfassungswidrig. Eine aktuelle Frage in diesem Zusammenhang ist die nach der Verfassungswidrigkeit von § 1362 BGB, § 739 ZPO. Da der BGH eine analoge Anwendung auf eine nichteheliche Lebensgemeinschaft ablehnt, BGH, FamRZ 2007, 457 = **Life&Law 2007, 237**, könnte in diesen Vorschriften eine verfassungswidrige Benachteiligung der Ehe liegen: **alle Entscheidungen** = jurisbyhemmer.

724　BVerfG, NJW 2002, 2543: Verfassungskonformität des LPartG = **juris**byhemmer; über Art. 3 I GG konstruiert das BVerfG mittlerweile sogar eine Pflicht für den Gesetzgeber, die Lebenspartnerschaft weitgehend der Ehe anzugleichen, BVerfG, Beschluss vom 07.05.2013, 2 BvR 909/06 u.a. = **Life&Law 08/2013** = jurisbyhemmer.

725　BVerfG, NJW 2002, 2543 = **juris**byhemmer; vgl. auch Diederichsen, „Homosexuelle – von Gesetzes wegen?", NJW 2000, 1841.

726　Vgl. Jarass/Pieroth, Art. 6 GG, Rn. 29 ff.

> **hemmer-Methode:** Das elterliche Erziehungsrecht tritt gerade bei kleinen Kindern an die Stelle der entsprechenden Grundrechte der Kinder. So verletzt das Kopftuch einer Lehrerin bei Erstklässlern weniger deren Religionsfreiheit, da Kinder in diesem Alter noch keine eigene religiöse Überzeugung haben, sondern mehr das elterliche Erziehungsrecht.

C) Schranken

Schutz der Ehe vorbehaltlos

Da der Schutz von Ehe und Familie vorbehaltlos gewährleistet ist, kommt als Rechtfertigung für definierende Regelungen überschreitende Eingriffe nur kollidierendes Verfassungsrecht in Betracht.

227

Schranke für Erziehungsrecht: Art. 6 II S. 2, III GG

Für Eingriffe in das elterliche Erziehungsrecht enthalten Art. 6 II S. 2, III GG Eingriffsvorbehalte, wobei letzterer schon dem Wortlaut nach ein qualifizierter ist, aber auch für weniger einschneidende Maßnahmen als die Trennung im Fall des Art. 6 II S. 2 GG. Voraussetzung für einen Eingriff ist, dass dieser dem Kindeswohl dient.[727]

> Lösungshinweise zum Einstiegsfall:
>
> Hier kommt der Schutz der Ehe in seiner Ausprägung als Diskriminierungsverbot zum Ausdruck. Aus der Eigenschaft des Verheiratetseins wird eine benachteiligende Konsequenz gezogen, obwohl das Stipendium - anders als z.B. BAföG-Leistungen - nicht primär nur der Sicherung des Lebensunterhalts, sondern v.a. der Förderung herausragender wissenschaftlicher Leistungen dient. Somit steht D aber effektiv deshalb schlechter, weil er verheiratet ist. Da der Staat bei der Vergabe von Leistungen einen gewissen Spielraum hat, ist es zwar (wenngleich verfassungsrechtlich äußerst bedenklich, so doch) gängige Praxis, eine Anrechnung des Einkommens des Ehegatten auf Leistungen dieser Art vorzunehmen, indes dürfte die Grenze der verfassungsrechtlichen Zulässigkeit überschritten sein, wenn eine Förderung Verheirateter unabhängig vom Einkommen des Ehegatten völlig ausgeschlossen wird. Auch das Argument der mit dem Ehegatten verbrachten Zeit kann nicht durchgreifen, wenn der Kandidat gleichwohl die erforderlichen wissenschaftlichen Voraussetzungen mitbringt.

727   Vgl. näher Pieroth/Schlink, Rn. 742 ff., auch zum Problem der Entziehung durch Wehrdienst oder Freiheitsstrafe m.w.N.; Jarass/Pieroth, Art. 6 GG, Rn. 32 f.

§ 18 SCHULORGANISATIONSGEWALT UND SCHULISCHE GRUNDRECHTE, ART. 7 GG

Einstiegsfall:[728] *Die anthroposophische W-Schule ist ein privates Gymnasium, das seine Schüler auf ein reguläres staatliches Abitur vorbereitet. Es wird entsprechend dem einschlägigen Landesgesetz finanziell unterstützt, indes noch nicht mit dem vollen Satz, da dieser erst nach einem Bestehen der Schule über zehn Jahre hin fällig wird, die W-Schule vor Ort aber erst vor drei Jahren gegründet wurde.*

Art. 7 GG umfasst zur Thematik der Schule einen relativ inhomogenen Regelungskomplex: Während die Absätze zwei und drei „schulische Grundrechte" gewähren und die Absätze vier und fünf die Privatschulfreiheit garantieren, regelt Absatz eins die Schulorganisationsgewalt des Staates. Diese bildet kein Grundrecht und soll deshalb hier nicht näher behandelt werden, erwähnt sei nur so viel: Die Schulaufsicht ist die „Gesamtheit der staatlichen Befugnisse zur Organisation, Planung, Leitung und Beaufsichtigung des Schulwesens",[729] welche nach der Grundsatzregel des Art. 30 GG den Ländern zusteht. Art. 7 I GG verdrängt nicht das Erziehungsrecht der Eltern aus Art. 6 II GG,[730] sondern muss zu diesem i.S.d. praktischen Konkordanz in Ausgleich gebracht werden.[731]

A) Schutzbereich

I. Religionsunterricht, Art. 7 II, III GG

Regelung des Art. 7 II, III GG

Art. 7 II GG gewährleistet das Recht der Erziehungsberechtigten, über die Teilnahme am Religionsunterricht zu bestimmen und ist eine Konkretisierung des elterlichen Erziehungsrechts aus Art. 6 II GG.

Art. 7 III S. 3 GG enthält das Recht für Lehrer, die Unterrichtung in Religion abzulehnen, und konkretisiert somit ihre Religions- und Weltanschauungsfreiheit aus Art. 4 I GG.

Art. 7 III S. 2 GG enthält schließlich ein Grundrecht der Religionsgemeinschaften hinsichtlich der Gestaltung des durch Art. 7 III S. 1 GG an öffentlichen Schulen als ordentlichem Lehrfach garantierten Religionsunterrichts.

> **hemmer-Methode: Einzelheiten zu diesem Bereich würden den Rahmen dieses Skripts überschreiten. Machen Sie sich aber klar, dass durch Art. 7 II, III GG andere Grundrechte z.T. konkretisiert werden, wodurch z.B. zum Ausdruck kommt, dass das Grundrecht der Lehrer aus Art. 4 I GG gerade nicht aus Gründen der Unterrichtsplanung eingeschränkt werden darf bzw. dass durch den staatlich garantierten (und finanzierten!) Religionsunterricht die grundsätzliche Trennung von Staat und Kirche z.T. durchbrochen wird. Wenn überhaupt, kommt es also in der Klausur v.a. darauf an, dass Sie die Bestimmungen finden und in ihrem Verhältnis zu anderen Normen auslegen.**

228

---

728   Vgl. BVerfG, DVBl 1994, 746 = **juris**byhemmer.

729   BVerwGE 6, 101 (104), st. Rspr. und h.L.; vgl. aus jüngerer Zeit die Bestätigung der Verfassungsgemäßheit einer allgemeinen Schulpflicht durch BVerwG, NVwZ 1992, 370 = **juris**byhemmer.

730   Dazu oben Rn. 225.

731   Vgl. dazu beispielhaft BVerfGE 34, 165 (182 f.) - Förderstufe = **juris**byhemmer.

II. Privatschulfreiheit

Privatschulfreiheit; diff. Ersatz- und Ergänzungsschulen

Art. 7 IV GG gewährleistet Privatpersonen bzw. Gruppen das Recht, Privatschulen zu errichten und - um das Grundrecht nicht faktisch leer laufen zu lassen - auch zu betreiben. **229**

Dabei ist zu differenzieren zwischen sog. Ersatz- und Ergänzungsschulen, wobei für den ersteren Typus, der nach dem mit seiner „Errichtung verfolgten Gesamtzweck als Ersatz für eine in dem Land vorhandene oder grundsätzlich vorgesehene öffentliche Schule dienen soll[732]", die Einschränkungen des Art. 7 IV S. 2 - 4 (Genehmigungserfordernis) und V (Sondervoraussetzungen für Volksschulen, was nach heutiger Lesart den Grundschulen entspricht[733]) GG gelten.

auch Einrichtungsgarantie ⇨ u.U. auch Förderungsanspruch

Neben dem Abwehrrecht gegen staatliche Beeinträchtigungen der Privatschulen enthält Art. 7 IV GG auch eine Einrichtungsgarantie des Privatschulwesens,[734] aus welchem eine Schutz- und v.a. eine Förderungspflicht erwächst, die auch finanzielle Unterstützung umfassen kann, deren Rahmen und weitere Voraussetzungen im Einzelnen streitig sind.[735]

B) Eingriffe

Eingriffe in die Freiheiten des Art. 7 II und III GG liegen in einer Beeinträchtigung der garantierten Freiheiten. **230**

nach h.M. Genehmigungserfordernis des Art. 7 IV S. 2 GG kein Eingriff

Eingriffe in die Privatschulfreiheit liegen in aller Maßnahmen, die das Errichten oder Betreiben einer Privatschule beeinträchtigen Von der h.L. wird allerdings das Genehmigungserfordernis des Art. 7 IV S. 2 GG nicht als Eingriff betrachtet,[736] sondern vielmehr Art. 7 IV GG wegen der Nennung des Genehmigungserfordernisses bereits im Verfassungstext als normgeprägtes Grundrecht betrachtet. An Art. 7 IV GG zu prüfen bleibt aber die jeweilige Ausgestaltung des Genehmigungserfordernisses, das in einen Eingriff umschlagen kann. Soweit man Leistungsrechte aus Art. 7 IV GG ableitet, kann ein Eingriff auch in Nichtgewährung einer geschuldeten Leistung liegen.

C) Schranken

grds. keine Schranken

Sämtliche Grundrechte des Art. 7 GG sind schrankenlos gewährt, insbesondere stellt auch Art. 7 IV GG keinen Gesetzesvorbehalt im eigentlichen Sinne dar, vgl. o. Gewisse Einschränkungen können sich durch die staatliche Schulaufsicht ergeben, die zu den garantierten Freiheiten in einen angemessenen Ausgleich zu bringen sind. Allerdings ist zu beachten, dass Art. 7 II, III S. 2 GG gerade zum Ausdruck bringen, dass die durch sie konkretisierten Grundrechte der Art. 6 II, 4 I GG nicht durch die Schulaufsicht bzw. die Unterstellung unter das Sonderstatusverhältnis Schule angetastet werden dürfen, soweit die speziellen Ausprägungen reichen (vgl. o.). **231**

---

732   Vgl. BVerfGE 27, 195 (201 f.) = **juris**byhemmer.

733   Zu den Voraussetzungen und auch zur Kontrolldichte hinsichtlich einer Nichtzulassungsentscheidung BVerfGE 88, 40 = **juris**byhemmer.

734   Vgl. bereits BVerfGE 6, 309 (355); 27, 195 (200 f.): **alle Entscheidungen** = **juris**byhemmer.

735   Vgl. dazu Jarass/Pieroth, Art. 7 GG, Rn. 18 m.w.N.

736   Vgl. Pieroth/Schlink, Rn. 771, 768; Jarass/Pieroth, Art. 6 GG, Rn. 14 ff.

Lösungshinweise zum Einstiegsfall:

Ein (höherer) Förderungsanspruch der W-Schule kann überhaupt nur bestehen, wenn Art. 7 IV GG über ein Abwehrrecht hinaus auch ein Leistungsrecht beinhaltet. Dies wird überwiegend bejaht, wobei zur Begründung auf die objektiv-rechtliche Garantie der Privatschulfreiheit zurückgegriffen wird.

Problematisch ist dann allerdings, ob jede einzelne Schule einen Förderungsanspruch hat oder ob nur die Existenz der Privatschulen überhaupt gesichert sein muss. Für eine weite Auslegung könnte zum einen sprechen, dass dem Staat durch den Betrieb von Privatschulen auch Kosten erspart werden, zum anderen, dass gerade bei den Ersatzschulen (hier einem Gymnasium) die strengen Anforderungen des Art. 7 IV S. 2 - 4 GG sonst kaum zu erfüllen sind. Andererseits bedeutet dies nicht, dass jede Schule sofort maximale Förderung erhalten muss, eine Differenzierung danach, ob die Schule sich über längere Zeit halten kann, erscheint angesichts der begrenzten insgesamt zur Verfügung stehenden Mittel vertretbar. Allerdings darf die Wartezeit bis zur vollen Förderung nicht so lange dauern, dass einer neuen Privatschule das Überleben unmöglich gemacht wird, insofern ist der lange Zeitraum von zehn Jahren bedenklich, freilich ist hier in der Klausur im Einzelfall bei entsprechender Begründung jedes Ergebnis vertretbar.

§ 19 VERSAMMLUNGSFREIHEIT, ART. 8 GG

Einstiegsfall: Angesichts des drohenden Verkehrskollapses in den Innenstädten beschließt der Bundestag ein Gesetz, nachdem Versammlungen und Umzüge in den Zentren von Städten über 100.000 Einwohnern nur noch in Fußgängerzonen stattfinden dürfen. Der V-Verein, der in einer deutschen Großstadt jedes Jahr einen historischen Umzug veranstaltet, bei dem die Teilnehmer in Original-Rüstungen und mit alten Kriegsgeräten durch die Stadt ziehen, fühlt sich in seinen Grundrechten verletzt.

Art. 8 GG gilt als Grundrecht, das zusammen mit Art. 5 I GG besonders die freie politische Willensbildung schützt. Auf diese große Bedeutung wird auch vom BVerfG in seinen Entscheidungen hingewiesen[737] und auch in der Klausur darf dieser gängige Topos für die Argumentation verwendet werden. Die besondere Klausurrelevanz des Art. 8 GG ergibt sich zum einen daraus, dass an ihm bei einigen Streitfragen die saubere Auslegung und das Beherrschen der Grundrechtsdogmatik bewiesen werden können (vgl. dazu sogleich), zum anderen aus der Verknüpfung mit interessanten und praxisnahen sicherheitsrechtlichen Fragen in verwaltungsrechtlichen Klausuren.[738]

A) Schutzbereich

I. Persönlicher Schutzbereich

DeutschenGR

Art. 8 I GG schützt nur die Versammlungsfreiheit aller Deutschen. Wer i.S.d. Art. 8 I GG Deutscher ist, bestimmt sich nach Art. 116 GG.[739] Die Versammlungsfreiheit von Ausländern ist demnach - wenn überhaupt - nur durch Art. 2 I GG geschützt.[740]   **232**

II. Sachlicher Schutzbereich

Geschützt ist das Recht, sich friedlich und ohne Waffen zu versammeln, und zwar über den Wortlaut des Art. 8 I GG hinaus umfassend und nicht nur speziell gegen Anmeldungs- und Erlaubnispflichten:

Versammlungsdefinition

1. Eine Versammlung ist die Zusammenkunft mehrerer Personen zur Verfolgung eines gemeinsamen Zwecks.   **233**

Mindestzahl str.: zwei, drei oder sieben

a) Wie viele Personen erforderlich sind, ist umstritten, z.T. wird von sieben, z.T. von drei, z.T. sogar von nur zwei Teilnehmern ausgegangen.[741] Das BVerfG präferiert insoweit eine weite Auslegung und lässt bereits zwei Teilnehmer ausreichen.[742]   **234**

Eine Sonderkonstellation ließe sich in die Klausur einbauen, wenn z.B. von drei Versammlungsteilnehmern zwei Ausländer wären:

---

737 Vgl. E 69, 315 (345).

738 Insbesondere das Versammlungsgesetz (VersammlG) und das Verhältnis zum allgemeinen Sicherheits- und Polizeirecht sind äußerst examensrelevant. Vgl. dazu vertiefend - soweit vorhanden - die länderspezifischen Sicherheitsrechtskripten von **Hemmer/Wüst**.

739 Näher dazu Jarass/Pieroth, Art. 116 GG, Rn. 1 - 6.

740 Zum Streit, inwiefern Art. 2 I GG für Ausländer als Auffanggrundrecht fungieren kann, vgl. oben Rn. 149.

741 Vgl. Pieroth/Schlink, Rn. 782 m.w.N.

742 BVerfG DÖV 2011, 282 ff. = **Life&Law 08/2011** = **juris**byhemmer, vgl. für Bayern auch die einfachgesetzliche Definition in Art. 2 I BayVersG.

Wenn man einen Schutz der Ausländer jedenfalls über Art. 2 I GG bejaht, spricht wohl mehr dafür, eine Versammlung anzunehmen, sodass sich der Deutsche auf Art. 8 GG berufen kann, jedoch ist auch die Gegenansicht sicher gut vertretbar, zumal es zu diesem Problem kaum Stellungnahmen gibt.[743]

hemmer-Methode: Im Regelfall wird hier kein Problem liegen, sodass das Zitat der „Zusammenkunft mehrerer" genügt. Sollte sich in der Klausur eine ganz kleine Gruppe auf Art. 8 GG berufen, können Sie, wie vorstehend, mit dem allgemeinen Sprachgebrauch oder Sinn und Zweck des Grundrechts argumentieren.

h.M.: Zweck: Willensbildung (a.A.: jeder Zweck ausreichend) dabei z.T.: nur Willensbildung in öffentlichen Angelegenheiten

235

b) Streitig ist auch, welchen Zweck die Personen verfolgen müssen. Nach h.M., insbesondere nach der Rechtsprechung des BVerfG, muss die Zusammenkunft darauf gerichtet sein, gemeinsam eine Meinung zu bilden oder zu äußern.[744] Dagegen will eine Mindermeinung jeden Zweck genügen lassen, also auch die „bloße Freude am Zusammensein", was wieder mit dem vermeintlichen Schutzgut „Schutz vor Isolierung" begründet wird.[745] Eine strengere Ansicht dagegen will nur eine Meinungsbildung und -äußerung zu öffentlichen Angelegenheiten durch Art. 8 I GG geschützt sehen.[746] Dagegen spricht freilich, dass Art. 5 I GG als Art. 8 I GG korrespondierendem Kommunikationsgrundrecht auch nicht nur eine Meinungsäußerung zu Angelegenheiten im öffentlichen Interesse umfasst.

An die gemeinsame Meinungskundgabe sind allerdings keine überhöhten Anforderungen zu stellen. So ist auch die Aussage „Wir sind dagegen" eine Meinung, sodass auch eine Gegendemo eine Versammlung i.S.d. Art. 8 I GG ist, wenn sie ihr Anliegen friedlich und ohne Waffen kundtut. Die kollektive Meinungskundgabe muss auch nicht ausdrücklich und „laut" geschehen, sondern kann auch konkludent erfolgen. Auch ein Schweigemarsch kann demnach Versammlung sein![747]

hemmer-Methode: Zwar wird häufig auch hier kein Problem liegen, wenn es sich z.B. um eine politisch motivierte Demonstration handelt. Allerdings ist die Frage nach dem Versammlungszweck durchaus ein beliebtes Klausurthema, sodass Sie die vertretenen Ansichten kennen und in der Lage sein sollten, begründet Stellung zu ihnen zu nehmen. Klausurtaktisch wird es i.d.R. am geschicktesten sein, der h.M. zu folgen, dabei aber die „Meinungsbildung und -äußerung" extensiv auszulegen, sodass z.B. auch kulturelle Veranstaltungen i.d.R. erfasst sein werden, um nicht frühzeitig aus der Prüfung zu fallen. Sie können daher schon an dieser Stelle erwähnen, dass die unterschiedliche Bedeutung für die Allgemeinheit bei einer späteren Güterabwägung eine Rolle spielen kann.

diff: Versammlung bzw. Ansammlung

Abzugrenzen ist eine Versammlung i.S.d. Art. 8 I GG von der bloßen Ansammlung als einem zufälligen Zusammenkommen mehrerer Personen ohne gemeinsamen Zweck.

---

743   Ein so gelagerter Fall findet sich bei Schaefer, JuS 1993, L 4; für Art. 9 GG wird vertreten, dass ein Deutscher, der in einem von Ausländern dominierten Verein Mitglied ist, sich nicht auf Art. 9 I GG berufen kann, M/D-Scholz, Art. 9 GG, Rn. 50.

744   Vgl. BVerfGE 69, 315 (342 f.): „Ausdruck gemeinschaftlicher auf Kommunikation angelegter Entfaltung"; Stein, § 14 II; AK-Hoffmann-Riem, Art. 8 GG, Rn. 12 f.; Jarass/Pieroth, Art. 8 GG, Rn. 2; Frowein, NJW 1985, 2376; vgl. hierzu auch OVG Berlin, NJW 2001, 1740, bestätigt von BVerfG, NJW 2001, 2459 = BayBl. 2001, 687: Versammlungseigenschaft der sog. Love- bzw. Fuck-Parade: **alle Entscheidungen = juris**byhemmer.

745   So Pieroth/Schlink, Rn. 780 (die freilich auch BVerfGE 69, 315 (342 f.) = **juris**byhemmer in einem ähnlichen Sinne verstehen wollen); von Mutius, Jura 1988, 30 (36) m.w.N.

746   Nachweise bei von Mutius, Jura 1988, 30 (36), Fn. 97, 98.

747   BVerfG, DÖV 2011, 282 ff. = **Life&Law 08/2011** = **juris**byhemmer; vgl. auch VGH München, Beschluss vom 02.07.2012, 10 CS 12.1419 = **Life&Law 01/2013** = **juris**byhemmer zur konkludenten Meinungskundgabe durch Zunähen des Mundes.

geschützt: Versammeln und Anreise

c) Geschütztes Verhalten ist v.a. die Veranstaltung der Versammlung inklusive der Fragen über Ort und Zeit, aber auch schon die Vorbereitung und die Anreise zur Versammlung.[748] Aus der Freiheit, den Ort der Versammlung frei zu wählen, ergibt sich aber kein genereller Anspruch darauf, zu einer Versammlung auf eine nicht allgemein zugängliche Fläche zugelassen zu werden; allerdings kann sich aus Art. 8 I GG ein Anspruch auf eine ermessensfehlerfreie Entscheidung hierüber ergeben.[749]

236

Ferner sind nach dem BVerfG schon vom Schutzbereich nicht alle Modalitäten erfasst, so z.B. das Tragen von Uniformen.[750]

Geschützt ist zwar durchaus auch die zum Versammlungszweck kritische Teilnahme, nicht jedoch die Teilnahme (bzw. das selbständige Versammeln nur) zur Störung der Versammlung,[751] da damit der Meinungsbildung gerade in keiner Weise gedient wird.

Neben der positiven ist auch die negative Versammlungsfreiheit geschützt, also das Fernbleiben von Versammlungen.[752]

Schutzbereichsbegrenzung: friedlich und ohne Waffen

2. Die Versammlung ist jedoch nur geschützt, wenn sie friedlich und ohne Waffen abläuft. Dabei handelt es sich bereits um eine Einschränkung des Schutzbereichs.

237

Auch hier stellt sich die Frage, ob eine unfriedliche oder eine Versammlung mit Waffen wenigstens dem Schutz des Art. 2 I GG unterfällt. Obwohl dies auf den ersten Blick ungewöhnlich erschiene, sprechen die besseren Gründe wohl auch hier dafür, wobei sich zumindest bei Unfriedlichkeit wohl fast jeder Eingriff unproblematisch rechtfertigen lässt.

Waffen: § 1 WaffenG und sonstige gefährliche Gegenstände

a) Waffen sind solche nach § 1 WaffenG, aber auch sonstige gefährliche Gegenstände, die mit aggressiver Intention mitgeführt werden. Keine Waffen sind dagegen Schutzgegenstände wie Helme, Gasmasken etc.[753]

238

Im Einzelfall wird man das Waffenverbot nach seinem Sinn und Zweck und der Nennung im Zusammenhang mit der Unfriedlichkeit restriktiv auslegen müssen, wenn zwar Waffen im technischen Sinne vorliegen, diese aber aktuell nicht gebrauchstauglich oder zumindest keinesfalls in Gebrauchsabsicht mitgeführt sind, etwa bei einem historischen Umzug, bei dem Teilnehmer in alten Originaltrachten mit den Originalwaffen mitziehen.

friedlich: nicht gewalttätig oder aufrührerisch

b) Friedlich ist eine Versammlung, die keinen gewalttätigen oder aufrührerischen Verlauf nimmt[754] und bei der keine „körperlichen Handlungen von einiger Gefährlichkeit" auftreten wie „Gewalttätigkeiten oder aggressive Ausschreitungen gegen Personen oder Sachen".[755] Dabei sind v.a. drei klausurrelevante Probleme zu beachten:

239

---

748 Vgl. Jarass/Pieroth, Art. 8 GG, Rn. 4.

749 Vgl. BVerwGE 91, 135 (139 f.) = NJW 1993, 609 ff.; beachte auch BVerfG, Beschluss vom 18.07.2015, 1 BvQ 25/15 = Life&Law 02/2016 = jurisbyhemmer, wonach dies über die mittelbare Drittwirkung auch dazu führen kann, dass der private Eigentümer eines der Allgemeinheit zugänglichen Grundstücks eine Versammlung auf diesem Grundstück dulden muss.

750 So BVerfGE 57, 29 (35 f.). Die Folge ist, dass das Verbot nach § 3 VersammlG nicht in Art. 8 I GG eingreift = jurisbyhemmer.

751 Vgl. BVerfGE 84, 203 (209) = jurisbyhemmer.

752 Vgl. BVerfGE 69, 315 (343) = jurisbyhemmer.

753 Vgl. Jarass/Pieroth, Art. 8 GG, Rn. 6.

754 Vgl. Jarass/Pieroth, Art. 8 GG, Rn. 5.

755 Vgl. BVerfGE 73, 206 (248); 87, 399 (406) = jurisbyhemmer

Unfriedlichkeit nicht wie Gewalt i.S.d. § 240 StGB

aa) Insbesondere bei der Beurteilung sog. Sitzblockaden ist zu berücksichtigen, dass Gewalt i.S.d. Unfriedlichkeit nicht so weit geht wie der vergeistigte Gewaltbegriff, der im Strafrecht i.R.d. § 240 StGB zum Teil vertreten wird bzw. wurde.[756]

abzustellen auf jeden einzelnen Teilnehmer

bb) Soweit nur einige Teilnehmer unfriedlich (oder bewaffnet) sind, kommt den friedlichen Versammlungsteilnehmern Art. 8 GG zugute,[757] es wird also dem Wortlaut entsprechend auf den einzelnen Teilnehmer abgestellt. Eine Versammlung als solche ist erst dann unfriedlich, wenn sie im Ganzen einen unfriedlichen Verlauf nimmt oder der Veranstalter und sein Anhang einen solchen Verlauf anstreben oder zumindest billigen.[758]

Sind nur einzelne Teilnehmer unfriedlich, darf schon aus Gründen der Verhältnismäßigkeit nicht die ganze Versammlung aufgelöst werden, sondern muss der einzelne Störer die „bekämpft" werden. Nur wenn dies nicht möglich ist, darf ein an ein Vorgehen gegen die Versammlung als solche gedacht werden.

bei Unfriedlichkeit von außen: ⇨ Schutzpflicht

cc) Insbesondere soweit von außen (also z.B. von Gegendemonstranten) Unfriedlichkeiten oder andere Gefahren für die öffentliche Sicherheit und Ordnung drohen, gebietet es Art. 8 GG, nicht als vermeintlich einfachere Maßnahme schon die Versammlung zu untersagen, sondern vielmehr die Versammlung i.R.d. zur Verfügung stehenden Möglichkeiten zu schützen.[759]

> **hemmer-Methode:** Hier liegen Klassiker v.a. des Sicherheitsrechts, die Sie kennen sollten. Gerade Art. 8 GG eignet sich zur Verknüpfung von Grundrechten mit Problemen einer verwaltungsrechtlichen Klausur.
> Dass in diesem Skript im Verhältnis zu anderen Grundrechten relativ viele Einzelprobleme des Art. 8 GG angesprochen werden, hat seinen Sinn darin, dass gerade im Versammlungsrecht häufig Standardprobleme abgefragt werden, die Sie in der Klausur kennen sollten und die sich nicht immer leicht aus dem Verfassungstext alleine erschließen lassen.

B) Eingriffe

Eingriffe: Verbote und Erschwernisse

240 Eingriffe in die Versammlungsfreiheit liegen in allen Verboten oder (auch faktischen) Erschwernissen der vom Schutzbereich erfassten Tätigkeiten (also Vorbereitung, Veranstaltung, Teilnahme), insbesondere also auch in abschreckenden Maßnahmen wie Registrierung der Teilnehmer oder Behinderung des Zugangs.[760] Soweit Schutzpflichten für die Versammlung bestehen (vgl. o.), kann ein Eingriff auch in der Verweigerung dieses Schutzes liegen.

C) Schranken

Art. 8 II GG: für Versammlungen unter freiem Himmel

241 I. Art. 8 II GG enthält einen Gesetzesvorbehalt für Versammlungen unter freiem Himmel, was als Abgrenzungskriterium zu Versammlungen in geschlossenen Räumen zu verstehen ist. Das Merkmal „unter freiem Himmel" ist dabei dann sicher nicht erfüllt, wenn die Versammlung nach allen Richtungen hin abgeschlossen ist.

756 Vgl. BVerfGE 73, 206 (248); BVerfG, Beschluss vom 07.03.2011 – 1 BvR 388/05 = **Life&Law 05/2011: alle Entscheidungen** = jurisbyhemmer.
757 Vgl. BVerfGE 69, 315 (361) = **juris**byhemmer.
758 BVerfG DÖV 2011, 282 ff. = **Life&Law 08/2011**; OVG NRW, Beschluss vom 21.10.2015, 15 B 1201/15; VG Köln, Beschluss vom 14.10.2015, 20 L 2453/15 = jurisbyhemmer.
759 BVerfG, NJW 1998, 2965 = jurisbyhemmer.
760 Vgl. BVerfGE 69, 315 (349) = **juris**byhemmer.

Des Weiteren wird überwiegend angenommen, dass der Schwerpunkt der Beurteilung auf den seitlichen Begrenzungen liegt, die ja für den Kontakt zur Außenwelt maßgeblich sind: Danach fände die Versammlung „unter freiem Himmel" statt, wenn sie zwar überdacht ist, aber keine Seitenwände stehen, während dies nicht der Fall ist, wenn sie auf einem abgeschlossenen, nur durch normale Zugänge betretbaren Grundstück ohne Dach stattfindet.[761]

VersammlungsG

II. Neben anderen Gesetzen z.B. des Straßen- und Wegerechts, des Allgemeinen Polizeirechts oder des Strafrechts[762] ist das zentrale Gesetz zur Regelung von Versammlungen das VersammlG.[763]

242

Dieses enthält verschiedene Spezialvorschriften über Aufzüge und Versammlungen, wobei v.a. der ordnungsrechtlichen Generalklausel des § 15 VersammlG große Bedeutung zukommt, allerdings würde eine nähere Darstellung den Rahmen eines Grundrechtsskripts sprengen.[764] Hingewiesen sei allerdings auf folgendes, besonders umstrittenes Problem:

Da Grundrechte vor allem auch Minderheitenrechte sind, ist das BVerfG zumindest sehr zurückhaltend wenn es darum geht, Verbote einer Versammlung allein aufgrund Gefahren für die öffentliche Ordnung zuzulassen, da es hier um die ungeschriebenen Moralvorstellungen der Mehrheit geht.[765] Ein weiteres typisches Problem sind die von einer Gegendemonstration ausgehenden Gefahren. Solange es sich bei der Gegendemonstration um eine „bloße Verhinderungsveranstaltung" handelt, darf gegen die eigentliche Versammlung nur in den Fällen des sog. polizeilichen Notstandes vorgegangen werden. Verfolgt die Gegendemonstration eigene Anliegen, die auch darin liegen können, die Missbilligung der eigentlichen Versammlung friedlich und ohne Waffen zum Ausdruck zu bringen,[766] kann eine Abwägung der widerstreitenden Interessen hingegen durchaus eine Rechtfertigung für eine Auflage zum Nachteil der früher angemeldeten Versammlung ergeben.[767]

Erwähnenswert ist auch die grundsätzliche Anmeldungspflicht des § 14 VersammlG, die zwar allgemein für verfassungsgemäß gehalten wird, angesichts des klaren Wortlauts des Art. 8 I GG aber zumindest überraschend ist.[768]

Besonders klausurrelevant sind dabei zwei Spezialfälle:

Spontanversammlung

1. Durch Auslegung im Lichte des Art. 8 GG ergibt sich, dass ein bloßer Verstoß gegen die Anmeldepflicht alleine kein Verbot einer Versammlung rechtfertigt,[769] insbesondere kann bei sog. Spontanversammlungen ganz auf eine Anmeldung verzichtet werden.[770]

---

761 Vgl. Jarass/Pieroth, Art. 8 GG, Rn. 13; ausführlich auch von Mutius, Jura 1988, 30 ff. (79 f.).

762 Z.B. § 125 StGB; zu denken ist ferner an die Bannmeilengesetze; näher dazu von Mutius, a.a.O. 81 ff., insb. 87 ff.

763 Die Bundeskompetenz hierfür ist mit Erlass der Föderalismusreform weggefallen. Das VersammlG gilt allerdings als Bundesgesetz solange fort, bis die Bundesländer ein eigenes Versammlungsgesetz erlassen, Art. 125a I GG. Dies ist bislang u.a. in Bayern und Sachsen geschehen.

764 Eine übersichtliche Darstellung auch speziell sub specie Art. 8 GG findet sich bei von Mutius a.a.O. 81 ff., insb. 83 ff.

765 BVerfG, NJW 2001, 2069, 2072, 2075, 2076, 2078; a.A. OVG Münster, NJW 2001, 2111, 2113, 2114, 2987; wobei das das BVerfG allerdings keine (grundlegenden) Einwände hat, wenn die Versammlung aus Gründen der öffentlichen Ordnung nicht verboten, sondern lediglich um einen Tag verlegt wird; BVerfG, NVwZ 2003, 602 (Vorentscheidung OVG Frankfurt Oder, NVwZ 2003, 623); BVerfG, NJW 2004, 2814, Bspr. von Battis/Grigoleit, NJW 2004, 3459: Ein Verbot kann auf Gründe der öffentlichen Ordnung gestützt werden, wenn es um die Art und Weise der Versammlung, nicht aber, wenn es um den Inhalt der kundgegebenen Meinung geht: **alle Entscheidungen = juris**byhemmer.

766 BVerfG, DÖV 2011, 282 ff. = **Life&Law 08/2011**, s.o. = **juris**byhemmer.

767 BVerfG, DVBl. 2005, 969 = BayVBl. 2005, 592 = NVwZ 2005, 1055 = **juris**byhemmer.

768 BVerfG, NVwZ 2005, 80 = **juris**byhemmer.

769 Vgl. BVerfGE 69, 315 (351) = **juris**byhemmer.

770 Vgl. BVerfGE 69, 315 (350 f.); 85, 69 (75); BVerfG, NVwZ 2005, 80, für Bayern vgl. Art. 13 IV BayVersG: **alle Entscheidungen = juris**byhemmer.

Eilversammlung

2. Dagegen bedürfen Eilversammlungen, bei denen die Frist des § 14 VersammlG nicht mehr eingehalten werden kann, zwar einer Anmeldung, doch ist das Nicht-Einhalten der Frist insoweit unschädlich.[771]

III. V.a. für Versammlungen in geschlossenen Räumen, die nicht dem Vorbehalt des Art. 8 II GG unterliegen, ist die Möglichkeit von Grundrechtseinschränkung kraft kollidierenden Verfassungsrechts von Bedeutung.

243

> **Bsp.:**[772] *Eine Nachwuchsrockband möchte in einer leer stehenden Fabrikhalle ein Konzert geben, zu dem die zuständige Behörde wegen der begrenzten Tragfähigkeit der Decke unter Berufung auf ein einschlägiges Gesetz nur 50 Zuschauer zulassen will.*

Fraglich ist bereits, ob überhaupt eine Versammlung vorliegt. Der gemeinsame Zweck liegt hier v.a. im Anhören der Musik, sodass insoweit nur der weite Versammlungsbegriff (vgl. o. Rn. 235) passen würde. Nach h.M. wäre eine Versammlung allerdings dann auch zu bejahen, wenn die Liedtexte politische Botschaften enthalten. Greift Art. 8 I GG ein, ist eine Einschränkung nach Art. 8 II GG nicht möglich, da die Veranstaltung nicht unter freiem Himmel stattfindet. Allerdings bestünde wegen einer eventuellen Einsturzgefahr eine akute Gefährdung des Grundrechts der Zuhörer aus Art. 2 II S. 1 GG, welche den Eingriff nach den Grundsätzen der praktischen Konkordanz rechtfertigen könnte.

Bei der Güterabwägung wären nähere Sachverhaltsangaben zu berücksichtigen, insbesondere die Frage, ob sich die Zuhörer freiwillig in diese Gefahr begeben haben bzw. ob sie diese umgekehrt überhaupt realisiert haben.

Art. 17a I GG

IV. Außerdem kann die Versammlungsfreiheit durch Gesetze für den Wehr- und Ersatzdienst für deren Angehörige eingeschränkt werden, Art. 17a I GG.

244

> Lösungshinweise zum Einstiegsfall:
>
> Aus mehrerlei Gründen ist fraglich, ob der Schutzbereich des Art. 8 GG eröffnet ist. Zum Ersten ist fraglich, ob sich der Verein V überhaupt darauf berufen kann, Art. 19 III GG. Dies ist wohl zu bejahen, da Art. 8 GG gerade ein kollektives Erlebnis schützt, welches auch Hauptzweck eines Vereins sein kann.
>
> Des Weiteren ist fraglich, ob es sich um eine Versammlung „ohne Waffen handelt". Doch ist auch dies zumindest dann zu bejahen, wenn die historischen Waffen nicht mehr gebrauchstauglich sind, nach einer restriktiven Auslegung im Zusammenhang mit dem Merkmal „unfriedlich" wohl sogar auch sonst, solange keinesfalls die Gefahr eines Gebrauchs einer solchen Waffe befürchtet werden muss. Zuletzt ist umstritten, welchen gemeinsamen Zweck die Teilnehmer verfolgen müssen. Jedoch reicht nach der h.M. irgendein kommunikatives Element und es ist keine Willensbildung in Angelegenheiten des öffentlichen Interesses erforderlich. Durch das Verbot wird auch in den Schutzbereich eingegriffen. Für Versammlungen unter freiem Himmel enthält Art. 8 II GG aber einen Gesetzesvorbehalt, wobei das Gesetz jedoch formell und materiell verfassungsmäßig sein muss. Das Vorliegen der formellen Voraussetzungen unterstellt (insbesondere die der Art. 74 I Nr. 3, 72 II GG), stellt sich v.a. die Frage der Verhältnismäßigkeit i.w.S.: Leichtigkeit und v.a. Sicherheit des Verkehrs sind sicher legitime Ziele, zu deren Erreichung das Gesetz auch geeignet ist. Allerdings ist sehr fraglich, ob ein Verbot ohne Befreiungsvorbehalt erforderlich ist, ebenso ist die Angemessenheit zweifelhaft und in der Klausur letztlich eine Frage der Argumentation.

---

771   Vgl. BVerfG, NJW 1992, 890 = jurisbyhemmer; für Bayern Art. 13 III BayVersG.

772   Angelehnt an Geck/Mossele, JuS 1980, 744 ff. (lesenswert!).

§ 20 VEREINIGUNGSFREIHEIT, ART. 9 I GG

Einstiegsfall: Wie der Einstiegsfall zu Art. 8 GG: Kann sich V auch auf eine eventuelle Verletzung seiner Vereinigungsfreiheit berufen?

A) Schutzbereich

I. Personaler Schutzbereich

DeutschenGR

Geschützt sind durch Art. 9 I GG Deutsche i.S.d. Art. 116 GG.[773] Bei Ausländern stellt sich die allgemeine Frage, inwieferr Art. 2 I GG als Auffanggrundrecht für diese bei Deutschengrundrechten fungieren kann.[774]   **245**

auch korporative Seite

Nach ganz h.M. gewährt Art. 9 I GG nicht nur den Vereinsmitgliedern, sondern auch den Vereinen selbst Schutz, da Art. 9 I GG - ohne Rückgriff auf Art. 19 III GG - als „Doppelgrundrecht" zu verstehen sei.[775]

II. Sachlicher Schutzbereich

Verein/Gesellschaft nicht enumerativ; keine Beschränkung auf bestimmte Rechtsform

1. Vereine und Gesellschaften sind nicht als Gegensatzpaar oder als abschließende Aufzählung zu verstehen, vielmehr soll zum Ausdruck gebracht werden, dass die grundgesetzliche Freiheit gerade auf keine bestimmte Rechtsform beschränkt ist.[776] Crientieren kann man sich am weit gefassten § 2 I VereinsG, sodass „ohne Rücksicht auf die Rechtsform jede Vereinigung, zu der sich eine Mehrheit natürlicher oder juristischer Personen für längere Zeit zu einem gemeinsamen Zweck freiwillig zusammengeschlossen und einer organisierten Willensbildung unterworfen haben", umfasst ist.   **246**

hemmer-Methode: Zwar kann die Verfassung nicht durch einfachgesetzliche Rechtsbegriffe ausgelegt werden, gleichwohl sollten Sie sich § 2 I VereinsG merken oder kommentieren und anhand seiner Elemente eine Definition in der Klausur entwickeln. Einzelwissen zu diesen Elementen wird nicht vorausgesetzt, Sie werden aber am Sachverhalt merken, ob irgendwo schon bei dieser Definition ein Problem auftaucht, z.B. wenn von einem extrem kurzfristigen Zusammenschluss die Rede ist, und haben dann Raum für eine eigene Argumentation.

geschützt: Gründung, Eintritt und Bestand

2. Geschütztes Verhalten ist zunächst die Gründung von Vereinigungen. Um dieses Recht nicht leer laufen zu lassen, sind aber nach einhelliger Ansicht auch der Bestand, d.h. insbesondere die interne Betätigung und der Eintritt in eine schon bestehende Vereinigung geschützt.[777]   **247**

Ein Recht gegenüber einem Verein auf Aufnahme i.S. einer direkten Drittwirkung kann dagegen aus Art. 9 I GG grds. nicht abgeleitet werden.[778]

---

773 Näher dazu Jarass/Pieroth, Art. 116, Rn. 1 - 6.

774 Näher dazu vgl. oben Rn. 159; zur Frage, inwiefern sich ein Deutscher, der in einem von Ausländern dominierten Verein Mitglied ist, auf Art. 9 I GG berufen kann, vgl. M/D-Scholz, Art. 9 GG, Rn. 50.

775 Vgl. zu dieser Lehre, die freilich v.a. für Art. 9 III GG entwickelt wurde bereits BVerfGE 4, 96 (101 f.); E 13, 174 (175); E 30, 227 (241 ff.); a.A. z.B. von Mutius, Jura 1984, 193 (197 f.), der sogar die Anwendbarkeit von Art. 19 III GG ablehnt; vgl. dagegen z.B. M/D-Scholz, Art. 9 GG, Rr. 25 dafür dass die Vereinigung geschützt ist, aber eben nur i.V.m. Art. 19 III GG: **alle Entscheidungen = juris**byhemmer.

776 H.M., vgl. ausführlich von Mutius, a.a.O., 193 f. m.w.N.; Jarass/Pieroth, Art. 9 GG, Rn. 3.

777 Statt vieler Pieroth/Schlink, Rn. 815 f.; von Mutius, a.a.O., 195.

778 Vgl. Mursiwek, JuS 1992, 116 (121).

Die Rechtsprechung macht nur bei faktischen Monopolstellungen und großer Bedeutung Ausnahmen unter dem Gesichtspunkt der §§ 242, 826 BGB.[779]

fragl. dagegen Schutz der Betätigung; meist andere GRe als leges speciales

Problematisch ist dagegen, inwiefern auch die externe Betätigungsfreiheit, also das Auftreten der Vereinigung(smitglieder) nach Außen von Art. 9 I GG geschützt ist. Während dies früher z.T. angenommen wurde,[780] wird heute zumindest außerhalb des Bereichs des Art. 9 III GG[781] das Handeln nach Außen als überwiegend durch die speziellen Freiheitsgrundrechte geschützt gesehen.

Allerdings hat das BVerfG unter grundsätzlichem Festhalten am Schutz durch die speziellen Grundrechte eine Berufung auf Art. 9 I GG zugelassen, soweit es um ganz spezifische Tätigkeiten aus dem Kernbereich der Vereinsbetätigung geht,[782] welche nach einer neueren Entscheidung sogar bei nicht unter Art. 9 III GG fallenden Vereinigungen in der werbenden Selbstdarstellung liegen kann.[783]

hemmer-Methode: Ist ein spezielleres Grundrecht einschlägig, sollten Sie dieses jedenfalls zuerst prüfen. Danach kann aber die Frage, ob das Verhalten auch von Art. 9 I GG geschützt wird, regelmäßig dahinstehen, da dieser Schutz nicht weiter gehen kann, wenn man i.R.d. Abwägung berücksichtigt, dass das andere Grundrecht in seinem Kernbereich, Art. 9 I GG dagegen nur in einer Modalität betroffen ist. Ist das einschlägige Verhalten durch kein spezielleres Grundrecht einschlägig, empfiehlt es sich, darauf abzustellen, wie groß die Bedeutung dieser externen Handlung für den Verein ist.

negative Vereinigungsfreiheit

Geschützt ist außerdem die negative Vereinigungsfreiheit i.S.d. Fernbleibens oder des Austritts aus einer Vereinigung. Nach wohl herrschender, wenngleich nicht unbestrittener Ansicht soll dies aber nicht für die Zwangsmitgliedschaft in öffentlich-rechtlichen Verbänden gelten, da Art. 9 I GG auch positiv nicht deren Gründung umfasse.[784] Schutz würde dann nur Art. 2 I GG gewähren.

In der Klausur können Sie beide Ansichten vertreten, wobei im Ergebnis kein Unterschied bestehen dürfte, da auch Art. 2 I GG unverhältnismäßige oder unnötige Zwangsmitgliedschaften schützt.[785]

B) Eingriffe

Eingriff: Verbot bzw. Beeinträchtigung geschützten Verhaltens (allerdings Normgeprägtheit zu beachten)

Eingriffe liegen auch bei Art. 9 I GG in jedem Verbot bzw. jeder (auch faktischen) Beeinträchtigung vom Schutzbereich umfasster Verhaltensweisen. Allerdings ist zu beachten, dass auch Art. 9 I GG z.T. normgeprägt ist und gesetzgeberischer Ausgestaltung bedarf, z.B. hinsichtlich der Voraussetzungen und der Organisation bestimmter Gesellschaftsformen (z.B. AG, KG, GmbH), die keinen Eingriff darstellen, soweit sie die Wertungen des Art. 9 I GG wie die grundsätzliche Vereinigungsautonomie berücksichtigen.[786]

---

779 Vgl. BGH 93, 151 (52 ff.) zur IG-Metall; freilich kann bei der Auslegung der Generalklauseln der §§ 242, 826 BGB die Verfassung wieder eine wichtige Rolle spielen („mittelbare Drittwirkung") vgl. oben Rn. 91.

780 Freilich häufig für Art. 9 III GG, bereits BVerfGE 4, 96 (106); aber auch E 54, 237 (251): **alle Entscheidungen** = juris*by*hemmer.

781 Vgl. zu Art. 9 III GG unten Rn. 251.

782 Vgl. BVerfGE 70, 1 (25) = **juris***by*hemmer.

783 Vgl. BVerfG, NJW 1992, 549 = juris*by*hemmer.

784 Vgl. BVerfGE 10, 89 (102); 38, 281 (297 f.); BVerwG, NJW 1998, 3510 ff. - Pflichtzugehörigkeit zur IHK; dazu: **Life&Law 1999, 313 ff.**; BVerfG, DVBl. 2002, 407; BVerwG, NJW 1999, 2292; BVerwG, DVBl. 2001, 13; krit. Pieroth/Schlink, Rn. 812 ff.**: alle Entscheidungen** = juris*by*hemmer.

785 Instruktiv zu den anzulegenden Maßstäben Bethge/Detterbeck, a.a.O., 45.

786 Vgl. Murswiek, JuS 1992, 119; vgl. dazu auch BVerfGE 50, 290 (335) = juris*by*hemmer; viele Vorschriften des Gesellschaftsrechts für das Innenverhältnis haben dispositiven Charakter, sodass dadurch in die Freiheit der Vereinigungsorganisation nicht eingegriffen wird.

C) Schranken

Eingriffsvorbehalt in Art. 9 II GG (⇨ konstitut. Verbot)

Nach h.M. keine Beschränkung des Schutzbereichs, sondern einen Eingriffsvorbehalt sieht die h.M. in Art. 9 II GG,[787] sodass konsequenterweise das Verbot auch als konstitutives, nicht als deklaratorisches zu verstehen ist.[788]

250

Dabei ist zu beachten, dass im Fall des Verstoßes gegen Strafgesetze die strafgesetzwidrigen Zwecke bzw. Tätigkeiten die Aktivitäten der Vereinigung derart prägen müssen, dass sie im Verhältnis zur Gesamttätigkeit nicht von untergeordneter Bedeutung sind.[789]

„verfassungsmäßige Ordnung" enger als bei Art. 2 GG (!)

Die verfassungsmäßige Ordnung in Art. 9 II GG ist nicht wie bei Art. 2 I GG zu verstehen, sondern eng im Sinne von elementaren Verfassungsgrundsätzen etwa wie der „freiheitlich-demokratischen Grundordnung" in Art. 18 S. 2, 21 II S. 1 GG. Gegen diese muss die Vereinigung eine „kämpferische aggressive Haltung"[790] an den Tag legen.

Außerdem können argumentum a maiore ad minus auch mildere Maßnahmen als Verbote auf Art. 9 II GG gestützt werden, zudem besteht außerhalb des Anwendungsbereichs des Absatzes zwei die Möglichkeit einer Rechtfertigung kraft kollidierenden Verfassungsrechts.

D) Exkurs: Koalitionsfreiheit des Art. 9 III GG

Größere Bedeutung in (kollektiv)arbeits- als in verfassungsrechtlichen Klausuren dürfte i.d.R. Art. 9 III GG haben, dessen Grundzüge hier gleichwohl im Überblick dargestellt werden sollen.[791] Dabei ist zu beachten, dass das zu Art. 9 I GG Gesagte im Prinzip auch für Art. 9 III GG gilt, da auch die Koalitionen spezielle Vereinigungen sind.

251

auch Arbeitgeber als GR-Träger

Grundrechtsträger des Art. 9 III GG ist jedermann, insb. auch die Arbeitgeber; außerdem enthält Art. 9 III GG ebenso wie Art. 9 I GG auch eine kollektive Garantie. Soweit es um Maßnahmen im Arbeitskampf geht, sollen auch sog. Außenseiter geschützt sein, damit diese mit den organisierten Arbeitnehmern/-gebern ein „Kampfbürdnis" schließen.

Definition der Koalition

Voraussetzung für das Vorliegen einer Koalition i.S.d. Art. 9 III GG ist eine frei gebildete, gegnerfreie, unabhängige Vereinigung, die das Ziel der Wahrung der mitgliedschaftlichen Interessen hinsichtlich der Arbeitsbedingungen und tarifpolitischer Tätigkeit haben muss, wobei nicht zwingend Bereitschaft zum Arbeitskampf bestehen muss.[792]

Geschützt wird die Betätigung zur Erreichung des Koalitionszwecks, wobei dieser Schutz früher auf einen „Kernbereich" beschränkt wurde, während in einer neueren Entscheidung[793] auf das zum Koalitionszweck allgemein Erforderliche abgestellt wird bzw. auf alle koalitionsspezifischen Verhaltensweisen,[794] ohne dass sich wohl in der Sache große Unterschiede ergeben.

787   Vgl. Pieroth/Schlink, Rn. 835 f.; Murswiek, a.a.O., 121; von Mutius, Jura 1984, 193 (199).

788   H.M.; a.A. AK-Ridder, Art. 9 II GG, Rn. 23 ff.

789   Vgl. von Mutius, a.a.O., 199.

790   Vgl. BGHSt 19, 51 (55); BVerwGE 37, 344 (358) = **juris**byhemmer.

791   Instruktiv Schwarze, Jus 1994, 653 ff. zu BVerfGE 84, 212 f.

792   Vgl. BVerfGE 18, 18 (31) = **juris**byhemmer.

793   BVerfGE 84, 212 = **juris**byhemmer.

794   BVerfGE 93, 352; vgl. auch JuS 2000, 291 = **juris**byhemmer.

Die vorgenommenen Einschränkungen sind so zu verstehen, dass eine gewisse Ausgestaltungsbefugnis des Gesetzgebers (und wohl im Arbeitsrecht bis zu einer Kodifizierung auch der Gerichte) besteht, so dass ein Eingriff nur vorliegt, wenn die Koalitionsfreiheit in ihrem Kern betroffen oder in der Peripherie unter Missachtung der Wertungen des Art. 9 III GG geregelt wird.

Systematisch wird man Art. 9 II GG nicht als Schranke des Art. 9 III GG sehen können, sodass nur die Einschränkbarkeit kraft kollidierenden Verfassungsrechts bleibt.

Art. 9 III S. 2 GG: unmittelbare GR-Drittwirkung

Erwähnenswert ist auch, dass Art. 9 III S. 2 GG einen expliziten Fall unmittelbarer Grundrechtsdrittwirkung enthält.

Lösungshinweise zum Einstiegsfall:

Nach h.M. hat Art. 9 I GG den Charakter eines „Doppelgrundrechts", d.h. auch der Verein, nicht nur seine Mitglieder, kann sich darauf berufen. Um Art. 9 I GG zur vollen Wirkung zu bringen, ist nicht nur die Gründung, sondern auch der Bestand des Vereins vom Schutzbereich erfasst. Darüber hinaus erscheint es denkbar, auch die Tätigkeiten in den Schutzbereich einzubeziehen, die den Verein prägen, weil sie seinem Hauptzweck entsprechen. Allerdings gehen andere Grundrechte wohl wenigstens dann als leges speciales vor, wenn sie gerade das jeweilige Verhalten schützen, hier also v.a. Art. 8 I GG (vgl. o.), sodass sich V schon gar nicht auf Art. 9 I GG berufen kann. Jedenfalls kann aber der Schutz hier nicht weitergehen als durch das spezielle Grundrecht, sodass man selbst dann, wenn man ein Spezialitätsverhältnis ablehnt, jedenfalls dann zu keiner Verletzung von Art. 9 I GG kommt, wenn das spezielle Grundrecht zulässig eingeschränkt wurde.

§ 21 BRIEF-, POST- UND FERNMELDEGEHEIMNIS, ART. 10 GG

Art. 10 GG ist einerseits ein klassisches Freiheitsgrundrecht, andererseits aber wohl von nicht zu großer Klausurrelevanz, insbesondere wird keine Kenntnis von Standardproblemen vorausgesetzt. Andererseits bieten die neuen Entwicklungen gerade auf dem Gebiet der Telekommunikation u.U. Anlass zur Frage, wie sie sub specie Art. 10 GG behandelt werden müssen und damit neue Probleme. In solchen Fällen werden dann vornehmlich die juristische Kreativität und die saubere Argumentation des Bearbeiters gefragt sein.

A) Schutzbereich

Abgrenzung der Schutzbereiche

Nach h.M. schützt das Briefgeheimnis den Briefverkehr außerhalb des Postbereichs, während das Postgeheimnis den postalischen Bereich zwischen Einlieferung bei der Post und Ablieferung an den Empfänger betrifft.[795] Geschützt werden neben Briefen auch Päckchen, Postwurfsendungen etc., wohl auch Postkarten.[796] Das Fernmeldegeheimnis schützt die Vertraulichkeit der individuellen Kommunikation mittels drahtloser oder drahtgebundener elektromagnetischer Wellen.

252

> **hemmer-Methode: Als „neue" Medien kommen z.B. Telefax, E-Mails und SMS in Betracht, wobei jeweils genau zu fragen ist, ob es sich um individuelle Kommunikation oder gerade Verbreitung an eine unbestimmte Zahl von Empfängern handelt: Im zweiten Fall ist Art. 5 I S. 2 GG (Rundfunkfreiheit) einschlägig, vgl. oben Rn. 208.**

B) Eingriffe

Eingriff: Kenntnisverschaffung von geschützter Information

Ein Eingriff liegt vor, wenn sich staatliche Stellen vom Inhalt der geschützten Kommunikation Kenntnis verschaffen, wobei auch das Erspähen bestimmter einzelner Daten ausreicht. Allerdings stellt die Sammlung oder Verarbeitung von Daten insoweit keinen Eingriff dar, als sie zur Organisation des Post- bzw. Fernmeldebetriebs unumgänglich ist.[797]

253

Kein Eingriff in Art. 10 GG liegt dagegen bei sog. Lauschangriffen vor, soweit das normal gesprochene Wort abgehört wird. Sie beurteilen sich nach Art. 13 GG. Gleiches gilt in den sog. Mithörfällen, in denen mittels Zweithörer das Gespräch am Ende der einen Leitung abgehört wird. Hier liegt allein eine Verletzung des Rechts am eigenen gesprochenen Wort vor.[798]

> **hemmer-Methode: Machen Sie sich klar: Weder in der Praxis noch in der Klausur sind die neugierigen Postbeamten die Hauptgefahr für Brief-, Post und Fernmeldegeheimnis. Vielmehr soll der Gefahr entgegengesteuert werden, dass der Staat, besonders in den Bereichen, in denen er noch ein Monopol hat, dieses zur Informationsgewinnung missbraucht. Auch beim Fernmeldeverkehr wird eher das Abhören durch BND oder Staatsanwaltschaft eine Rolle spielen.**

---

795 Vgl. Pieroth/Schlink, Rn. 854 ff.; z.T. wird auch ein einheitliches Grundrecht des Schutzes individueller Kommunikation angenommen, sodass eine genaue Abgrenzung nicht erforderlich ist, vgl. Jarass/Pieroth, Art. 10 GG, Rn. 1, 3 ff.

796 Vgl. Pieroth/Schlink, Rn. 855; a.A. für Postkarten: M/D-Dürig, Art. 10 GG, Rn. 13.

797 Vgl. zur Abgrenzung Pieroth/Schlink, Rn. 865 ff.

798 BVerfG, NJW 2002, 3619 = FamRZ 2003, 21: **alle Entscheidungen = juris**byhemmer.

C) Schranken

Schranke: Art. 10 II S. 1 GG

Art. 10 II S. 1 GG enthält einen Gesetzesvorbehalt, der zweite Satz des Absatzes zwei eröffnet die Möglichkeit, dass dem Betroffenen unter bestimmten Voraussetzungen Überwachungs- und Abhörmaßnahmen nicht mitgeteilt werden. Dessen Verfassungsmäßigkeit war bei seiner Einführung 1968 sehr umstritten, wurde aber vom BVerfG bestätigt.[799]

254

---

799   Vgl. E 30, 1 ff.

§ 22 FREIZÜGIGKEIT, ART. 11 GG

Das Grundrecht auf Freizügigkeit hatte in der jüngeren Vergangenheit keine allzu große praktische Bedeutung, war aber in den frühen Jahren des Grundgesetzes mehrfach Gegenstand der verfassungsgerichtlichen Rechtsprechung und ist auch historisch von großer Bedeutung, insbesondere in den europäischen Splitterstaaten im Zusammenhang mit der Berufs- und Glaubensfreiheit. Heute wird Art. 11 GG in manchen Bereichen auch durch die Freizügigkeitsgarantien des Europarechts überlagert bzw. ergänzt.

A) Schutzbereich

I. Personaler Schutzbereich

DeutschenGR

Art. 11 GG schützt alle Deutschen,[800] Ausländer genießen nach überwiegender, aber nicht unbestrittener Ansicht den Schutz des Art. 2 I GG.[801]

255

II. Sachlicher Schutzbereich

Recht, an jedem Ort innerhalb des Bundesgebiets Aufenthalt und Wohnsitz zu nehmen; str. ist zeitliche Dauer

Freizügigkeit definiert das BVerfG als das Recht, an jedem Ort innerhalb des Bundesgebiets Aufenthalt und Wohnsitz zu nehmen,[802] wobei der Wohnsitz als ständige Niederlassung, vgl. § 7 BGB, gegenüber dem Aufenthalt der speziellere Begriff ist. Umstritten ist, ab wann von einem Aufenthaltnehmen gesprochen werden kann: Teilweise wird gar keine zeitliche Grenze vorausgesetzt,[803] teilweise wird wenigstens eine Übernachtung gefordert,[804] während die wohl h.M. eine gewisse Dauer verlangt.[805] Dies ist zwar denkbar unpräzise, jedoch ist auch jede feste Zeiteingrenzung willkürlich und man kann ergänzend eine gewisse Bedeutung des Aufenthalts für den Betroffenen heranziehen.

256

hemmer-Methode: Sollte hier – überraschenderweise - ein Klausurschwerpunkt liegen, sollten Sie die Extrempositionen kennen und sich dann für eine Ansicht entscheiden. Ansonsten reicht es, mit der h.M. darauf abzustellen, dass ganz kurzzeitiges Verweilen nicht geschützt ist.

v.a. geschützt: Fortbewegung zum Ortswechsel

Entscheidendes Merkmal des Schutzbereichs sind aber nicht die Endpunkte Wohnsitz und Aufenthalt, sondern die dahin führende Fortbewegung zum Ortswechsel.[806] Da die Endpunkte dieses Ortswechsels im Bundesgebiet liegen sollen, ist nach h.M. die Einreisefreiheit geschützt,[807] nicht aber die Ausreisefreiheit.[808]

Z.T. wird weiterhin ein Ortswechsel nur zwischen verschiedenen Ortschaften im Sinn von Gemeinden für gegeben erachtet.[809]

---

800 Näher dazu Jarass/Pieroth, Art. 116 GG, Rn. 1 - 6.

801 Näher zur Frage, inwiefern Art. 2 I GG als Auffanggrundrecht für Ausländer fungiert, vgl. oben Rn. 159.

802 Bereits E 2, 266 (273); vgl. nun wieder E 80, 137 (150).

803 Vgl. Pieroth, JuS 1985, 81 (83); MD-Dürig, Art. 11 GG, Rn. 37.

804 Vgl. Jarass/Pieroth, Art. 11 GG, Rn. 2.

805 Vgl. die Nachweise bei Pieroth/Schlink, Rn. 879; Jarass/Pieroth, Art. 11 GG, Rn. 2.

806 Vgl. Pieroth/Schlink, Rn. 880; Pieroth, JuS 1985, 81 (83).

807 Vgl. BVerfGE 2, 266 (273) sowie die h.L. = **juris**byhemmer.

808 Vgl. BVerfGE 6, 32 (36) = **juris**byhemmer.

809 Vgl. M/D-Dürig, Art. 11 GG, Rn. 23.

Dagegen spricht aber nicht nur die Willkür, dass insofern zwischen großen und kleinen Gemeinden erhebliche Unterschiede bestünden, sondern methodisch auch das Vorgehen, aus einer Definition durch einen nicht in der Verfassung genannten Begriff („Ortswechsel") begrifflich Einschränkungen des Schutzbereichs abzuleiten.

Geschützt werden soll außerdem die Mitnahme der persönlichen Habe[810] und - als negative Grundrechtsausübung - die Möglichkeit, einen Ortswechsel nicht vorzunehmen.[811]

Dagegen beinhaltet Art. 11 GG grds. kein Leistungsrecht in der Art, dass der Ortswechsel z.B. durch Zur-Verfügung-Stellen bestimmter Verkehrsmittel - unterstützt wird.

B) Eingriffe

Eingriffsmöglichkeiten

Ein Eingriff liegt vor, wenn ein Schutzbereichselement des Art. 11 I GG verboten oder zum Anknüpfungspunkt einer beeinträchtigenden staatlichen Maßnahme gemacht wird, wobei i.d.R. eine imperative Einwirkung verlangt wird,[812] sodass mittelbare und faktische Belastungen regelmäßig nicht erfasst sind.[813] Insbesondere staatliche Abgaben werden meist keine ähnliche Wirkung wie ein striktes Verbot des Nehmens von Aufenthalt oder Wohnsitz haben.[814] In Betracht kommen also v.a. Verbote des Ortswechsels oder das Abhängigmachen von Bedingungen, Genehmigungen oder Nachweisen. Kein Eingriff soll dagegen vorliegen, wenn an einem bestimmten Ort jedermann die Wohnsitznahme untersagt ist.[815]

257

hemmer-Methode: Denken Sie auch an Art. 11 GG, wenn z.B. die Gewährung von Sozialhilfe oder die Ausübung eines Berufes (rechtlich, nicht nur faktisch) von einem bestimmten Wohnsitz abhängig ist. Zum Schluss wäre auch ein Eingriff in Art. 12 GG zu prüfen.

C) Schranken

qualifizierter Schrankenvorbehalt in Art. 11 II GG

Art. 11 II GG enthält einen qualifizierten Gesetzesvorbehalt, nach dem die Freizügigkeit in den in Absatz zwei genannten Fällen und für die dort genannten Zwecke eingeschränkt werden darf.

258

Eine genauere Darstellung der Fallgruppen würde angesichts ihrer geringen Klausurrelevanz den Rahmen dieses Skripts sprengen,[816] erforderlichenfalls ist der Katalog durchzumustern und ein evtl. einschlägiger Fall zu subsumieren, wobei sich dafür i.d.R. Argumentationshilfen im Sachverhalt finden werden.

Art. 17a II GG

Außerdem ist eine Einschränkung zu Verteidigungszwecken bzw. zum Zivilschutz nach Art. 17a II GG möglich.

---

810   Vgl. Jarass/Pieroth, Art. 11 GG, Rn. 5; Pieroth, JuS 1985, 81 (84) m.w.N.

811   Vgl. Pieroth, a.a.O., 84 f. m.w.N.

812   VGl. BVerwGE 64, 153 (159) = **juris**byhemmer; Jarass/Pieroth, Art. 11 GG, Rn. 7; großzügiger wohl Pieroth, a.a.o., 85.

813   BVerfG, NVwZ 2010, 1022/1025 = **juris**byhemmer.

814   BVerfG, NVwZ 2010, 1022/1025 = **juris**byhemmer; VGH München, Beschluss vom 27.03.2013, 4 ZB 12.1477 = **Life&Law 12/2013**
      = **juris**byhemmer.

815   Vgl. Jarass/Pieroth, Art. 11 GG, Rn. 7, str.

816   Ausführlich bei Pieroth/Schlink, Rn. 893 ff.; Pieroth, a.a.O., 85 ff.

§ 23 BERUFSFREIHEIT, ART. 12 GG

Einstiegsfall:[817] *Ingenieur (I), der für Polizei, Staatsanwaltschaft und Gerichte eigenverantwortlich Gutachten anlässlich von Verkehrsunfällen anfertigt, beantragt bei der zuständigen IHK seine Bestellung und Vereidigung als Sachverständiger für das Gebiet „Straßenverkehrsunfälle". Die IHK lehnt eine solche Bestellung nach § 36 I S. 1 GewO ab, da kein Bedürfnis dafür bestehe: es gäbe nämlich schon ausreichend viele Sachverständige für Verkehrsunfälle in ihrem Einzugsgebiet.*

A) Schutzbereich

I. Personaler Schutzbereich

DeutschenGR, über Art. 19 III GG auch Vereinigungen

Art. 12 GG schützt die Berufsfreiheit aller Deutschen,[818] Ausländer sind mithin „nur" nach Art. 2 I GG geschützt.[819] Über Art. 19 III GG werden auch (inländische, privatrechtliche) juristische Personen durch Art. 12 GG geschützt.[820]

hemmer-Methode: Obwohl Art. 12 GG für natürliche Personen auch eine Konkretisierung der durch Art. 2 I GG geschützten Persönlichkeitsentfaltung darstellt, ist es eines der Grundrechte, das typischerweise auch auf juristische Personen anwendbar ist. Dies gilt auch für Art. 14 GG, wobei sich hier die Frage nach der Abgrenzung der geschützten Tätigkeiten im wirtschaftlich-gewerblichen Bereich stellt. Ohne vorzugreifen,[821] kann als Anhaltspunkt formuliert werden: Art. 14 GG schützt das Erworbene, während Art. 12 GG die Erwerbsmöglichkeit schützt.

II. Sachlicher Schutzbereich

1. Begriff des Berufs

Berufsdefinition

„Beruf" ist der zentrale Begriff in Art. 12 GG. Nach dem BVerfG ist darunter jede Tätigkeit zu verstehen, die auf Dauer angelegt ist und der Schaffung und Erhaltung einer Lebensgrundlage dient.[822] Außerökonomische, als Hobby betriebene Tätigkeiten sind damit ebenso wenig Beruf wie einmalige wirtschaftliche Betätigungen. Ob tatsächlich Gewinne erzielt werden, spielt grds. keine Rolle.

offenes und zukunftsgerichtetes Berufsbild

Im Interesse eines optimierten Grundrechtsschutzes muss unter den gegenwärtigen dynamischen, wirtschaftlichen und sozialen Gegebenheiten der Berufsbegriff offen verstanden werden[823] und ‚in hohem Maße zukunftsgerichtet"[824] sein. Daraus ergeben sich zwei Probleme:

259

260

---

817   Nach BVerfG, NJW 1992, 2621 = **juris**byhemmer.

818   Näher dazu Jarass/Pieroth, Art. 116 GG, Rn. 1 - 6.

819   Zu dieser Frage näher oben Rn. 245; hierzu auch das Schächt-Urteil des BVerfG in NJW 2002, 663 = **Life&Law 2002, 333** = BayBl. 2002, 300 = DVBl. 2002, 328, in dem das BVerfG die Drei-Stufen-Theorie i.R.d. Verhältnismäßigkeitsprüfung nach Art. 2 I GG diskutiert, Ausländern also über Art. 2 I GG letztlich den gleichen Schutz gewährt wie Deutschen! **Alle Entscheidungen** = **juris**byhemmer.

820   Vgl. BVerfGE 50, 290 (363) = **juris**byhemmer.

821   Zu Art. 14 GG näher unten § 24.

822   Vgl. BVerfGE 7, 377 (397) = **juris**byhemmer; insoweit ganz h.M., vgl. auch M/D-Scholz, Art. 12 GG, Rn. 18; Jarass/Pieroth, Art. 12 GG, Rn. 4; ausführlich Fröhler/Mörtel, GewArch. 1979, 105 ff., 145 ff.

823   Vgl. Friauf, JA 1984, 537 (538).

824   BVerfGE 30, 292 (334) = **juris**byhemmer.

bei weiteren Einschränkungen wie „erlaubt", „nicht sozialschädlich" etc. Gefahr eines Zirkelschlusses

Zum Ersten ist bei einschränkenden zusätzlichen Definitionsmerkmalen, nach denen die Tätigkeit „sinnvoll" oder „erlaubt"[825] bzw. nicht „sozialschädlich" oder „sozialunwert" sein darf, Zurückhaltung geboten, da diese die Gefahr eines die Berufsfreiheit einschränkenden Zirkelschlusses implizieren. Der Gesetzgeber könnte dann nämlich durch ein Verbot eine Tätigkeit aus dem Schutzbereich des Art. 12 GG herausnehmen, das eigentlich an erst dieser Vorschrift zu prüfen ist. Zurecht stellt daher das BVerwG fest, dass eine Erwerbstätigkeit „die Eigenschaft eines Berufes im Sinne des Art. 12 I GG nicht dadurch verliert, dass sie durch einfaches Gesetz verboten und/oder für strafbar erklärt wird".[826] Da es umgekehrt auf der Hand liegt, dass ein berufsmäßiger Killer sich schon gar nicht auf den Schutzbereich des Art. 12 GG berufen kann, ist von der Tätigkeit (nur) zu verlangen, dass sie an sich, d.h. auch nicht berufsmäßig betrieben, erlaubt ist.[827]

261

Problem des typischen bzw. fixierten Berufsbildes

Zum Zweiten stellt sich die Frage, inwiefern die Anerkennung einer Tätigkeit als Beruf an ein bestimmtes Berufsbild fixiert ist. Das BVerfG hatte dabei zunächst im Apothekenurteil eine Beschränkung auf solche Berufe, die sich in bestimmten, traditionellen oder sogar rechtlich fixierten Berufsbildern darstellen,[828] abgelehnt und in der Folge z.B. das gewerbsmäßige Aufstellen von Glücksspielautomaten[829] oder das Verkaufen von loser Milch[830] als eigenständigen Beruf anerkannt. Andererseits hat es z.T. dem Gesetzgeber auch bestimmte Typisierungs- und Fixierungskompetenzen zugestanden, so z.B. das Erfordernis einer Meisterprüfung vor einer selbständigen Niederlassung als Handwerker.[831]

262

hemmer-Methode: Es ist aber zu beachten, dass dieser Handwerksbeschluss durch die spezifischen, stark traditionsbeladenen Gegebenheiten des Handwerksrechts geprägt ist. Grds. ist wohl eine eher großzügige Anerkennung spezifischer Tätigkeiten als eigener Beruf geboten, wobei die tatsächlichen Gegebenheiten besonders zu berücksichtigen sind. Diese Abgrenzung spielt v.a. für die Frage nach Berufswahl und Berufsausübung eine Rolle (dazu sogleich unten). Im Übrigen zeigt sich auch beim Berufsbegriff, dass seine genaue Erarbeitung ein Verständnis für den entsprechenden Wirklichkeitsausschnitt verlangt, d.h. dass die tatsächlichen sozialen und wirtschaftlichen Gegebenheiten auch für die Bestimmung des verfassungsrechtlichen Leitbegriffs bestimmend sind.

2. Berufswahl und Berufsausübung

diff.: Berufswahl („Ob?") und Berufsausübung („Wie?")

Nach Art. 12 I S. 1 GG ist die freie Wahl des Berufs (sowie der Arbeits- und Ausbildungsstätte) gewährleistet, während nach Art. 12 I S. 2 GG die Berufsausübung geregelt werden kann. Das BVerfG[832] und ihm folgend die ganz h.M. betrachtet Art. 12 I GG gleichwohl als einheitliches Grundrecht der Berufsfreiheit, das umfassend die Wahl (d.h. die Frage des „Ob") und die Ausübung des Berufs (d.h. die Frage des „Wie") schützt, wobei die Unterscheidung zwischen Wahl und Ausübung für die Rechtfertigung von Eingriffen eine Rolle spielt (dazu unten Rn. 272 ff.).

263

---

825   Vgl. BVerfGE 7, 377 (397) = **juris**byhemmer; das BVerfG ist insoweit allerdings in seiner Terminologie nicht ganz einheitlich.

826   BVerwGE 22, 286 (288); allerdings aus S. 289 mit der noch viel unbefriedigenderen Einschränkung der Sozialschädlichkeit.

827   Ebenso M/D-Scholz, Art. 12 GG, Rn. 28; Pieroth/Schlink, Rn. 905; krit. Jarass/Pieroth, Art. 12 GG, Rn. 6.

828   E 7, 377 (399).

829   E 31, 8 (28).

830   E 9, 39.

831   BVerfGE 13, 97 – Handwerks-Beschluss = **juris**byhemmer.

832   Grundlegend E 7, 377; seitdem st. Rspr.

Hier kann die oben angesprochene Fixierung des Berufsbildes eine Rolle spielen, da eine Regelung die Berufswahl betrifft, wenn eine bestimmte Tätigkeit als eigenständiger Beruf begriffen wird, dagegen die Berufsausübung, wenn sie nur als Modalität eines umfassenderen Berufsbildes verstanden wird.[833]

> **Bsp.:** *Wegen zunehmender Unfälle durch sog. Kampfhunde wird deren Zucht durch ein Verbot völlig verboten. Hundezüchter H fühlt sich in seiner Berufsfreiheit verletzt.*

> Wenn man die Betätigung als Kampfhundezüchter als eigenen Beruf anerkennt, ist die Berufswahl des H betroffen („ob" er weiter dieser Beruf ausüben darf); geht man dagegen vom umfassenderen Beruf als Hundezüchter aus, ist die Berufsausübung des H tangiert („wie" er in Zukunft diesen Beruf ausüben muss).

3. Berufsausbildung

auch geschützt: Wahl der Ausbildungsstätte

Ferner ist (neben der freien Wahl des Arbeitsplatzes) auch die freie Wahl des Ausbildungsplatzes garantiert. Hier tauchte v.a. im Zusammenhang mit den numerus-clausus-Regelungen die Frage auf, inwiefern Art. 12 GG auch originäres oder zumindest derivatives Teilhaberecht sei.[834]   264

Keine Frage der Wahl der Ausbildungsstätte, sondern der Berufswahl ist die Tatsache, dass die Ausgestaltung von (besonders abschließenden) Ausbildungsprüfungen an Art. 12 GG zu messen ist, sodass die Prüfungsschranke nicht ungeeignet, unnötig oder unzumutbar sein darf.[835]

Exkurs: Prüfungsüberprüfung

Eine interessante Entwicklung hat die Rechtsprechung zur gerichtlichen Überprüfung von Prüfungsentscheidungen genommen: 265

Zwar war man sich schon immer einig, dass nach Art. 19 IV GG i.V.m. Art. 12 GG die Überprüfung auch von Prüfungen geboten war, indes wurde das Prüfungsrecht als klassischer Anwendungsfall eines sog. Beurteilungsspielraums betrachtet. Dies wurde damit begründet, dass es sich zum einen um eine fachwissenschaftliche u.U. auch pädagogisch motivierte Bewertung handle, dass die Prüfungssituation vor Gericht nicht rekonstruierbar sei und dass auch die Chancengleichheit der Prüflinge verletzt sei, wenn einzelne Ergebnisse einer nachträglichen Kontrolle unterzogen würden.

starke Einengung des Beurteilungsspielraums bei Prüfungsüberprüfung

Dieser Beurteilungsspielraum wurde vom BVerfG in zwei grundlegenden Entscheidungen[836] zwar nicht gänzlich abgeschafft, allerdings auf die Problempunkte der nicht nachholbaren Situation bei (besonders mündlichen) Prüfungen und der Chancengleichheit reduziert, während nicht überprüfbare fachspezifische Bewertungen nicht mehr anerkannt werden. Vielmehr ist eine Überprüfung auch mit Hilfe von Sachverständigen möglich und über eine bloße Willkürkontrolle hinaus dürfen zutreffende und brauchbare Antworten bzw. mit gewichtigen Argumenten vorgebrachte Ansichten nicht mehr als falsch gewertet werden.

---

833 Vgl. auch BVerfG, NJW 1998, 1776 - Kassenarztentscheidung = **juris**byhemmer.

834 Vgl. das erste Numerus clausus Urteil, BVerfGE 33, 303 ff. = **juris**byhemmer.

835 Vgl. BVerfGE 80, 1 (24) = **juris**byhemmer.

836 E 84, 34 ff.; 84, 59 ff. = NJW 1991, 2005 ff., 2008 ff.; vgl. auch BVerfG, DVBl. 2002, 1203 = NVwZ 2002, 1367 = BayBl. 2002, 697 = **juris**byhemmer, wonach diese Rechtsprechung auf beamtenrechtliche Beurteilungen nicht übertragbar ist. Dort bleibt es bei dem Beurteilungsspielraum.

Außerdem wurden durch das BVerfG und ihm folgende Verwaltungsgerichte gewisse verfahrensrechtliche Sicherungen betont, sodass dem Prüfling (v.a. durch ein entsprechendes Vorverfahren) die Möglichkeit eingeräumt werden muss, seine Position zu verteidigen, dass der Prüfling Einzelbewertungen anfechten kann, ohne seine bestandene Prüfung als Ganzes zu riskieren (gewissermaßen ein Verschlechterungsverbot) und dass nachträglich durch die Prüfer gerügte Mängel die Kausalitätsvermutung zwischen (falscher) Kritik und Bewertung i.d.R. nicht mehr zerschlagen kann.[837]

4. Staatliche und staatlich gebundene Berufe

staatl. und staatl. gebundene Berufe: Art. 12 und 33 GG

Grds. erfasst der Berufsbegriff in Art. 12 GG auch staatliche (d.h. im öffentlichen Dienst) und staatlich gebundene Berufe (z.B. Notare).[838] Dabei wird Art. 12 GG allerdings im Bereich des öffentlichen Dienstes durch Art. 33 GG (insb. Absatz V) überlagert und modifiziert, und auch bei den staatlich gebundenen Berufen sind wegen der Nähe zum öffentlichen Dienst in stärkerem Maße Einschränkungen zulässig.

266

B) Eingriffe

mögliche Eingriffe:

Als Eingriffe in das einheitliche Recht der Berufsfreiheit kommen beeinträchtigende Maßnahmen gegenüber allen vom Schutzbereich umfassten Verhaltensweisen in Betracht. Besondere Bedeutung hat hier die Unterscheidung zwischen Ausübungsregeln und subjektiven und objektiven Zulassungsbeschränkungen:[839]

Ausübungsvorschriften

I. Ausübungsvorschriften regeln i.S. der oben vorgenommenen Differenzierung, wie ein Beruf ausgeübt werden muss.

267

subj. Zulassungsbeschränkungen

II. Subjektive Zulassungsbeschränkungen machen die Berufsausübung von subjektiven Anforderungen an den Bewerber abhängig, insbesondere an den Nachweis bestimmter fachlicher Befähigungen, Eigenschaften, Leistungsnachweise etc.

268

Diese subjektiven Anforderungen spielen im Gewerberecht eine große Rolle in den vielfältigen Vorschriften, in denen die „Zuverlässigkeit" des Gewerbetreibenden eine Rolle spielt. Ebenfalls eine subjektive Zulassungsbeschränkung soll in einer Höchstaltersgrenze liegen;[840] dies ist freilich zweifelhaft, da dieses Kriterium vom Einzelnen nicht einmal abstrakt beeinflusst werden kann.

obj. Zulassungsbeschränkungen

III. Objektive Zulassungsbeschränkungen binden die Wahl eines Berufes (bzw. den Verbleib darin) an Voraussetzungen, die mit der Person des Bewerbers nichts zu tun haben: Als solche kommen insbesondere in Betracht sog. Bedürfnisklauseln, Errichtungsverbote, Höchstzahlen oder Inkompatibilitäten.[841]

269

---

837   Vgl. außer den angegebenen Entscheidungen des BVerfG v.a. BVerwG, NVwZ 1999, 7 = BayVBl. 1999, 505; OVG Münster, NVwZ 1993, 94 und 95: **alle Entscheidungen** = jurisbyhemmer; dazu Grieger/Tyroller, „Anfechtung juristischer Staatsprüfungen!", **Life&Law 01/2006** sowie Grieger/Tyroller, „Wissenswertes zur Anfechtung von Prüfungsergebnissen Juristischer Staatsexamina", **Life&Law 12/2010** und „Neues zur Anfechtung Juristischer Staatsexamina", **Life&Law 02/2013**.

838   Vgl. bereits BVerfGE 7, 377 (397 f.); 11, 30 (39); **beide Entscheidungen** = jurisbyhemmer.

839   Vgl. statt vieler Pieroth/Schlink, Rn. 920 ff.; Jarass/Pieroth, Art. 12 GG, Rn. 20a.

840   Vgl. BVerfG, NJW 1993, 1575 = **jurisbyhemmer**, Höchstaltersgrenze für Notare; BVerwG, Urteil vom 01.02.2012, 8 C 24.11 = NJW 2012, 1018 = **Life&Law 09/2012** = jurisbyhemmer.

841   BVerfG, NJW 2006, 1261 ff. = **Life&Law 06/2006**: Staatliches Lotto-Monopol = jurisbyhemmer.

allg.: Eingriff bei berufsregelnder Tendenz

Allgemein ist nach der Rechtsprechung für das Vorliegen eines Eingriffs zu fordern, dass der staatlichen Maßnahme subjektiv und objektiv eine berufsregelnde Tendenz innewohnt,[842] d.h. sie muss entweder gerade auf die Berufsregelung abzielen oder - bei berufsneutraler Zwecksetzung - unmittelbare oder gewichtige mittelbare Auswirkungen auf den Beruf haben.[843]

> **hemmer-Methode: Die Terminologie der berufsregelnden Tendenz, insbesondere der mittelbaren Auswirkung von einigem Gewicht ist relativ vage, verlassen Sie sich dabei auf Ihr geschultes Judiz. Z.B. kann es keine Frage von Art. 12 GG sein, ob durch ein Tempolimit auf Autobahnen ein Kosmetikvertreter sein Einzugsgebiet verkleinern muss. Meist wird eine berufsregelnde Tendenz dann zu bejahen sein, wenn Sie beim Lesen ohne zu zögern an Art. 12 GG denken. Sie können als Anknüpfungspunkt in solchen Fällen auch fragen, ob bei entferntem thematischen Einschlag überhaupt der funktionale Schutzbereich eröffnet ist, vgl. o. Rn. 103. In neueren Urteilen verzichtet das BVerfG teilweise auf die Begrifflichkeit „berufsregelnde Tendenz" und zieht die allgemeinen Kriterien für einen Eingriff heran.[844]**

C) Schranken (und Schranken-Schranken)

Drei-Stufen-Theorie des BVerfG

Während nach dem Wortlaut des Art. 12 I S. 2 GG eine Regelungsbefugnis nur für die Berufsausübung besteht, wendet das BVerfG seit dem insoweit grundlegenden Apotheken-Urteil[845] der Deutung als einheitlichem Grundrecht entsprechend den Gesetzesvorbehalt für das Grundrecht der Berufsfreiheit im Ganzen, also auch für die Berufswahl an. Um dem Verfassungstext, v.a. aber der unterschiedlichen Bedeutung für den Betroffenen gerechter zu werden, hat es aber die Voraussetzungen für einen solchen Eingriff je nach Art der Regelung unterschiedlich gestaltet. Dies kommt in der sog. **Drei-Stufen-Theorie** zum Ausdruck, die eine besondere Ausprägung des Verhältnismäßigkeitsgrundsatzes darstellt und deshalb in der Klausur systematisch unter den Schranken-Schranken zu prüfen ist:

270

> **Drei-Stufen-Theorie zu Art. 12 GG**

Danach ist in der oben schon dargestellten Weise zu unterscheiden zwischen Ausübungsregeln, subjektiven und objektiven Zulassungsbeschränkungen. Die Drei-Stufen-Theorie besagt dann v.a. zweierlei:

Subsidiarität

I. Zum Ersten besteht ein Subsidiaritätsverhältnis, sodass eine Zulassungsbeschränkung erst dann angewandt wird, wenn eine Ausübungsregel das gesetzgeberische Ziel nicht mehr erreichen kann, dabei wieder eine objektive erst, wenn eine subjektive nicht ausreicht.

271

abgestufte Anforderungen

II. Zum Zweiten sind für die Rechtfertigung der Eingriffe abgestufte Voraussetzungen erforderlich und zwar:[846]

1. Für Ausübungsregeln müssen nur vernünftige Erwägungen des Allgemeinwohls diese zweckmäßig erscheinen lassen, wobei der Gesetzgeber einen relativ weiten Gestaltungsspielraum hat.

272

2. Subjektive Zulassungsregeln müssen dem Schutz wichtiger Gemeinschaftsgüter dienen.

273

---

842   Vgl. BVerfGE 13, 181 (185 f.); 38, 61 (79); 52, 42 (54); **alle Entscheidugen** = jurisbyhemmer.

843   BVerfG, DVBl. 2004, 705 = NVwZ 2004, 846 = **Life&Law 2004, 696**: Berufsregelnde Tendenz bei der sog. Öko-Steuer verneint = jurisbyhemmer.

844   Vgl. bspw. BVerfG, NJW 2006, 1261 ff. = **Life&Law 06/2006** = jurisbyhemmer.

845   BVerfGE 7, 377 ff., insb. 401 ff. = **juris**byhemmer.

846   Vgl. dazu Pieroth/Schlink, Rn. 948.

3. Objektive Zulassungsschranken sind nur durch den Schutz über- ragend wichtiger Gemeinschaftsgüter gegen nachweisbare oder höchstwahrscheinlich schwere Gefahren gerechtfertigt.

274

hemmer-Methode: Dabei besteht bei der Bestimmung der Wertigkeit freilich eine gewisse Beliebigkeit, so hat das BVerfG z.B. als überra- gend wichtig betrachtet die sehr heterogenen Gemeinschaftsgüter der Volksgesundheit, der Steuerrechtspflege, der Leistungsfähigkeit des öffentlichen Verkehrs und die Wirtschaftlichkeit der Deutschen Bun- desbahn. In der Klausursituation ist die Bewertung relativ schwierig. Man sollte wohl nicht zu „dick auftragen", andererseits sind zumindest subjektive Zulassungsschranken wohl i.d.R. gerechtfertigt, wenn sich das geschützte Gemeinschaftsgut grundrechtlich verorten lässt.

Aufbauhinweis

Aufbaumäßig bedeutet dies für die Verhältnismäßigkeitsprüfung, dass ein legitimer Zweck und die Geeignetheit wie gewohnt zu prü- fen sind und die Erforderlichkeit und Angemessenheit durch die oben genannte Subsidiarität und die speziellen Anforderungen für die Stufen zu ersetzen sind.

275

flexible Gestaltung der Drei-Stufen- Theorie

Da allerdings die Drei-Stufen-Theorie insoweit nur eine spezielle Ausformung des Verhältnismäßigkeitsgrundsatzes ist, ist sie nicht starr formal anzuwenden, sondern an diesem orientiert flexibel zu gestalten. Dies hat zur Folge, dass zum einen auch innerhalb einer Stufe Verhältnismäßigkeitserwägungen eine Rolle spielen können, insbesondere i.R.d. Ausübungsregeln die Erforderlichkeit dieser speziellen Regelung noch einmal zu prüfen sein kann.[847] Zum ande- ren sind die drei Stufen nur ein (wenngleich starkes) Indiz für die Eingriffsintensität. Gerade wegen der z.T. schwierigen Abgrenzung zwischen Ausübungs- und Berufswahlregelungen können aber auch Maßnahmen, die als erstere qualifiziert werden, für den Betroffenen ähnlich belastend sein, wie zweite.

276

Bsp.: An die Zulassung als Kassenarzt werden bestimmte Vorausset- zungen geknüpft. Soweit man den „Kassenarzt" nicht als eigenen Beruf, sondern als Modalität des umfassenderen Berufs „Arzt" betrachtet, liegt hierin eine bloße Ausübungsregel. Allerdings wird ein selbstständiger Arzt ohne Kassenzulassung gerade als Berufsanfänger i.d.R. nicht wirt- schaftlich überleben können, sodass ihn diese Maßnahme faktisch ge- nauso hart trifft, wie eine Zulassungsregel.[848]

In solchen Fällen ist für die rechtfertigenden Gründe eher auf die tat- sächliche Intensität der Maßnahme abzustellen, sodass ähnliche An- forderungen zu stellen sind wie bei einer (im Beispiel subjektiven) Berufswahlbeschränkung.

hemmer-Methode: Behalten Sie immer die Wertungen und das Verhält- nismäßigkeitsprinzip im Auge, gehen Sie aber zuerst systematisch nach der Drei-Stufen-Theorie vor und „glänzen" Sie dann mit der be- gründeten Entwicklung einer Ausnahme. Das BVerfG selbst nimmt seine Drei-Stufen-Theorie nicht als feststehendes Dogma, sondern va- riiert diese je nach Bedarf bzw. erwähnt diese in neueren Entscheidun- gen zum Teil nicht einmal, sondern prüft - gerade wenn ein Eingriff auf der ersten Stufe vorliegt - ohne weiteres den Grundsatz der Verhält- nismäßigkeit.[849]

Art. 12a GG

Darüber hinaus enthält Art. 12a GG Einschränkungsmöglichkeiten (und deren Grenzen), die thematisch dem Bereich der Berufsfreiheit zuzuordnen sind.

277

847 Vgl. Friauf, JA 1984, 537 (543) m.w.N. auch aus der Rechtsprechung; vgl. auch BVerfGE 33, 125 (161); BVerfG, NJW 1998, 1776 = **juris**byhem- mer.

848 Vgl. dazu die Kassenarztentscheidung, BVerfGE 30, 42 f.; ähnlich z.B. E 22, 114 (123) (Entziehung der Verteidigungsbefugnis eines Rechtsan- walts).

849 BverfG, NJW 2006, 1261 ff. = **Life&Law 06/2006** = **juris**byhemmer.

D) Art. 12 II, III GG: Schutz vor Arbeitszwang und Zwangsarbeit

einheitl. GR

Die Absätze zwei und drei des Art. 12 GG enthalten eigentlich ein einheitliches Grundrecht,[850] das letztlich als spezielle Ausprägung der Art. 1 I GG und Art. 2 I GG zu verstehen ist und dessen explizite Nennung im Verfassungstext wohl als Reaktion auf die Vorkommnisse während des Nationalsozialismus zu verstehen ist. Beachtenswert ist, dass Art. 12 II, III GG im Gegensatz zu Absatz eins ein Recht für jedermann enthält. Arbeitszwang und Zwangsarbeit ist gemein, dass

⇨ Menschen ohne ihre Zustimmung hoheitlich herangezogen werden,

⇨ zu einer bestimmten Arbeit,

⇨ wobei in der Arbeit die Hauptpflicht liegt.

Ein Unterschied besteht darin, dass bei der Arbeitspflicht der Zweck in der Erfüllung rechtlicher Pflichten des Staates liegt, dieser also entlastet wird, während die Zwangsarbeit vornehmlich punitiven Charakter hat.

Allgemein ist festzustellen, dass Art. 12 II und III GG von der Rechtsprechung sehr restriktiv interpretiert werden, sodass beide noch keine große Bedeutung erlangt haben.[851]

Lösungshinweise zum Einstiegsfall:

Die Bestellung zum Sachverständigen nach § 36 I S. 1 GewO steht im Ermessen der Behörde. Bei der Ermessensausübung nahmen die zuständigen Stellen meist eine doppelte Bedürfnisprüfung vor, d.h. sie prüften, ob für das betreffende Sachgebiet überhaupt ein Bedarf für öffentlich bestellte und vereidigte Sachverständige bestand (abstrakte Bedürfnisprüfung) und ob angesichts der Zahl der bereits zugelassenen Sachverständigen noch ein Bedürfnis für weitere gegeben war (konkrete Bedürfnisprüfung). Fraglich ist, ob eine solche Bedürfnisprüfung die Berufswahl- oder -ausübungsfreiheit betrifft, was davon abhängt, ob man den bestellten Sachverständigen als eigenständiges Berufsbild oder nur als Modalität des Sachverständigen allgemein betrachtet. Mehr spricht hier zwar formal für die Einordnung als Ausübungsregel, allerdings ist zu beachten, dass im Einzelfall auch eine solche von ähnlicher Intensität sein kann wie eine Zulassungsregel (vgl. o.). Wegen der großen Bedeutung einer Bestellung als Sachverständiger für den Betroffenen, sind somit nicht alle vernünftigen Gründe des Allgemeinwohls ausreichend, sondern nur solche von erheblichem Gewicht. Als solches kommt zwar das Vertrauen in kompetente und zuverlässige Sachverständige in Frage, indes ist zur Erreichung dieses Ziels eine konkrete Bedürfnisprüfung nicht erforderlich. Außerdem dürfte die Regelung in § 36 I S. 1 GewO, die eine Bedürfnisprüfung nicht nennt, zumindest für die einschneidende konkrete Prüfung zu unbestimmt sein, da keinerlei Kriterien für dieselbe genannt sind. Eine entsprechende Auslegung ist also mit Art. 12 GG nicht vereinbar.

---

850   Vgl. Jarass/Pieroth, Art. 12 GG, Rn. 55.

851   Vgl. näher Pieroth/Schlink, Rn. 957 ff.

§ 24 UNVERLETZLICHKEIT DER WOHNUNG, ART. 13 GG

Einstiegsfall:[852] *Der Großkotz (G) hatte einen Titel gegen den Säumig (S) wegen einer Kaufpreisforderung erwirkt. Um den Vollstreckungsauftrag durchführen zu können, lässt der Gerichtsvollzieher (GV) ohne richterliche Anordnung die Haustür des S gegen dessen Willen öffnen. S, der in relativ gesicherten Verhältnissen mit seiner Familie in einem ihm gehörigen Einfamilienhaus lebt, fühlt sich in seinem Grundrecht auf Unverletzlichkeit der Wohnung verletzt, der GV verweist auf § 758 I, II ZPO.*

A) Schutzbereich

weite Auslegung der „Wohnung"

Art. 13 I GG garantiert die Unverletzlichkeit der Wohnung. Da diese Vorschrift in einem engen Zusammenhang mit dem allgemeinen Persönlichkeitsrecht in seiner Funktion eines Rechts, „in Ruhe gelassen zu werden",[853] steht, ist der Begriff der Wohnung weit auszulegen und umfasst alle Räume, die der allgemeinen Zugänglichkeit durch eine räumliche Abschottung entzogen und zur Stätte privaten Lebens und Wirkens gemacht worden sind.[854] Somit umfasst der Wohnungsbegriff auch Nebenräume wie Keller und Böden, wohl auch Hotelzimmer[855] und v.a. (praxis- und klausurrelevant) auch Arbeits-, Betriebs- und Geschäftsräume.[856] Dagegen wird man - soweit kein enger räumlicher Bezug zur Wohnung i.e.S. besteht - sonstige befriedete Besitztümer mangels Schutzfunktion für die Privatsphäre nicht mehr als von Art. 13 GG geschützt zu sehen haben.[857]

„Schutz der räumlichen Privatsphäre"

Allerdings ist nach dem Schutzzweck „Schutz der räumlichen Privatsphäre"[858] eine Abstufung der Schutzintensität je nach dem Grad privater Abgeschirmtheit vorzunehmen, sodass z.B. zum Publikumsverkehr bestimmte Geschäftsräume während ihrer Öffnungszeiten wohl ganz aus Art. 13 GG herausfallen.

auch jur. Personen geschützt

Obwohl Art. 13 GG v.a. auch dem Persönlichkeitsschutz dient, sind Grundrechtsträger dieses Jedermann-Grundrechts bei den Geschäftsräumen auch juristische Personen oder Handelsgesellschaften.[859]

B) Eingriffe

Eingriff: Eindringen durch die öffentliche Gewalt

Eingriffe in die Unverletzlichkeit der Wohnung liegen in jedem Eindringen in den geschützten Bereich durch die öffentliche Gewalt. Dies kann sowohl körperlich geschehen (v.a. in Form der Durchsuchung, vgl. Art. 13 II GG, dazu sogleich unten), aber auch durch das Einbringen von Mikrophonen und u.U. sogar von außen durch Infrarotkameras oder Richtmikrophone.

Dabei ist eine Abgrenzung zu Art. 10 GG[860] vorzunehmen. Art. 10 GG ist einschlägig, wenn mittels technischer Mittel auf die Leitungen zugegriffen wird, während Art. 13 GG greift, wenn das Telefongespräch im Rahmen einer Wohnraumüberwachung bspw. über die Lautsprechanlage des Telefons mitgehört wird.

852 Vgl. BVerfGE 51, 97 ff. = **juris**byhemmer.

853 BVerfGE 27,1 (6) = **juris**byhemmer.

854 Vgl. Jarass/Pieroth, Art. 13 GG, Rn. 2.

855 Vgl. BGHZ 31, 285 (289).

856 Vgl. BVerfGE 32, 54 (68 ff.); 44, 353 (371); 83, 88: **alle Entscheidungen** = **juris**byhemmer.

857 Vgl. Pieroth/Schlink, Rn. 967, str. Für die Gegenmeinung könnte u.U. die Wertung des § 123 StGB herangezogen werden, wobei eine Verfassungsinterpretation durch einfaches Gesetzesrecht methodisch immer fragwürdig ist.

858 Vgl. BVerfGE 32, 54 (71 f.); 65, 1 (40): **alle Entscheidungen** = **juris**byhemmer.

859 Vgl. BVerfGE 42, 212 (219) = **juris**byhemmer.

860 Pieroth/Schlink, Rn. 844.

Auch Abgrenzungsschwierigkeiten zu Art. 14 GG können sich ergeben: Dabei gilt Art. 14 GG vorrangig für echte Eingriffe in die Substanz sowie Beeinträchtigungen durch Immissionen, während z.B. Zwangsbelegungen auch die „räumliche Privatsphäre" betreffen dürften.

C) Schranken

Schranken

Art. 13 II und VII GG enthalten zwei unterschiedliche Einschränkungsmöglichkeiten, wobei Absatz zwei sich auf den speziellen Eingriff der Durchsuchung bezieht.

Die Absätze drei bis fünf regeln den sog. „großen Lauschangriff". Abs. sechs regelt die Kontrolle der getroffenen Maßnahmen durch das Parlament.[861]

I. Art. 13 II GG

Art. 13 II GG für „Durchsuchungen" (= „zielgerichtetes Suchen")

Art. 13 II GG verlangt für Durchsuchungen eine gesetzliche Grundlage, für die von der h.L. auch die Einhaltung des Zitiergebots und des Bestimmtheitserfordernisses verlangt wird, sodass danach polizeirechtliche Generalklauseln nicht ausreichen würden.[862] V.a. aber muss die Durchsuchung grds. durch den Richter, nur bei Gefahr im Verzug durch ein anderes im Gesetz genanntes Organ angeordnet werden. An die Anordnung sind nach Sinn und Zweck des Anordnungsgebotes i.V.m. dem Rechtsstaatsprinzip gewisse inhaltliche Anforderungen zu stellen, die die Durchsuchung u.U. begrenzen können, so z.B. hinsichtlich des Tatverdachts und Beweismitteln, denen die Durchsuchung gilt. Keinesfalls genügt in der Anordnung die bloße Wiedergabe des einschlägigen Gesetzeswortlauts.[863]

281

hemmer-Methode: Lesen Sie die einschlägigen Vorschriften in der StPO, um die Umsetzung dieses Regelungsmechanismus durch den Gesetzgeber einmal gesehen zu haben. Umgekehrt gilt: Sollte es in sicherheitsrechtlichen oder strafprozessualen Klausuren um die Durchsuchung der Wohnung gehen, macht es einen guten Eindruck, wenn Sie zur Auslegung der einschlägigen Vorschriften Art. 13 GG und dessen Schutzzweck heranziehen.

Dabei ist als Durchsuchung das „ziel- und zweckgerichtete Suchen staatlicher Organe nach Personen oder Sachen oder zur Ermittlung eines Sachverhalts, um etwas aufzuspüren, was der Inhaber der Wohnung von sich aus nicht offen legen oder herausgeben will".[864]

Gefahr im Verzug ist nur gegeben, „wenn die vorherige Einholung der richterlichen Anordnung den Erfolg der Durchsuchung gefährden würde".[865]

hemmer-Methode: Dabei gilt - gerade bei einem weniger oft geprüften Grundrecht wie Art. 13 GG - wieder: es kommt nicht so sehr darauf an, in der Klausur solche Definitionen auswendig zu wissen, vielmehr müssen Sie in der Lage sein, eine eigene Umschreibung mit den wichtigsten Strukturelementen zu geben.

---

861   Vgl. zur Neufassung Ruthig, JuS 1998, 506 ff.; MVVerfG, JuS 2000, 1113 ff.

862   Vgl. Pieroth/Schlink, Rn. 978; Jarass/Pieroth, Art. 13 GG, Rn. 7; Dagtoglou, JuS 1975, 752 (758);
      a.A. aber BVerwGE 47, 31, 38 f. = jurisbyhemmer.

863   Vgl. auch BGH, NJW 2007, 930, bspr. von Kutscha, NJW 2007, 1169: heimliche Onlinedurchsuchung = jurisbyhemmer.

864   BVerfGE 51, 97 (107) = jurisbyhemmer.

865   BVerfGE 51, 97 (111); der Begriff „Gefahr im Verzug" muss dabei restriktiv ausgelegt werden, vgl. BVerfG, NJW 2001, 1121: alle Entscheidungen
      = jurisbyhemmer.

Der Richter darf eine Durchsuchung nur anordnen, wenn er sich aufgrund eigenverantwortlicher Prüfung der Ermittlungen überzeugt hat, dass die Maßnahme verhältnismäßig ist. Seine Anordnung hat die Grundlage der konkreten Maßnahme zu schaffen und muss Rahmen, Grenzen und Ziele der Durchsuchung definieren. Vor allem in Klausuren ist dies dann von Bedeutung, wenn Ihnen der Wortlaut des richterlichen Durchsuchungsbefehls im Sachverhalt mitgeteilt wird.

Der Richter muss, wenn der Stand des Verfahrens dies zulässt, sowohl das konkrete Delikt angeben, als auch die Beweismittel, die mit der Durchsuchung aufgefunden werden sollen. Das Merkmal „durch den Richter" ist damit nicht bloß eine Zuständigkeitsregel sondern eine inhaltliche Anforderung, die garantieren soll, dass zwischen dem Eingriffszweck der Strafverfolgung und der Freiheitsgarantie der Unverletzlichkeit der Wohnung eine Abwägung im Einzelfall wirklich stattfindet. Das BVerfG hat daraus auch Folgerungen für den Geltungszeitraum des richterlichen Durchsuchungsbefehls gezogen. Der Zweck des Richtervorbehalts hat Auswirkungen auch auf den Zeitraum, innerhalb dessen die richterliche Durchsuchungsanordnung noch vollzogen werden darf. „Spätestens nach Ablauf eines halben Jahres verliert ein Durchsuchungsbeschluss seine rechtfertigende Kraft."[866]

II. Art. 13 III - VI GG

Art. 13 III - VI GG: Großer Lauschangriff

Art. 13 III GG stellt die Grundlage für den sog. großen Lauschangriff da. Die Regelung, die 1998 nach heftigen Diskussionen zur Bekämpfung vor allem der organisierten Kriminalität eingeführt wurde, wurde vom BVerfG (gerade noch) für verfassungskonform befunden.

Prüfungsmaßstab war allein Art. 79 III, 1 I GG, nicht aber Art. 13 I GG selbst. Deshalb musste das BVerfG sorgfältig den Menschenwürdegehalt des Art. 13 I GG herausarbeiten. Zumindest soweit Art. 13 I GG die Intimsphäre schützt – also bspw. vertrauliche Gespräche mit engen Verwandten – bejaht das BVerfG diesen Menschenwürdegehalt. Da ein Eingriff in Art. 1 I GG nicht gerechtfertigt werden kann[867], muss Art. 13 III GG verfassungskonform derart ausgelegt werden, dass ein Abhören der Intimsphäre von ihm nicht gedeckt ist.[868]

Nicht mehr verfassungsgemäß waren nach Ansicht des BVerfG allerdings §§ 100c ff. StPO, die auf Grundlage des Art. 13 III GG erlassen wurden. Zum einen bemängelt das BVerfG, dass gerade ein Abhören der Intimsphäre erlaubt wird, was einen Verstoß gegen Art. 13 I, 1 I GG darstellt. Daneben erkennt das BVerfG u.a. einen Verstoß gegen die Verhältnismäßigkeit.[869]

---

866 BVerfG, NJW 1997, 2165 = **juris**byhemmer.
867 Vgl. oben Rn. 154.
868 BVerfG, NJW 2004, 999 = **juris**byhemmer.
869 BVerfG, NJW 2004, 999 = **juris**byhemmer.

III. Art. 13 VII GG

Art. 13 VII GG für andere Fälle

Art. 13 VII GG enthält Schranken für andere Fälle als die Durchsuchungen. Es soll hier nicht auf die einzelnen Begriffe eingegangen werden, für die Klausur genügt es, ggf. die Vorschrift durchzumustern und mit Hilfe z.B. des aus dem Sicherheitsrecht bekannten Gefahrbegriffs zu subsumieren. Wichtig erscheint allein, dass der Aufbau des Art. 13 VII GG verstanden ist: In der ersten Alternative erlaubt er bei Vorliegen der entsprechenden Gefahren einen Eingriff ohne spezielle gesetzliche Grundlage, in der zweiten einen aufgrund eines Gesetzes zum Schutz der öffentlichen Sicherheit und Ordnung, wobei die nähere Auflistung nur Beispielscharakter hat. Beachten Sie insbesondere: Es gibt keine Möglichkeit, das Recht zum Betreten einer Wohnung durch eine gemeindliche Satzung zu begründen.[870]

282

IV. Ungeschriebene Grenzen

ungeschriebene Grenzen

Durch die Ausdehnung des Art. 13 GG über seinen Wortlaut hinaus auf Betriebsräume deckt die Schrankensystematik einige gesetzliche Vorschriften nicht, deren Zulässigkeit im Grundsatz unbestritten sind, insbesondere Betretungs- und Überprüfungsrechte im Bereich der Arbeits-, Gesundheits- und Wirtschaftsverwaltungsaufsicht. Die Rechtsprechung lässt solche Eingriffe in den Schutzbereich als Einschränkungen kraft Natur der Sache zu, solange eine gesetzliche Befugnisnorm im Interesse der Allgemeinheit besteht, die dem Bestimmtheits- und dem Verhältnismäßigkeitsprinzip entspricht.[871]

283

Art. 17a II GG

Darüber hinaus kann auch das Grundrecht aus Art. 13 GG zu Zwecken der Verteidigung bzw. des Zivilschutzes eingeschränkt werden, Art. 17a II GG.

284

Lösungshinweise zum Einstiegsfall:

Obwohl die Vollstreckung im Interesse des G erfolgte, liegt im Tätigwerden des GV die Ausübung hoheitlicher Gewalt. Im Eindringen und dem Durchsuchen der Wohnung könnte eine Verletzung von Art. 13 I GG liegen. Zwar stützt sich der GV auf eine gesetzliche Grundlage, und Art. 13 II GG enthält auch einen Gesetzesvorbehalt für Durchsuchungen. Allerdings schreibt Art. 13 II GG für den Regelfall eine richterliche Anordnung vor, sodass dies in verfassungskonformer Ausformung auch für § 758 ZPO gilt. Ohne richterliche Anordnung kann der GV somit nur vorgehen, wenn Gefahr im Verzug besteht, wofür nach dem hier mitgeteilten Sachverhalt nichts spricht.

---

870   BVerfG, NVwZ 1998, 540; ausführliche Darstellung dieser Entscheidung auch in **Life&Law 1998, 409 ff.**

871   Vgl. BVerfGE 32, 54 (75 ff.) = **juris**byhemmer; krit. z.T. die Lit., vgl. Pieroth/Schlink, Rn. 983; Sachs, NVwZ 1987, 560 f.

§ 25 SCHUTZ DES EIGENTUMS, ART. 14 GG

Einstiegsfall: Angesichts der zunehmenden Furcht in der Bevölkerung vor Verletzungen durch sog. Kampfhunde erlässt der Bundestag ein Kampfhundegesetz (KaHuG), in dem bestimmt ist, dass alle Hunde der (im Gesetz näher bezeichneten) als Kampfhunde einzustufenden Arten zur Einschläferung abgeliefert und ihre weitere Zucht untersagt wird. Hundezüchter H fühlt sich in seinen Grundrechten, insbesondere auch in seinem Eigentumsrecht verletzt.

Art. 14 GG gilt zu Unrecht als besonders schwieriges Grundrecht. Seit der „Nassauskiesungsentscheidung"[872] hat das BVerfG bei Art. 14 GG eine Struktur herausgearbeitet, die mit der Struktur anderer Grundrechte weitgehend übereinstimmt.

A) Schutzbereich

I. Personaler Schutzbereich

nach BVerfG kein Schutz für Gebietskörperschaften des öffentl. Rechts

285

Art. 14 GG enthält keine Einschränkungen hinsichtlich des geschützten Personenkreises, ist also ein Jedermanns-Grundrecht. Inländische bzw. europäische[873] juristische Personen des Privatrechts genießen über Art. 19 III GG ebenfalls Schutz. Dagegen sollen nach der Rechtsprechung des BVerfG Gebietskörperschaften des öffentlichen Rechts (z.B. Gemeinden) nicht erfasst sein, da Art. 14 GG „nicht das Privateigentum, sondern das Eigentum Privater" schütze.[874]

II. Sachlicher Schutzbereich

einerseits stark normgeprägter Schutzbereich, andererseits keine unbegrenzte Definitionsmacht

286

Bei der Bestimmung des Schutzbereiches des Eigentums ist zu beachten, dass Art. 14 GG in ganz besonderem Maße „normgeprägt" ist; d.h. erst der Gesetzgeber legt verbindlich fest, was Eigentumsschutz genießt, wie es auch in Art. 14 I S. 2 GG zum Ausdruck kommt. Andererseits besteht angesichts des Vorrangs des Grundgesetzes vor den einfachgesetzlichen Regeln diese legislatorische Definitionsbefugnis nicht unbegrenzt. Es wäre nämlich das Eigentumsrecht nicht wirksam gewährleistet, wenn der Gesetzgeber an die Stelle des Privateigentums etwas setzen könnte, was den Namen „Eigentum" nicht mehr verdient."[875]

hemmer-Methode: Letztlich stellt sich hier also das Problem, das Sie schon von anderen normgeprägten Grundrechten (z.B. Art. 6 I GG) kennen, dass nämlich zum einen eine Ausgestaltung durch den Gesetzgeber notwendig und auch zulässig ist, dass aber zum anderen aus der verfassungsrechtlichen Garantie Grenzen der Ausgestaltungsbefugnis erwachsen. Dass besonders bei Art. 14 GG so viel über diese Fragen diskutiert wird, hat neben den historischen (vgl. unten zur früheren Rechtslage) wohl v.a. auch wirtschaftliche Gründe. Die ausdrückliche Erwähnung der Definitionsbefugnis in Art. 14 I S. 2 GG dürfte im Übrigen auf einen recht weiten Spielraum des Gesetzgebers schließen lassen.

positive Abgrenzung

287

1. Inhaltlich erfasst Art. 14 GG einen weiteren Bereich als das Eigentum i.S.d. § 903 BGB.

---

872 BVerfGE 58, 300 = **juris**byhemmer.

873 Vgl. bereits oben Rn. 21

874 BVerfGE 61, 82 (108 f.); anders für den Eigentumsschutz durch die BV der BayVerfGH, so aus jüngerer Zeit wieder in BayVerfGH, BayVBl. 2001, 339: **alle Entscheidungen** = **juris**byhemmer.

875 BVerfGE 24, 367 (389) = **juris**byhemmer.

Geschützt sind v.a.

⇨ das Sacheigentum (an Fahrnis und Grundstücken),

⇨ private vermögenswerte Forderungen,

⇨ öffentlich-rechtliche Positionen, soweit sie Äquivalent eigener Leistung sind, also z.B. Renten oder Anwartschaften der Sozialversicherungen.[876] Allerdings hat das BVerfG[877] festgestellt, dass Ansprüche von Versicherten in der gesetzlichen Rentenversicherung auf Versorgung ihrer Hinterbliebenen nicht dem Eigentumsschutz des Art. 14 I GG unterliegen. Eine Anrechnung von Erwerbs- und Erwerbsersatzeinkommen auf die Hinterbliebenenrente sei verfassungsrechtlich nicht zu beanstanden.[878] Der Hauptzweck dieses Merkmals liegt darin, Subventionen nicht in der Schutzbereich des Eigentums mit einzubeziehen, damit die staatliche Wirtschaftspolitik nicht ihre Beweglichkeit verliert.

Auch weitere private Rechtspositionen, wie z.B. das Recht am Warenzeichen,[879] Fischereirechte und nach der Rechtsprechung des BVerfG[880] auch das Besitzrecht des Mieters fallen in den Schutzbereich des Art. 14 GG.[881] Dies soll nach dem BVerfG schon daraus folgen, dass das Besitzrecht des Mieters gegenüber dem Vermieter ebenso wie gegenüber Dritten umfassend durch das Privatrecht geschützt wird. Das Besitzrecht des Mieters, und damit auch der Schutz aus Art. 14 GG, endet allerdings mit der wirksamen Kündigung durch den Vermieter, kann darüber hinaus aber bei der Beurteilung des Interesses des Mieters am Fortbestand des Mietvertrags Bedeutung erlangen.

hemmer-Methode: Sollte es in der Klausur um einen Ihnen unbekannten Grenzfall gehen, überlegen Sie anhand der genannten Beispiele, ob eine vergleichbare Rechtsposition in Rede steht. Dabei kann als Abgrenzungskriterium zum einen auf die Privatnützigkeit der Rechtsposition, zum anderen auf die Verfügungsbefugnis über diese Position sowie auf die vergleichbare Schutzwürdig- und -bedürftigkeit abgestellt werden. Die Entscheidung zum Besitzrecht des Mieters sollten Sie kennen und evtl. auch als Beispiel für die Argumentationsstruktur einmal gelesen haben. Übertragen Sie diese Entscheidung aber nicht ins Baurecht. Hier bleibt es dabei, dass nur der Eigentümer der Nachbargrundstücke i.R.d. Anfechtungsklage klagebefugt ist.[882]

Recht am Gewerbebetrieb

Häufig problematisch ist die Frage nach dem Schutz des Rechts am eingerichteten und ausgeübten Gewerbebetrieb (ReaG): Es ist vom BGH als von § 823 I BGB geschützt anerkannt und wird auch vom BVerwG und der wohl h.L. dem Schutzbereich des Art. 14 GG zugeordnet.[883] Das BVerfG dagegen hat die Einbeziehung in den Schutzbereich des Art. 14 GG offen gelassen[884] und betont jedenfalls, dass der Schutz des ReaG nicht weitergehen kann als der Schutz, den auch seine rechtliche Grundlage genießt,[885] somit fallen rein tatsächliche Gegebenheiten (bestehende Geschäftsverbindungen, Lagevorteile durch besonders günstige Straßenverbindungen) nicht in den Schutzbereich.

---

876   Vgl. BVerfGE 70, 278 (285) = **juris**byhemmer.

877   BVerfG, NJW 1998, 3109 ff. = **juris**byhemmer.

878   Vgl. zur Problematik auch Schuler-Harms, NJW 1998, 3095 ff. Zur Anrechnung von Renten auf den Sozialhilfeanspruch vgl. BVerfG, NJW 1998, 2431 = **juris**byhemmer.

879   Gleiches gilt für Internet-Domaines, vgl. NJW 2005, 589 f.; **Life&Law 2005, 249 ff.**

880   Vgl. NJW 93, 2035 = BVerfGE 89, 1 (5 f.) = **juris**byhemmer.

881   Vgl. die kurze Zusammenstellung bei Jarass/Pieroth, Art. 14 GG, Rn. 7a m.w.Bsp. u.N.

882   BVerwG, NVwZ 1998, 956 = NJW 1998, 3582 = **juris**byhemmer.

883   Vgl. die Nachweise bei Pieroth/Schlink, Rn. 1001 und Jarass/Pieroth, Art. 14 GG, Rn. 8.

884   Vgl. BVerfGE 66, 116 (145); 68, 193 (222 f.); 74, 129 (148) (eher skeptisch) = **juris**byhemmer; zuletzt NJW 2005, 589 f.; **Life&Law 2005, 249 ff.**

885   Vgl. BVerfGE 58, 300 (353) = **juris**byhemmer.

Somit wird man (wie das BVerfG!) die Frage im Ergebnis oft deshalb offen lassen können, weil der Schutz gegenüber dem des Eigentums an z.B. Produktionsmitteln und -stätte nicht hinausgeht.

negative Abgrenzung

2. Nicht geschützt (und damit taugliche Elemente einer Negativabgrenzung) sind: **288**

⇨ das Vermögen als solches;[886] daher wird Art. 14 GG grds. durch die Auferlegung öffentlich-rechtlicher Geldleistungspflichten nicht beeinträchtigt, soweit diese keinen erdrosselnden oder konfiskatorischen Charakter haben,[887]

⇨ makelbehaftete, d.h. v.a. rechtswidrig erlangte Vermögenspositionen sowie

⇨ bloße Aussichten, Erwartungen, Gewinnchancen.[888]

hemmer-Methode: Bei der Frage nach bloßen Gewinnaussichten liegt z.B. im Wirtschaftsverwaltungsrecht die Abgrenzung zu Art. 12 GG; dabei gilt als Faustformel: Art. 14 GG schützt den Bestand, Art. 12 GG den Erwerb. Diese Unterscheidung ist auch im Auge zu behalten, soweit es um das ReaG geht: keinesfalls umfasst dieses zukünftige Gewinnchancen.

Wandelbarkeit des Eigentumsbegriffs durch gesetzgeberisches Wirken

3. Entsprechend der oben genannten Definitionsmacht werden als Eigentum all die Befugnisse geschützt, die einem Eigentümer zum Zeitpunkt der gesetzgeberischen Maßnahme konkret zustehen.[889] Soweit also eigentumsrechtliche Befugnisse beschnitten werden, die vorher gesetzlich gewährleistet wurden, ist zu diesem Zeitpunkt der Schutzbereich des Art. 14 GG betroffen und wird zugleich für die Zukunft auf das neue Maß reduziert.   **289**

B) Eingriffe

I. Problematik bei Art. 14 GG

diff.: Inhaltsbestimmung u. Enteignung

Bei der Frage, ob bzw. welcher Eingriff in den Schutzbereich vorliegt, ergeben sich bei Art. 14 GG einige Probleme, da es sich zum einen um ein Grundrecht mit einem stark normgeprägten Schutzbereich handelt (vgl. o.) und zum anderen der Verfassungstext selbst zwei grundsätzlich mögliche „Eingriffsformen" nennt, nämlich „Inhalts- und Schrankenbestimmungen" (Art. 14 I S. 2 GG)[890] und „Enteignungen" (Art. 14 III GG). Noch schwerer überschaubar wurde dieses System durch die früher h.M. dadurch, dass Eigentumsschutz letztlich nur durch den Enteignungsbegriff gewährleistet wurde, wobei der Unterschied zwischen Inhalts- und Schrankenregelung und Enteignung ein rein quantitativer sein sollte.   **290**

BGH früher: quantitative Grenze

Somit sollte eine Enteignung dann vorliegen, wenn eine Inhaltsbestimmung ein bestimmtes Maß an Intensität überschritt. Dabei wurde z.T. auf das Kriterium der Schwere, z.T. auf das des Sonderopfers[891] abgestellt.

---

886   H.M., vgl. bereits BVerfGE 4, 7 (17); 81, 108 (122): **alle Entscheidungen** = **juris**byhemmer; M/D-Papier, Art. 14 GG, Rn. 42; Jarass/Pieroth, Art. 14 GG, Rn. 12; a.A. wohl BoK-Kimminich, Art. 14 GG, Rn. 62.

887   Krit. zur Begründung dieser h.M., aber im Ergebnis weitgehend übereinstimmend Jarass/Pieroth, Art. 14 GG, Rn. 12.

888   Vgl. BVerfGE 28, 119 (142); 68, 193 (222); 74, 129 (148): **alle Entscheidungen** = **juris**byhemmer.

889   BVerfGE 70, 191 (201) = **juris**byhemmer.

890   Eine weitere terminologische Unterscheidung zwischen Inhaltsbestimmungen und Schrankenbestimmungen ist wenig ergiebig und für die Klausur in aller Regel ohne Bedeutung. Deshalb ist hier oft verkürzt auch nur von „Inhaltsbestimmung" die Rede.

891   Vgl. BGHZ 6, 270 (280) = **juris**byhemmer.

Nach der Rechtsprechung des BGH wurde ferner gestützt auf Art. 14 III GG eine Entschädigung aus enteignendem bzw. enteignungsgleichem Eingriff auch dann zugesprochen, wenn zwar die Voraussetzungen des Art. 14 III GG nicht erfüllt waren, aber nach der einschlägigen Abgrenzungstheorie eine zur Enteignung umgeschlagene Inhaltsbestimmung vorlag.

BVerfG: qualitativer Unterschied

Demgegenüber gewährt das BVerfG Eigentumsschutz v.a. über Art. 14 I GG, indem es diese Vorschrift sowohl als Institutsgarantie als auch als Bestandschutz versteht. Danach sind eigentumsrelevante Maßnahmen stets an Art. 14 I GG zu messen, solange keine Enteignung vorliegt. Diese ist aber - im Unterschied zur früheren Rechtsprechung des BGH -als (qualitatives) aliud zur Inhaltsbestimmung zu betrachten. Entspricht also eine Regelung nicht Art. 14 I GG, so wird sie nicht dadurch zur Enteignung, sondern zur verfassungswidrigen Inhalts- und Schrankenbestimmung. Konsequenz für den Rechtsschutz des Bürgers ist, dass er sich gegen diese wehren kann und muss (wobei das entscheidende Gericht u.U. nach Art. 100 GG vorgehen muss) und nicht stattdessen die verfassungswidrige Inhaltsbestimmung hinnehmen und eine nicht vorgesehene Entschädigung verlangen („dulden und liquidieren") kann.

hemmer-Methode: Obwohl der bahnbrechende Nassauskiesungsbeschluss gar nicht mehr so kurz zurückliegt, wird in vielen Lehrbüchern noch die Entwicklung von der früheren Rspr. des BGH her dargestellt. Dies geschieht - wie auch hier - nicht ohne Grund, da die dogmatischen Entwicklungen gleichwohl noch im Fluss sind und auf dem Hintergrund der früher h.M. auch die Konzeption des BVerfG besser verständlich wird. In der Klausur sollte man von der Entwicklung nur so viel andeuten, wie nötig ist, um zu zeigen, dass man sie kennt. Zumindest in der öffentlich-rechtlichen Arbeit ist es im Übrigen sicher zulässig, im Aufbau von der Rspr. des BVerfG auszugehen, zumal dies die Sache für Sie auch leichter macht, da man sich grob an das allgemeine Grundrechtsschema halten kann. Die früheren Abgrenzungen können aber immer noch eine Rolle spielen, wenn es um die Verfassungsmäßigkeit einer Inhalts- und Schrankenbestimmung geht.

Geht man aber von einem rein qualitativen Unterschied zwischen Inhaltsbestimmung und Enteignung aus, stellt sich die Frage, wann die eine, wann die andere eigentumsrelevante Maßnahme anzunehmen ist:

II. Inhalts- und Schrankenbestimmung, Art. 14 I S. 2 GG

Inhaltsbestimmung: generell-abstrakt; dolus eventualis

Nach dem BVerfG[892] liegt eine Inhalts- und Schrankenbestimmung - und keine Enteignung - vor, wenn der Gesetzgeber einen Sachverhalt „generell-abstrakt" regelt, während ein enteignendes Gesetz einem „bestimmten oder bestimmbaren Personenkreis konkrete Eigentumsrechte" entzieht. Allerdings ist diese Unterscheidung nur begrenzt brauchbar, da letztlich auch eine Enteignung - wenn sie durch Gesetz erfolgt[893] - abstrakt-generell sein muss. Aussagekräftiger dürfte eine Unterscheidung nach dem Finalitätskriterium sein: Danach regeln Inhalts- und Schrankenbestimmung die allgemeine Eigentumsordnung, wobei gleichsam als Nebenfolge bestehende Eigentumspositionen beeinträchtigt werden, während die Enteignung gezielt Zugriff auf konkrete Rechtspositionen (i.c.R. zur Erfüllung von Gemeinwohlzwecken) nimmt.[894]

291

292

---

892   Vgl. E 58, 300 (330 f.).

893   Zur Unterscheidung von Legal- und Administrativenteignung vgl. unten Rn. 294.

894   Vgl. als Beispiel eine Inhalts- und Schrankenbestimmung anhand eines Bepflanzungsverbots bei Grundstücksflächen am Deich: BVerfG, NVwZ 1998, 725 f. = **juris**byhemmer.

Ein wichtiges Indiz für das Vorliegen einer Inhalts- und Schranken-bestimmung ist das Fehlen einer Entschädigungsklausel: Da es auf die Finalität, also den gesetzgeberischen Willen, ankommt, kann aus diesem Fehlen darauf geschlossen werden, dass gerade keine Enteignung gewollt ist.

> **hemmer-Methode:** Betrachtet man die gesetzliche Lage nach der verengenden Inhalts- und Schrankenbestimmung, stellt sich die gesetzliche Maßnahme gar nicht als wirklicher Eingriff in den Schutzbereich dar, weshalb bei Art. 14 GG z.T. der neutralere Begriff der „eigentumsrelevanten Maßnahme" und konsequent auch nur von einer „probeweisen Eröffnung des Schutzbereichs" gesprochen wird. Es ist aber ebenso vertretbar, die allgemeinen Begrifflichkeiten zu verwenden.

III. Enteignung, Art. 14 III GG

1. Enteignungsbegriff

Enteignung: konkret-individuell; dolus directus

Nach dem Gesagten ist der Enteignungsbegriff nicht zwingend auf den klassischen Begriff der Enteignung als Güterbeschaffung beschränkt, da Voraussetzung nicht ist, dass der Staat sich die entzogene Position „einverleibt". Eine Enteignung in einem solchen klassischen Sinne wird aber i.d.R. am leichtesten als solche zu bestimmen sein.[895] In den übrigen Fällen können sich Abgrenzungsprobleme ergeben, die mit den oben genannten Begriffspaaren (konkret-individuell/abstrakt-generell; final/nicht-final) sowie mit der Unterscheidung zwischen Entziehung und Beschränkung gelöst werden müssen: Wird das Eigentum so drastisch eingeschränkt, dass es zum nudum ius wird, kommt dies faktisch seiner Entziehung gleich. Werden dagegen nur einzelne Befugnisse entzogen, die für sich genommen keine eigene rechtliche Position darstellen, liegt eine bloße Beschränkung vor.

Entscheidendes Merkmal zur Abgrenzung zwischen Enteignung und Inhalts- und Schrankenbestimmung ist die Finalität des Eingriffs.[896] So sind z.B. nutzungsbeschränkende Maßnahmen nach dem Denkmalschutzgesetz (DSchG) Inhaltsbestimmungen,[897] da das gesetzgeberische Ziel nicht primär auf Entzug konkreter Eigentumspositionen gerichtet ist, sondern im Vordergrund das Interesse der Allgemeinheit am Erhalt kulturellen Gutes steht.

Weitere Beispiele von Inhalts- und Schrankenbestimmungen:

⇨ *Nutzungsbeschränkungen in Wasserschutzgebieten gemäß § 19 II WHG sind keine Enteignung, sondern Inhaltsbestimmungen des Eigentums i.S.d. Art. 14 I S. 2 GG.*[898]

⇨ *Natur- und landschaftsschutzrechtliche Normen, die den Umfang des geschützten Eigentumsrechts i.S.v. Art. 14 I S. 2 GG festlegen, erhalten auch dann keinen enteignenden Charakter, wenn sie im Einzelfall die Eigentumsbefugnisse über das verfassungsrechtlich zulässige Maß hinaus einschränken. Eine verfassungswidrige Inhaltsbestimmung stellt nicht zugleich einen „enteignenden Eingriff" im verfassungsrechtlichen Sinne dar und kann wegen des unterschiedlichen Charakters von Inhaltsbestimmung und Enteignung auch nicht in einen solchen umgedeutet werden.*[899]

293

---

895 Vgl. Pieroth/Schlink, Rn. 1015 f.

896 Vgl. Ossenbühl, NJW 83, 2.

897 BGH, NJW 93, 1255; vgl. auch BayObLG, NVwZ 1999, 1023; BVerfG, NJW 1999, 2877: **alle Entscheidungen = juris**byhemmer.

898 BVerwG, NVwZ 1997, 887 = **juris**byhemmer.

899 BVerfG, NJW 1998, 367 = **juris**byhemmer.

⇨ *Dies gilt auch dann, wenn der Normgeber durch eine inhaltsbestimmende Regelung bestehende Rechte oder Befugnisse abschafft oder beschränkt und eine Inhaltsbestimmung wegen der Intensität der Belastung mit dem Grundgesetz nur dann in Einklang steht, wenn sie durch die Einführung eines Ausgleichsanspruchs abgemildert wird.[900]*

hemmer-Methode: Zweifelsohne ist mit den hier vorgestellten Begriffspaaren noch keine völlige Klarheit geschaffen, eine griffigere Abgrenzung ist jedoch in der Literatur bisher noch nicht gelungen. In der Klausur ist somit auch Ihr Judiz gefragt, um intuitiv zu erkennen, ob eine Enteignung oder eine Inhalts- und Schrankenbestimmung vorliegt, um dieses Ergebnis unter Bezugnahme auf die gebräuchlichen Begrifflichkeiten zu begründen. Ist der Fall dagegen wirklich zweifelhaft und kommen Sie dem Ergebnis auch mit einem klausurtaktischen Schielen auf Folgeprobleme nicht näher, wird letztlich Ihre Entscheidung für die Bewertung auch nicht ausschlaggebend sein, wenn Sie die Unterscheidungskriterien genannt und Ihr Ergebnis argumentativ untermauert haben.

Als Faustregel gilt: Im Zweifel ist die Rechtsprechung eher zurückhaltend mit der Annahme einer Enteignung,[901] insbesondere wenn es nicht um Güterbeschaffung und nur um eine Teilentziehung von Rechtspositionen geht.[902] Die Rechtsprechung des BVerfG ist auf dem Weg zurück zur Güterbeschaffungsenteignung! Große Probleme bereiten deshalb Fälle wie die Laufzeitverkürzung für Atomkraftwerke. Das Sacheigentum an den Grundstücken wird nicht in Frage gestellt. Es wird auch kein Teilrecht in staatliche Inhaberschaft übergeführt. Es wird „nur" dem Eigentümer eine Nutzungsmöglichkeit, faktisch allerdings die einzige, genommen.

2. Legal- und Administrativenteignung

diff.: Legal-/Administrativenteignung

Innerhalb der Enteignungen sind die Fälle der Legal- und der Administrativenteignung zu unterscheiden:[903] Bei ersterer werden die Eigentumspositionen unmittelbar durch Gesetz, bei zweiter aufgrund eines Gesetzes durch administrative Maßnahmen entzogen. Da bei der Legalenteignung der Rechtsschutz des Betroffenen erheblich verkürzt wird, soll sie nach dem BVerfG nur ausnahmsweise zulässig sein.[904]

294

hemmer-Methode: Die größeren Probleme bereiten in ihrer Abgrenzung voneinander die Inhaltsbestimmung durch ein Gesetz und die Legalenteignung, vgl. o. Allerdings kann auch in einem Einzelakt der Exekutive die Realisierung einer Inhalts- und Schrankenbestimmung liegen, z.B. im Ausspruch eines baurechtlichen Abbruchgebotes, in dem sicher keine Enteignung zu sehen ist.

IV. Faktische Maßnahmen

faktische Maßnahmen

Faktische Maßnahmen stellen keine Inhaltsbestimmung oder Enteignung dar. Bei ihnen ist daher ein späterer Ausgleich möglich, was über die Grundsätze von enteignendem und enteignungsgleichem Eingriff erfolgt.[905] Dabei liegt ein Eingriff in den Schutzbereich stets vor, wenn in die Substanz eingegriffen wird, nur ausnahmsweise be (erheblicher) faktischer Behinderung der Nutzungs-, Verfügungs- oder Verwertungsbefugnis.

295

---

900 Vgl. BVerfG, NVwZ 1999, 979 = BayVBl. 1999, 589 für die vergleichbare Problematik bei Bebauungsplänen: **alle Entscheidungen = juris**byhemmer.

901 Vgl. die Nachweise bei Jarass/Pieroth, Art. 14 GG, Rn. 56.

902 BVerfG, BayBl. 2002, 112.

903 Vgl. Jarass/Pieroth, Art. 14 GG, Rn. 57 f.; Pieroth/Schlink, Rn. 1015.

904 Vgl. BVerfGE 24, 367 (402 f.); 45, 297 (324 ff.): **alle Entscheidungen = juris**byhemmer.

905 Vgl. dazu unten Rn. 304.

C) Schranken

unterschiedliche Schranken

Während für die Feststellung, ob ein Eingriff bzw. eine beeinträchtigende eigentumsrelevante Maßnahme die Frage nach Enteignung oder Inhalts- und Schrankenbestimmung i.d.R. nicht zu Unterschieden führt, ist sie für die Rechtfertigung der Maßnahme von entscheidender Bedeutung, da jeweils unterschiedliche Schranken (-Schranken) zu beachten sind.

296

hemmer-Methode: Insofern könnten Sie in der Klausur im Prüfungspunkt „Eingriff" die Frage auch noch offen lassen. Da es sich aber letztlich um zwei verschiedene Eingriffsarten handelt, kann man sich auch schon hier entscheiden und bei den Schranken (-Schranken) dann nur noch die Konsequenz aus dieser Einordnung ziehen.

I. Voraussetzungen einer Inhalts- und Schrankenbestimmung

Inhaltsbestimmung: Ausgleich zwischen Eigentumsgarantie und Sozialbindung

Die Zulässigkeit einer Regelung von Inhalt und Schranken des Eigentums ergibt sich unmittelbar aus Art. 14 I S. 2 GG.

297

Dabei sind die „Gesetze" nach h.M. im materiellen Sinne zu verstehen,[906] Inhalts- und Schrankenbestimmungen können also auch durch Satzungen oder Verordnungen vorgenommen werden. Allerdings ist die Definitionsmacht des Gesetzgebers nicht unbegrenzt, vielmehr ist als Wertentscheidung die Institutsgarantie des Eigentums, also die Gewährleistung von Existenz und Funktionsfähigkeit des Privateigentums, zu beachten. Es besteht eine Wechselwirkung zwischen der Eigentumsgarantie und der Schranke, die Eigentumsgarantie wirkt also als Schranken-Schranke bei jeder Eigentumsregelung.[907]

Bei der Ausgestaltung sind somit als zwei gegenläufige Prinzipien die grundsätzliche Eigentumsgarantie und die Sozialbindung des Art. 14 II GG in Ausgleich zu bringen. Dabei ist die Sozialbindung ihrerseits auch wieder eine Einschränkung für den Gesetzgeber, da er sich an ihr orientieren muss, Beeinträchtigungen des Eigentums also nur zum Wohl der Allgemeinheit zulässig sind.

abwägungsrelevante Punkte

I.R.d. Schranken-Schranken bzw. Verhältnismäßigkeitsdiskussion sind folgende Punkte besonders in die Abwägung einzustellen:[908]

298

⇨ das Vorhandensein von Härteklauseln und Übergangsregeln.

⇨ die Eigenart des vermögenswerten Guts: So ist z.B. die Sozialbindung von Grundeigentum u.U. besonders stark, weil es als unvermehrbares Gut von besonderer Bedeutung für die Allgemeinheit ist. Bei Grundstücken kann auch der Gesichtspunkt der sog. Situationsgebundenheit eine Rolle spielen.

⇨ die Bedeutung des vermögenswerten Guts für den Eigentümer, also die personale und soziale Funktion der jeweiligen Eigentumsposition für den Betroffenen.

---

906   Vgl. Jarass/Pieroth, Art. 14 GG, Rn. 29 m.w.N.

907   Zur Institutsgarantie schon oben Rn. 96.

908   Vgl. auch Pieroth/Schlink, Rn. 1025 ff.

⇨ die Möglichkeit einer finanziellen Entschädigung: Während früher das Vorliegen einer sog. Aufopferungsenteignung angenommen wurde, wenn aufgrund der Intensität des Eingriffs zwar eine Enteignung bejaht wurde, der klassische Enteignungsbegriff aber nicht passte, wird jetzt die Frage einer finanziellen Entschädigung bei der Verhältnismäßigkeit einer Inhalts- und Schrankenbestimmung gestellt, wenn zwar qualitativ keine Enteignung vorliegt, aber gleichwohl eine hohe Eingriffsintensität besteht. Dieses Erfordernis ist letztlich die Konsequenz einer restriktiven Auslegung des Enteignungsbegriffs. Bei der Prüfung, ob eine Ausgleichspflicht besteht, kann u.a. auf die früher von der Rechtsprechung zur Abgrenzung zur Enteignung verwendeten Kriterien, also Schwere oder Vorliegen eines Sonderopfers zurückgegriffen werden.[909]

hemmer-Methode: Der wesentliche Unterschied zur früher vom BGH und BVerwG vertretenen Auffassung ist, dass eine Entschädigung nur durch den Gesetzgeber gewährt werden kann und nicht vom Gericht direkt aus Art. 14 III GG abgeleitet werden kann. Die Entschädigungsregelung ist eines von mehreren Instrumenten, mit denen der Gesetzgeber die Verhältnismäßigkeit herstellen kann. Allerdings muss dieses Instrument restriktiv angewendet werden. Da es anders als Ausnahme- oder Übergangsregelungen keinen Bestands-, sondern nur Vermögensschutz gewährt, darf es nur subsidiär herangezogen werden.[910] Der Anspruch aus solchen entschädigungspflichtigen Inhaltsbestimmungen ist nach § 40 II S. 2 VwGO vor den Verwaltungsgerichten geltend zu machen.

⇨ Auch allgemeine Rechtsprinzipien können hier eine Rolle spielen. Das BVerfG[911] führt zum Umfang des Eigentumsschutzes bei Planänderungen folgendes aus: Der Eigentümer der eine Veränderung der tatsächlichen, planerischen Situation seines Grundstückes selbst veranlasst, kann sich nicht gleichzeitig darauf berufen, dass diese Änderung ihm auch Nachteile bringt, die von Staats wegen auszugleichen wären (venire contra factum proprium). Art. 14 I GG fordert nicht, etwaige nachteilige Folgen der vom Eigentümer selbst angestrebten Situationsveränderung durch Umplanung oder Entschädigung auf das geringste Maß zu beschränken.[912]

hemmer-Methode: Insofern zwar z.T. „alter Wein in neuen Schläuchen", aber keinesfalls nur ein Streit um Begrifflichkeiten! Machen Sie sich noch einmal klar: Während man früher mit Hilfe der Abgrenzung zu einer zu zahlenden Entschädigung kam, ist die Konsequenz nach der neueren Rechtsprechung, dass eine entschädigungslose Inhaltsbestimmung, bei der es einer Entschädigung bedurft hätte, verfassungswidrig ist.
Im Übrigen gilt: Hier sind Sie in der Klausur an einem Punkt angelangt, an dem Sie nur noch gewinnen können. Zu welchem Ergebnis Sie bei der Beurteilung der Inhaltsbestimmung kommen, ist i.d.R. zweitrangig; dagegen können Sie mit einer ausgewogenen Argumentation, in der Sie die Sachverhaltsinformationen voll ausschöpfen, Punkte sammeln.

II. Voraussetzungen einer Enteignung

Enteignung:

Die Voraussetzungen einer Enteignung sind in Art. 14 III GG geregelt. Sind sie nicht erfüllt, muss der Betroffene sie nicht hinnehmen sind sie erfüllt, tritt über Art. 14 III GG eine Wertgarantie an die Stelle des Bestandsschutzes aus Art. 14 I GG.

---

909 Eine lesenswerte Zusammenfassung der vorgeschlagenen Kriterien findet sich bei Osterloh, JuS 1991, 1058.

910 BVerfG, NJW 1999, 2877 = **juris**byhemmer.

911 BVerfG, NVwZ 1999, 61 = **juris**byhemmer.

912 Vgl. allerdings auch BVerfG, NVwZ 2003, 727 = **juris**byhemmer, wonach Bebauungspläne zwar nur Inhaltsbestimmungen sind, aber in ihrer Wirkung einer Enteignung gleich kommen können, was in der Abwägung nach § 1 VII BauGB zu berücksichtigen ist.

Allgemeinwohl

1. Die Enteignung ist nur zulässig zum Wohl der Allgemeinheit, was in Einzelfällen (mittelbar) auch bei Enteignungen zugunsten Privater möglich sein kann.[913] Das gilt bei der Administrativenteignung sowohl für das die Enteignung gestattende Gesetz als auch für den Vollzugsakt.

299

Junktimklausel

2. Nach der Junktimklausel des Art. 14 III S. 2 GG muss das Gesetz, durch das oder aufgrund dessen enteignet wird, Art und Ausmaß der Entschädigung regeln.

300

Die Höhe der Entschädigung hat nach Art. 14 III S. 3 GG unter gerechter Abwägung der Interessen der Allgemeinheit und des Betroffenen zu erfolgen.

Dies muss nicht unbedingt der Verkehrswert sein, doch wird häufig dieser gemeint sein, wenn eine genauere Regelung fehlt.[914] Für Rechtsstreitigkeiten über die Entschädigung sind die ordentlichen Gerichte zuständig, Art. 14 III S. 4 GG.

> **hemmer-Methode: Art. 14 III S. 4 GG ist eine abdrängende Sonderzuweisung i.S.d. § 40 I VwGO. Eine entsprechende Regelung findet sich auch in § 40 II VwGO für aufopferungsrechtliche Ansprüche. Für Ausgleichspflichten bei Inhalts- und Schrankenbestimmungen ist nach § 40 II S. 1 HS 2 VwGO allerdings die Klage bei den Verwaltungsgerichten zu erheben.**

z.T.: ultima ratio

3. Z.T. wird noch verlangt, dass im Gesetz und ggf. im vollziehenden Akt sichergestellt wird bzw. zum Ausdruck kommt, dass es sich bei der Enteignung um die ultima ratio handelt. Jedenfalls bei der Legalenteignung ist es (auch im Verhältnis zur Administrativenteignung) ratsam, diesen Punkt kurz anzusprechen.

301

> **hemmer-Methode: Im Übrigen sind selbstverständlich je nach Konstellation weitere Rechtmäßigkeitsvoraussetzungen zu prüfen, wie z.B. das Gesetzgebungsverfahren, bei der Administrativenteignung die Zuständigkeit der Behörde etc. Darauf kommen Sie aber in der Klausur von selbst, wenn der Sachverhalt entsprechende Probleme enthält. Wichtig sollen hier die spezifischen Probleme der Enteignung sein. Wer sich ein (solche Selbstverständlichkeiten umfassendes) an die fünfzehn (!) Gliederungspunkte umfassendes Schema alleine für die Rechtmäßigkeit einer Administrativenteignung merken will, wie es in einschlägiger Ausbildungs-Literatur vorgelegt wird, muss ein Gehirn wie eine Festplatte haben oder wird dafür alle wirklich wichtigen Problemkonstellationen des Verfassungsrechts vergessen.**

D) Garantie des Erbrechts

Garantie des Erbrechts

Die Garantie des Erbrechts bedeutet letztlich eine Erweiterung der Eigentümerbefugnisse über den Tod hinaus. Geschützt sind v.a. die Testierfreiheit des Erblassers und die Rechtsposition des Erben. Auch insoweit handelt es sich sowohl um ein Grundrecht als auch um eine Institutsgarantie.[915] Die Gewährleistung des Erbrechts spielt i.d.R. keine große Rolle in der Klausur, gegebenenfalls sind bei der Frage nach den Grenzen der Ausgestaltungsbefugnisse ähnliche Überlegungen ausschlaggebend wie beim Eigentum.

302

---

913   Vgl. BVerfGE 74, 264 (285) - Boxberg; vgl. zum Allgemeinwohl auch BVerfG, BayVBl. 1999, 756 - Errichtung einer Waldorfschule durch einen privaten Verein; BVerwG, NVwZ 1999, 407 - Errichtung von Arbeitsstätten; vgl. umfassend hierzu auch Lenz, NJW 2005, 257 = **juris**byhemmer.

914   Vgl. Jarass/Pieroth, Art. 14 GG, Rn. 65; freilich ist bei diesem Verfahren zweifelhaft, wann das Ausmaß der Entschädigung noch als bestimmt genug zu betrachten ist.

915   H.M., vgl. die Nachweise bei Jarass/Pieroth, Art. 14 GG, Rn. 67.

hemmer-Methode: Die Garantie des Art. 14 GG sollten Sie aber „ins Spiel bringen", wenn es um die mögliche Sittenwidrigkeit bspw. eines sog. Geliebtentestaments nach § 138 I BGB geht. Hier ist eine Abwägung zwischen der von Art. 14 I GG geschützten Testierfreiheit einerseits und dem Schutz der Ehe und Familie nach Art. 6 I GG andererseits vorzunehmen – ein klassischer Fall der mittelbaren Drittwirkung der Grundrechte. Eine weitere interessante Frage ist, inwieweit das Pflichtteilsrecht eine noch verfassungsgemäße Einschränkung der Testierfreiheit darstellt.[916]

Abschließende Lösungshinweise zum Ausgangsfall (vor Rn. 285):

Bei einer kompletten Klausurprüfung müssten jedenfalls auch Probleme des Art. 12 GG, v.a. die vom Berufsbild abhängige Frage nach Ausübungs- oder Zulassungsregel, des Art. 3 GG (Ungleichbehandlung mit anderen, ebenfalls gefährlichen Hunden) sowie der Gesetzgebungskompetenz behandelt werden, hier soll indes nur auf materielle Aspekte des Art. 14 GG näher eingegangen werden:

Hinsichtlich des Zuchtverbots könnte sowohl eine Eigentumsbeeinträchtigung dadurch, dass z.B. bestehende Zuchtanlagen nicht mehr entsprechend weiter genutzt werden dürfen, als auch ein Eingriff ins ReaG vorliegen. Hier ist problematisch, ob man die weitere Nutzbarkeit der Anlagen überhaupt von Art. 14 GG (oder nur von Art. 12 GG) erfasst sieht, da es letztlich um zukünftige Nutzungsmöglichkeiten geht. Bejaht man einen Schutz durch Art. 14 GG, weil nicht vage zukünftige Nutzungschancen, sondern der Fortbestand der gegenwärtigen Eigentumsnutzungsbefugnis in Rede stehen, dürfte das ReaG keinen weitergehenden Schutz bieten. Jedenfalls handelt es sich um eine Inhaltsbestimmung und um keine Enteignung, da bei der abstrakten Festlegung der Eigentumsnutzungsgrenzen eher nolens volens bestehende Rechte beeinträchtigt werden, es liegt kein planmäßiger Zugriff aufs Eigentum vor.

Diese dürfte auch verfassungsmäßig sein, wenn man die immensen Gefahren für die Bevölkerung und den relativ peripheren Eigentumseingriff (andere Hundesorten können weiter gezüchtet werden) bedenkt. Insoweit besteht wohl auch keine Ausgleichspflicht (a.A. vertretbar).

Dagegen handelt es sich bei der Ablieferungspflicht zur Einschläferung um einen Totalentzug, sodass man an eine Enteignung denken könnte. Wenn man enger am klassischen Enteignungsbegriff der Güterbeschaffung orientiert argumentiert, kann man aber auch hier zu einer Inhalts- und Schrankenbestimmung kommen, wie sie von der h.M. auch z.B. in der Tötung seuchenkranker Tiere, der Regelung über verbotene Gegenstände in §§ 57, 58 WaffenG oder der strafrechtlichen Einziehung gesehen wird. Letztlich geht es auch hier mehr um eine Regelung, wie (und was als) Eigentum zu handhaben ist als um einen finalen Zugriff (a.A. vertretbar). Wegen der Totalentziehung und der Nähe zur Enteignung erscheint hier freilich die Forderung nach einer Entschädigungsregel gut vertretbar.

E) Exkurs: Überblick über Entschädigungsansprüche[917]

Im Folgenden soll ein kurzer Überblick über das Staatshaftungsrecht gegeben werden, da einzelne Institute desselben früher im Zusammenhang mit Art. 14 GG gesehen wurden, v.a. aber weil es häufig um staatliche Eingriffe in vermögenswerte Güter geht. Im Rahmen dieses Grundrechtsskripts kann ein solcher Überblick nur die einschlägigen Institute nennen, im Einzelnen sei hier auf das Hauptkursprogramm zum Staatshaftungsrecht sowie auf das Skript Staatshaftungsrecht verwiesen.

303

---

916 BVerfG, FamRZ 2005, 872 = **Life&Law 2005, 479** = jurisbyhemmer.

917 Vgl. ausführlich **Hemmer/Wüst, Staatshaftungsrecht.**

Im Staatshaftungsrecht ist zwischen Ansprüchen auf Entschädigung und auf Schadensersatz zu unterscheiden. I.R.d. Zulässigkeit ist Folgendes wichtig: Für den Amtshaftungsprozess ist gem. Art. 34 S. 3 GG, § 40 II S. 1 VwGO der Rechtsweg vor den ordentlichen Gerichten eröffnet. Zuständig ist gem. § 71 II Nr. 2 GVG das jeweilige Landgericht und zwar unabhängig vom Wert des Streitgegenstandes. Es besteht Anwaltszwang, § 78 ZPO. Zu beachten ist auch § 17 II GVG.

I. Enteignungsentschädigungen

Ansprüche auf Entschädigung wegen Enteignung sind nicht nur Rechtsfolge einer Enteignung, sondern gem. Art. 14 III S. 3 GG auch Voraussetzung für deren Rechtmäßigkeit. Fehlt eine entsprechende Anspruchsgrundlage, so ist die Enteignung rechtswidrig und der Betroffene kann gegen den VA vorgehen.[918] Eigenständige Regelungen zur Entschädigungspflicht enthalten die §§ 93 ff. BauGB. Daneben gibt es in Bundesgesetzen die Verweisung auf die jeweiligen Enteignungs- und Entschädigungsgesetze der Länder.

Voraussetzungen einer rechtmäßigen Enteignung sind:

⇨ Eigentumseingriff

⇨ förmliches Gesetz

⇨ Gemeinwohlprinzip

⇨ Verhältnismäßigkeit

Abzugrenzen ist die Enteignung von der Inhalts- und Schrankenbestimmung. Nach BVerfGE 58, 300 handelt es sich bei der Enteignung im Verhältnis zur Inhalts- und Schrankenbestimmung um ein qualitatives aliud.[919]

II. Entschädigung für sonstige Eingriffe in vermögenswerte Rechte

1. Anspruchsgrundlagen für eine Entschädigung

a) Spezialgesetzlich geregelte Anspruchsgrundlagen für Entschädigungsansprüche aufgrund eines sonstigen Eingriffs in vermögenswerte Rechte sind z.B. §§ 39 ff. BauGB, § 49 VI VwVfG, § 21 IV BImSchG, §§ 66 ff. TierSG.

Sofern das Gesetz nur eine Entschädigung für rechtmäßige Eingriffe vorsieht, wird die Norm entsprechend auch auf rechtswidrige Maßnahmen ausgeweitet.[920]

b) Des Weiteren finden sich in den Landespolizei- und Sicherheitsgesetzen unterschiedlich ausgestaltete Entschädigungsregelungen.

304

305

---

918   BVerfGE 58, 300 = **juris**byhemmer.
919   Vgl. oben Rn. 293.
920   BGH, DVBl. 87, 569; a.A. Schmalz, DVBl. 87, 571: **alle Entscheidungen** = **juris**byhemmer.

Zu dieser, in der Klausur und Praxis recht häufigen, Anspruchsgrundlage, sollten Sie folgende Problemkreise kennen:

⇨ Ein Unterlassen stellt keine Maßnahme i.S.d. § 39 OBG, Art. 11 BayLStVG, Art. 70 I BayPAG[921] dar und ist einer solchen auch nicht gleichzustellen.[922]

⇨ § 39 Ia OBG, Art. 70 I BayPAG gilt analog, wenn man mit der Rechtsprechung den Anscheinsstörer, der den Anschein nicht vorwerfbar gesetzt hat, als Störer ansieht.[923]

⇨ I.R.d. § 39 Ib OBG, Art. 70 II BayPAG muss die Maßnahme gegenüber dem Kläger getroffen worden sein. Es ist die gleiche Unterscheidung maßgeblich, wie bei der Prüfung, ob jemand geschützter Dritter im Sinne des § 839 BGB ist (dazu unten).[924]

⇨ § 39 IIb OBG, Art. 70 I letzter HS BayPAG gilt nur, wenn tatsächlich der Erfolg eingetreten ist.[925]

⇨ Für die Beurteilung der Störerstellung ist eine ex-ante-Sicht maßgeblich. Für § 39 II OBG kommt es dagegen auf den Erfolg, nicht auf den Zweck an.[926]

c) Eine weitere Entschädigungsgrundlage findet sich in § 48 III VwVfG, wobei hier die Vorschrift des § 50 VwVfG zu beachten ist. Nach h.M. genügt bereits ein „nur" zulässiger Drittrechtsbehelf, um den Vertrauensschutz auszuschließen.[927]

d) Bei Gesetzen, die keine Entschädigung vorsehen, scheidet ein Anspruch aus Art. 14 III S. 3 GG aus. Es können sich jedoch Ansprüche aus dem Rechtsinstitut des enteignungsgleichen bzw. enteignenden Eingriffs ergeben.[928]

Ein enteignender Eingriff liegt vor, wenn eine an sich rechtmäßige hoheitliche Maßnahme unmittelbar auf Rechtspositionen des Eigentümers einwirkt und dabei im konkreten Fall zu Nebenfolgen und Nachteilen führt, die die Schwelle des enteignungsrechtlich Zumutbaren überschreiten.

Ein enteignungsgleicher Eingriff liegt dagegen vor, wenn von hoher Hand in eine als Eigentum geschützte Rechtsposition unmittelbar eingegriffen wird und dadurch dem Betroffenen ein besonderes, anderen nicht zugemutetes Opfer für die Allgemeinheit auferlegt wird.

hemmer-Methode: Bei der Prüfung des enteignenden bzw. enteignungsgleichen Eingriffs ist als mögliche Anspruchsgrundlage Art. 14 III GG kurz zu erwähnen und unter inhaltlicher Bezugnahme auf das Nassauskiesungsurteil abzulehnen. Die richtige Anspruchsgrundlage ergibt sich aus Gewohnheitsrecht, das aus dem Rechtsgedanken der §§ 74, 75 EinlPreuß.ALR hergeleitet wird.

---

921 Und anderer Landesgesetze.

922 BGH, NJW 85, 1289 = **juris**byhemmer: kein Unterlassen; a.A. Rumpf, NVwZ 92, 251, Fn. 24.

923 BGH, DöV 93, 1065.

924 BGH, NJW 94, 2088 = **juris**byhemmer.

925 OLG Köln, NJW-RR 96, 860 = **juris**byhemmer.

926 OLG Köln, NJW-RR 96, 860 = **juris**byhemmer.

927 Ausführlich hierzu **Hemmer/Wüst, Verwaltungsrecht II, Rn 50**.

928 OLG Hamm, NWVBl. 93, 78 = **juris**byhemmer.

2. Anwendbarkeit der §§ 74, 75 EinlPreuß.ALR

Bei einer finalen Maßnahme mit enteignender Wirkung ohne Entschädigungsregel, sind die §§ 74, 75 EPrALR jedoch nicht anwendbar. Der Bürger muss den Eingriff abwehren. Für einen Anspruch aus §§ 74, 75 EPrALR fehlt es an einer Regelungslücke.[929]

Streitig ist die Anwendung der §§ 74, 75 EPrALR bei einem enteignungsgleichen Eingriff, wenn eine Abwehr des Eingriffs möglich gewesen wäre. Nach BGH ist dies aber wegen der größeren Flexibilität der Opfergrenze erst beim Mitverschulden zu berücksichtigen.[930]

3. Voraussetzungen eines Anspruchs aus Gewohnheitsrecht

a) Hoheitlicher Eingriff in Eigentum

Ein hoheitlicher Eingriff setzt zur Begründung eines Anspruchs aus Gewohnheitsrecht eine Handlung voraus. Unterlassen reicht nicht aus.[931]

b) Unmittelbarkeit

Die Handlung muss unmittelbar zu einer Einwirkung auf die Rechtsposition führen. Der Eingriff ist allerdings nicht als finales Handeln zu verstehen. Ausreichend ist eine unmittelbare Auswirkung des Handelns im Schutzbereich. Zwischenursachen schließen die Unmittelbarkeit grundsätzlich nicht aus.[932] Erforderlich ist eine wertende Betrachtung mittels der Abgrenzung von Verantwortungsbereichen. Unmittelbarkeit liegt z.B. vor, wenn eine Baugenehmigung pflichtwidrig erteilt wird und durch das Bauwerk ein Dritter Schaden nimmt.[933]

c) Gemeinwohlnützigkeit

Eine solche wird heute kaum noch gefordert. Zu diskutieren ist sie nur bei rechtswidrigen Maßnahmen in der Zwangsvollstreckung.[934]

d) Sonderopfer

Hier kommt es nach der Rechtsprechung des BGH zuerst darauf an, ob die Maßnahme ihrerseits rechtswidrig ist oder nicht.

⇨ Ist die Maßnahme rechtswidrig, liegt gerade darin das Sonderopfer.

⇨ Ist die Maßnahme rechtmäßig, muss dem Betroffenen ein Sonderopfer auferlegt worden sein, welches anderen in gleicher Situation nicht abverlangt wird. Zusätzlich muss es sich auch um einen besonders schweren Eingriff handeln.

Ein Anspruch scheidet allerdings aus, wenn die Gefahr sehenden Auges in Kauf genommen wurde.[935]

---

929   A.A. Maurer 26/59h; auf den enteignungsgleichen Eingriff kann allerdings zurückgegriffen werden, wenn der Primärrechtsschutz erfolglos geblieben ist.

930   DVBl. 87, 568; a.A. Krohn, WM 84, 827.

931   BGH, DVBl. 69, 209; a.A. Ossenbühl 19/2b. Bei rechtswidrigen Eingriffen in Art. 12 GG scheiden Ansprüche nach BGH, NJW 94, 1468 = **juris**byhemmer aus, nach OVG NWVBl. 94, 111 = **juris**byhemmer sind sie immerhin denkbar.

932   BGH, NJW 87, 1945 = **juris**byhemmer.

933   OLG D'dorf, NVwZ 92, 1122 für Anspruch aus § 39 I b OBG.

934   Vgl. Ossenbühl JUS 88, 194, Fn. 14.

935   Bau in Flughafengebiet, BGH, NJW 95, 1823. Einschränkung wiederum, wenn Beeinträchtigung ortsunüblich im Sinne des § 906 II S. 1 BGB.

e) Mitverschulden

Siehe unter 2).

306

III. Entschädigung für Eingriffe in nicht-vermögens-werte Rechte

1. Entschädigung aus Spezialgesetzen

Bei Eingriffen in sonstige Rechte, ist die Entschädigungspflicht häufig in Spezialgesetzen geregelt.

Bspe.:

⇨ *Art. 5 V MRK u. StrEG bezüglich unberechtigter Festnahme und Haft (nicht nur Entschädigung, auch Schadensersatz).*

⇨ *§ 5 SGB I*

⇨ *§ 39 OBG, Art. 70 BayPAG, Art. 11 BayLStVG (vgl. oben)*

2. Ansprüche aus Aufopferung, §§ 74, 75 EPrALR

Fehlt es an einer spezialgesetzlichen Regelung der Entschädigung, finden die §§ 74, 75 EPrALR auch hier Anwendung. Die Voraussetzungen entsprechen denen des enteignenden Eingriffs bzw. des enteignungsgleichen Eingriffs. Es findet eine analoge Anwendung statt. Keine Sonderopfer sind Beeinträchtigungen, die sich als Ausdruck des allgemeinen Lebensrisikos charakterisieren lassen.

Zu der Frage nach einer unmittelbaren Staatsunrechtshaftung hat das BVerfG entschieden, dass diese von Verfassung wegen nicht gefordert sei.[936]

Es sei verfassungsrechtlich nicht zu beanstanden, wenn ein Anspruch auf Entschädigung nach dem Aufopferungsgrundsatz in seiner richterrechtlichen Ausprägung nur gewährt werde, wenn die hoheitliche Einwirkung zu vermögenswirksamen Einbußen im konkret vorhandenen Rechtsbestand geführt habe, nicht dagegen bei der Beeinträchtigung noch nicht gesicherter Chancen und Verdienstmöglichkeiten.

Verfassungsrechtlich sei es nicht geboten, den richterrechtlich entwickelten Aufopferungsanspruch auch auf den Ersatz entgangener Erwerbschancen bei rechtswidrigen Eingriffen in die Berufsfreiheit zu erstrecken.[937]

IV. Übungsfall[938]

K betreibt eine Kiesbaggerei. Das Grundstück, auf dem die Aufbereitungsanlage steht, ist sein Eigentum. Seit 1936 baut der Betrieb auf zwei angrenzenden Parzellen, die K zu diesem Zweck von einem Landwirt gepachtet hat, bis in den Grundwasserbereich hinein Sand und Kies ab. Die Abbauflächen liegen in der Schutzzone III A eines von der Stadt R errichteten Wasserwerks. Das Wasserschutzgebiet wurde durch eine Verordnung vom 24.10.1973 festgesetzt, nachdem der Bereich am 06.02.1968 zunächst vorläufig unter Schutz gestellt worden war.

---

936 BVerfG, NVwZ 1998, 271 f. = **juris**byhemmer.

937 Zum Mitverschulden bei Schäden, die durch polizeiliches Einschreiten auf Grund einer Anscheinsgefahr eingetreten sind, vgl. LG Köln, NJW 1998, 317.

938 Nachgebildet BVerfGE 58, 300 = **juris**byhemmer.

Im Februar 1965 beantragte K, ihm zur Fortsetzung des Kiesabbaus eine Erlaubnis nach dem Wasserhaushaltsgesetz zu erteilen. Im Oktober 1973 lehnte die Behörde den Antrag mit der Begründung ab, die Entfernung der Abbaustellen zur Brunnenanlage des Wasserwerks betrage teilweise nur 120 m; Verunreinigungen des Baggersees könnten daher den Brunnen erreichen und die öffentliche Wasserversorgung gefährden.

Der Widerspruch des K blieb ohne Erfolg.

Eine Klage auf Erteilung der beantragten Erlaubnis erhob er nicht. Der Antrag des K auf Gewährung einer Entschädigung wurde gleichfalls abgelehnt. Daraufhin erhob er Klage auf Zahlung einer angemessenen, der Höhe nach in das Ermessen des Gerichts gestellten Entschädigung. Er machte geltend, die Versagung der Erlaubnis zur Nassauskiesung stelle einen enteignenden Eingriff in seinen eingerichteten und ausgeübten Gewerbebetrieb sowie in das Grundeigentum dar. Etwaige Entschädigungsansprüche des Grundstückseigentümers, seines Verpächters, hatte er sich zuvor abtreten lassen.

Das LG erklärte die Klage dem Grunde nach für gerechtfertigt. Die dagegen gerichtete Berufung blieb erfolglos. Auf die Revision des beklagten Landes setzte der BGH das Verfahren aus und legte dem BVerfG die Frage zur Entscheidung vor, ob §§ 1a III, 2 I, 6 WHG mit Art. 14 I S. 2 GG insoweit vereinbar sind, als sie den Inhalt des Grundeigentums im Verhältnis zum Grundwasser regeln.

Zur Begründung der Vorlage führte der BGH aus:

Art. 14 GG schütze den Eigentümer gegen Beeinträchtigungen, die ihn in einer ihm zustehenden subjektiven Rechtsposition träfen. Eine rechtlich gesicherte Möglichkeit des Zugriffs auf das Grundwasser stehe dem Grundeigentümer nach dem Wasserhaushaltsgesetz aber nicht zu. Zwar gehöre nach § 905 I BGB zum Grundstückseigentum auch die Befugnis, über auf dem Grundstück vorgefundenes Grundwasser zu verfügen. Diese Befugnis sei jedoch durch die öffentlich-rechtliche Benutzungsordnung des WHG erheblich eingeschränkt worden.

Die Regelung, dass dem Grundstückseigentümer jede rechtliche gesicherte Möglichkeit des Zugriffs auf das Grundwasser versagt werde, genüge nicht den Anforderungen, die Art. 14 GG an ein den Inhalt und die Schranken des Grundeigentums bestimmendes Gesetz stelle.

Der Gesetzgeber habe durch die beanstandeten Vorschriften „der Ausübung von Rechten aus dem Grundeigentum (§ 905 BGB) eine repressive Schranke gesetzt" und die staatliche Genehmigung zur materiellen Voraussetzung für das Recht der Grundwasserbenutzung gemacht.

Der zugegebenermaßen starke soziale Bezug des Grundwassers und seine soziale Funktion rechtfertigen es nicht, jeden Anspruch des Grundeigentümers auf Zugang zum Grundwasser auszuschließen und dessen Nutzung in das Ermessen der Verwaltung zu stellen.

Die Zulässigkeit und Begründetheit der Vorlage zum BVerfG ist zu untersuchen.

A) Zulässigkeit einer Vorlage nach Art. 100 I GG (konkrete Normenkontrolle)

I. Gericht

Der BGH ist ein Gericht i.S.d. Art. 100 GG.

II. Gesetz

Bei dem WHG handelt es sich um ein förmliches nachkonstitutionelles Gesetz.

III. Gericht hält Gesetz für verfassungswidrig?

Das Gericht muss das Gesetz weiterhin für verfassungswidrig halten.

1. Verfassungskonforme Auslegung:

Das Gericht dürfte das WHG nicht für verfassungswidrig halten, wenn sich die § 1a III WHG i.V.m. § 6 I WHG als repressives Verbot verfassungskonform auslegen ließen und zwar als präventives Verbot mit gebundenem Erlaubnisanspruch. Ein präventives Verbot würde voraussetzen, dass das fragliche Verhalten vom Schutzbereich eines speziellen Grundrechts erfasst würde. Das ist aber abzulehnen. Der Gesetzgeber hat nach dem eindeutigen Wortlaut von § 1a III WHG eine Zuordnung der Grundwassernutzung zum Eigentum gerade ausgeschlossen. An diesem eindeutigen Wortlaut scheitert eine verfassungskonforme Auslegung.

IV. Entscheidungserheblichkeit

1. Entscheidungserheblichkeit nur i.R.d. Zuständigkeit des Gerichts:

Rechtliche Bedenken gegen die Entscheidungserheblichkeit bestehen insoweit, als das vorlegende Gericht in seiner Begründung die Auffassung vertritt, die Vorschriften des WHG enthielten von ihrer Zielrichtung her Inhalts- und Schrankenbestimmungen, die allerdings der Anforderungen, die Art. 14 GG an diese stellt, nicht gerecht würden.

Dazu müsste der behauptete Verfassungsverstoß überhaupt Gegenstand dieser konkreten Normenkontrolle sein können.

Dies ist fraglich, da das Normenkontrollverfahren nach Art. 100 I GG einen, wenn auch dem BVerfG zur Entscheidung zugewiesenen, Teil des einheitlichen Ausgangsrechtsstreits vor dem Zivilgericht darstellt und daher wegen der grundgesetzlichen Rechtswegregelung nur solche Vorschriften zur verfassungsgerichtlichen Prüfung und Entscheidung gestellt werden können, denen in einem solchen Prozess rechtlich Bedeutung zukommt.

Anderenfalls würde das Verfahren nach Art. 100 I GG zu einer abstrakten Normenkontrolle nach Art. 93 I Nr. 2 GG führen, zu deren Einleitung Gerichte nicht zuständig sind.

Der BGH ist nach Art. 14 III S. 4 GG zuständig für den Streit über die Höhe der Entschädigung.

Die vom BGH vorgelegte Fragestellung wäre nur dann verfassungsrechtlich bedeutsam, wenn man in der Verfassungswidrigkeit einer Inhalts- und Schrankenbestimmung eine Enteignung sehen könnte.

Diese vom BGH über Jahrzehnte vertretene Auffassung ist nach Meinung des BVerfG aber nicht aufrechtzuerhalten und steht nicht mit dem Grundgesetz in Einklang, da eine inhaltsbestimmende Vorschrift i.S v. Art. 14 I S. 2 GG auch bei Verfassungswidrigkeit (z.B. wegen Verstoßes gegen den Grundsatz der Verhältnismäßigkeit) ihren Rechtscharakter nicht verändert und sich naturgemäß nicht zu einer auf einen gezielten und gewollten Eingriff ausgerichteten Norm (Enteignungsnorm i.S.d. Art. 14 III GG) verwandelt.

Das Bundesverfassungsgericht sieht sich allerdings an die Rechtsansicht des vorlegenden Gerichts nicht gebunden. Es legt deswegen die Vorlagefrage anders aus. Zur Klärung der Zuständigkeit des BGH ist die vorgelegte Frage ausnahmsweise entscheidungserheblich.

Damit ist die vorgelegte Frage bei richtiger Interpretation entscheidungserheblich.

2. Entscheidungserheblichkeit und Versagungsgegenklage

Bedenken gegen die Entscheidungserheblichkeit könnten sich noch daraus ergeben, dass K die Versagung der wasserrechtlichen Erlaubnis nicht mit der ihm zur Verfügung stehenden (Versagungsgegen-)Klage angegriffen hat.

a) Dies wäre dann der Fall, wenn der Bürger entgegen der ständigen Rspr. des BGH[939] kein Wahlrecht hätte, ob er sich gegen eine wegen Fehlens der gesetzlichen Entschädigungsregelung rechtswidrigen Maßnahme mit enteignender Wirkung zur Wehr setzen oder ob er unmittelbar eine Entschädigung verlangen will.

Gegen ein solches Wahlrecht und dafür, dass der Bürger zuerst den Verwaltungsrechtsweg beschreiten muss, hat sich das BVerfG grds. in seinem „Nassauskiesungsbeschluss" entschieden.[940]

b) Dem von einem enteignenden Eingriff betroffenen Bürger steht - von Ausnahmefällen abgesehen - nach Art. 19 IV S. 1 GG i.V.m. § 40 VwGO der Rechtsweg zu den Verwaltungsgerichten offen.

Diese haben den VA in tatsächlicher und rechtlicher Hinsicht in vollem Umfang auf seine Rechtmäßigkeit zu prüfen. Dabei geht deren Prüfungskompetenz über die der ordentlichen Gerichte hinaus:

Abgesehen davon, dass sie zu prüfen haben, ob der Eingriff den verfassungsmäßigen Voraussetzungen des Art. 14 III S. 1 GG und dem Grundsatz der Verhältnismäßigkeit genügt, haben sie insbesondere zu untersuchen, ob die Maßnahme auf einer verfassungsgemäßen Grundlage vorgenommen worden ist.

Hierzu gehört auch die Feststellung, ob das Gesetz, auf dem der Eingriff beruht, eine Regelung über Art und Ausmaß der zu leistenden Entschädigung enthält.

Da ein Gesetz, das dieser Anforderung nicht genügt, verfassungswidrig ist, dürfen die Verwaltungsgerichte ein solches Gesetz nicht anwenden. Sie haben vielmehr nach Art. 100 I GG die Entscheidung des BVerfG über die Gültigkeit der Norm einzuholen.

Wird die Norm für verfassungswidrig erklärt, so muss der darauf gestützte VA aufgehoben werden, weil er das Grundrecht des Betroffenen aus Art. 14 I S. 1 GG verletzt.

c) Mit der Eröffnung des Rechtsweges zu den Verwaltungsgerichten hat das Grundgesetz dem von einer solchen Maßnahme Betroffenen die Möglichkeit gegeben, den VA selbst zu Fall zu bringen, wenn das zugrunde liegende Gesetz wegen Fehlens einer Entschädigungsregelung oder auch aus anderem Grunde nichtig ist.

Dabei steht ihm als letztes Mittel die Verfassungsbeschwerde zur Verfügung, wenn die Verwaltungsgerichte sich seinem Vortrag, es handele sich um eine verfassungswidrige Enteignungsnorm, nicht anschließen.

d) Für die Entscheidungskompetenz der ordentlichen Gerichte in Verfahren nach Art. 14 III S. 4 GG ergeben sich daher folgende Konsequenzen:

Sieht der Bürger in der gegen ihn gerichteten Maßnahme eine Enteignung, so kann er eine Entschädigung nur einklagen, wenn hierfür eine gesetzliche Anspruchsgrundlage vorhanden ist.

Fehlt sie, so muss er sich bei den Verwaltungsgerichten um die Aufhebung des Eingriffsaktes bemühen.

Er kann aber nicht unter Verzicht auf die Anfechtung, eine ihm vom Gesetz nicht zugebilligte Entschädigung beanspruchen; mangels gesetzlicher Grundlage können die Gerichte keine Entschädigung zusprechen.

Der Betroffene hat hiernach kein Wahlrecht, ob er sich gegen eine wegen Fehlens der gesetzlichen Entschädigungsregelung rechtswidrige „Enteignung" zur Wehr setzen oder unmittelbar eine Entschädigung verlangen will.

---

939   Vgl. zuletzt BGHZ 60, 120 = **juris**byhemmer.
940   NJW 1982, 746.

Lässt er den Eingriffsakt unanfechtbar werden, so verfällt seine Entschädigungsklage im Wege der Abweisung.

Wer von den ihm eingeräumten Möglichkeiten, sein Recht auf Herstellung des verfassungsmäßigen Zustandes zu wahren, keinen Gebrauch macht, kann wegen eines etwaigen, von ihm selbst herbeigeführten Rechtsverlustes nicht anschließend von der öffentlichen Hand Geldersatz verlangen. Dies bedeutet eine Abkehr von dem bis dahin vom BGH und BVerwG vertretenen Grundsatz des „Dulde und Liquidiere".

e) Ausnahmsweise hat das BVerfG eine Vorlage nach Art. 100 I GG dennoch zugelassen, wenn - wie im vorliegenden Fall - der Entschädigungskläger vom Vorhandensein einer Entschädigungsregelung ausgehen durfte, wie es bis zum Vorlagebeschluss ständige Rspr. des BGH gewesen ist.

V. Ergebnis

Im Ergebnis ist also die Vorlage mit der Frage zulässig, ob die angeführten Vorschriften des WHG insoweit mit Art. 14 III S. 2 GG vereinbar sind, als sie die Versagung einer wasserrechtlichen Erlaubnis oder Bewilligung für das Zutageleiten von Grundwasser ohne Entschädigung zulassen.

B) Begründetheit der Vorlage gem. Art. 100 I GG

Die konkrete Normenkontrolle ist begründet, wenn §§ 1a III, 6 WHG gegen die Verfassung verstößt.

Exkurs

Der Gesetzgeber musste bei der Schaffung des WHG sowohl bestandsgeschütztes wie auf nicht-bestandsgeschütztes Eigentum berücksichtigen. Im preußischen Rechtskreis war der Zugriff auf das Grundwasser dem Grundeigentum zugeordnet. Hier war die normale Prüfungsfolge bei Art. 14 GG einzuhalten. Im süddeutschen Rechtskreis war dagegen der Zugriff auf das Grundwasser niemals eine dem Eigentum zugeordnete Position. Deswegen war die Regelung hier nur am Wesensgehalt zu messen.

Maßgebliche Frage ist daher ob es für die Existenz der Institution Grundeigentum unverzichtbar ist, dass der Zugriff auf das Grundwasser dazugehört? Im Folgenden werden beide Gesichtspunkte i.R.d. normalen Prüfung des Art. 14 GG miteinander verbunden.

I. Schutzgehalt des Art. 14 I S. 1 GG

Die Prüfung, ob ein Rechtsvorgang als Enteignung zu qualifizieren ist, erfordert zunächst die Feststellung, ob dem Betroffenen im Zeitpunkt des Zugriffs eine enteignungsfähige Rechtsposition zusteht.

1. Der BGH ging in seiner bisherigen Rechtsprechung von der Auffassung aus, dass das Grundeigentum auch das Grundwasser mit umfasse.

Dieses werde zum Erdkörper gerechnet, auf den sich nach § 905 BGB das Recht des Grundstückseigentümers erstrecke.

Ob es sich beim Grundwasser um eine Sache handele, könne dahinstehen, jedenfalls gehöre zum Grundeigentum die Befugnis, über das auf dem Grundstück vorgefundene Grundwasser zu verfügen.

Daher kam der BGH zu der Auffassung, die öffentlich-rechtliche Benutzungsordnung des WHG schränke die „dem Grundeigentum innewohnende Befugnis zum freien Zugriff auf das Grundwasser" ein.

Dieser Auffassung steht aber entgegen, dass die rechtliche Ordnung des den Erdkörper durchfließenden Grundwassers vor der Schaffung einer Rahmenkompetenz den Ländern vorbehalten war.[941] Allein die Rechtsbeziehungen des Grundstückseigentümers zum Erdkörper wurden durch § 905 BGB geregelt.

Die Vorschriften des BGB und das landesgesetzliche Wasserrecht bildeten somit von Anfang an zwei selbstständige Rechtsgebiete. Die Geltung des § 905 BGB war damit für das Grundwasser ausgeschlossen.

§ 905 BGB kommt auch deswegen nicht zur Anwendung, weil das den Boden als ständiger Strom durchfließende Grundwasser nicht die Merkmale der festen Konsistenz und des Eingeschlossenseins durch die Grundstücksgrenzen aufweist, das den Begriff des Erdkörpers kennzeichnet.

2. Des Weiteren könnte das Grundeigentum als ein prinzipiell jede mögliche und wirtschaftlich vernünftige Nutzung umfassendes Recht anzusehen sein, das in seinem Inhalt insbesondere durch § 903 BGB geprägt werde.

Von diesem Ausgangspunkt aus erscheinen die öffentlich-rechtlichen Regelungen des WHG naturgemäß als Beschränkungen eines an sich umfassenden und verfassungsrechtlich gewährleisteten Eigentumsrechts.

Dieser Position des BGH ist das BVerfG nicht gefolgt. Die Rechtsansicht des BGH knüpfe an die zur Weimarer Reichsverfassung vertretene Auffassung an, eine Enteignung sei schon dann anzuerkennen, wenn das Recht des Eigentümers, mit seiner Sache gem. § 903 BGB nach Belieben zu verfahren, zugunsten eines Dritten beeinträchtigt werde.

Dieser Auffassung steht aber entgegen, dass ein Vorrang der bürgerlich-rechtlichen Eigentumsordnung gegenüber öffentlich-rechtlichen Vorschriften dem Grundgesetz nicht entspricht.

Der Begriff des von der Verfassung gewährleisteten Eigentums muss vielmehr aus der Verfassung selbst gewonnen werden. Aus Normen des einfachen Rechts kann weder der Begriff des Eigentums im verfassungsrechtlichen Sinn abgeleitet, noch kann aus der privatrechtlichen Rechtsstellung der Umfang der Gewährleistung des konkreten Eigentums bestimmt werden.

hemmer-Methode: Machen Sie sich klar, dass Sie im Grundgesetz verwendete Begriffe niemals unkritisch mit denen des Privatrechts gleichsetzen dürfen. Eine ähnliche Divergenz ist Ihnen schon bei Rn. 16 begegnet: Dort wurde klargestellt, dass der Begriff der „juristischen Person" in Art. 19 III GG keine Rechtsfähigkeit i.S.d. Zivilrechts voraussetzt.

Das Grundgesetz hat dem Gesetzgeber den Auftrag zugewiesen, eine Eigentumsordnung zu schaffen, die sowohl den privaten Interessen des Einzelnen als auch denen der Allgemeinheit gerecht wird.

Ihm obliegt hierbei eine doppelte Aufgabe:

⇨ Einerseits muss er im Privatrecht die für die Rechtsbeziehungen der Bürger untereinander maßgeblichen Vorschriften schaffen (z.B. Übertragung und Belastung von Eigentum).

⇨ Zum anderen hat er den Belangen der Allgemeinheit, in die vor allem jeder Grundstückseigentümer eingebunden ist, in den (meist) öffentlich-rechtlichen Regelungen Rechnung zu tragen.

Welche Befugnisse einem Eigentümer in einem bestimmten Zeitpunkt konkret zustehen, ergibt sich aus der Zusammenschau aller in diesem Zeitpunkt geltenden, die Eigentümerstellung regelnden gesetzlichen Vorschriften.

---

941   Vgl. auch Art. 65 EGBGB.

Aus der Gesamtheit der verfassungsmäßigen Gesetze, die den Inhalt des Eigentums bestimmen, ergeben sich somit Gegenstand und Umfang des durch Art. 14 I S. 1 GG gewährleisteten Bestandsschutzes und damit auch, wann ein zur Entschädigung verpflichtender Rechtsentzug vorliegt.[942]

3. Die beanstandeten Vorschriften sollen nach Auffassung des vorlegenden Gerichts die Exekutive ermächtigen, verfassungsrechtlich geschützte Rechte des Grundstückseigentümers zu entziehen.

Dagegen spricht, dass sie allgemein das Verhältnis von Grundstückseigentum und Grundwasser regeln und die Rechtsstellung des einzelnen Grundstückseigentümers in diesem Rechtsbereich bestimmen.

Danach steht dem Grundstückseigentümer grds. nicht schon nach dem BGB ein Recht zu, i.R.d. Grundstücksnutzung auf das Grundwasser einzuwirken.

Für die weitere Prüfung ist der Zugriff auf das Grundwasser probeweise dem Grundeigentum zuzuordnen. Nur dann kann geprüft werden, ob seine Zuordnung zur Allgemeinheit gegen die Sozialbindung verstößt.

II. Eigentumsrelevante Maßnahmen

Exkurs: Es ist davon auszugehen, dass der Gesetzgeber i.R.d. Art. 14 GG in dreifacher Weise eigentumsrechtlich relevante Vorschriften erlassen kann:

a) Eigentum als Zuordnung eines Rechtsgutes an einen Rechtsträger bedarf, um im Rechtsleben praktikabel zu sein, notwendigerweise der rechtlichen Ausformung.

Demgemäß hat das Grundgesetz in Art. 14 I S. 2 GG dem Gesetzgeber die Aufgabe übertragen, den Inhalt und die Schranken des Eigentums zu bestimmen.

Solche Normen legen generell und abstrakt die Rechte und Pflichten des Eigentums fest, bestimmen also den Inhalt des Eigentums.

Der Gesetzgeber schafft damit auf der Ebene des objektiven Rechts diejenigen Rechtssätze, welche die Rechtsstellung des Eigentümers begründen und ausformen. Sie können - wie oben dargelegt - privatrechtlicher und öffentlich-rechtlicher Natur sein.

b) Weiter hat der Gesetzgeber nach Art. 14 III S. 2 GG die Möglichkeit, durch Gesetz einem bestimmten oder bestimmbaren Personenkreis konkrete Eigentumspositionen zu entziehen, die aufgrund der allgemein geltenden Gesetze i.S.d. Art. 14 I S. 2 GG rechtmäßig erworben worden sind (Legalenteignung).

c) Schließlich kann der Gesetzgeber ebenfalls nach Art. 14 III S 2 GG der Exekutive die Ermächtigung erteilen, konkretes Eigentum einzelner zu entziehen.

Die Enteignung aufgrund Gesetzes (Administrativenteignung) erfordert einen behördlichen Vollzugsakt, der (anders als die Legalenteignung) mit Rechtsmitteln angefochten werden kann.[943]

Das BVerwG hat aus der Nassauskiesungsentscheidung Folgerungen gezogen, die in der Wissenschaft sehr umstritten sind.[944] Die Literatur spricht von einer kalten Liquidation eines Grundrechts.

---

942 Zum Jagdausübungsrecht als vermögenswertes Privatrecht im Sinne des Art. 14 I GG vgl. OLG Bamberg in NVwZ 1998, S. 211 f. = **jurisbyhemmer**; sowie die kritische Besprechung von Aust, in NVwZ 1998, S. 143.

943 Zur Bedeutung der Nassauskiesungsentscheidung für die Dogmatik des Eigentumsschutzes vgl. Eschenbach, Der verfassungsrechtliche Schutz des Eigentums, 1996, S. 470 - 546. Vgl. dazu auch Schmitt - Kammler in NVwZ 1998, 43.

944 Vgl. dazu Schönfeld, Die Eigentumsgarantie und Nutzungsbeschränkungen des Grundeigentums, 1996; sowie Numberger, NVwZ 1998, S. 159

Der allgemeine Satz des BVerfG, wonach in Zweifelsfällen diejenige Auslegung zu wählen sei, welche die Wirkungskraft des Grundrechts am stärksten entfaltet,[945] gelte nicht mehr. De Facto sei durch das BVerwG der Schutz vor staatlicher Enteignung abgeschafft worden. „Auch wenn Lärmimmissionen (eines Flughafens) ein Grundstück so schwer und unerträglich beschallen, dass eine sinnvolle Nutzung des Grundstücks ausgeschlossen ist, liegt keine Enteignung im Sinne des Art. 14 III S. 1 GG vor.[946] Das durch einer Wasserschutzgebietsverordnung nach § 19 WHG begründete ausnahmslose Verbot, ein im Innenbereich gelegenes und nach § 34 BauGB bebaubares Grundstück in der Zukunft zu bebauen, ist keine Enteignung gemäß Art. 14 II S. 1 GG, sondern lediglich eine Inhaltsbestimmung des Eigentums nach Art. 14 I S. 2 GG. Ein generelles Bauverbot löste das bislang bestehende individuelle Zuordnungsverhältnis zwischen dem Grundstückseigentümer und dem Grundstück nicht auf.[947]

1. Das Regelungssystem des WHG:

Die beanstandeten Normen unterstellen das Grundwasser einer vom Grundeigentum losgelösten öffentlich-rechtlichen Benutzungsordnung.

Dies gibt dem Grundstückseigentümer prinzipiell kein Recht, auf das unterirdische Wasser zuzugreifen, sondern ordnet es der Allgemeinheit zu (repressives Verbot).

Die Maßstäbe, die die Behörden bei der Entscheidung über die Benutzungsvorhaben (§§ 2, 3 WHG) anzulegen haben und aus denen sich die materielle Bedeutung des generellen Genehmigungsvorbehalts ergibt, enthält im wesentlichen § 6 WHG.

Danach sind Erlaubnis und Bewilligung zu versagen, wenn von dem Vorhaben eine anders nicht abzuwendende Beeinträchtigung des Wohles der Allgemeinheit zu erwarten ist.

Dies gilt insbesondere bei der Gefährdung der öffentlichen Wasserversorgung. Gem. § 6 WHG haben Nutzungsinteressenten keinen Rechtsanspruch auf Genehmigung ihres Vorhabens.

Selbst wenn kein zwingender Versagungsgrund eingreift, steht die Entscheidung über einen Erlaubnis-/Bewilligungsantrag im Ermessen der zuständigen Behörde.[948]

2. Fraglich ist, ob der Gesetzgeber mit der Schaffung dieses repressiven Verbotes eine Legalenteignung vornehmen wollte. Entscheidungskriterium ist dafür die Finalität. Diese ist hier abzulehnen, denn der Gesetzgeber wollte lediglich abstrakt die Rechtslage umgestalten. Auf eine konkrete Entziehung von Eigentum kam es ihm nicht an.

III. Rechtmäßigkeit der Inhalts- und Schrankenbestimmung

1. Formelle Verfassungsmäßigkeit

Das Wasserhaushaltsgesetz (WHG) wurde vom zuständigen Bundesgesetzgeber im ordnungsgemäßen Gesetzgebungsverfahren verabschiedet.

2. Materielle Verfassungsmäßigkeit

Das Gesetz ist vom Ausgestaltungsvorbehalt des Art. 14 GG gedeckt. Fraglich ist, ob es gegen sonstige materielle Verfassungsgrundsätze verstößt. In Betracht käme das Willkürverbot des Art. 3 I GG.

---

945   Vgl. dazu BVerfGE 51, 97 ff., 100 = **juris**byhemmer; sowie F. Müller, Juristische Methodik, 7. Aufl., 1997, Rn. 394.

946   BVerwG, NVwZ-RR 1991, 129 = **juris**byhemmer.

947   BVerwG, bei BayVBl. 1997, S. 249; ebenso schon vorher VGH München, BayVBl. 1997, S. 111: **alle Entscheidungen** = **juris**byhemmer, vgl. Numberger, NVwZ 1998, S. 159.

948   Vgl. zum Problem, inwieweit das WHG von der Gesetzgebungskompetenz des Bundes gedeckt ist, Reichert, „Verfassungsmäßigkeit der Novelle zum Wasserhaushaltsgesetz? - Grenzen der Rahmengesetzgebung", in NVwZ 1998, S. 17 ff.

Die wasserrechtliche Erlaubnis wird im Verhältnis zu der Bauerlaubnis und zur immissionsrechtlichen Erlaubnis insoweit anders behandelt, als dem Antragsteller kein Anspruch eingeräumt wird. Für diese Ungleichbehandlung besteht jedoch im Hinblick auf die besondere Bedeutung des Wasserhaushalts als natürliche Ressource ein sachlicher Grund.

3. Verhältnismäßigkeit

a) Verfassungsrechtlich legitimer Zweck ist hier der Schutz des Wasserhaushalts

b) Ein repressives Verbot ist zur Erreichung dieses Zwecks auch geeignet.

c) Fraglich ist jedoch, ob ein präventives Verbot nicht ein milderes Mittel darstellen würde. Dies wäre nur zu bejahen wenn es gleich geeignet wäre. Bei einem präventiven Verbot mit gebundenem Erlaubnisanspruch könnte die Benutzung nur versagt werden, wenn eine konkrete Gefahr vorläge. Das würde den Gewässern aber nur einen Minimalschutz gewähren. selbst wenn die Grenze ihrer Belastbarkeit bereits erreicht ist. Eine auf die Zukunft ausgerichtete ordnungsgemäße Steuerung der Gewässerbenutzung wäre damit ausgeschlossen.

Bei einem knappen Gut von so elementarer Bedeutung für die Allgemeinheit wäre eine solche Regelung unvertretbar. Die Erforderlichkeit eines repressiven Verbots ist damit zu bejahen.

d) Angemessenheit: Der Gesetzgeber hat hier die Garantie des Privateigentums einerseits und die Sozialbindung andererseits zu einem verhältnismäßigen Ausgleich gebracht.

Da das Grundwasser wie ein Strom die Erde durchfließt, lassen sich weder die Entnahme von Wasser noch die Einleitung von Stoffen in ihren Wirkungen auf ein bestimmtes Grundstück beschränken.

Eingriffe in das Grundwasser wirken sich mithin intensiv auf die Umgebung aus. Da dem Grundwasser zudem für die Allgemeinheit, insbesondere für die öffentliche Wasserversorgung, eine kaum zu überschätzende Bedeutung zukommt und im Übrigen die Vorschriften des WHG nicht zu einer Substanzentleerung des Grundeigentums führen, kann es verfassungsrechtlich nicht beanstandet werden, dass der Gesetzgeber das unterirdische Wasser zur Sicherung einer funktionsfähigen Wasserbewirtschaftung einer vom Oberflächeneigentum getrennten öffentlich-rechtlichen Ordnung unterstellt hat.

4. Wesensgehalt

Es könnte ein Verstoß gegen den Grundsatz vorliegen, dass das Privateigentum als Rechtseinrichtung gewährleistet ist.

Diese Institutsgarantie verbietet zwar, dass solche Sachbereiche der Privatrechtsordnung entzogen werden, die zum elementaren Bestand grundrechtlich geschützter Betätigung im vermögensrechtlichen Bereich gehören. Auch darf der durch Art. 14 GG gesicherte Freiheitsbereich nicht aufgehoben oder wesentlich geschmälert werden.

Daraus folgt jedoch nicht, dass jedes Rechtsgut von Verfassungs wegen einer privatrechtlichen Herrschaft unterworfen sein müsse.

Da das Wasser eine der wichtigsten Grundlagen allen menschlichen, tierischen und pflanzlichen Lebens ist, konnte dessen Nutzung wegen des besonderen öffentlichen Interesses einer öffentlich-rechtlichen Ordnung unterstellt werden.

Da ohne eine derartige Regelung für die Allgemeinheit lebensnotwendige Güter in Gefahr wären, wird die Gewährleistung des Rechtsinstituts Eigentum nicht angetastet.

Im Ergebnis kann, da ein Verstoß gegen den Verhältnismäßigkeitsgrundsatz ebenfalls nicht vorliegt, festgestellt werden, dass die beanstandeten Vorschriften in zulässiger Weise Inhalt und Schranken des Grundstückseigentums bestimmen.

Daraus ergibt sich zugleich, dass diese Regelung Art. 19 II GG nicht verletzt. Die dem Gesetzgeber bei der Inhalts- und Schrankenbestimmung gezogenen Grenzen ergeben sich unmittelbar aus der Instituts- und Bestandsgarantie des Art. 14 I GG und dem Verhältnismäßigkeitsgrundsatz.

Werden diese Grenzen eingehalten, kann kein Verstoß gegen Art. 19 II GG vorliegen.

5. Ergebnis:

Die konkrete Normenkontrolle ist zulässig, aber unbegründet.

§ 26 SCHUTZ VOR AUSBÜRGERUNG, AUSLIEFERUNG UND ASYLRECHT, ART. 16, 16A GG

A) Schutz vor Ausbürgerung, Art. 16 I GG[949]

Art. 16 I GG: Schutz der dt. Staatsangehörigkeit

Durch Art. 16 I GG wird die deutsche Staatsangehörigkeit geschützt, deren Erwerb sich im Wesentlichen nach Unterverfassungsrecht richtet. Schutz besteht vor jedem Verlust, wobei die Entziehung in Satz 1 den Verlust gegen den Willen des Betroffenen bedeutet.

311[950]

Eine Entziehung liegt auch im Widerruf einer wirksamen Einbürgerung, umstritten ist die Rechtslage bei der Rücknahme einer rechtswidrigen Einbürgerung.[951]

Umfang des Schutzes

Der Schutz vor Entziehungen ist schrankenlos gewährleistet, ein Verlust steht unter einem Gesetzesvorbehalt, der dadurch qualifiziert ist, dass der Betroffene nicht staatenlos werden darf.

B) Schutz vor Auslieferung, Art. 16 II GG[952]

Art. 16 II GG: Schutz vor Auslieferung

Art. 16 II GG schützt vor der - notfalls zwangsweisen - Entfernung eines Deutschen[953] aus dem Hoheitsgebiet der Bundesrepublik, verbunden mit der Überführung in den Bereich einer ausländischen Macht auf deren Ersuchen. Davon erfasst ist auch die sog. Durchlieferung eines Deutschen von einem Staat an einen anderen unter Durchquerung der Bundesrepublik,[954] nach Ansicht des BVerfG dagegen nicht die sog. Rücklieferung, bei der ein Deutscher ins Ausland ausgeliefert wird, nachdem er zuvor nur vorläufig aufgrund einer Rücklieferungszusage in die Bundesrepublik verbracht worden war.[955]

312

Eine Ausnahme von dem Verbot der Auslieferung macht Art. 16 II S. 2 GG für Mitgliedstaaten der Europäischen Union.[956]

Dagegen sind Ausweisung und Abschiebung, bei der das Gebot, die Bundesrepublik Deutschland zu verlassen, ohne Ersuchen eines ausländischen Staats ergeht, keine Auslieferung. Schutz dagegen gewährt jedoch Art. 11 GG.

313

C) Recht auf politisches Asyl, Art. 16a GG

Art. 16 II S. 2 GG a.F.[957] („Politisch Verfolgte genießen Asylrecht"), der historisch v.a. als Reaktion des Verfassungsgebers auf den unzulänglichen Schutz von durch das NS-Regime Verfolgten im Ausland zu verstehen war, wurde nach langen politischen Diskussionen 1993 gestrichen und durch Art. 16a GG ersetzt,[958] der das Asylrecht nicht unerheblich einschränkt.

314

---

949 Vgl. dazu Jarass/Pieroth, Art. 16 GG, Rn. 1 - 5.

950 Rn. 307 bis 310 wurden ersatzlos gestrichen.

951 Vgl. BVerfG, Urteil vom 24.05.2006 – 2 BvR 669/04 = **Life&Law 08/2006** = **juris**byhemmer; das BVerfG bejaht in einer umstrittenen Entscheidung, dass § 48 VwVfG als Rechtsgrundlage für die Rücknahme einer Einbürgerung genügt und diese Rücknahme nicht gegen Art. 16 GG verstößt. Mittlerweile wurde mit § 35 StAG eine spezielle Rechtsgrundlage geschaffen.

952 Vgl. dazu Jarass/Pieroth, Art. 16 GG, Rn. 6 - 8.

953 Nach Maßgabe des Art. 116 GG; dazu näher Jarass/Pieroth, Art. 116 GG, Rn. 1 ff.

954 Vgl. BVerfGE 10, 136 (139) = **juris**byhemmer.

955 Vgl. BVerfGE 29, 183 (193 f.) = **juris**byhemmer; a.A. Pieroth/Schlink, Rn. 1062; Jarass/Pieroth, Art. 16 GG, Rn. 6.

956 Zur Verfassungsgemäßheit des entsprechenden Gesetzes vgl. BVerfG, NJW 2005, 2289 = **Life&Law 09/2005** = **juris**byhemmer, bspr. von Masing NJW 2006, 264.

957 Dazu z.B. Sachs, JuS 1989, 537 ff.

958 Zum Überblick über die Regelung und ihre Funktion und Hintergründe lesenswert Schoch, DVBl. 1993, 1161 ff.

I. Schutzbereich

Definition der polit. Verfolgung

Als politisch verfolgt i.S.d. Art. 16a I GG gilt in Anlehnung an die Genfer Flüchtlingskonvention jeder, der wegen seiner Rasse, Religion, Nationalität, Zugehörigkeit zu einer sozialen Gruppe oder wegen seiner politischen Überzeugung Verfolgungsmaßnahmen mit Gefahr für Leib und Leben oder Beschränkungen seiner persönlichen Freiheit ausgesetzt ist oder solche begründet befürchtet.[959]

315

Dabei ist diese Definition aber nicht abschließend, wenn die Verfassung eine weitere Auslegung gebietet.[960]

hemmer-Methode: Wieder gilt: Sollte Art. 16a GG wirklich einmal Klausurgegenstand sein, müssen Sie diese Definition nicht wissen, sondern nur eine eigene entwickeln können, v.a. wenn es um die Ausscheidung sog. „asylfremder Motive" geht. Da Art. 16a I GG dem Wortlaut des alten Art. 16 II S. 2 GG entspricht, dürfte im Ausgangspunkt die dazu ergangene Rechtsprechung weiter heranzuziehen sein.[961]

restriktive Auslegung (-), wenn Behandlung im Herkunftsland allgemein hinzunehmen

Bei der Frage nach der Beeinträchtigung der genannten Rechtsgüter geht das BVerfG insoweit restriktiv vor, als die Behandlung über das hinausgehen muss, was die Bewohner des Heimatstaates aufgrund des dort herrschenden Systems allgemein hinzunehmen haben.[962] Nur in engen Gründen lässt das Gericht auch sog. „Nachfluchtgründe" zu, d.h. solche, die sich erst durch die Flucht ergeben haben, dieser aber noch nicht kausal zugrunde liegen konnten.[963] Politische Verfolgung ist grds. eine solche durch den Heimatstaat, wobei Abgrenzungsprobleme entstehen können, wenn die Verfolgung durch Dritte dem Staat zuzurechnen ist.[964]

Schutzbereichsbegrenzung: Art. 16a II S. 1 GG

Nach h.M. enthält Art. 16a II S. 1 GG bereits eine Schutzbereichsbegrenzung für Einreisende aus Ländern der Europäischen Gemeinschaft, sodass sich diese keinesfalls auch auf Art. 16a GG berufen können.

316

II. Eingriffe

Eingriffe

Ein Eingriff ins Asylrecht liegt in jeder aufenthaltsverweigernden oder -beendenden Maßnahme, nicht dagegen in zumutbaren und erfüllbaren Anforderungen an die Einreise, wie z.B. die Visumspflicht, soweit ihre Erfüllung zuzumuten ist.[965]

317

III. Schranken

Schranken

Art. 16a II S. 2 GG enthält im Gegensatz zu S. 1 einen Gesetzesvorbehalt, mithin eine Schranke, nach dem der Gesetzgeber auch außerhalb der Europäischen Union „sichere Drittstaaten" festlegen kann.

318

959　Vgl. BVerwGE 49, 202 (204 f.), 68, 172 (173) = **juris**byhemmer.

960　Vgl. Jarass/Pieroth, Art. 16a GG, Rn. 2.

961　Zu dieser lehrreich Roeser, EuGRZ 1994, 85 ff.

962　Vgl. E 54, 341 (357).

963　Vgl. auch E 74, 51 (64 ff.); krit. z.T. die Literatur, vgl. Hofmann, NVwZ 1987, 299 ff.; Brunn, NVwZ 1987, 301 ff.; aus jüngerer Zeit auch BVerwG, NVwZ 1993, 195 = **juris**byhemmer.

964　Vgl. dazu und zu verwandten Problemen Jarass/Pieroth, Art. 16a GG, Rn. 5.

965　Vgl. zum Ganzen Jarass/Pieroth, Art. 16a GG, Rn. 18 f.

Nach Art. 16a III GG können darüber hinaus noch „verfolgungsfreie" Herkunftsländer festgelegt werden. Der Asylantrag eines aus diesen Ländern Flüchtenden wird i.d.R. als offensichtlich unbegründet abgelehnt, wenn ihm nicht der Nachweis gelingt, dass er doch verfolgt wird, d.h. wenn er die „Nichtverfolgungsvermutung" nicht widerlegen kann.

Art. 16a IV GG schließlich enthält eine Bestimmung, die ein beschleunigtes Verfahren ermöglichen soll, Art. 16a V GG einen Vorbehalt für völkerrechtliche Verträge.

§ 27 PETITIONSRECHT, ART. 17 GG

Das Petitionsrecht hat wohl nur geringe Klausurrelevanz. Dagegen darf man die praktische Bedeutung (v.a. für den Einzelnen und sein Gefühl, vom Staat ernst genommen zu werden) nicht unterschätzen, was besonders für die im Zusammenhang mit Art. 17 GG zu sehenden formlosen Rechtsbehelfe i.Ü. gilt: Bei diesen sind zu unterscheiden die Gegenvorstellung bei der Stelle, die die angegriffene Entscheidung erlassen hat, die Aufsichtsbeschwerde, die sich an die übergeordnete Stelle mit der Bitte um Überprüfung in der Sache richtet, und die Dienstaufsichtsbeschwerde, die sich wegen des persönlichen Verhaltens der tätigen Bediensteten an die übergeordnete Stelle wendet.

A) Schutzbereich

Bitten + Beschwerden = Petitionen

Die „Bitten und Beschwerden" des Art. 17 GG können als Petitionen zusammengefasst werden, wobei sich Bitten auf zukünftige Beschwerden gegen vergangenes Verhalten richten. Geschützt werden durch Art. 17 GG nur schriftliche Petitionen. **319**

„zuständige Stelle" großzügig auszulegen

Die „zuständigen Stellen" sind nicht im streng formalen, organisationsrechtlichen Sinne zu verstehen (etwa unter Einhaltung eines Instanzenzuges[966]), allerdings soll es bei fehlender sachlicher Zuständigkeit keine Pflicht zur Weiterleitung geben.[967] Außerdem können die Petitionen an die Volksvertretung, also v.a. Bundestag und Länderparlamente, gerichtet werden.

Anspruch auf Prüfung und Bescheidung

Um Art. 17 GG einen echten Sinn zu geben, muss man über den Wortlaut hinaus nicht nur ein Recht zur Petition, sondern auch einen Anspruch auf Prüfung und Bescheidung derselben annehmen.[968] Allerdings muss nach dem BVerfG darin nur die Kenntnisnahme vom Inhalt der Petition und die Art ihrer Erledigung[969] ersichtlich, nicht dagegen eine besondere Begründung gegeben werden.[970] **320**

Wird dieser Bescheidungspflicht nicht nachgekommen, ist der Verwaltungsrechtsweg nach § 40 VwGO eröffnet,[971] was im Übrigen auch gilt, wenn sonstige formlose Rechtsbehelfe (vgl. o.) nicht verbeschieden werden.

B) Eingriff

Eingriffe

Das Grundrecht aus Art. 17 GG wird beeinträchtigt, wenn die Petition nicht angenommen oder - nach Maßgabe der oben genannten Anforderungen - fehlerhaft oder gar nicht erledigt wird. **321**

C) Schranken

keine Schranken (aber Ausgestaltung möglich)

Art. 17 GG unterliegt keinem Gesetzesvorbehalt, ist aber - soweit ein Leistungsrecht in Form der Bescheidung besteht - einer näheren Ausgestaltung zugänglich. Auch aufgrund kollidierenden Verfassungsrechts können sich Schranken ergeben, was praktisch freilich selten vorstellbar ist, insbesondere, wenn man die sehr eingeschränkten Begründungspflichten nach dem BVerfG zugrunde legt. Das Recht zu Sammelpetitionen kann nach Art. 17a I GG für den Bereich des Wehr- und Ersatzdienstes eingeschränkt werden. **322**

---

966 Vgl. BVerfGE 2, 225 (229) = **juris**byhemmer.

967 Vgl. BVerfG a.a.O.; a.A. aber wohl BVerwG, DÖV 1976, 215; M/D-Dürig, Art. 17 GG, Rn. 64.

968 Einhellige Ansicht, statt vieler Jarass/Pieroth, Art. 17 GG, Rn. 5.

969 E 2, 225 (230); 13, 54 (90).

970 A.a.O.; bestätigend BVerfG, NJW 1992, 3033 = **juris**byhemmer; eine Begründung wird dagegen von einem weiten Teil der Literatur gefordert, vgl. AK-Stein, Art. 17 GG, Rn. 29; BK-Dagtoglou, Art. 17 GG, Rn. 99 ff.; Jarass/Pieroth, Art. 17 GG, Rn. 5.

971 Vgl. ausführlich Slupik/Spohler, JuS 1992, 410 ff.; richtige Klageart wäre eine schlichte Untätigkeitsklage als Sonderform der allgemeinen Leistungsklage. Lesenswert auch als Beispiel einer (freilich nicht Grundrechts-) Klausur mit einem Schwerpunkt bei Art. 17 GG.

§ 28 GEBOT EFFEKTIVEN RECHTSSCHUTZES, ART. 19 IV GG

Art. 19 IV GG enthält eine Grundsatznorm für die gesamte Rechtsordnung,[972] die meist außerhalb der Grundrechtsklausur, z.B. bei der Auslegung streitiger Fragen des Prozessrechts, auftaucht. Gleichwohl enthält die Vorschrift auch und gerade ein subjektives Recht und kann Gegenstand einer Verfassungsbeschwerde sein. Historisch liegt die Bedeutung des Art. 19 IV GG darin, dass erst durch die Absicherung der Rechtsweggarantie die Schaffung subjektiver Rechte wirklich zu durchsetzbaren Positionen führt.

A) Schutzbereich

nach h.M. Rechtsschutz nur gegen Exekutive und Normative im weiteren Sinn

Art. 19 IV GG garantiert den Rechtsweg gegen Rechtsverletzungen durch die öffentliche Gewalt. Im Gegensatz zu Art. 1 II GG ist damit nach h.M. nur die Exekutive und die Normative im weiteren Sinn, d.h. der Satzungs- und Verordnungsgeber gemeint. Der Rechtsschutz gegen die Legislative ist dagegen in Art. 93 GG speziell geregelt, ein Rechtsschutz gegen die Judikative würde letztlich zu einem unendlichen Regress führen.[973]

323

kein Instanzenzug garantiert

Entsprechend wird durch Art. 19 IV GG nach h.M. kein Instanzenzug vorgeschrieben,[974] es gilt das Schlagwort vom „Schutz durch den Richter, nicht gegen ihn".[975] Entsprechend gilt diese Beschränkung nicht bei Justizverwaltungsakten (vgl. §§ 23 ff. EGGVG), die administrativ getroffen werden. Auch im Übrigen ist das Argument des Schutzes durch, nicht gegen den Richter stets dort sehr formal, wo der Richter nicht in seiner Funktion des Schlichters/Entscheiders zwischen zwei Parteien auftritt, sondern dem Betroffenen „alleine" als öffentliche Gewalt gegenübertritt, so z.B. bei Ordnungsmaßnahmen nach dem GVG.

> **hemmer-Methode: Art. 19 IV GG gibt keinen Anspruch auf eine 2. Instanz. Wenn aber das Gesetz eine solche zur Verfügung stellt, kann Art. 19 IV GG auch durch den Richter verletzt werden, der rechtswidrig den Zugang zur nächsten Instanz verwehrt.[976]**

Da eine Rechtsverletzung geltend gemacht werden muss, setzt Art. 19 IV GG implizit das Bestehen materiellen Rechts voraus, auf das sich der Bürger beruft.

Gebot effektiven Rechtsschutzes

Damit Art. 19 IV GG nicht leer läuft, muss der gewährte Rechtsschutz auch effektiv sein, d.h. es muss nicht nur überhaupt ein Rechtsweg offen stehen und zumutbar sein, sondern in diesem muss auch eine Verwirklichung des materiellen Rechts grds. möglich sein, was natürlich nicht zur Forderung führen kann, dass stets eine richtige Entscheidung getroffen werden muss.[977]

324

Somit verlangt Art. 19 IV GG grds. die Schaffung eines Rechtswegs (ergänzend steht der ordentliche Rechtsweg offen) vom Gesetzgeber und eine den Rechtsschutz effektuierende Verfahrensgestaltung durch den Richter.

---

972   BVerfGE 58, 1 (40) = **juris**byhemmer.

973   BVerfG, NJW 2003, 1924 = FamRZ 2003, 995 = **juris**byhemmer, Anm. Vosskuhle, NJW 2003, 2193, bspr. von Pache/Knauff, BayVBl. 2004, 385.

974   Vgl. bereits BVerfGE 4, 74 (94 f.) = **juris**byhemmer.

975   M.w.N. (auch zu den Gegenansichten) BVerfG, NJW 2003, 1924 = FamRZ 2003, 995 = **juris**byhemmer.

976   BVerfG, NVwZ-RR 2011, 460 = **juris**byhemmer.

977   Vgl. Lorenz, Jura 1983, 393 (394 f.).

Auch muss die Nachprüfung durch den Richter so weit gehen, wie es der Grundsatz der Gewaltenteilung erlaubt, sodass auch das Ermessen auf bestimmte Fehler und unbestimmte Rechtsbegriffe grds. voll nachprüfbar sind.[978]

grds. nur repressiver, bloß ausnahmsweise vorbeugender Schutz

Schon seinem Wortlaut nach gilt Art. 19 IV GG grds. nur für repressiven Rechtsschutz, um aber irreparable Zustände zu vermeiden, ist in gewissen Grenzen auch ein vorläufiger und ein vorbeugender Rechtsschutz erforderlich.

325

> **hemmer-Methode: Art. 19 IV GG spielt auch bei der Auslegung einfachen Prozessrechts eine wichtige Rolle. So darf etwa der vorläufige Rechtsschutz das Ergebnis der Hauptsacheentscheidung nicht vorwegnehmen. Von dieser Regel gibt es allerdings dann eine Ausnahme, wenn ohne vorläufige Anordnung die Rechte des Klägers vereitelt würden. Diese Ausnahme kann nur gerechtfertigt werden im Hinblick auf den Grundsatz des effektiven Rechtsschutzes in Art. 19 IV GG. Diese Ausnahme gilt aber folgerichtig nur im Anwendungsbereich des Art. 19 IV GG, d.h. wenn es um subjektive Rechte des Bürgers geht. Sie gilt nicht bei einem Streit um organschaftliche Rechte.**

Ergänzt wird Art. 19 IV GG durch den verfahrensrechtlichen Charakter der Grundrechte,[979] welche eigene Bedeutung v.a. für die nähere Ausgestaltung des Rechtsschutzes sowie in Privatrechtsverhältnissen, in denen Art. 19 IV GG nicht gilt, erlangen kann. Das BVerfG[980] führt dazu Folgendes aus: „Es ist mit der verfassungsrechtlichen Garantie eines effektiven Rechtsschutzes, die für zivilgerichtliche Verfahren aus Art. 2 I GG i.V.m. dem Rechtsstaatsprinzip folgt, nicht vereinbar, wenn einem Rechtsinhaber die Durchsetzung seines Rechts (hier: Rechtsschutz gegen Zwangsvollstreckung aus Prozessvergleich) in allen in Betracht kommenden Verfahrensarten jeweils ohne sachliche Prüfung mit der Begründung verwehrt wird, die Voraussetzungen für die Geltendmachung des Begehrens in dieser Verfahrensart lägen nicht vor."[981]

B) Eingriffe

Eingriffe

Ein Eingriff liegt in der Nichtgewährung des den obigen Anforderungen entsprechenden Rechtsschutzes, wobei dem Gesetzgeber bei der Ausgestaltung und Schaffung des Rechtswegs ein gewisser Gestaltungsspielraum zusteht, der aber durch die genannten Kriterien begrenzt ist.

326

C) Schranken

keine Schranken

Art. 19 IV GG wird schrankenlos gewährt, d.h. es kommen allenfalls Einschränkungen kraft kollidierenden Verfassungsrechts in Betracht. Wegen des genannten Ausgestaltungsspielraums ist aber nicht in jeder Gestaltung ein Eingriff zu sehen, sodass insoweit keine Schranken erforderlich sind. Außerdem kann der Gesetzgeber den Rechtsweg dadurch praktisch steuern, dass er einen gewissen Spielraum hat, wann er materiell-rechtlich subjektive Rechte anerkennt.

327

978　Vgl. Lorenz, a.a.O., 398.

979　Vgl. dazu oben Rn. 98; zum Verhältnis zu Art. 19 IVGG, näher auch Lorenz, a.a.O., 395 f.

980　BVerfG, NJW 1997, 2167 = **juris**byhemmer.

981　Vgl. hierzu auch BVerfG, NJW 2003, 1924 = FamRZ 2003, 995 = **juris**byhemmer, Anm. Vosskuhle, NJW 2003, 2193 sowie Redeker, NJW 2003, 2956.

§ 29 WEITERE GRUNDRECHTE BZW. GRUNDRECHTSGLEICHE RECHTE

Auch außerhalb des Grundrechtskatalogs verbürgt das Grundgesetz Grundrechte bzw. grundrechtsgleiche Rechte, soweit Unterschiede in der Nomenklatur unerheblich sind, soweit nach Art. 93 I Nr. 4a GG mit der Behauptung deren Verletzung Verfassungsbeschwerde erhoben werden kann.

Noch einmal erwähnenswert ist, dass die u.a. im Folgenden dargestellten „Prozessgrundrechte" der Art. 101 ff. GG über Art. 19 II GG hinaus auch für ausländische juristische Personen oder solche des öffentlichen Rechts gelten.

Diese Rechte sollen im Folgenden überblicksartig genannt werden:

A) Art. 20 IV GG

Widerstandsrecht

Art. 20 IV GG enthält ein als grundrechtsgleiches Recht ausgestaltetes[982] Widerstandsrecht, das allen Deutschen als ultima ratio zusteht, wenn ein staatliches Organ oder ein Privater es unternimmt, die in Art. 20 I - III GG festgesetzten Grundsätze zu beseitigen, wohl aber nur soweit diese nach Art. 79 III GG unabänderlich sind. Große praktische oder Klausurrelevanz hatte Art. 20 IV GG freilich bisher noch nicht.

328

hemmer-Methode: Da Art. 20 IV GG nur greift, wenn alle anderen Möglichkeiten, insbesondere die des gerichtlichen Rechtsschutzes versagen, kann Art. 20 IV GG im Ergebnis in einem gerichtlichen Verfahren nie eine Rolle spielen, zumindest nie verletzt sein. In dem Moment, in dem noch die Möglichkeit einer Klage besteht, ist nämlich Art. 20 IV GG tatbestandlich nicht verletzt.[983]

B) Art. 28 II GG

Selbstverwaltungsrecht

Gerade kein Grundrecht, und auch nicht nach Art. 93 I Nr. 4a GG, sondern nach Nr. 4b überprüfbar ist das Recht auf Selbstverwaltung nach Art. 28 II GG, wobei der Umfang der Gewährleistung in Satz 1 und Satz 2 erheblich ist.[984] Gleichwohl sei die Vorschrift her erwähnt, weil sie für die Gebietskörperschaften eine ähnliche Funktion übernimmt.

329

hemmer-Methode: Art. 28 II GG kann aber in der Grundrechtsklausur relevant werden als kollidierendes Verfassungsrecht i.S.d. praktischen Konkordanz. Von Bedeutung kann Art. 28 II GG auch in verwaltungs-, v.a. baurechtlichen Klausuren sein, wo Art. 28 II GG den Gemeinden eine Klagebefugnis geben kann, z.B. bei Missachtung des § 36 BauGB.

C) Art. 33 V GG

Grundsätze des Berufsbeamtentums

Die Differenzierungsgebote des Art. 33 I - III GG wurden bereits oben erwähnt.[985]

330

---

982   Vgl. Jarass/Pieroth, Art. 20 GG, Rn. 86.

983   BVerfG, NJW 2009, 2767 = **Life&Law 2009, 618.**

984   Vgl. Jarass/Pieroth, Art. 28 GG, Rn. 15 zu den „Gemeindeverbänden".

985   Vgl. Rn. 190.

Während diese als spezielle Gleichheitsrechte ausgestaltet sind, ist Art. 33 V GG eher als abwehr- und leistungsgrundrechtsgleiches Recht konzipiert, soweit man es mit dem BVerfG überhaupt als solches betrachten will[986] und nicht nur als bloßes Organisationsprinzip bzw. als Regelungsauftrag versteht.[987] Als solches schützt es nicht jeden einzelnen Rechtssatz überkommenen Beamtenrechts, sondern nur die elementaren Strukturprinzipien.[988] Als Rechte der Beamten können dies insbesondere sein: amtsangemessene Alimentation und Amtsbezeichnung, Anspruch auf Fürsorge u.a.[989]

Eingriffe kann man entweder erst dann annehmen, wenn diese Grundsätze (gar) nicht mehr berücksichtigt werden, dann ist freilich auch keine verfassungsmäßige Rechtfertigung möglich. Hält man dagegen jede Ausgestaltung für einen möglichen Eingriff, muss man Art. 33 V GG als grundrechtsgleiches Recht einer Einschränkungsmöglichkeit kraft kollidierenden Verfassungsrechts unterstellen und eine entsprechende Güterabwägung vornehmen.

D) Art. 101 (I S. 2) GG, Recht auf den gesetzlichen Richter[990]

Recht auf gesetzlichen Richter und Verbot von Ausnahmegerichten

Art. 101 I S. 2 GG garantiert, dass niemand seinem gesetzlichen Richter entzogen werden darf, was sich sonst schon aus dem Rechtsstaatsprinzip ergeben würde. Das Verbot von Ausnahmegerichten nach Art. 101 I S. 1 GG sowie das Gesetzeserfordernis für besondere Sachgerichte nach Art. 101 II GG stellen ihrerseits wieder Sonderfälle des Art. 101 I S. 2 GG dar.

Art. 101 I S. 2 GG verbürgt ein echtes subjektives Recht, welches freilich stark normgeprägt ist, d.h. wer der gesetzliche Richter ist, muss erst durch den Gesetzgeber festgesetzt werden.[991]

Bspe. des gesetzlichen Richters

Art. 101 I S. 2 GG garantiert, dass die Zuständigkeit des Gerichts im Voraus rechtssatzmäßig festgelegt ist, wobei diese Festsetzung praktisch durch ein Zusammenspiel von GVG, den Prozessordnungen und den Geschäftsverteilungsplänen zu erfolgen hat. Gesetzlicher Richter kann auch der EuGH sein, wenn eine Vorlagepflicht nach Art. 267 III AEUV besteht,[992] sodass auch eine Verletzung der Vorlagepflicht an denselben einen Verstoß gegen Art. 101 I S. 2 GG darstellt. Gesetzlicher Richter kann im Übrigen nur ein solcher sein, der den Anforderungen der Art. 92, 97 GG entspricht, sodass Verletzungen dieser Vorschriften über Art. 101 I S. 2 GG verfassungsbeschwerdefähig werden.

Eingriffe theoretisch durch alle drei Gewalten denkbar

Eingriffe in das Recht aus Art. 101 I S. 2 GG sind durch die Legislative möglich, wenn sie bei einer Ausgestaltung nicht den Erfordernissen der Vorschrift genügt, vgl. auch Art. 102 GG. Eingriffe durch die Exekutive („Kabinettsjustiz") spielen heute keine praktische Rolle. Eingriffe durch die Judikative sind möglich, wenn entsprechende verfahrensrechtliche Bestimmungen (etwa über die Richterzusammensetzung oder -ablehnung) nicht beachtet werden.

331

---

986 Vgl. BVerfGE 8, 1 (14 ff.); 43, 154 (167): **alle Entscheidungen** = **juris**byhemmer.

987 Vgl. zu den dafür sprechenden Argumenten Pieroth/Schlink, Rn. 1129 ff.; freilich sieht das BVerfG Art. 33 V GG auch als ein solches an.

988 Vgl. BVerfGE 8, 332 (343) = **juris**byhemmer.

989 Vgl. weitere Beispiele bei Pieroth/Schlink, Rn. 1132 f., jeweils mit Nachweisen zur Rechtsprechung.

990 Vgl. auch Aufsatz von Pechstein, Jura 1998, 197 ff.

991 Vgl. Pieroth/Schlink, Rn. 1162.

992 BverfG, NJW 2001, 1267 = DVBl. 2001, 720 = BayVBl. 2001, 339 = **Life&Law 2001, 578** = ; BVerfG, NVwZ 2009, 519 = **Life&Law 2009, 482** = **juris**byhemmer.

Um auch insofern nicht zur Superrevisionsinstanz zu werden, wertet das BVerfG hier jedoch nur willkürliche Rechtsverstöße als Eingriff.[993]

> **hemmer-Methode: Ein solcher Verfahrensverstoß wird auch die Konstellation sein, in der Art. 101 I S. 2 GG - wenn überhaupt - in der Klausur auftaucht, z.B. bei einer Urteilsverfassungsbeschwerde. Denkbar wäre hier auch eine Verknüpfung mit Europarecht, da auch der EuGH gesetzlicher Richter i.S.d. Art. 101 I S. 2 GG ist, wenn nach Art. 267 AEUV eine Vorlagepflicht besteht.[994] Allerdings begründet nicht jede Verletzung der Vorlagepflicht auch eine Verletzung des Art. 101 I S. 2 GG, sondern nur dann, wenn diese Verletzung besonders schwerwiegend oder willkürlich ist.[995]**

Soweit man eine Maßnahme als Eingriff betrachtet, liegt auch regelmäßig eine Verletzung vor, da Art. 101 I S. 2 GG unter keinem Gesetzesvorbehalt steht und sich die Frage nach kollidierendem Verfassungsrecht wegen der Ausgestaltungsbefugnis des Gesetzgebers praktisch nicht stellt.[996]

E) Art. 103 I GG, Anspruch auf rechtliches Gehör

große praktische Bedeutung

Art. 103 I GG ist sowohl objektiv-rechtliches Prinzip als auch subjektives grundrechtsgleiches Recht, vgl. Art. 93 I Nr. 4a GG. Der Anspruch auf rechtliches Gehör ist - ebenso wie der verwandte Art. 19 IV GG - stark normgeprägt und hat in der Praxis der Verfassungsbeschwerden eine große Bedeutung.

Geschützt ist das Recht, sich grds. vor Erlass einer Entscheidung in tatsächlicher und rechtlicher Hinsicht zur Sache äußern zu können.[997]

Dieses Recht findet nur verfassungsimmanente Schranken an der Funktionsfähigkeit von Verfahrensarten, die das Grundgesetz anerkennt. Sie sind einschlägig, soweit bei vorherigem Gehör der Zweck des jeweiligen Verfahrens vereitelt würde.

> **Bsp.:** *Eine Hausdurchsuchung nach vorheriger Ankündigung und Anhörung wäre wenig effektiv.*

Sobald dies ohne Gefährdung des Verfahrenszwecks möglich ist, muss das rechtliche Gehör aber unverzüglich nachgeholt werden.[998] Art. 103 I GG selbst gilt nur vor Gericht, allerdings wird vor Verwaltungsbehörden ein ähnlicher Anspruch aus dem Rechtsstaatsprinzip abgeleitet und z.B. durch § 28 VwVfG i.d.R. auch einfach gesetzlich gewährt.

nähere Anforderungen

Um das rechtliche Gehör nicht inhaltsleer werden zu lassen, erwächst aus Art. 103 I GG neben dem formalen Äußerungsrecht auch ein Anspruch auf

⇨ Information über Äußerungen der Gegenseite,

⇨ Berücksichtigung des Vorbringens durch das Gericht.

332

---

993   Vgl. BVerfGE 67, 90 (95); 75, 223 (234) = **juris**byhemmer.

994   BVerfG, NVwZ 2003, 1111 = **juris**byhemmer.

995   Vgl. auch BVerfG, Urteil vom 28.01.2014, 2 BvR 1561/12 u.a. = **juris**byhemmer.

996   Vgl. Jarass/Pieroth, Art. 101 GG, Rn. 12.

997   Ständige Rspr., z.B. BVerfGE 69, 145 (148) = **juris**byhemmer.

998   Vgl. BVerfGE 18, 399 (404) = **juris**byhemmer.

Umgekehrt ist natürlich nicht erforderlich, dass das Gericht zu dem Ergebnis kommt, welches mit der Äußerung beabsichtigt war. Verletzt ist das Recht auf Gehör auch nicht, wenn der Betroffene sich tatsächlich nicht geäußert hat, er musste nur die Möglichkeit haben.

Ein Eingriff in das Recht aus Art. 103 I GG liegt vor, wenn das rechtliche Gehör nicht in der dargestellten Weise gewährt wurde, wobei kollidierendes Verfassungsrecht wegen der Ausgestaltungsbefugnisse schon auf dieser Ebene berücksichtigt werden kann. Wird gleichwohl ein Eingriff bejaht, führt dieser dann konsequenterweise auch zu einer Verletzung.

F) Art. 103 II, III GG, „nulla poena sine lege", „ne bis in idem"

333

Auch die Absätze zwei und drei des Art. 103 GG enthalten grundrechtsgleiche Rechte, die jedoch in der Klausur regelmäßig keine große Bedeutung haben. Wichtig ist deshalb v.a., ihre Einschlägigkeit gegebenenfalls bei der Sachverhaltsanalyse zu erkennen und eine begründete Entscheidung zu treffen.

nulla poena sine lege

I. Strafbarkeit i.S.d. Art. 103 II GG bezieht sich auf jede „missbilligende hoheitliche Reaktion auf schuldhaftes Verhalten",[999] also neben der Kriminalstrafe auch das Ordnungswidrigkeiten- oder Disziplinarrecht.[1000]

Inhaltlich ist Art. 103 II GG gewissermaßen eine Spezialausprägung des Vorbehalts des Gesetzes, des Bestimmtheitsgrundsatzes und des Rückwirkungsverbots, wobei dieses für Strafgesetze absolut gilt. Dabei bedeutet absolute Geltung allerdings nicht, dass das Rückwirkungsverbot in seiner Reichweite nicht durch andere Verfassungspositionen eingeschränkt werden kann. Absolute Geltung bedeutet nur, dass die Rückwirkung im Strafrecht anders als im Verwaltungsrecht nicht von einer Abwägung abhängt, sondern schlechthin verboten ist. Absolute Geltung besagt aber nicht, dass dieser Grundsatz wie Naturrecht jede andere Verfassungsposition im Konfliktfall verdrängt. So hat das BVerfG in der Mauerschützenentscheidung die Reichweite des Rückwirkungsverbotes teleologisch reduziert mit dem Argument, Art. 103 II GG wolle den Bürger, der auf einen demokratischen Gesetzgeber vertraue, vor Willkür schützen, er wolle aber nicht die Willkür innerhalb totalitärer Rechtsordnungen vor Strafe schützen.

Das BVerfG[1001] führt Folgendes aus: „Das Rückwirkungsverbot des Art. 103 II GG ist absolut und erfüllt seine rechtsstaatliche und grundrechtliche Gewährleistungsfunktion durch eine strikte Formalisierung. Es gebietet auch, einen bei Begehung der Tat gesetzlich geregelten Rechtfertigungsgrund weiter anzuwenden, wenn dieser im Zeitpunkt des Strafverfahrens entfallen ist. Ob und wie weit Art. 103 II GG auch das Vertrauen in den Fortbestand ungeschriebener Rechtfertigungsgründe in gleicher Weise schützt, wird nicht abschließend entschieden. Das strikte Rückwirkungsverbot des Art. 103 II GG findet seine rechtsstaatliche Rechtfertigung in der besonderen Vertrauensgrundlage, welche Strafgesetze tragen, wenn sie von einem an die Grundrechte gebundenen, demokratischen Gesetzgeber erlassen wurden.

---

999   Vgl. BVerfGE 26, 186, 204 = **juris**byhemmer.

1000   Vgl. Pieroth/Schlink, Rn. 1192 f. m.w.N.; str. ist die Anwendbarkeit auf Maßnahmen der Besserung und Sicherung.

1001   NJW 1997, 929 ff.

An einer solchen besonderen Vertrauensgrundlage fehlt es, wenn Träger der Staatsmacht für den Bereich schwersten kriminellen Unrechts die Strafbarkeit durch Rechtfertigungsgründe ausschließt, indem er über die geschriebenen Normen hinaus zu einem solchen Unrecht auffordert, es begünstigt und so die in der Völkerrechtsgemeinschaft allgemein anerkannten Menschenrechte in schwerwiegender Weise missachtet. Der strikte Schutz von Vertrauen durch Art. 103 II GG muss dann zurücktreten."

Diese Entscheidung ist von allergrößter Wichtigkeit, nicht nur für die Dogmatik im öffentlichen Recht sondern auch für die Dogmatik des Strafrechts und außerdem von größter Relevanz für Grundfragen, die sich jeder Rechtsordnung stellen.[1002]

ne bis in idem

II. Das Verbot der Doppelbestrafung nach Art. 103 III GG ist dagegen auf das Kriminalstrafrecht beschränkt, sodass disziplinarische Maßnahmen unabhängig von einer solchen parallel denkbar sind. Es verbietet sowohl eine zweite Bestrafung für dieselbe Tat als auch die erstmalige Bestrafung nach erfolgtem Freispruch. Dagegen berührt die Wiederaufnahme zugunsten des Verurteilten den Schutzbereich des Art. 103 III GG nicht.

Auch der Schutzbereich des Art. 103 III GG soll nach der h.M. durch verfassungsimmanente Schranken begrenzt sein, womit zu erklären ist, dass in engen Grenzen (vgl. § 362 StPO) auch Wiederaufnahmen zu Lasten des Angeklagten möglich sind.

Bearbeiten Sie die Wiederholungsfragen zu den Einzelgrundrechten.

1002 G. Jakob, Vergangenheitsbewältigung durch Strafrecht, in Josef-Isensee „Vergangenheitsbewältigung durch Recht", 1992, S. 37 ff.; Alexy, Der Beschluss des BVerfG zu den Tötungen an der innerdeutschen Grenze vom 24. Oktober 1996; Hamburg 1997; Horst Dreier, Gustav Radbruch und die Mauerschützen, JZ 1997, 421 ff.

Schon gewusst? Wiederholen Sie die Fragen und Antworten mit den hemmer AudioCards oder der hemmer-app! Hören und Lesen optimieren Ihren Lernerfolg. Profitieren Sie von **unseren mp-3-fähigen Audio-Dateien**. Fragen und Antworten sind von langjährigen Repetitoren erstellt und garantieren, dass die wichtigsten Problemfelder komprimiert vermittelt werden. Die ideale Wiederholung des Skripts! **Machen Sie aus Leerlaufphasen (Auto, Bahn etc.) Lernphasen!**

Oder Sie wiederholen unsere Fragen anhand der neuen hemmer-app.

Das moderne Frage-Antwort-System für Ihr Handy oder Tablet.

Die **Lernfragen** eignen sich zur Kontrolle, ob Sie richtig gelernt haben. Automatisches, gezieltes Wiederholen schafft Sicherheit und reduziert langfristig den Lernaufwand.

Die **Quizfragen**, die auch gegeneinander gespielt werden können, lassen vergessen, dass Sie lernen und schaffen - en passant - spielerisch Wissen.

Interessiert? Näheres auf der Umschlaginnenseite und unter: **www.hemmer-shop.de.**

WIEDERHOLUNGSFRAGEN .... Randnr.

Arten und Funktionen der Grundrechte

Die Kunst- und Wissenschaftsfreiheit, Art. 5 III GG

Der Schutz von Ehe, Familie und Erziehungsrecht, Art. 6 GG

Die Schulorganisationsgewalt und schulische Grundrechte, Art. 7 GG

Die Zahlen verweisen auf die Randnummern des Skripts

DIE KARTENSÄTZE

■ DIE ÜBERBLICKSKARTEIKARTEN - 7 SÄTZE (je 30,00/19,90)

ÜBER PRÜFUNGSSCHEMATA ZUM WISSEN:

Ihr Begleiter vom 1. Semester bis zum 2. Staatsexamen! In den Überblickskarteikarten sind die wichtigsten Problemfelder im Zivil-, Straf- und Öffentlichen Recht knapp, präzise und übersichtlich dargestellt. Sie erfassen effektiv auf einen Blick das Wesentliche. Die grafische Aufbereitung der Prüfungsschemata auf der Vorderseite schafft Überblick über den Prüfungsaufbau. Die Kommentierung mit der hemmer-Methode auf der Rückseite vermittelt deshalb das nötige Einordnungswissen für die Klausur und erwähnt die wichtigsten Definitionen.

■ DIE BASICS KARTEIKARTEN - 3 SÄTZE (je 16,90 €)

DAS PENDANT ZU DEN BASICS SKRIPTEN:

Mit dem Frage- und Antwortsystem zum notwendigen Wissen. Die Vorderseite der Karteikarte ist unterteilt in Einordnung und Frage. Der Einordnungstext erklärt den Problemkreis und führt zur Frage hin. Die Frage trifft dann den Kern der prüfungsrelevanten Thematik. Auf der Rückseite schafft der Antworttext Wissen.

■ DIE HAUPTKARTEIKARTEN - 18 SÄTZE (je 16,90 €)

DAS PENDANT ZU DEN HAUPTSKRIPTEN:

Das Prüfungswissen in Karteikartenform für den, der es bevorzugt, mit Karteikarten zu lernen. Im Frage- und Antwortsystem zum Wissen. Auf der Vorderseite der Karteikarte führt ein Einordnungsteil zur Frage hin. Die Frage trifft die Kernproblematik des zu Erlernenden. Auf der Rückseite schafft der Antworttext Wissen.

■ DIE SHORTIES - IN 20 STUNDEN ZUM ERFOLG IN DER HEMMER LERNBOX - 7 BOXEN (je 24,90 €)

Die kleinen Karteikarten in der hemmer Lernbox enthalten auf der Vorderseite jeweils eine Frage, welche auf der Rückseite grafisch aufbereitet beantwortet wird. Die bildhafte Darstellung ist lernpädagogisch sinnvoll. Die wichtigsten Begriffe und Themenkreise werden anwendungsspezifisch erklärt. Knapper geht es nicht - die Sounds der Juristerei! In Kürze verhelfen die Shorties so zum Erfolg.

hemmer/wüst Verlag

UNSER LERNSYSTEM IM ÜBERBLICK

VERSANDKOSTENFREI IN UNSEREM SHOP: **www.hemmer-shop.de**

NEU UND MODERN: UNSERE DIGITALEN PRODUKTE

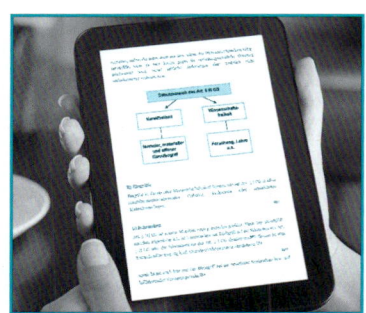

■ DIE eBOOKS (ab 9,99 €)

UNSERE eBOOKS ERHÄLTLICH FÜR IHRE MOBILGERÄTE UND PC's:

In den eBooks, die mit unseren Hauptskripten identisch sind, werden die für die Prüfung nötigen Zusammenhänge umfassend aufgezeigt und wiederkehrende Argumentationsketten eingeübt.

Nutzen Sie die eBooks als Ihre ortsunabhängige Bibliothek. Sie sind klausurorientiert und zahlreiche Beispielsfälle erleichtern das Verständnis. So wird Prüfungswissen auf anspruchsvollem Niveau vermittelt. Die studentenfreundliche Preisgestaltung ermöglicht den Erwerb als Gesamtwerk. Die hemmer eBooks sind über den hemmer-shop erhältlich.

■ DIE APPS (je 6,99 €)

IN FÜNF STUNDEN ZUM ERFOLG:

Das Frage-Antwort-System der hemmer-Skripten als app. Das moderne Frage-Antwort-System für Ihr Handy oder Tablet:

Ideal zum Erlernen, Vertiefen und Wiederholen des prüfungsrelevanten Stoffs, auch für sog. Leerlaufphasen (z.B. in der Bahn ...).

Die Lernfragen eignen sich zur Kontrolle, ob Sie richtig gelernt haben.

Automatisches, gezieltes Wiederholen schafft Sicherheit und reduziert langfristig den Lernaufwand.

■ DIE AUDIOCARDS (zum Download: ab 19,95 €)

AUDITIVES LERNSYSTEM ZUM DOWNLOAD:

Die AudioCards sind auf dem aktuellen Rechtsstand der entsprechenden Hauptskripte.

Das Frage-Antwort-System der hemmer-Skripten zum Hören

Ganz nach dem Motto „Geht ins Ohr, bleibt im Kopf" verhelfen wir Ihnen mit unserem auditiven Lernsystem zu einer optimalen Prüfungsvorbereitung.

■ auditiv: Der examensrelevante Stoff zum auditiven Lernen von erfahrenen Repetitoren. Ideal für schnelles Repetieren der hemmer-Skriptenreihe.

■ modern: Frage-Antwort-System für Ihren i-Pod oder mp3-Player

■ effektiv: Auditives Lernen optimiert die Wiederholung, im mp3-Format jederzeit verfügbar.

Nutzen Sie Leerlaufphasen (z.B. im Auto, in der U-Bahn ...) zum Wiederholen und Vertiefen des gelernten Stoffs.

hemmer/wüst Verlagsgesellschaft mbH

Mergentheimer Str. 44 / 97082 Würzburg
Tel.: 09 31 /7 97 82 38 / Fax: 09 31/7 97 82 40
Internet: www.hemmer-shop.de

ISBN 978-3-86193

Auflage/Jahr/Euro

Grundwissen für Anfangssemester

		Auflage/Jahr/Euro
GW10 (-460-8)	BGB-AT Theorieband zu den wicht. Fällen	8.A/16 · 9,90
GW11 (-481-3)	SchuldR-AT Theorieband zu den wicht. Fällen	7.A/16 · 9,90
GW12 (-457-8)	SchuldR-BT I Theorieband zu den wicht. Fällen	7.A/16 · 9,90
GW13 (-399-1)	SchuldR-BT II Theoriebd. zu den wicht. Fällen	6.A/15 · 9,90
GW14 (-357-1)	Sachenrecht I Theorieband zu den wicht. Fällen	6.A/15 · 9,90
GW15 (-455-4)	Sachenrecht II Theorieband zu den wicht. Fällen	6.A/15 · 9,90
GW20 (-294-9)	Strafrecht AT Theorieband zu den wicht. Fällen	6.A/14 · 9,90
GW21 (-301-4)	Strafrecht BT Theorieband zu den wicht. Fällen	5.A/14 · 9,90
GW30 (-308-3)	StaatsR Theorieband zu den wicht. Fällen	6.A/14 · 9,90
GW31 (-269-7)	VerwaltungsR Theorieband zu den wicht. Fällen	6.A/14 · 9,90

Die wichtigsten Fälle

DF0 (-198-0)	Sonderband: Der Streit- und Meinungsstand im neuen Schuldrecht	5.A/13 · 14,80
DF1 (-493-6)	76 Fälle - BGB AT	9.A/16 · 12,80
DF2 (-386-1)	55 Fälle - Schuldrecht AT	9.A/15 · 12,80
DF3 (-456-1)	51 Fälle - Schuldrecht BT - Kauf/WerkV	9.A/16 · 12,80
DF4 (-351-9)	42 Fälle - GoA/Bereicherungsrecht	8.A/14 · 12,80
DF5 (-345-8)	45 Fälle - Deliktsrecht	7.A/14 · 12,80
DF6 (-304-5)	44 Fälle - Verwaltungsrecht	8.A/14 · 12,80
DF25 (-400-4)	30 Fälle - Verwaltungsrecht BT Bayern	4.A/15 · 12,80
DF7 (-453-0)	32 Fälle - Staatsrecht	10.A/16 · 12,80
DF8 (-362-5)	34 Fälle - Strafrecht AT	9.A/15 · 12,80
DF9 (-350-2)	44 Fälle Strafrecht BT I - Vermögensd.	9.A/14 · 12,80
DF10 (-377-9)	44 Fälle Strafrecht BT II - Nicht-Vermögensd.	8.A/15 · 12,80
DF11 (-461-5)	50 Fälle - Sachenrecht I	8.A/16 · 12,80
DF12 (-494-3)	43 Fälle - Sachenrecht II - ImmobiliarSR	9.A/16 · 12,80
DF13 (-346-5)	40 Fälle - ZPO I - Erkenntnisverfahren	7.A/14 · 12,80
DF14 (-485-1)	25 Fälle - ZPO II - ZwangsvollstreckungsV	7.A/16 · 12,80
DF15 (-423-3)	35 Fälle - Handelsrecht	7.A/15 · 12,80
DF16 (-307-6)	36 Fälle - Erbrecht	6.A/14 · 12,80
DF17 (-489-9)	26 Fälle - Familienrecht	8.A/16 · 12,80
DF18 (-416-5)	32 Fälle - Gesellschaftsrecht	6.A/15 · 12,80
DF19 (-341-0)	39 Fälle - Arbeitsrecht	6.A/14 · 12,80
DF20 (-339-7)	35 Fälle - Strafprozessrecht	5.A/14 · 12,80
DF21 (-428-8)	23 Fälle - Europarecht	5.A/15 · 12,80
DF22 (-422-6)	10 Fälle - Musterkl. Examen ZivilR	7.A/15 · 14,80
DF23 (-475-2)	10 Fälle - Musterkl. Examen StrafR	6.A/16 · 14,80
DF24 (-391-5)	8 Fälle - Musterkl. Examen SteuerR	8.A/15 · 14,80

Skripten Basics (110)

BI/1 (-448-6)	Zivilrecht I - BGB AT u.vertragl. SchuldV	10.A/16 · 16,90
BI/2 (-454-7)	Zivilrecht II - Sachenrecht/gesetzl. SV	8.A/16 · 16,90
BI/3 (-442-4)	Zivilrecht III - FamilienR/ErbR	8.A/15 · 16,90
BI/4 (-364-9)	Zivilrecht IV - ZivilprozessR	8.A/15 · 16,90
BI/5 (-486-8)	Zivilrecht V - Handels-/GesellschR	8.A/16 · 16,90
BI/6 (-258-1)	Zivilrecht VI - ArbeitsR	5.A/13 · 16,90
BII (-122-5)	Strafrecht	6.A/12 · 16,90
BIII/1 (-268-0)	Öffentliches Recht I - VerfassR/StaatsHR	6.A/14 · 16,90
BIII/2 (-388-5)	Öffentliches Recht II - VerwaltungsR	7.A/15 · 16,90
BIV (-403-5)	Steuerrecht - EstG & AO	9.A/15 · 16,90
BV (-512-4)	Europarecht	9.A/16 · 16,90

ISBN 978-3-86193

Auflage/Jahr/Eu

Skripten Zivilrecht (120)

			Auflage/Jahr/Eu
1 (-415-8)	BGB-AT I,	Ensteh.d.Primäranspruchs	14.A/15 · 19,9
2 (-479-0)	BGB-AT II,	Scheitern des Primäranspr.	14.A/16 · 19,9
3 (-343-4)	BGB-AT III,	Erlösch.d. Primäranspruchs	13.A/14 · 19,9
4 (-278-9)	Schadensersatzrecht I		8.A/14 · 19,9
5 (-492-9)	Schadensersatzrecht II		7.A/16 · 19,9
6 (-293-2)	Schadensersatzrecht III (§§ 249 f.)		11.A/14 · 19,9
7 (-342-7)	Verbraucherschutzrecht		4.A/14 · 19,9
51 (-443-1)	Schuldrecht AT		10.A/15 · 19,9
52 (-359-5)	Schuldrecht BT I		9.A/15 · 19,9
53 (-379-3)	Schuldrecht BT II		9.A/15 · 19,9
8 (-318-2)	Bereicherungsrecht		14.A/14 · 19,9
9 (-321-2)	Deliktsrecht I		12.A/14 · 19,9
10 (-203-1)	Deliktsrecht II		9.A/13 · 19,9
11 (-447-9)	Sachenrecht I		13.A/15 · 19,9
12 (-465-3)	Sachenrecht II		11.A/16 · 19,9
12A (-378-6)	Sachenrecht III		12.A/15 · 19,9
13 (-333-5)	Kreditsicherungsrecht		11.A/14 · 19,9
14 (-483-7)	Familienrecht		13.A/16 · 19,9
15 (-459-2)	Erbrecht		13.A/16 · 19,9
16 (-313-7)	Zivilprozessrecht I		12.A/14 · 19,9
17 (-317-5)	Zivilprozessrecht II		11.A/14 · 19,9
18 (-433-2)	Arbeitsrecht		15.A/15 · 19,9
19A (-462-2)	Handelsrecht		11.A/16 · 19,9
19B (-360-1)	Gesellschaftsrecht		13.A/15 · 19,9
31 (-450-9)	Herausgabeansprüche		7.A/16 · 19,9
32 (-254-3)	Rückgriffsansprüche		7.A/13 · 19,9

Skripten Strafrecht (120)

20 (-295-6)	Strafrecht AT I	12.A/14 · 19,9
21 (-385-4)	Strafrecht AT II	12.A/15 · 19,9
22 (-355-7)	Strafrecht BT I	12.A/14 · 19,9
23 (-392-2)	Strafrecht BT II	12.A/15 · 19,9
30 (-374-8)	Strafprozessordnung	11.A/15 · 19,9

Skripten Öffentliches Recht (120/130)

24 (-478-3)	Verwaltungsrecht I	13.A/16 · 19,9
25 (-380-9)	Verwaltungsrecht II	12.A/15 · 19,9
26 (-347-2)	Verwaltungsrecht III	12.A/14 · 19,9
27 (-300-7)	Staatsrecht I	11.A/14 · 19,9
28 (-287-1)	Staatsrecht II	9.A/14 · 19,9
29 (-463-9)	Europarecht	12.A/16 · 19,9
40 (-335-9)	Staatshaftungsrecht	4.A/14 · 19,9
33 (-369-4)	Baurecht/Bayern	11.A/15 · 19,9
33 (-505-6)	Baurecht/Nordrhein-Westfalen	9.A/16 · 19,9
33 (-435-6)	Baurecht/Baden-Württembg.	4.A/15 · 19,9
33 (-331-1)	Baurecht/Hessen	2.A/14 · 19,9
33 (-847-0)	Baurecht/Saarland	1.A/08 · 19,9
34 (-327-4)	Polizeirecht Bayern	10.A/14 · 19,9
34 (-097-6)	Polizei- u. Ordnungsrecht/NRW	5.A/12 · 19,9
34 (-432-5)	Polizeirecht/Baden-Württembg.	4.A/15 · 19,9
34 (-417-2)	Polizei- u. Ordnungsrecht/Hessen	2.A/14 · 19,9
34 (-028-0)	Polizei- u. Ordnungsrecht/Rheinl.-Pfalz	1.A/11 · 19,9
34 (-877-7)	Polizei- u. Sicherheitsrecht/Saarland	1.A/09 · 19,9
35 (-371-7)	Kommunalrecht/Bayern	10.A/15 · 19,9
35 (-076-1)	Kommunalrecht/NRW	8.A/11 · 19,9
35 (-261-1)	Kommunalrecht/Baden-Württembg.	4.A/13 · 19,9

S hemmer/wüst
Verlagsgesellschaft mbH

Mergentheimer Str. 44 / 97082 Würzburg
Tel.: 09 31 /7 97 82 38 / Fax: 09 31/7 97 82 40
Internet: www.hemmer-shop.de

ISBN 978-3-86193		Auflage/Jahr/Euro

Lexikon/Definitionen

| D1 (-288-8) | Definitionen Strafrecht - schnell gemerkt | 4.A/14 · 19,90 |
| D2 (-065-5) | Legal terms für Juristen - Fachwörterbuch Englisch - Deutsch | 1.A/11 · 19,90 |

Skripten Schwerpunkt (120)

P1 (-429-5)	Kriminologie	7.A/15 · 21,90
P2 (-245-1)	Völkerrecht	8.A/13 · 21,90
P4 (-349-6)	Kapitalgesellschaftsrecht	5.A/14 · 21,90
P7 (-243-7)	Rechtsgeschichte I	3.A/13 · 21,90
P8 (-119-5)	Rechtsgeschichte II	2.A/12 · 21,90
P11 (-085-3)	Rechts- und Staatsphilosophie sowie Rechtssoziologie	2.A/11 · 21,90
P12 (-183-6)	Insolvenzrecht	3.A/12 · 21,90

Skripten Steuerrecht (120)

| 42 (-173-7) | Abgabenordnung | 8.A/12 · 21,90 |
| 43 (-267-3) | Einkommensteuerrecht | 8.A/14 · 21,90 |

Skripten für BWL´er, WiWi & Steuerberater

W1 (-430-1)	PrivatR f. BWL´er, WiWi & Steuerberat	8.A/15 · 19,90
W2 (-102-7)	Ö-Recht f. BWL´er, WiWi & Steuerberat	4.A/12 · 19,90
W3 (-480-9)	Musterkl. für´s Vordiplom PrivatR	2.A/04 · 19,90
W4 (-197-6)	Musterkl. für´s Vordiplom Ö-R	1.A/00 · 19 90
WF1 (-472-1)	Die 74 wicht. Fälle (BGB AT, SchuldR AT/BT)	5.A/16 · 19,90
WF2 (-247-5)	Die 44 wicht. Fälle (GoA, BerR, GesR, ...)	2.A/13 · 19,90

Skripten Fachbegriffe & Erläuterungen

G1 (-146-1)	Mikroökonomie & Makroökonomie	1.A/12 · 19,90
G2 (-147-8)	Buchführung/Jahresabschl./Rechnungsw.	1.A/12 · 19,90
G6 (-151-5)	HandelsR/GesellschaftsR/WirtschaftsR	1.A/12 · 19,90
G7 (-152-2)	Öffentl. Recht/EuropaR/VölkerR	1.A/12 · 19,90

Basics Karteikarten

BK1 (-329-8)	Basics - Zivilrecht	6.A/14 · 16,90
BK2 (-441-7)	Basics - Strafrecht	4.A/15 · 16,90
BK3 (-320-5)	Basics - Öffentliches Recht	4.A/14 · 16,90

Karteikarten Zivilrecht

KK1 (-408-0)	BGB-AT I	9.A/15 · 16,90
KK2 (-496-7)	BGB-AT II	8.A/16 · 16,90
KK3 (-340-3)	Schuldrecht AT I	9.A/14 · 16,90
KK4 (-507-0)	Schuldrecht AT II	8.A/16 · 16,90
KK5 (-476-9)	Schuldrecht BT I (Kauf-u.WerkVR)	8.A/16 · 16,90
KK6 (-480-6)	Schuldrecht BT II	7.A/16 · 16,90
KK7 (-464-6)	Arbeitsrecht	5.A/16 · 16,90
KK8 (-413-4)	Bereicherungsrecht	7.A/15 · 16,90
KK9 (-306-9)	Deliktsrecht	6.A/14 · 16,90
KK11 (-484-4)	Sachenrecht I	9.A/16 · 16,90
KK12 (-482-0)	Sachenrecht II	8.A/16 · 16,90
KK13 (-495-0)	Kreditsicherungsrecht	4.A/16 · 16,90
KK14 (-336-6)	Familienrecht	4.A/14 · 16,90
KK15 (-188-1)	Erbrecht	4.A/13 · 16,90
KK16 (-225-3)	ZPO I	6.A/13 · 16,90
KK17 (-491-2)	ZPO II	6.A/16 · 16,90
KK18 (-358-8)	Handelsrecht	5.A/14 · 16,90
KK19 (-383-0)	Gesellschaftsrecht	6.A/15 · 16,90

ISBN 978-3-86193		Auflage/Jahr/Euro

Die Shorties (Minikarteikarten) inkl. Box

SH1 (-498-1)	**Box 1:** BGB AT, Schuldrecht AT	9.A/16 · 24,90
SH2/I (-326-7)	**Box 2/1:** vertragliches Schuldrecht	5.A/14 · 24,90
SH2/II (-316-8)	**Box 2/2:** gesetzliches Schuldrecht	5.A/14 · 24,90
SH3 (-405-9)	**Box 3:** Sachenrecht, ErbR, FamR	7.A/15 · 24,90
SH4 (-368-7)	**Box 4:** ZPO I/II, GesellschaftsR, HGB	6.A/15 · 24,90
SH5 (-446-2)	**Box 5:** Strafrecht	9.A/15 · 24,90
SH6 (-382-3)	**Box 6:** Grundrecht, StaatsOrgR, BauR, u.a.	7.A/15 · 24,90

Karteikarten Strafrecht

KK20 (-324-3)	Strafrecht AT I	8.A/14 · 16,90
KK21 (-376-2)	Strafrecht-AT II	8.A/15 · 16,90
KK22 (-488-2)	Strafrecht-BT I	9.A/16 · 16,90
KK23 (-410-3)	Strafrecht-BT II	3.A/15 · 16,90
KK24 (-409-7)	StPO	6.A/15 · 16,90

Karteikarten Öffentliches Recht

KK25 (-315-1)	Verwaltungsrecht I	6.A/14 · 16,90
KK26 (-348-9)	Verwaltungsrecht II	6.A/14 · 16,90
KK27 (-352-6)	Verwaltungsrecht III	6 A/14 · 16,90
KK28 (-389-2)	Staats- u. Verfassungsrecht	9.A/15 · 16,90
KK29 (-470-7)	Europarecht	4.A/16 · 16,90

Überblickskarteikarten

ÜK I (-477-6)	BGB im Überblick I	12.A/16 · 30,00
ÜK II (-282-6)	BGB im Überblick II (Nebengebiete)	7.A/14 · 30,00
ÜK III (-469-1)	StrafR im Überblick	9.A/16 · 30,00
ÜK IV (-467-7)	Öffentl.-R im Überblick	10.A/16 · 19,90
ÜK V (-487-5)	Öffentl.-R im Überbl ck II Bayern	8.A/16 · 19,90
ÜK VI (-468-4)	Öffentl.-R im Überblick II NRW	3.A/16 · 19,90
ÜK VII (-242-0)	Europarecht	5.A/13 · 19,90

Assessor-Basics/Theoriebände (410)

A IV (-401-1)	Die zivilrechtl. Anwaltsklausur/Teil 1	11.A/15 · 19,90
A VII (-372-4)	Das Zivilurteil	11.A/15 · 19,90
A VIII (-270-3)	Die Strafrechtskl. im Assessorexamen	7.A/14 · 19,90
A IX (-412-7)	Die Assessorklausur Öffentl. Recht	6.A/15 · 19,90

Assessor-Basics/Klausurentraining

A I (-471-4)	Zivilurteile	17.A/16 · 19,90
A II (-298-7)	Arbeitsrecht	14.A/14 · 19,90
A III (-411-0)	Strafrecht	12.A/15 · 19,90
A V (-396-0)	Zivilrechtl. Anwaltsklausuren/Teil 2	11.A/15 · 19,90
A VI (-390-8)	Öff.rechtl. u. strafrechtl.Anwaltskl.	6.A/15 · 19,90

Assessorkarteikarten

AK I (-353-3)	Zivilprozessrecht im Überblick	6.A/14 · 19,90
AK II (-272-7)	Strafprozessrecht im Überblick	7.A/14 · 19,90
AK III (-384-7)	Öffentliches Recht im Überblick	5.A/15 · 19,90
AK IV (-195-9)	Familien- und Erbrecht im Überblick	2.A/13 · 19,90

S hemmer/wüst Verlagsgesellschaft mbH

Mergentheimer Str. 44 / 97082 Würzburg
Tel.: 09 31 /7 97 82 38 / Fax: 09 31/7 97 82 40
Internet: www.hemmer-shop.de

Sonderartikel

		Euro
	Lernkarteikartenbox (28.01)	
LB _____	Die praktische Lernbox für die Karteikarten	1,99
S 810 _____	Din A4, 80 Blatt 10er Pack	17,50
S1 _____	**Der Referendar (70.01)**	
	24 Monate zwischen Genie und Wahnsinn (Format A6)	9,80
S2 _____	**Der Rechtsanwalt (70.02)**	
	Meine größten Rein-) Fälle (Format A6)	9,80
S3 _____	**Der Jurist (70.03)**	
	Ein Lehrbuch für Leader (Format A6)	9,80
S5 _____	**Coach dich! (70.05)**	
	Psychologischer Ratgeber	19,80
S6 _____	**Lebendiges Reden (70.06)**	
	Psychologischer Ratgeber inkl. Audio-CD	21,80
S7 _____	**NLP für Einsteiger (71.01)**	
	Psychologischer Ratgeber	12,80
S8 _____	**Prüfungen als Herausforderung (70.08)**	
	Psychologischer Ratgeber	14,80
_____	**Wiederholungsmappe (75.01)**	9,90
	Intelligentes Lernen	
	inkl. Handbuch und Kurzskript	
_____	**Ordner hemmer.group (88.20)**	2,50
	Ringbuchmappe für Einlagen, DIN A4	
(-200-0) _____	**Die wahren Paradiese** - 15 traumhafte Gärten	39,80
	Gebunden (Hardcover) mit Schutzumschlag, 208 Seiten	
	(275 x 255 mm)	
(-500-1) _____	**Vom „Baumeland" zum Traumgarten**	34,80

Vom „Baumeland" zum Traumgarten
Ein ländlicher Garten mit mediterranem Charme
Gebunden (Hardcover) mit Schutzumschlag, 180 Seiten
(275 x 255 mm) - 1. Auflage Mai 2016
Ein Buch über den eigenen Garten
Die intensive Beschäftigung mit dem Thema Garten seit mehr als zwanzig
Jahren, all die Tätigkeiten im Jahreslauf, das Erleben der Natur und die
Erfahrungen, die ich gemacht habe, fließen in dieses Werk über unseren
Garten ein. Es werden sowohl die Entstehung der Gartenanlage als auch
die vier Jahreszeiten mit den dazugehörenden Aufgaben im Garten
beschrieben.

Life&Law

		Euro
_____	Einzelheft der Life&LAW	6,80
AboLL_____	Abonnement der Life&LAW	
	Life&Law 3 Monate kostenfrei, danach erhalten Sie die Life&Law zum Preis von	5,80
LLJ _____	Life&LAW Jahrgangsband 1999 - 2014	
_____	bitte Jahrgang eintragen	je 50,00
LLJ14 _____	Life&LAW Jahrgangsband 2015	80,00
LLE _____	Einband für Life&LAW Jahrgang	je 6,00

Die AnwaltsBasics

978-3-9813969-0-4 _____	Die AnwaltsBasics Erbrecht	
1. Auflage, November 2010, 429 S.		39,90
978-3-9813969-5-9 _____	Die AnwaltsBasics Mediation	
erweiterte 2. Auflage, November 2013, 237 S.		23,90
978-3-9813969-4-2 _____	Die AnwaltsBasics Mietrecht	
1. Auflage, November 2013, 401 S.		39,90

Endsumme:

Lieferung erfolgt in aktueller Auflage

Kundennummer | D | | | | | |

Name: _____ Vorname: _____

Adresse: _____

Telefon: _____ e-mail-adresse: _____

Buchen Sie die Endsumme von meinem Konto ab:

Konto-Nr.: _____ Bankleitzahl: _____

Bank: _____ BIC: _____

IBAN: | | | | | | | | | | | | | | | | | | | | | | |

Ort, Datum: _____ Unterschrift: _____